EXPOSÉ

DE LA

LÉGISLATION

COUTUMIÈRE

DE L'ARTOIS

PAR

E. LECESNE

Avocat, Adjoint au Maire de la ville d'Arras,
Chevalier de la Légion-d'Honneur, Membre de l'Académie d'Arras
et de plusieurs Sociétés savantes.

ARRAS

Typ. et lith. de A. Courtin, place du Wetz-d'Amain, nº 7.

MDCCCLXIX.

EXPOSÉ

DE LA

LÉGISLATION COUTUMIÈRE

DE L'ARTOIS.

Pour faciliter les recherches, outre la table des titres et des chapitres, nous avons dressé deux tables, l'une des matières par ordre alphabétique, l'autre des pages où sont cités les articles de la Coutume.

PRÉFACE.

Lorsque j'entrepris l'examen de la Coutume d'Artois, je n'avais nullement l'intention de faire part au public de mes recherches. Je voulais connaître cette législation qui a régi pendant si longtemps une province importante, et voir en quoi elle se rapprochait ou différait de celle qui est actuellement commune à toute la France. Mais peu à peu les notes s'accumulèrent, et en essayant de les mettre en ordre, je reconnus que j'avais sous la main tout un recueil qui passait, pour ainsi dire, en revue l'ensemble des lois coutumières de l'Artois. C'est ainsi que je suis parvenu au terme de mes travaux beaucoup plus riche que je ne l'aurais voulu. Que devais-je faire de ces richesses, si tant est qu'on puisse donner ce nom à des monnaies d'une si faible valeur? Après bien des hésitations, et sur les instances réitérées de personnes pour lesquelles j'ai la plus grande déférence, je me suis décidé à mettre au jour ces études qui m'ont demandé plus de dix années de recherches. Ai-je bien ou mal fait?... Le public appréciera.

Je ne me suis pas borné à analyser le texte même de la Coutume; ce travail n'aurait donné qu'une idée incomplète de la législation artésienne. Cette législation comprenait une foule de règlements et d'usages locaux, que j'ai cherché à faire connaître. De plus, dans certaines parties, elle empruntait les édits et ordonnances des rois d'Espagne et de l'ancienne monarchie française : il m'a paru utile de montrer les liens qui la rattachaient à la règle générale. C'est pour cela qu'après avoir examiné la législation civile de l'Artois, j'ai cru devoir jeter un coup d'œil sur sa législation pénale et sur sa procédure civile et criminelle. De cette manière, je crois avoir été aussi complet que possible, tout en ne prenant que le sommaire de chaque sujet.

Il est bien entendu que je n'ai nullement la prétention de commenter les Coutumes et usages de l'Artois; cette mission a été dignement remplie par les Bauduin, les Desmazures et les Maillart; et, en venant après eux, je ne pourrais que gâter leur œuvre. Tout ce que j'ai essayé, c'était de glaner quelques épis dans leurs champs. Le choix que j'ai fait prête probablement à la critique;

en effet, il est très-difficile de parler sans erreurs de choses si obscures et si éloignées. Mais, en raison de cette difficulté même, j'espère qu'on me pardonnera ces erreurs, et que ceux qui seraient tentés de me juger avec sévérité, voudront bien ne pas oublier que, dans les ténèbres, on est bien excusable de faire quelques faux pas.

EXPOSÉ

DE LA

LÉGISLATION COUTUMIÈRE

DE L'ARTOIS.

INTRODUCTION.

Chaque jour, les vieilles Coutumes de nos ancêtres
sont de plus en plus oubliées. Ce qui était compris de
tous, il n'y a pas longtemps, est une énigme pour la génération actuelle. Déjà, on peut prévoir le moment, où
toute l'organisation sociale des temps qui ont précédé la
Révolution de 1789, deviendra le domaine de l'érudition et ne sera étudiée que comme on étudie l'histoire,
c'est-à-dire à titre de renseignement. Principalement le
système judiciaire et législatif de cette époque, pourtant
assez rapprochée, est pour nous une lettre morte, qui a
besoin d'être déchiffrée et traduite, comme s'il s'agissait
d'un monument de législation antique. Bientôt même,
nous nous trouverons beaucoup plus familiarisés avec
les lois de Rome qu'avec celles de la France. Tandis que
nous faisons une étude spéciale et approfondie des
Pandectes de Justinien, c'est à peine si nous connaissons

les *Capitulaires* de Charlemagne, les *Établissements* de saint Louis et les *Ordonnances* de Louis XIV. Sans doute, ces institutions se réfèrent à des temps et à des choses qui ne nous touchent que médiocrement; le grand niveau des idées modernes a passé sur tout cet édifice, qui paraissait bâti pour l'éternité, et n'a laissé que ruines et ténèbres, là où régnaient jadis l'ordre et la clarté. On ne sait que ce qu'on comprend bien, et nous ne pouvons comprendre des institutions qui ne fonctionnent plus sous nos yeux et qui ont été remplacées par d'autres, souvent diamétralement opposées. Mais il est assez étrange que des faits qui ont eu lieu presque de nos jours, soient ignorés de la plupart d'entre nous. Que penserions-nous des Romains du siècle d'Auguste, si l'on nous disait qu'ils ne connaissaient même pas la législation du siècle de Cicéron ?

Et pourtant, dans ces institutions tombées en oubli, il y aurait souvent d'utiles leçons à puiser. Il est à regretter que nous ne les consultions pas davantage ; nous y verrions avec quel art cette composition si compliquée avait été réglée, pour toutes les circonstances possibles, et bien des choses, qui nous paraissent monstrueuses, s'expliqueraient et se justifieraient de la manière la plus naturelle. Certes, je ne demande pas qu'on ouvre dans nos écoles un cours sur le Coutumier général (*a*), mais je crois qu'on dédaigne peut-être un peu trop la connaissance de celles de nos lois qui ne sont plus d'un usage journalier. Je voudrais qu'on y jetât quelquefois les

(*a*) Une décision ministérielle du 10 octobre 1859 a établi, dans la Faculté de Droit de Paris, un cours d'introduction à la législation féodale et coutumière.

yeux, ne fût-ce que comme un pieux devoir ; il n'est pas bon pour des enfants de renier complètement les œuvres de leurs pères. Cet examen, je me suis proposé de le faire, en ce qui concerne la Coutume d'Artois ; non pas que j'aie la prétention d'analyser d'une manière complète cet antique recueil, qui servit tant d'années de règle à une importante province ; ce travail serait au-dessus de mes forces, et ne présenterait qu'un médiocre intérêt ; mais, je voudrais donner une idée des principes qui composaient jadis le Code des lois artésiennes : je pense que ces notions peuvent encore avoir, de nos jours, quelque intérêt.

HISTORIQUE DE LA COUTUME.

La Coutume d'Artois, telle qu'elle nous est parvenue, ne paraît pas avoir été la première tentative de codification faite dans cette province. Dès le temps de Louis X, le *Hutin*, un *Recueil des Coutumes d'Artois* avait reçu la sanction royale ; il y a même quelques raisons de croire que d'autres coutumes, usitées au pays d'Artois, avaient été compilées par ordre de saint Louis. Ce qui est certain, c'est que la comtesse Mahaut s'était obligée, par le traité du 12 juillet 1315, à donner pour lois au comté d'Artois les Coutumes en usage sous saint Louis. On ne sait si cette promesse a été exécutée : peut-être, comme bien d'autres du même genre, est-elle restée à l'état de programme ; mais il est difficile de supposer que des besoins si longtemps et si universellement sentis n'aient pas reçu de satisfaction. Au reste, s'il a existé quelque collection de lois artésiennes antérieures au XVIe siècle, elle ne nous a pas été conservée. Le seul monument un peu complet que l'on puisse citer en ce genre, est un *Traité des Coutumes et Usages d'Artois*, qui parait remonter au commencement du XIV° siècle, et dont le manuscrit a été découvert par Maillart, dans la Bibliothèque du Roi, à Paris. Mais ce traité est un ouvrage purement didactique, et il n'a nullement la forme législative (a). Au reste, on y trouve une entente assez remarquable du droit, et il contient même quelques principes qui ne seraient pas désavoués dans des temps plus avancés en civilisation.

Quant à la Coutume elle-même, on sait qu'elle date du XVI° siècle, et que l'Artois en fut redevable à la sollicitude éclairée dont les princes de la maison de Bourgogne ont si souvent fait preuve envers les nombreux États qu'ils ont été appelés à gouverner. Cette Coutume a eu trois éditions différentes. La première remonte à l'année 1509, et a été reçue par les États d'Artois, en présence de deux commissaires délégués par l'*Archiduc d'Autriche, comte de Flandre et d'Artois,* savoir : Robert de Melun, gouverneur d'Arras, et M° Jehan Caullier, conseiller et maitre des requêtes (b). La seconde rédac-

(a) Il ressemble beaucoup, pour la forme, aux *Conseils de Pierre Defontaine,* qui lui sont un peu antérieurs.

(b) Voici comment Bauduin explique qu'on a été amené à rédiger la *Coutume d'Artois :*

« Fust aussy lors advisé de recognoistre et réformer les coustumes
» du pays ; et celles que l'on trouverait bonnes et convenables, les
» resdiger une fois pour toutes par escript, descréter et auctoriser,
» pour obvier à plusieurs inconvénients, tant dans des lois et cous-
» tumes du pays délaissés comme en abandon. Il est notoire que les
» Goths et aultres nations barbares, après avoir esbranlé l'auctorité
» du Droit romain tant équitable, ont partout eslevé leurs coustumes,

tion est de 1540, elle a été ordonnée par Charles-Quint.
Enfin, la troisième, également octroyée par ce prince,
porte la date de 1544. Pour se faire une idée du laco-
nisme de ces *Coutumes*, il suffira de savoir que la première contient cent quarante-quatre articles, la seconde
cent quarante-sept, et la troisième deux cent un. Quand
on pense que le Code Napoléon en a plus de deux mille,
on comprend quelles lacunes devaient exister dans cette
législation, qui a pourtant suffi à toutes les nécessités
sociales. Mais, hâtons-nous de le dire, les juges n'a-
vaient, en Artois comme ailleurs, aucun pouvoir discrétionnaire pour les cas non prévus par les *Coutumes*. Un
auteur estimé, qui a écrit sur ces matières (*a*), nous
apprend que quand une Coutume était défectueuse, il
fallait avoir recours : 1° à l'usage de la province, 2° aux
ordonnances des rois, 3° aux coutumes voisines, 4° à
l'esprit général des coutumes de France, et particulièrement de la coutume de Paris, et en dernier lieu à la
raison du droit romain (*b*).

De ces notions générales, si nous passons à l'examen

» qu'ils introduisirent conformément à leur barbarie, lesquelles de-
» puis se sont espandues et desbordées en toutes ces contrées occi-
» dentales avec une telle licence et fécondité que du faict tel quel, et
» emprinte d'aulcuns plus audacieux, soubitement s'engendroit et
» dressoit une nouvelle coustume, et si estoit aussy légèrement auc-
» torisée par le rapport et déposition de quelques attestans, sans
» aultrement s'enquérir de la raison. » (*Chronique d'Artois*, m^ss.
de la Bibliothèque d'Arras).

(*a*) Challènes. — *Méthode générale pour l'intelligence des Coutumes
de France.*

(*b*) Un placard du 7 octobre 1531 avait déjà eu pour but d'indiquer
des remèdes aux abus provenant des diversités de coutumes.

spécial de la force, dont les coutumes étaient revêtues
dans l'ancien droit de l'Artois, nous voyons que pour y
introduire une coutume, les auteurs réclamaient quatre
conditions : 1° légitime prescription, 2° fréquence d'actes
conformes, 3° consentement tacite du peuple, 4° confor-
mité avec la raison et l'équité. Ces conditions étaient
requises quand la coutume n'avait pas été revêtue de
l'homologation du prince ; mais, quand elle avait subi
cette épreuve, elle devait être acceptée par tous, sans
examen, comme la loi écrite, et il était « défendu à
» tous, avocats, conseillers et procureurs des parties,
» d'introduire, adviser, alléguer, poser ou vérifier
» autres coutumes générales. » Ce sont les termes mêmes dont se sert une ordonnance du Conseil d'Artois du
26 septembre 1543. On n'aurait même pas été admis,
par lettres de requête civile, à proposer d'autres coutumes ni à faire vérifier quelque usage dérogatoire.
Quant aux coutumes particulières à chaque localité,
l'édit perpétuel de 1611 ordonnait de les faire homolo-
guer dans le plus bref délai, mais cette prescription
avait été peu exécutée, car, au temps de Desmazures,
il n'y avait encore d'homologation que pour la gouvernance de Béthune, le bailliage d'Hesdin, la sénéchaussée
de Saint-Pol, la châtellenie d'Eperlecques et la seigneurie de Ham. Les autres Coutumes étaient prouvées au
moyen d'*enquêtes par turbe*, dont la funeste habitude
s'est perpétuée jusqu'à la Révolution. D'après l'usage du
Conseil d'Artois, on n'était astreint à produire qu'une
turbe de dix témoins. Ces *turbes* pouvaient être reçues
tant par le juge provincial de l'Artois que par les juges
subalternes, ce qui est contraire aux principes généraux

énoncés par Papon, qui voulait que les *turbes* n'eussent lieu que devant les Cours et Parlements. On laissait à l'arbitraire du juge la question de savoir si le nombre d'actes invoqués était suffisant pour fonder une coutume. Quant à la durée de l'usage, les uns demandaient dix ans, les autres trente et quarante ans. C'est cette dernière opinion qui parait avoir prévalu parce qu'elle était fondée sur une assimilation assez raisonnable avec les principes de la prescription. La personnalité des coutumes avait disparu depuis longtemps avec les lois des Barbares, et tout le monde reconnaissait que les coutumes étaient purement réelles. Pourtant, il y avait certaines matières dans lesquelles la personnalité avait forcément subsisté : telles étaient les questions de majorité, les formes des testaments, etc. C'est certainement une des raisons qui devaient le plus faire désirer l'uniformité de la législation.

Un autre inconvénient de la *Coutume d'Artois*, était la confusion qui y règne. Les matières se suivent sans ordre et sans enchaînement ; les articles eux-mêmes n'ont souvent aucune relation entre eux. Il semble que les rédacteurs n'aient pris aucun souci de la classification des idées ; ils ont choisi à droite et à gauche les dispositions qu'ils voulaient sanctionner, et ils les ont jetées à peu près pêle-mêle dans leur compilation. Pourvu qu'elles reçoivent droit d'asile, on ne s'inquiète pas de la place qu'elles occupent ; c'est aux justiciables et aux juges à se reconnaitre dans ce chaos. Pour donner une idée du désordre qui existe dans ce recueil, il suffira de dire que c'est au titre des *Biens meubles* qu'il faut chercher les règles applicables à la majorité. De là, il résulte que, si presque toutes les dispositions de la *Coutume d'Artois*, prises isolément, sont marquées au coin de la sagesse, dans leur ensemble, elles ne présentent qu'une masse informe. Au reste, ce vice capital n'est peut-être imputable qu'au temps où la coutume a été écrite ; le XVIe siècle s'est signalé par son imagination et ses découvertes, mais il ne brille pas par l'ordre et la méthode des XVIIe et XVIIIe siècles : Descartes et Montesquieu (a) n'ont pas encore passé par là.

Il est donc impossible, dans une analyse de la *Coutume d'Artois*, de suivre pas à pas tous les errements qu'elle a parcourus. Ce système ne présenterait aucun intérêt. Il vaut mieux rétablir l'ordre logique des idées et grouper ensemble toutes les dispositions qui présentent quelque analogie. Ce travail parait même si nécessaire que, dans le siècle dernier, il avait déjà été tenté par un avocat distingué du Parlement de Paris, Roussel de Bouret (b). Un autre avocat, Brunel, avait même rédigé tout un projet de coutume réformée, qu'il présenta aux Etats d'Artois en 1735. L'ordre adopté par ces auteurs pouvait être convenable dans le temps où ils écrivaient ; mais aujourd'hui, il n'a plus aucune raison d'être. Il existe pour nous un enchainement beaucoup plus naturel

(a) Au siècle dernier, un ministre d'Etat admonestait véhémentement M. de Castillon, avocat général au Parlement de Provence, pour « avoir fait entrer dans son discours de rentrée l'éloge de l'*Esprit des* » *Lois*, ouvrage trop suspect pour être cité par un magistrat revêtu » de son caractère, et dans une assemblée telle que celle où il parlait. »

(b) *Traité général des Coutumes d'Artois*, rédigées dans un ordre didactique et méthodique. — 2 volumes in-12, imprimés à Paris, en 1771.

des matières et qui peut être plus facilement compris, c'est celui qui a été suivi par le Code Napoléon. En comparant les choses anciennes aux nouvelles, on saisit mieux ce que l'on veut établir, on ne risque pas d'omettre ce qu'il serait utile de connaître, et on ne dit que ce qui présente quelque application pratique ou historique ; aussi, est-ce à ce système que nous nous sommes arrêté. Rapprocher la législation d'autrefois de celle d'aujourd'hui, tel est le but principal de ce travail.

PRÉAMBULE DE LA COUTUME.

La *Coutume d'Artois* commence par un préambule assez emphatique, dans lequel sont rappelés avec complaisance tous les titres de Charles-Quint : on y énumère les couronnes qu'il a portées, depuis celle d'Empereur jusqu'à celle de comte de Haguenau. C'est absolument la même vanité qui a dicté la longue liste des surnoms plus ou moins glorieux que Justinien s'attribue au commencement des *Institutes* ; les hommes et les empereurs se ressemblent, dans tous les temps et dans tous les lieux ! Il y a seulement une remarque à faire, c'est que Justinien pouvait avoir besoin de tout ce clinquant pour rehausser sa majesté un peu théâtrale, tandis que Charles-Quint était assez grand par lui-même pour rejeter toutes ces décorations d'étiquette. Après cette énumération, le préambule indique les raisons qui ont motivé la rédaction de la *Coutume*. Ces raisons peuvent se réduire à deux : 1° obvier aux abus provenant de la diversité des coutumes, qui sont quelquefois *contraires au même lieu (a)* ; 2° Eviter la dépense occasionnée aux parties pour vérifier les coutumes. La première de ces raisons, est l'aveu assez extraordinaire de l'oubli d'un principe, pourtant bien élémentaire en droit : *Posteriora prioribus derogant.* Si ce principe avait été reconnu et appliqué, il n'y aurait pas eu grand danger dans la contrariété de certaines coutumes au même lieu ; pour savoir celle qu'on devait appliquer, il n'aurait fallu, comme on le fait de nos jours, que s'en rapporter aux dates. Quant à la seconde raison, elle se réfère à l'abus des enquêtes par *turbe.* D'après ce que nous avons dit, il est facile de comprendre à combien d'embarras ce moyen de preuve donnait naissance. Aussi, est-ce principalement ce qui a motivé le grand mouvement de la rédaction des *Coutumes,* qui remonte au règne de Charles VII. En cédant, pour l'Artois, à ce besoin de l'époque, Charles-Quint n'a point accordé un privilège à ce pays, il l'a appelé à la participation d'un droit général.

La *Coutume d'Artois* a été rédigée, comme toutes les bonnes lois se rédigent, dans le calme examen et la

---

(a) On exigeait généralement les conditions suivantes pour introduire une coutume publique : 1° que les peuples en conviennent, dans une assemblée, et qu'ils la fassent rédiger par écrit ; 2° qu'elle soit aussi consentie et accordée par les trois états assemblés à cet effet sous l'autorité du souverain ; 3° qu'elle passe ensuite dans les mains des commissaires munis d'ordre et de mandement spécial, pour en faire la vérification dans les formes ; 4° que cette coutume soit décrétée et homologuée par le souverain qui en ordonne l'exécution ; cette formalité était regardée comme essentielle, car il n'y avait que le souverain qui pouvait faire la loi ; 5° qu'elle soit publiée et enregistrée dans le greffe de la juridiction et des juges supérieurs. A défaut de ces formalités, le Conseil d'Artois et le Parlement de Paris ont plusieurs fois refusé de reconnaître différentes coutumes.

libre discussion. L'an 1531, Charles-Quint rendit une ordonnance qui prescrivait la réunion des *Coutumes d'Artois* en un corps de lois. Ce travail ne paraît pas avoir marché très-rapidement, car, après avoir été soumis au Conseil d'Artois, qui le rassembla en cahier, il ne fut approuvé par les Etats d'Artois que le 24 novembre 1539. L'homologation de l'Empereur est du 26 décembre 1540. Ce qui s'est pratiqué alors se pratique encore aujourd'hui. En effet, on peut reconnaître dans les différentes phases qu'a parcourues la rédaction de la *Coutume*, la préparation par une commission, l'examen en conseil, l'adoption par le pouvoir législatif et la sanction du souverain. Cette manière de faire la loi résulte évidemment de la logique et du bon sens. Tous les gouvernements soigneux des véritables intérêts de leurs administrés l'adopteront plus ou moins. Le despotisme seul fait la loi par ordonnances.

Quant à la rédaction de 1544, elle ne diffère, pour ainsi dire, pas de celle de 1540. Elle a eu seulement pour but de comprendre dans la *Coutume* certaines dispositions qui avaient été omises et pour lesquelles on suivait encore les lois françaises. L'Empereur, jaloux d'affranchir ses sujets de cette espèce d'hommage rendu à un Etat voisin et trop souvent ennemi, règle les points qui manquaient encore d'une solution nationale. On ne saurait l'en blâmer ; que dirions-nous, si l'Alsace suivait encore le droit germanique ?

DIVISION.

La *Coutume d'Artois* est divisée en dix titres, qui portent les rubriques suivantes : Titre Ier. Des droits des seigneurs, tant fonciers que viscontiers, comme de la haute justice. — Titre II. De la manière d'acquérir *hypothèque par héritages*. Des droits seigneuriaux pour ce deuz au seigneur, avec aussy d'acquérir droit réel en héritages patrimoniaulx. De la condition et nature d'iceux héritaiges, tant en succession qu'en retraite quand ils sont venduz. — Titre III. Touchant le faict de la retraite des héritaiges acquestez, soyent féodaux ou cottiers. — Titre IV. Des biens meubles. A cui ilz doivent appartenir en succession, et quelle chose est réputée meuble. — Titre V. A qui il est loisible d'avoir bail de mineurs d'ans? De la condition du bail, et quand mineurs sont réputez eaigez. — Titre VI. Comment les vefves femmes se doibvent et pevent conduire, après le trespas de leurs marys, soit en l'appréhension des meubles ou de leur douaire coustumier ou *convenanché* (convenus par contrat de mariage), et de la nature d'iceulx.—Titre VIII. Des pouvoirs et auctoritez d'exécuteurs testamentaires. — Titre IX. Comment et à cui les créanciers d'un trespassez pevent adresser pour être payez de leur deu, et quels héritaiges sont submis aux dettes du trespassez? — Titre X. Touchant acquestz de fiefs, et quelles gens doivent droit de nouvel acquest.

On voit que cette classification est toute arbitraire : elle n'a aucune suite, aucune liaison. Nous sommes bien loin de la belle et simple division du Droit romain en personnes, en choses et en actions, et même de la distinction plus critiquable adoptée par le Code Napoléon, en personnes, biens et manières d'acquérir la propriété. Aussi, laissant de côté l'ordre ou plutôt le désordre de la coutume, nous essaierons de nous retrouver dans ce dédale. Pour cela, il faudra envisager chaque matière dans son ensemble, sans avoir égard à la suite des articles. De cette manière, l'analyse de la coutume pourra se faire avec méthode et précision.

PREMIÈRE PARTIE.

DES PERSONNES.

En commençant notre travail, par l'idée la plus naturelle, l'examen de la position civile des personnes, nous
remarquons que la *Coutume* s'est à peine occupée de
cette question, au moins telle que nous l'entendons aujourd'hui. En effet, si les rapports établis dans l'ancien
droit par les distinctions entre les nobles et les roturiers
y donnent lieu à un assez grand nombre de dispositions,
on chercherait en vain dans son texte quelque chose
d'identique aux relations consacrées par le Code Napoléon entre les individus. Cela, du reste, n'a rien d'é-
tonnant. *L'acquisition et la privation des droits civils*
devaient être de peu d'intérêt, dans un temps où il n'y
avait pas, à proprement parler, de citoyens : les *Actes
de l'état-civil* étaient, comme on le sait, remis tout
entiers au clergé : (*a*) le mariage tombait aussi presque

(*a*) Une déclaration du 9 avril 1736, registrée en Artois le 1er janvier 1737, réglait les formes de la tenue des registres de baptêmes,
mariages, sépultures, vestures, noviciats et professions, ainsi que la
forme des extraits qui en doivent être délivrés. L'autorité laïque
prétendait donc déjà imposer un frein au pouvoir discrétionnaire du
clergé en ces matières. Il paraît même que ce frein était indispensable,

exclusivement dans le droit canonique (a): quant à *l'adoption et à la tutelle officieuse*, elles étaient inconnues dans l'ancienne législation coutumière. Ainsi, il reste bien peu de ces matières classées par le nouveau droit dans celles relatives aux personnes. Pourtant, il s'en trouve quelques-unes éparses dans les différents titres de la coutume : nous allons les rechercher avec soin.

CHAPITRE Iᵉʳ.

MARIAGE.

Nous trouvons, dans les auteurs et la jurisprudence, sur la matière des mariages, quelques documents qu'il est bon de connaître. (b)

Il fut question, au concile de Trente, de laisser aux évêques le pouvoir de donner des dispenses aux troi-

car les paroisses s'acquittaient assez mal, en Artois, de la tenue des actes de l'état-civil. Pour n'en citer qu'un exemple, nous voyons le Conseil d'Artois obligé de rendre, le 14 mai 1756, un arrêt ayant pour but d'obliger le chapitre de la collégiale de Béthune à observer la déclaration du roi, de 1716. En effet, depuis 1742 jusqu'en 1756, les chanoines de cette collégiale avaient complétement omis de tenir les registres des sépultures.

(a) Juge séculier est compétent pour connaître qu'un homme et une femme se sont mariés en présence du curé, *illo reluctante*. — Lettre du chancelier du 22 décembre 1729.

(b) Il y avait ordonnance du Conseil d'Artois, du 29 juillet 1670, qui prescrit de publier et afficher l'ordonnance de Blois, art. 40-44,— et celle du 19 décembre 1639 sur les mariages clandestins. Il y avait aussi des placards des 4 octobre 1540 et 29 novembre 1623, sur le même sujet.

sième et quatrième degrés. Les Français et les Espagnols le demandaient, en alléguant que les évêques les accorderaient avec plus de connaissance de cause que le Pape ; mais les Italiens s'y opposèrent, en disant que, par la nécessité du recours au Pape, les dispenses seraient plus rares. Le concile se contenta de décider que les dispenses *seraient données gratuitement, et qu'on n'en accorderait pas sans cause* (titre 24, chap. V). L'évêque d'Arras prétendait avoir le droit de dispenser au troisième degré ; mais, dans la pratique, il n'usait guère de ce droit, excepté au cas de pauvreté.

L'empereur Léon déclara nuls tous les mariages qui ne seraient pas sanctifiés par l'administration du sacrement. Il paraît être le premier qui ait mis la bénédiction nuptiale au nombre des formalités nécessaires pour la validité du mariage aux yeux de la loi civile. C'est cette constitution de l'empereur Léon qui devint la règle générale dans les Etats catholiques. Quant au divorce, la loi civile l'admettait encore au temps de Charlemagne : la preuve en est consignée dans les *Capitulaires.* — (Baluze, livre VI, chap. 191).

Si maintenant, nous passons à l'examen des questions que le Conseil d'Artois avait eu à résoudre sur ce sujet, nous voyons que les promesses de mariage étaient, avec raison, tenues pour très-suspectes. Ainsi, on jugea, le 21 mai 1742, que des dommages-intérêts ne seraient pas accordés à un garçon pour inexécution de promesses de mariage qu'une fille lui aurait faites ; mais, comme la fille avait induit le garçon dans des frais extraordinaires, on lui attribua le remboursement de ses dépenses, suivant état. Il fut aussi alloué deux mille livres de dommages-intérêts à une femme qui avait été séduite, et qui avait été obligée de faire des dépenses pour son accouchement (arrêt du 7 mai 1758).

Au sujet des oppositions au mariage, le Conseil d'Artois s'était prononcé dans les espèces suivantes. Il avait décidé que des enfants ne peuvent arrêter les secondes noces de leur père, au moyen d'une demande à fin d'inventaire des effets ayant composé la première communauté, parce que des intérêts purement civils ne sont point des motifs pour empêcher le sacrement du mariage (arrêt du 22 juin 1747). D'autre part, une mère ayant fait opposition au mariage de son fils avec une veuve, dont le père venait d'être condamné au feu par contumace, le Conseil d'Artois ne crut pas pouvoir défendre le mariage ; mais il accorda un sursis de six mois pour que le futur pût faire des réflexions (arrêt du 17 juin 1769). Il avait aussi été décidé que l'épilepsie n'est pas une cause qui puisse empêcher le mariage, et que, dans tous les cas, elle ne devait pas servir de moyen à un père pour s'opposer au mariage de son enfant (arrêt du 5 février 1757). De même, le Conseil d'Artois avait jugé que des père et mère ne pouvaient s'opposer au mariage de leur fils avec la fille du bourreau (arrêt du 18 septembre 1749). Il y avait cela de particulier, qu'il ne s'agissait que d'un bourreau par occasion ; c'était un corroyeur qui était quelquefois requis pour faire cet office. D'ailleurs, les demandeurs en opposition étaient cabaretiers, et « entre les parties, dit l'arrêt, il n'y a pas une disproportion bien grande. »

CHAPITRE II.

MINORITÉ ET TUTELLE.

L'article 154 de la *Coutume* (*a*) fixe à quatorze ans accomplis pour les hommes, et à onze ans accomplis pour les. femmes, l'époque de la sortie de bail ou de garde. Mais ce n'est qu'à vingt ans accomplis pour les hommes et à seize ans accomplis pour les femmes, que la majorité coutumière est atteinte, c'est-à-dire que l'on a la libre disposition de ses biens (*b*). Ces distinctions d'âges, quant

(*a*) Touchant l'observation de l'article 154 de la *Coutume d'Artois*, pour la majorité coutumière, voir les actes de notoriété du Conseil d'Artois du 13 novembre 1671, 12 décembre 1708, 4 avril 1720, 14 août 1741. C'est par ce dernier acte de notoriété que le Conseil d'Artois a admis la restitution des majeurs coutumiers pour lésion notable telle que du tiers au quart. « On admet depuis plusieurs années, dit » Mabille, la restitution des majeurs coutumiers qui sont lésés d'in» térêts au quart, mais c'est aux majeurs à justifier qu'ils ont été » lésés. On ne doit pas charger ceux contre lesquels ces majeurs se » pourvoient de la preuve que les deniers ont tourné à leur profit.»

(*b*) Majeur coutumier n'a pas besoin de curateur aux causes (arrêt du Conseil d'Artois du 13 janvier 1759). Il peut emprunter et prendre à constitution de rentes (arrêt du 2 février 1750). Une question importante était celle de savoir si la prescription court, en Artois, de la majorité coutumière ou de la majorité légale. Par arrêt du 22 juin 1726, le Parlement de Paris avait reconnu qu'en Artois, nonobstant la disposition de la coutume, la prescription ne commençait à courir que depuis l'âge de vingt ans accomplis. Dans tous les cas, il avait été décidé, le 28 juin 1752, au Conseil d'Artois, sur le rapport de M. Enlart de Grandval, que le silence de vingt ans, à compter du jour de la majorité légale, avait emporté la ratification d'une vente de biens de mineurs faite par leur tutrice, sans observer aucune formalité.

aux sexes, probablement empruntées aux lois romaines, ne sont pas à l'abri de la critique. Les nouvelles lois françaises ont, avec raison, admis une majorité uniforme pour les hommes et pour les femmes, et rejeté les deux périodes de capacité. La coutume déclare de plus les mineurs émancipés par le mariage (154). Le même principe a prévalu dans notre régime actuel.

Une patente du 30 septembre 1565 établit une exemption assez bizarre, en ce qui touche la ville d'Aire. Les enfants de famille n'y devenaient majeurs qu'à vingt-cinq ans. « C'était, dit Desmazures, afin de réprimer et » contenir la jeunesse de cette ville de la débauche assez » inclinée de son caractère, de laquelle le proverbe en » donne le témoignage : *Les enfants d'Aire sans souci.* » Nous nous plaisons à croire que la jeunesse d'Aire n'a plus besoin aujourd'hui de cette dérogation au droit commun.

Un placard du 27 mai 1550 défendait de prêter des draps de soie à des mineurs de vingt ans étant en tutelle, à peine de perdre la créance et de six carolus d'amende. C'est une réminiscence du sénatus-consulte macédonien que, du reste, les auteurs déclarent applicable à l'Artois.

Le style du Conseil d'Artois avait admis des règles spéciales pour la nomination des tuteurs et curateurs, quand on voulait poursuivre contre les mineurs et les interdits l'exercice de certains droits. Ainsi, il fallait obtenir commission du Conseil, afin de faire ajourner les plus proches parents paternels et maternels en nomination de tuteur. Si les assignés faisaient défaut, on devait les réajourner avec intimation (a), et ce n'était qu'au bout de quatre défauts que le juge commettait une personne *idoine et solvable*, contre laquelle se faisaient les poursuites. Cette procédure assez compliquée, a été heureusement remplacée chez nous par la nomination des tuteurs *ad hoc*.

La tutelle devait être déférée à l'héritier le plus prochain et le plus habile à succéder, à moins qu'il n'y eût de très-grandes raisons pour ne pas la lui donner (arrêt du Conseil d'Artois du 13 août 1755). La mère était tutrice légitime de ses enfants mineurs ; elle n'avait pas besoin d'être nommée, et elle ne perdait pas sa tutelle en se remariant (b). Ces décisions importantes avaient été prises par une ordonnance du Conseil d'Artois du 11 juillet 1755, à la suite d'une affaire dans laquelle M. Palissot de Beauvois, receveur-général du domaine à Lille, avait présenté une requête pour faire retirer la tutelle à sa belle-sœur, Mme de Warluzelle. On lit sur cette requête une mention du procureur général ainsi conçue : « *Il n'y ëcheoit*, d'autant que par l'article 156 de la cou-» tume, la mère est tutrice légitime, et que par l'article » 157 elle ne perd pas le droit de bail, qui est plus pré-» judiciable aux mineurs que la tutelle. »

(a) Les parents assignés pour donner leur avis dans une assemblée de parenté, et qui ne comparaissent pas, doivent être réassignés à leurs frais, et peuvent être contraints par les mêmes peines corporelles prononcées contre les témoins défaillans (arrêt du Conseil d'Artois du 1er mars 1758).

(b) L'absence d'un père tuteur de ses enfants ne le privait point de la tutelle. Il fallait, dans ce cas, donner un curateur aux enfants, et ce curateur devait être nommé par le juge du dernier domicile du père.

On donnait quelquefois aux mineurs plusieurs tuteurs; par exemple, quand ils avaient des biens situés en différentes provinces, ou quand la tutelle demandait des soins tellement grands qu'une seule personne n'y pouvait suffire. Lorsque le mineur était de grande distinction, on lui donnait aussi un tuteur honoraire.

La coutume particulière de la ville d'Arras avait permis aux tuteurs de placer à intérêts les deniers des pupilles pour un temps n'excédant pas la minorité. C'est ce qu'on appelait *argent baillé à maisne*. Mais, un placard du roi pour l'exécution des décrets du synode de Cambrai, du mois d'octobre 1586, article 21, prohibe cet usage, comme favorable à l'usure (a). Le droit moderne l'a non-seulement rétabli, mais il l'a même rendu obligatoire (article 455, Code Napoléon). On est heureux de trouver, sur ce point, la coutume d'Arras plus en harmonie avec les idées modernes que les synodes et les ordonnances des rois d'Espagne.

Les causes d'excuses de la tutelle étaient celles indiquées aux *Institutes*, titre *De excusationibus tutorum*. — Pourtant, on décidait qu'il n'y avait pas cause suffisante de refus de tutelle dans le fait d'avoir procès avec le mineur, à moins que ce procès ne fut de la généralité des biens. Le juge compétent pour connaître de toutes les questions relatives à la tutelle, était celui du lieu où elle était ouverte. Il parait que des efforts avaient été tentés en sens contraire, mais la gouvernance d'Arras s'était

(a) Tuteurs ne sont point obligés, en Artois, de faire faire des publications pour affermer les biens des mineurs et des imbéciles. (Acte de notoriété du 2 avril 1703.)

prononcée réglementairement sur ce point, le 3 juillet 1630, en réformant une sentence de la sénéchaussée de Saint-Pol. Le Code Napoléon (art. 108) a, avec raison, reconnu la compétence du juge du mineur, c'est-à-dire, le plus souvent, celui du domicile du tuteur.

En Artois, comme dans les autres pays de coutumes, les tutelles d'oncles et semblables parents collatéraux étaient datives et ne pouvaient se prendre sans avoir été accordées par le juge du lieu de la naissance du mineur ou de la situation de ses biens. Les formalités pour l'établissement de la tutelle dative étaient à peu près les mêmes qu'aujourd'hui. Ainsi, les plus proches parents paternels et maternels étaient convoqués, ainsi que le *procureur pour office* du lieu de résidence et domicile du mineur. Dans cette espèce de conseil de famille, on désignait la personne qui présentait le plus de garantie. Le tuteur nommé devait prêter serment et donner caution. Il était dressé acte de l'accomplissement de toutes ces formalités, car il avait été jugé, à la sénéchaussée de Saint-Pol, le 5 novembre 1616, que l'établissement d'une tutelle ne pouvait se vérifier par témoins, et cette jurisprudence avait été confirmée d'abord par la gouvernance d'Arras et ensuite, le 4 mars 1622, par le Conseil d'Artois.

Lorsque le tuteur avait vendu les biens de son pupille sans observer les formalités légales, cette vente était nulle de plein droit, et le mineur devenu majeur n'avait pas besoin de lettres de restitution pour rentrer dans ses biens. Le compte de tutelle devait être rendu dans les formes aux parties devenues majeures (*a*). Il ne suffisait

(*a*) Des mineurs devenus majeurs ne peuvent agir comme créanciers de leur tuteur jusqu'à ce qu'ils lui aient fait rendre son compte

pas, par exemple, à un tuteur onéraire de la rendre au tuteur honoraire et de lui remettre toutes les pièces justificatives. C'est ce qui avait été jugé au Conseil d'Artois le 29 janvier 1790.

Mais « ni les mineurs, ni les émancipés, dit Mabille, » ne peuvent exiger le compte de leurs tuteurs, parce » que le compte de tutelle ne se rend jamais qu'à des » majeurs. » Et alors, on distinguait encore. Ou il s'agissait de majeurs légaux, ou il s'agissait de majeurs coutumiers : dans le premier cas, les majeurs n'ayant pas besoin d'autres secours que ceux que la raison et la prudence donnent, c'était à eux que le compte de tutelle se rendait directement; dans le second cas, le compte ne devait être rendu qu'en justice, afin qu'il ne se passât rien au préjudice des majeurs coutumiers, sur l'esprit desquels les tuteurs peuvent avoir conservé une certaine influence. Le Conseil d'Artois a toujours admis cette distinction, nonobstant l'article 154 de la *Coutume*. qui permet aux mâles de vingt ans et aux femelles de seize ans de s'obliger, vendre et aliéner. Il faut aussi remarquer que si le majeur légal ne voulait pas apurer seul son compte de tutelle avec son tuteur, il pouvait se le faire

de tutelle (arrêt du Conseil d'Artois du 27 décembre 1763) ; mais le défaut de reddition de compte de tutelle n'empêchait pas l'effet de la prescription contre le tuteur et le mineur devenu majeur (arrêt du Conseil d'Artois du 9 décembre 1749). Quand une personne chargée d'une tutelle était intéressée en son nom dans quelques affaires où les mineurs avaient aussi intérêt, le tuteur ne pouvait agir, tant en son nom que comme tuteur des mineurs. On exigeait impérieusement la nomination d'un subrogé tuteur (nous dirions aujourd'hui d'un tuteur *ad hoc*). On craignait, en effet, que le tuteur ne fît prévaloir ses intérêts sur ceux des mineurs.

rendre devant arbitres, en vertu de l'article 22, tit. 22, de l'ordonnance de 1667.

CHAPITRE III.

DROIT DE GARDE.

Il se trouve dans la *Coutume d'Artois*, comme dans presque toutes les coutumes, un privilége assez curieux qui est développé dans un titre tout entier, le sixième, c'est le droit de bail ou de garde des mineurs. Ce droit existait moins sur la personne que sur les biens du mineur. Voici la définition que Maillart en donne : « C'est, « dit-il, la faculté accordée au survivant des père et « mère, ou à son défaut au plus proche parent, majeur « coutumier ascendant ou collatéral mâle ou femelle, « d'un enfant mineur de onze ans, si c'est une fille, et « de quatorze ans, si c'est un mâle, de gagner les fruits « et revenus des héritages féodaux ou roturiers de ce « mineur, les arrérages des rentes foncières ou consti- « tuées, les intérêts des sommes mobilières, ou du prix « des meubles échus à ce mineur, par le décès du pré- « mourant des conjoints qui a fait tomber le mineur en « bail, à la charge que le bailliste acquérera les droits « réels assis sur les immeubles du mineur pour en jouir « à titre de bail. Il sera fait inventaire et estimation ju- « diciaire des effets mobiliers; acquittera les dettes « pures, personnelles ou mobilières avec le prix des « effets mobiliers du mineur, et s'il ne suffit pas, avec

« les propres deniers du bailliste, comme aussi à la
« charge d'élever le mineur gardé selon sa condition,
« d'entretenir les héritages en bon état et, à la fin du
« bail, de rendre compte des meubles, et le mineur
« déchargé des dettes purement personnelles ou mobi-
« lières. » Cette définition un peu longue et un peu
confuse, indique pourtant assez bien tous les droits et
toutes les charges que le Titre VI de la *Coutume* a édic-
tés à propos du bail des mineurs.

En rapprochant cette définition des articles auxquels
elle se réfère, on voit que le droit de bail appartenait
au survivant des conjoints ; à défaut, à l'aïeul ou aïeule
et même au plus proche parent collatéral aîné, de quelque côté que ce soit (155-160). Il suffisait d'être soi-
même sorti de garde pour avoir le bail d'un autre, sauf
à faire nommer un tuteur au pupille. Le père et la mère
avaient l'option entre la tutelle légitime et le bail ; s'ils
se prononçaient pour la tutelle, les revenus des héritages restaient aux enfants, et il devait en être rendu
compte à leur majorité (156). *La tutelle légitime est de
droit*, dit Bauduin, *le bail est coutumier*. C'était à quatorze
ans pour les hommes, et à onze ans pour les femmes,
que le bail prenait fin (154). On conservait le bail, quoiqu'on se remariât une ou plusieurs fois (157). Du reste,
rien n'empêchait d'avoir à la fois la tutelle et le bail des
mineurs (155) (a). Le bail donnait droit aux revenus des
biens et aux intérêts des sommes mobilières (158-160).
Il imposait les charges suivantes : 1º payer le simple

(a) Touchant l'observation des articles 155, 156 et 160 de la *Coutume*, il y avait un acte de notoriété du 12 décembre 1708.

relief de bail (158), 2° faire inventaire et estimation par justice (159-160), 3° rendre les mineurs quittes et indemnisés de toute dette à la fin du bail, quand bien même les meubles seraient insuffisants pour le paiement des dettes (160), 4° payer les arrérages des rentes foncières et autres rentes hypothéquées (160), 5° alimenter, entretenir et gouverner le mineur et le faire élever suivant son état et sa qualité (160), 6° entretenir les bâtiments de toutes réparations viagères (160).

Après avoir expliqué les principes généraux du droit de bail, il convient d'entrer dans quelques détails à ce sujet. Le bail était accordé au survivant des conjoints, quand même il eût été mineur de vingt ans, parce que ceux qui sont mariés étant réputés capables d'administrer leurs biens, doivent être capables d'administrer ceux de leurs enfants.

Le bail appartient au plus proche parent, à défaut du père et de la mère, parce que le droit de bail suit, en Artois, la succession mobilière. C'est pour la même raison que les femmes, en ligne ascendante et collatérale, peuvent accepter le bail. Nous avons vu que le bail n'était pas obligatoire; mais quand on l'avait pris, il n'était plus permis de le répudier. Les auteurs en étaient venus à se demander si ce droit était susceptible de cession ou de donation, comme tout autre droit réel, et on décidait généralement que ces stipulations pouvaient valoir à l'égard de celui qui les avait faites, mais n'engageait pas ses héritiers. La mauvaise conduite notoire était une cause d'exclusion du droit de garde, le Conseil d'Artois l'avait décidé, le 19 mars 1675, contre un sieur Waulier, licencié en droit, prétendant à la garde de ses neveux mineurs. Le père et la mère ne pouvaient point, par leur testament, empêcher l'exercice du droit de garde, parce que ce droit était pour ainsi dire considéré comme d'ordre public (a). Les baillistes devaient relever et appréhender le droit de garde, l'article 158 de la *Coutume* leur en faisait une obligation expresse ; il ne leur aurait donc pas suffi de l'accepter par acte judiciaire.

Une règle fondamentale en cette matière, était que *la garde ne se divisait pas*. Spécialement, il n'était pas permis d'accepter la garde de l'aîné et de répudier celle des puînés, car, disaient les auteurs, les puînés aussi bien que les aînés, les femelles aussi bien que les mâles, étant enfants du même père, il est juste qu'ils aient une éducation semblable.

La garde pouvait être acceptée sous bénéfice d'inventaire, parce que, disait-on, ce n'est pas un *titre universel* qui oblige au-delà de l'émolument, mais un *titre particulier* dont on n'est tenu que jusqu'à concurrence des forces. Un exemple remarquable en ce genre, est celui de Pierre de Luxembourg, qui eut *bail et gouvernement pour bénéfice d'inventaire* d'Antoine de Bournonville, fils et héritier d'Aleaume de Bournonville, tué à la bataille d'Azincourt (b). En Artois, à l'exception du père et de la mère, nul ne pouvait être tuteur sans être bailliste ; on en concluait que celui qui avait accepté la garde avait toujours le droit de se faire nommer postérieurement tuteur. Enfin, on décidait que le bailliste n'était

(a) C'est aussi l'opinion de Pithou dans ses notes sur l'article 13 de la *Coutume de Troyes*.

(b) Extrait des registres de la Chambre des comptes de Lille, années 1417 et 1418.

pas tenu de donner caution, hors pour des cas graves; la Coutume ne parlant pas de cette obligation (a).

Le droit de garde, que nous venons d'examiner sommairement, a eu dans l'histoire quelques applications qu'il importe de signaler. Ainsi, Philippe-Auguste n'était que bailliste de l'Artois pour son fils Louis VIII, quand il confirma ou octroya des coutumes à Arras, Hesdin, etc. C'est aussi le droit de bail qui donna lieu à un procès célèbre entre Jeanne, comtesse de Boulogne, qui prétendait au bail et à la garde de son fils, et Marguerite, comtesse de Flandre, plus proche parente du mineur. Le Parlement de Paris se prononça, en 1348, en faveur de la mère. Ce qui est assez curieux, c'est que le droit de bail n'est que le dérivatif de celui que les seigneurs exerçaient à l'égard des églises, des couvents et de quelques communes, sous le nom d'*avoués*, *défenseurs* et *vidames*, et pour lequel ils avaient fini par se faire payer, car rien n'était gratuit au Moyen-Age. Aussi, ce droit est-il appelé, dans quelques coutumes, *advouerie* ou *main-hourie*.

On sait que le droit de bail n'a point passé dans nos Codes; il ne faut pas le regretter. En effet, ce droit devait engendrer bien des difficultés, et n'offrait aux mineurs qu'un avantage très-contestable : pour les affranchir de toutes pertes, on commençait par les affranchir de presque tous leurs revenus. Mieux vaut leur laisser leur fortune distincte et séparée, sauf à la faire administrer par un gérant responsable.

(a) Un arrêt du Conseil d'Artois du 27 novembre 1764, avait pourtant jugé le contraire. La caution fut même dans l'espèce exigée du bailliste, quoiqu'il en eut été dispensé originairement.

CHAPITRE IV.

INTERDICTION

En matière d'interdiction, le droit romain admettait
des principes tout autres que le droit moderne. Ainsi,
il n'était pas défendu aux fous de contracter, mais si on
pouvait prouver qu'ils avaient contracté sans être sains
d'esprit, l'acte qu'ils avaient fait était annulé. Ce principe, qui donnait lieu à une infinité de procès, avait été
admis en Artois (a). On y reconnaissait, en outre, toujours par application du droit romain et contrairement
à certains usages empruntés au Moyen-Age, que les fous
ne pouvaient délinquer criminellement. Aux magistrats
appartenait le soin de les faire enfermer (b). Le sourd-
muet n'était pas assimilé au fou ; aussi était-il responsable des fautes qu'il avait commises. C'est ce qui avait
été solennellement reconnu dans un procès célèbre jugé
à l'échevinage d'Arras au mois d'août 1584. Un sourd-

(a) Le Conseil d'Artois avait jugé, le 3 août 1748, que celui dont on
provoque l'interdiction ne pouvait appeler de la sentence qui ordonne
qu'il sera interrogé, parce que, si véritablement il n'était pas capable
d'une volonté libre, la sentence aurait été rendue avec un incapable.
On n'a pas vu que c'était précisément juger la question par la question.

(b) On admettait, du reste, qu'on ne saurait trop prendre de précautions pour prononcer une interdiction. Ainsi, on voulait que la
personne qu'il s'agissait d'interdire fut toujours interrogée, ainsi que
cela se pratique de nos jours, et l'on demandait généralement l'avis
des médecins. L'interdiction du chef de prodigalité ne se prononçait
aussi qu'après enquête et information, et sur l'avis d'une assemblée
de parenté.

muet avait tué sa sœur. Les magistrats demandèrent à
cris publics si quelqu'un voulait se charger de sa défense. Personne ne s'étant présenté, on lui donna un
défenseur d'office. Le sourd-muet fut reconnu coupable
et condamné à périr par l'épée. Le défenseur appela de
la sentence, mais elle fut confirmée au Conseil d'Artois.

Quant aux prodigues, c'était seulement contre eux
que l'interdiction était prononcée. On comprend la différence que cet état de choses crée avec le droit moderne,
qui se borne à donner aux prodigues un conseil judiciaire, et qui réserve l'interdiction pour les fous. Jusqu'à
un certain point, les intérêts du prodigue étaient mieux
défendus que ceux du fou. Quoiqu'il en soit, lorsqu'on
voulait faire procéder à l'interdiction d'un prodigue, il
fallait, d'après l'habitude des Pays-Bas, que les plus
proches parents présentassent une requête dans laquelle
étaient énoncés les motifs qui leur faisaient demander
l'interdiction. Des lettres patentes étaient alors adressées au juge de la province ou au magistrat subalterne
du domicile du prodigue. En vertu de ces lettres, le
juge commettait un sergent ou huissier, à l'effet de signifier au prodigue et à ses parents et amis la demande
d'interdiction ; les lettres patentes étaient, en outre,
affichées en public. Ensuite, il était procédé par le juge
à l'entérinement des lettres patentes, et l'interdiction
était prononcée. Le prodigue était dès lors pourvu d'un
curateur pour régir et administrer ses biens. Ces formalités, qui sont toutes de bon sens, ont à peu près été
conservées par le Code Napoléon dans le cas d'interdiction. Si le prodigue revenait à une meilleure conduite,
il pouvait se faire relever de son interdiction ; c'est ce

qui avait été formellement reconnu à la gouvernance d'Arras, au mois de juin 1626.

———

CHAPITRE V.

PUISSANCE PATERNELLE.

La paternité, la filiation (a) et la puissance paternelle touchent à un ordre d'idées trop élevé pour que les coutumes s'en soient beaucoup occupées. Dans l'ancien droit, ces matières étaient plutôt régies par la loi politique que par la loi civile. Pourtant, on rencontre chez les auteurs quelques principes épars, que nous allons indiquer. Le droit français a, de tout temps, répudié le système romain, en ce qui touche la puissance paternelle. Coquille, dans son *Institution du Droit français,* dit que la puissance paternelle n'est que *superficiaire* en France. Gosson, en parlant de l'Artois, s'exprime ainsi : « Dans ce pays, on ne connait pas le pouvoir de la ser- » vitude personnelle sur les enfants, les adoptions ni » les émancipations, ni les droits de patronat ; en effet, » tout homme y jouit de la liberté naturelle par le bien- » fait de la Providence, et les fils de famille y sont » *sui juris* et naturellement émancipés. »

D'après ces principes, les hommes et les femmes, dès

___

(a) Les lois somptuaires s'étaient attaquées au luxe des baptêmes. Un placard du 7 octobre 1531 prohibait les dons faits à cette occasion, excepté aux enfants des pauvres et aux indigents. Il est vrai que des modifications furent apportées à ce placard par celui du 31 janvier 1545.

qu'ils étaient *exiges*, c'est-à-dire dès qu'ils étaient parvenus à l'âge de quinze et de douze ans, pouvaient tester et disposer des fruits de leurs héritages; mais, ce n'est qu'à vingt ans pour les hommes, et à seize ans pour les femmes, qu'il était permis de s'obliger et d'aliéner. Ainsi, dans l'espace intermédiaire entre quinze et vingt ans pour les hommes, et douze et seize ans pour les femmes, on se trouvait dans une espèce d'état d'émancipation légale. Les enfants pouvaient actionner leurs parents en justice sans se faire autoriser; on ne croyait pas que la puissance paternelle dût prévaloir contre le droit : c'est aussi ce qu'a décidé le Code Napoléon.

Le 11 janvier 1758, il fut décidé, au Conseil d'Artois, toutes chambres réunies, que, quoique l'article 154 de la *Coutume* fixe la majorité pour les garçons à vingt ans, et pour les filles à seize ans, la puissance paternelle ne cessait pas alors si absolument qu'un père ne pût faire mettre son enfant jusqu'à l'âge de vingt-cinq ans dans une maison de force, par forme de correction, et qu'une mère ne pût en agir de même, avec l'autorisation du juge, qui prend presque toujours l'avis des plus proches parents, tant du côté paternel que maternel (*a*). Le Conseil d'Artois avait d'ailleurs un tel respect pour la puissance paternelle, qu'il alla jusqu'à re-

(*a*) Par jugement rendu en l'audience du 22 février 1748, le Conseil d'Artois a enjoint aux supérieures et religieuses de la Providence d'Arras de ne recevoir aucune personne en leur maison, si ce n'est avec l'ordonnance du juge de police ou de l'ordre du père, par rapport aux filles mineures de vingt-cinq ans, sans toutefois que le père qui a convolé à de secondes noces, puisse enfermer les filles du premier lit, mineures de vingt-cinq ans, qu'avec l'ordonnance du juge de police.

fuser à une mère, qui avait quitté le toit conjugal quelques jours après son accouchement, le droit d'emmener avec elle l'enfant qu'elle allaitait; cet enfant, dit l'arrêt, devant toujours appartenir au mari (15 janvier 1748). Au reste, le droit de puissance paternelle n'allait pas jusqu'à pouvoir envoyer hors du royaume les enfants pour y être élevés. Une déclaration du roi du 2 septembre 1665 s'y opposait.

Quant aux actes respectueux à faire par les filles pour arriver au mariage, on tenait généralement qu'ils ne pouvaient avoir lieu sans que préalablement la fille, qui avait quitté le domicile de ses parents, ne se fût retirée dans une maison religieuse. C'est ce qui avait été jugé au Conseil d'Artois, à l'égard d'une demoiselle Rouget, fille d'un ancien avocat et procureur du roi de la ville d'Arras, qui voulait épouser M. Delahaye, avocat, contre le consentement de sa mère. On refusait aussi à l'enfant ayant encore son père et sa mère, de faire publier ses bans avant ou pendant les sommations respectueuses; on y voyait un manquement à l'autorité paternelle.

En terminant ces courtes indications sur le droit de puissance paternelle en Artois, nous ne pouvons nous empêcher de citer encore une fois le langage élevé que Gosson emploie pour en parler : « La société du père » avec ses enfants, dit-il, est une espèce de royauté. — » Dès que les enfants sont nés, le père en a soin et » s'applique uniquement à leur procurer la nourriture » et l'éducation, et comme le père prudent examine la » suite des choses et prévoit le cours de la vie de ses » enfants, il leur prépare ce qui leur est nécessaire pour » la passer. Enfin, le père a coutume de rapporter à

» l'utilité de ses enfants tout ce qu'il fait et tout ce qu'il
» pense. De même, un roi bon, prudent et juste rap-
» porte tout au bien public; car, toute l'administration
» d'un royaume doit avoir pour but le bien de ceux qui
» sont gouvernés, et non le profit de ceux qui gouver-
» nent. En effet, un roi est créé pour le peuple, et non
» le peuple pour un roi. » (a) Ainsi, cette formule célèbre dont on a fait honneur à Massillon, avait été
trouvée par un jurisconsulte du XVIᵉ siècle, et ce jurisconsulte appartient à l'Artois.

CHAPITRE VI.

PUISSANCE MARITALE.

A côté de la puissance paternelle, il faut placer la
puissance maritale (b). Cette puissance était régie dans
l'ancien droit de l'Artois à peu près comme dans notre
droit actuel, sauf en ce qui concernait la faculté pour la
femme de tester. Ainsi, d'après l'article 86, contraire en
cela à beaucoup de coutumes, il était défendu aux femmes de tester sans l'autorisation de leurs maris. En
vertu de l'article 13 de l'Édit perpétuel du 12 juillet
1611, on décidait même que si une femme avait disposé
hors de l'Artois, de biens situés en cette province, l'autorisation était indispensable. Pour le reste, la législa-

(a) Gosson. — Notes sur l'art. 12 de la *Coutume d'Artois*.

(b) Le Conseil d'Artois avait décidé, contrairement au principe
romain, qu'il n'y a pas de société dans le concubinage (arrêt du 10
janvier 1750).

tion de l'Artois était entièrement conforme à l'art. 217
du Code Napoléon ; la femme n'y pouvait valablement
contracter sans autorisation maritale, à moins qu'elle
fût marchande publique et que ses engagements eussent
rapport à son commerce (86). (a) Le consentement du
mari était également requis, quand la femme devait accepter une succession, donner quittance, aliéner ses
biens, citer en jugement, passer un aveu ; mais il n'était
pas nécessaire en matière criminelle. Si le mari était
absent, ou si, par une cause quelconque, il ne pouvait
donner son consentement, la femme se faisait autoriser
par le juge. Les auteurs décidaient que le mari ne pouvait, sans de justes motifs, refuser à la femme son consentement pour tester, et qu'il était permis à cette dernière d'avoir recours au magistrat de son domicile, en
cas de mauvais vouloir ou de circonstances pressantes.
Desmazures nous dit que les auteurs étaient très-divisés
sur la question de savoir si la seule présence du mari
au testament de sa femme équivalait à l'autorisation.
Quant à lui, il se prononce pour l'affirmative. Au reste,
l'autorisation donnée par le mari à la femme pour tester
ne préjudiciait en rien aux droits de communauté qu'il
pouvait avoir. Pour les autres actes que les testaments,
il n'y avait pas de doute ; on reconnaissait généralement
que la présence du mari valait autorisation. Cette interprétation s'appuyait sur ce que la coutume ne réclamait
pas un consentement exprès. L'usage en avait même été
attesté par les bailliages d'Arras, Saint-Omer et Bapaume,
les 30 décembre 1706, 26 et 28 janvier 1707. Un arrêt

(a) Le Conseil d'Artois avait, le 20 février 1748, déclaré nul un
partage fait par une mère sans autorisation de son mari.

du Parlement de Paris du 14 mai 1709 avait confirmé cette doctrine. La femme s'obligeait valablement sans autorisation, quand ses obligations avaient une cause naturelle, la piété ou le devoir, ainsi que pour conventions matrimoniales et profession de vie monastique de ses enfants, pour tirer son mari de prison, pour se justifier d'un crime capital, pour récompense de services rendus, etc.

On ne se douterait guère de la raison que donne Maillart de la nécessité de l'autorisation maritale. « Une » des peines, dit-il, que Dieu imposa à la première » femme, en punition d'avoir succombé à la tentation » du serpent, fut celle de la soumission au mari. (a) »

L'article 88 de la *Coutume* accorde au mari le droit de poursuivre, seul et *sans le su de sa femme*, toutes les actions personnelles ou hypothécaires de celle-ci; mais, pour les actions pétitoires réelles, il fallait qu'elle fût en cause (a). De ce que le mari pouvait, à l'insu de la femme, poursuivre ses actions mobilières et possessoires, on en concluait qu'il pouvait le faire même malgré elle. Mais on n'allait pas jusqu'à lui permettre d'accepter, sans le consentement de sa femme, une succession purement mobilière, parce que cette acceptation l'aurait soumise au paiement des dettes du défunt. On trouvait, dans la coutume de Paris, l'explication de ce qu'il fallait entendre par les *actions pétitoires réelles*, que le mari ne

---

(a) Maillart. — Note 12 sur l'art. 85.

(a) Le Conseil d'Artois avait décidé (19 mars 1750) qu'en l'absence du mari, la femme avait le droit de recevoir les revenus et d'en faire décharge ; on disait que si le mari avait voulu qu'il en fut autrement il n'avait qu'à désigner un mandataire.

pouvait exercer sans le consentement de sa femme.
L'article 226 de cette coutume disait, en effet : « Le
» mari ne peut vendre, échanger, faire partage ou lici-
» tation, charger, obliger, ni hypothéquer le propre de
» sa femme. » Si le mari l'avait fait, la femme n'avait
pas immédiatement recours contre lui, parce que tant
que la femme reste en communauté, elle ne peut revenir contre le bien de son mari. Ce n'était qu'à la dissolution de la communauté, qu'elle pouvait agir en désistement contre les tiers, sans que ceux-ci eussent le droit
d'invoquer la prescription. Ces principes avaient été
solennellement reconnus au Parlement de Paris, le 31
août 1709, par arrêt confirmatif d'une sentence du Conseil d'Artois, du 4 juin 1707. Quant au remploi du propre
aliéné, il y avait de graves discussions à cet égard.
Quelques-uns soutenaient qu'il ne devait avoir lieu
qu'autant qu'il avait été stipulé dans le contrat, et ils
s'appuyaient sur un arrêt du Parlement du 2 juillet
1671, qui infirmait une sentence du Conseil d'Artois du
29 mars 1670 ; mais le plus grand nombre était d'avis
que le remploi était obligatoire, en tout état de cause,
et cette opinion avait été corroborée par plusieurs arrêts
du Parlement de Paris, savoir : du 3 septembre 1693,
confirmatif d'une sentence du Conseil d'Artois du 3 octobre 1690 ; du 11 août 1699, infirmatif d'une sentence
du Conseil d'Artois du 7 avril 1696 ; du 30 juillet 1701,
et enfin du 27 mai 1713.

Une disposition assez extraordinaire se trouve dans
l'article 87 de la *Coutume*, c'est celle qui défend à la
fiancée de contracter sans autorisation de son fiancé. —
Dumoulin disait, à propos de cet article : *Hoc ineptum,*

quàm possit majùs, videlicet discedere à sponsalibus. —
Nous sommes tout à fait de l'avis de Dumoulin. Maillart
essaie de justifier cette disposition par la raison que le
mariage n'ayant été convenu avec la femme qu'à cause
du bien qu'elle paraissait avoir, dans le temps qu'elle a
été fiancée, il n'est pas juste de lui laisser la possibilité
d'en frustrer son futur époux. Cela ne répond pas à l'argument si net et si péremptoire de Dumoulin.

La délicate question des moyens de coërcition du
mari à l'égard de la femme, avait aussi fixé l'attention
du Conseil d'Artois. On y avait décidé d'abord (26 mars
1751) que la femme qui quitte, sans motif légitime, le
domicile conjugal, peut être privée de son douaire. On
reconnaissait de plus au mari le droit de faire enfermer
sa femme qui se conduisait mal.; ainsi, le sieur Nicolas-
Joseph Husson, peintre, natif d'Arras, ayant épousé à
Paris Elisabeth Bonnier, fille d'un préposé des finances
du roi, obtint, six semaines après son mariage, des
échevins d'Arras, la permission de la faire enfermer à
la Providence, par forme de correction. Elle y fut conduite dans un carrosse pendant la nuit par deux archers.

CHAPITRE VII.

SÉPARATION DE CORPS.

La séparation de corps était usitée en Artois, comme
dans tous les pays de coutumes. Elle ne pouvait avoir
lieu que pour cause grave, et elle devait être prononcée par le juge ecclésiastique. Toute séparation

volontaire était nulle. Les causes graves étaient, suivant le droit canonique, l'hérésie, l'adultère (a), la rudesse intolérable du mari et l'inimitié capitale entre les conjoints. Les mauvais traitements, de la part du mari, devaient être fort sérieux, pour donner matière à la séparation de corps; « car, dit Desmazures, comme » la correction modérée est permise au mari, à l'endroit » de sa femme, suivant l'avis des Docteurs, la femme » ne serait fondée de prétendre séparation de corps » pour légers rudoiements ou corrections. (b) » Pendant l'instance en séparation, le mari devait donner caution personnelle et juratoire de traiter sa femme avec douceur. Il est probable que ce frein n'était pas toujours efficace; mais, ce qui l'était davantage, c'était la nécessité de fournir une provision alimentaire, comme cela se pratique encore aujourd'hui. La séparation de biens, demandée comme conséquence du jugement de séparation de corps, était de la compétence du juge laïque. Ainsi, la séparation de corps n'entraînait pas forcément la séparation de biens, comme sous l'empire de l'article 311 du Code Napoléon. La provision alimentaire était aussi accordée par le juge laïque. Au

---

(a) L'adultère était généralement puni de mort. Ainsi, Guy de Rancourt, sergent de Saint-Vaast d'Arras, fut condamné, l'an 1608, au dernier supplice par l'épée, pour adultère commis avec une femme qu'il avait séduite, sous la promesse qu'il ne poursuivrait pas la saisie des meubles par lui commencée.

(b) La séparation ne pouvait avoir lieu, si ce n'est pour sévices et mauvais traitements du mari, bien prouvés. L'adultère du mari n'était pas une cause de séparation. Ces deux points ont été décidés par arrêt du Conseil d'Artois du 18 janvier 1748. Il s'agissait d'une concubine entretenue dans le domicile conjugal; celle-ci ayant été,

reste, la séparation de corps ne dissolvait pas le mariage, et par conséquent l'autorité maritale subsistait toujours en principe. La femme séparée ne pouvait donc valablement s'obliger. Quant aux dettes antérieures à la séparation, on comprend que le jugement ne devait pas porter préjudice aux créanciers, et qu'elles subsistaient de la manière qu'elles avaient été contractées. La réconciliation faisait tomber la séparation prononcée ; elle était aussi une fin de non recevoir contre l'instance en séparation.

Reste une grave question qui a longuement exercé les arguments des commentateurs : c'est celle de savoir si *la frigidité ou l'impuissance des conjoints* était une cause de séparation de corps ? En Artois, on tenait généralement pour l'affirmative ; mais on repoussait avec soin ces épreuves immorales, ces visites scandaleuses que d'autres provinces admettaient, et que l'officialité de l'archevêché de Malines avait, pour ainsi dire, formulées en procédure. La preuve de l'impuissance se tirait de faits notoires ou de la commune renommée : la justice y perdait peut-être en lumières, mais les mœurs publiques y gagnaient en décence.

le jour même de son mariage, conduite dans sa chambre à coucher par son mari, y aurait remarqué deux lits et aurait demandé pour qui était le second, à quoi le mari répondit que c'était pour sa servante, mais qu'elle n'y coucherait que la nuit suivante Dans ces circonstances, on s'explique difficilement que le Conseil d'Artois ait refusé de prononcer la séparation de corps ; il faut qu'il ait été bien attaché au principe de l'indissolubilité du mariage, ou bien peu scrupuleux sous le rapport des mœurs

CHAPITRE VIII.

ENFANTS NATURELS.

On trouve, dans la législation coutumière de l'Artois, quelques règles sur les enfants naturels, qui peuvent se résumer ainsi qu'il suit (a). La légitimation avait lieu par mariage subséquent et par lettres du prince. La légitimation par mariage subséquent était de beaucoup la plus favorable ; elle donnait aux enfants naturels les mêmes droits qu'aux enfants légitimes. La légitimation par lettres du prince ne servait, pour ainsi dire, qu'*ad honores*. Elle n'appelait pas les enfants naturels à la succession de leurs père et mère ; tout au plus avait-elle pour effet de permettre à leurs frères et sœurs de succéder, à l'exclusion du seigneur viscontier. Le père et la mère devaient des aliments à leurs enfants naturels, ils étaient même obligés de leur faire apprendre un état.

Les enfants incestueux ou adultérins ne pouvaient rien recevoir de leurs père et mère, sinon pour aliments indispensables (b). Un placard de Charles-Quint, du 20 octobre 1541, défend de les légitimer, ainsi que

(a) On avait vivement agité la question de savoir si les bâtards pouvaient porter le nom de leurs mères ; l'affirmative avait fini par triompher.

(b) Il avait été décidé qu'un bâtard de dix-huit ans avait le droit de demander des aliments à son père, lorsque celui-ci ne lui avait pas fait apprendre de métier. (Arrêt du Conseil d'Artois du 23 juin 1759. — Mabille, v° *Bâtard.*

tous bastards engendrez par gens d'esglise ou de religion.
Une bulle du pape Sixte-Quint, du troisième jour des
Calendes de décembre 1583, leur interdisait même de
prendre l'habit ecclésiastique séculier ou régulier (a).

CHAPITRE IX.

DOMICILE.

On reconnaissait généralement en Artois cinq espèces
de domiciles : 1° le domicile d'origine, c'est-à-dire celui
que les père et mère avaient lors de la naissance de
l'enfant ; 2° le domicile accidentel, c'est celui que produit une résidence passagère ; 3° le domicile imparfait,
qui était occasionné par une résidence ordinaire, en un
lieu passager, par exemple, pour son plaisir ou pour
ses affaires ; 4° le domicile de dignité, requérant résidence parfaite et continuelle, tel que celui des prélats
et des magistrats (b) ; 5° enfin, le domicile d'élection,
tel que celui qui est pris pour la validité d'un acte ou
d'une procédure. On retrouve à peu près dans cette division tous les principes posés par le Code Napoléon.

Le domicile d'un homme marié était celui où il se
retirait avec sa femme après le mariage, dans la vue,

(a) Pour prouver la légitimité d'une personne, il faut la preuve
du mariage même des père et mère (Mabille, v° *Légitimité*).

(b) Le vrai domicile d'un gouverneur n'est pas celui du lieu de
l'exercice de sa charge, mais celui de la résidence de sa personne. —
Mabille, v° *Domicile*.

d'une demeure perpétuelle. On suivait en cela la loi 5, Dig. *De ritu nuptiarum*. Dans le doute, le domicile du mari était celui où la femme tient ménage. Les militaires conservaient leur domicile originaire, en quelque endroit qu'ils fussent employés, d'après les déclarations du roi du 9 avril 1707, 7 décembre 1712 et 3 février 1731 (*a*).

CHAPITRE X.

DROITS SEIGNEURIAUX.

Nous avons examiné ce qui est relatif au droit des personnes, tel que nous le comprenons de nos jours; mais, dans l'ancien régime, il existait une autre division très-importante des individus, c'est celle des nobles et des roturiers (*b*). Bien qu'heureusement cette distinction n'ait plus aucune application aujourd'hui, il importe de l'étudier, car on n'aurait qu'une idée imparfaite du droit coutumier, si on la laissait de côté.

La coutume d'Artois, comme toutes les autres, consacre un grand nombre d'articles à la réglementation de cette matière. Sans doute, elle y apporte des idées qui

---

(*a*) Lorsque le roi accordait des lettres de naturalité à quelqu'un domicilié dans la province, il y mettait presque toujours pour condition que l'impétrant serait obligé de se pourvoir au Conseil d'Artois, pour obtenir l'enregistrement.

(*b*) Les droits féodaux tenaient une place tellement importante dans l'ancienne législation que la Coutume leur consacre soixante-quatorze articles, c'est-à-dire plus du quart de son étendue.

noūs paraissent tout à fait surannées ; pourtant, il faut reconnaître qu'elle a admis des principes assez libéraux, pour le temps où elle a été écrite, et que toutes les fois qu'elle a pu faire fléchir le privilége devant l'intérêt général elle n'y a pas manqué. C'est ainsi qu'elle ne reconnaît aucune différence entre nobles et roturiers, en ce qui concerne les partages, et qu'elle n'y considère que la nature des biens (94). De même, elle concéde aux uns et aux autres les mêmes avantages, en fait de garde et de bail de leurs enfants mineurs (160). Ces efforts sont très-louables, assurément; malgré cela, la Coutume a été obligée de faire une part très-considérable à toute une classe de citoyens qui s'appelait la noblesse. Il faut donc la suivre sur ce terrain, et voir les prérogatives qu'elle a accordées à cette classe.

Examinons d'abord ce qu'on appelait les droits honorifiques. Il y en a un surtout qui avait suscité bien des difficultés, c'était celui d'avoir un banc dans le chœur de l'église. Ce droit n'appartenait qu'aux seigneurs. Une possession, quelle que longue qu'elle fût, était toujours considérée comme précaire, pour tout autre que le seigneur. C'est ce qu'avait jugé le Conseil d'Artois, par arrêt du 5 avril 1752. Mais, les curés cherchaient quelquefois à entraver ce droit à l'égard du seigneur lui-même, et alors s'élevaient des procès violents, comme celui du prince de Soubise, qui se plaignait que son curé avait fait peindre son banc en couleur blanche, pour le confondre avec celui des particuliers. Pourtant, il était généralement reconnu que les domestiques des seigneurs ne devaient pas être confondus avec le commun des fidèles; ils avaient droit à une banquette dans la nef, avant tous les autres. On pensait sans doute que si la domesticité anoblit auprès des souverains, elle doit créer des privilégés auprès des seigneurs.

Une autre difficulté existait aussi fréquemment entre les seigneurs et les curés, c'était celle relative à l'eau bénite. Le seigneur devait-il la recevoir par aspersion ou par présentation du goupillon ?... Cette grave question avait donné lieu à une infinité de procès. Un, entr'autres, jugé au Conseil d'Artois, en 1755, mérite d'être rapporté. Mademoiselle de Thieulaine, fille de M. de Thieulaine, seigneur d'Hauteville, qui avait droit à la présentation du goupillon, se trouvait un jour à la messe sans son père. Le curé se borna à *l'asperger*. De là, plainte devant le Conseil d'Artois. Le curé prétendit que le droit de goupillon n'existait pour les enfants qu'autant que les parents étaient présents, mais le Conseil se prononça contre cette interprétation.

Quant à l'encens, il avait été jugé que, pour le recevoir, il fallait être placé dans le chœur, et que, par conséquent, le curé n'était pas obligé d'encenser le seigneur, s'il se mettait à un autre endroit de l'église. (Arrêt du Conseil d'Artois du 31 juillet 1751).

Le patronat des églises était aussi vivement recherché. On avait décidé que le droit de présentation à la cure ne suffisait pas seul pour le faire attribuer, il fallait encore y joindre la possession des droits honorifiques.

CHAPITRE XI.

NOBLESSE.

Les priviléges attachés à la noblesse, avant 1789, devaient la rendre fort précieuse. Si elle est encore tant recherchée aujourd'hui, quoiqu'elle ne donne plus que des satisfactions d'amour-propre, on comprend ce que ce devait être quand des avantages matériels fort importants y étaient attachés. Aussi, avait-il fallu de nombreuses décisions pour distinguer ceux qui étaient nobles de ceux qui ne l'étaient pas. Nous n'avons pas la prétention de faire ici un code de la noblesse; nous allons seulement indiquer quelques principes généralement reconnus en Artois en cette matière.

La noblesse de génération s'y établissait par la qualité de l'aïeul; un édit des archiducs, du 14 décembre 1616, le décidait ainsi. Quatre points principaux étaient examinés, quand il s'agissait de prouver sa noblesse : 1° la commune renommée; 2° la manière de vivre; 3° la chevalerie du père ou de l'aïeul; 4° la possession de châteaux par soi-même ou par ses ancêtres. La possession de la noblesse était ordinairement fixée à cent ans (a).

Des placards des 13 février 1536 et 23 septembre 1595

(a) Les conseils provinciaux et autres siéges de justice, ne devaient fonder leurs jugements, en fait de noblesse, sur des attestations de hérauts d'armes, que quand ces attestations reposaient sur des titres authentiques. Ordonnance du Conseil privé de Bruxelles, du 14 septembre 1673.

punissaient les usurpations de noblesse. Ils ordonnaient aux États d'Artois de faire rechercher ceux qui se rendaient coupables de ces usurpations, et défendaient expressément aux notaires d'attribuer aucun titre dans leurs actes, aux parties, sans connaissance de cause (a). De tout temps, la vanité a eu besoin de barrières, mais elles ont toujours été si impuissantes qu'il vaudrait peut-être mieux les lever toutes.

Les roturiers pouvaient prendre armoiries, pourvu que ce ne fussent pas celles d'autrui, « car, comme dit » Barthole, les armoiries et écussons ne sont inventés » pour démonstration de noblesse. » Au reste, pour jouir des prérogatives de la noblesse en Artois, il ne servait à rien d'être anobli par quelque prince ou monarque étranger ; les placards des 23 septembre 1595 et 14 décembre 1616 le décidaient formellement. Les comtes du St-Empire romain, si nombreux aujourd'hui,

(a) Jugé le 9 décembre 1769 au Conseil d'Artois, entre le sieur Hibon, procureur du roi de l'élection, et le sieur Réné de Moges, 1° que des descendants d'officiers de cours souveraines ne peuvent prendre la qualité de chevaliers, quoique leurs auteurs l'aient portée à titre de leurs charges, quand ces charges ne leur rendaient cette qualité que personnelle ; 2° que la couronne de comte prise indûment dans un cachet, soumettait à l'amende. Toutes les chambres réunies du Conseil d'Artois avaient même examiné, le 7 décembre 1763, si ceux qui prenaient indûment des couronnes de comte, de marquis, ou d'autres, devaient être condamnés en soixante ou en trois cents livres d'amende, et il avait été décidé que l'amende était de trois cents livres. Cette pénalité fut appliquée, le 24 novembre 1763, à un sieur Degargon qui, ayant fait bâtir un château à Rollepot, avait mis sur le fronton une couronne de comte, quoiqu'il ne fût qu'écuyer. Me Delegorgue plaidait pour le sieur Hibon, procureur du roi à l'élection, et Me Leducq pour le sieur Degargon.

n'auraient donc pas eu beau jeu dans cette province.
Le placard du 14 décembre 1616 permettait d'acquérir
la noblesse par prescription; mais, dans ce cas, les
juges de l'élection disaient seulement que telle personne
serait admise à jouir des droits afférents à noble, tandis
que, quand on avait fait preuve de trois générations de
noblesse, ils ajoutaient que cette personne était noble
et extraite de noble génération. Desmazures nous apprend
qu'il l'a jugé et vu juger ainsi à l'élection.

A côté de la noblesse de race, il y avait la noblesse
politique (a), c'est-à-dire celle qui provenait de l'exercice
de quelques fonctions (b); ainsi, étaient nobles les présidents et gens des conseils, tant des Pays-Bas que des
cours souveraines. Les veuves des conseillers jouissaient
des mêmes privilèges et franchises que leurs maris,
ainsi que les veuves des gentilshommes, mais à la condition que les unes et les autres ne se remariassent point
à un roturier. Les docteurs en droit canon ou civil n'é-
taient point anoblis par leur grade. On n'admettait pas
non plus au rang des nobles ceux qui achetaient des
terres érigées en comtés ou baronies (c); ainsi, les sa-
vonnelles à vilains n'étaient pas reconnues en Artois.

(a) Jugé au Conseil du roi en 1620 que, quand Sa Majesté a créé
quelqu'un chevalier, elle est censée avoir anobli sa postérité et ses
descendants.

(b) En vertu d'un édit du mois de juillet 1481 les maire et échevins d'Arras jouirent de la noblesse transmissible, mais ce privilège
leur a été enlevé à la suite du traité de Cambrai du 22 mai 1493.

(c) Les conseillers au Conseil d'Artois avaient la noblesse graduelle
héréditaire, c'est-à-dire qu'ils pouvaient transmettre la noblesse à
leurs enfants à la suite de deux degrés de services. Un acte de notoriété du 28 janvier 1747 constate que les juges dans ce Conseil ont

L'aîné de la famille portait les pleines armes (a), et, s'il venait à mourir avant son père, son fils lui succédait dans cette prérogative, par droit de représentation. Les puînés pouvaient prescrire le port d'armoiries pleines par temps immémorial. Pendant le procès intenté sur le fait de noblesse (b), celui qui était en possession conservait ses titres ; la présomption étant toujours en faveur de l'accusé. En Artois, les nobles étaient contraignables par corps, pour dettes civiles ; ils étaient *sujets à guet et à garde*, comme les autres habitants (c). On aurait pu désirer mieux, mais c'était déjà quelque chose.

Si la noblesse ne se perdait jamais par prescription (d), elle se perdait par *dérogeance*. Mais, quand dérogeait-on ? C'était une grave question, sur laquelle la jurisprudence et les commentateurs avaient beaucoup varié. Après bien des contestations, on s'était à peu près arrêté aux points suivants. Un gentilhomme, faisant trafic par mer, n'était point réputé déroger, pas plus que celui qui était commis aux ministres, ou qui exerçait la profession

toujours été qualifiés de *Messires* et *Chevaliers*, que les chevaliers d'honneur étant déjà nobles, ont aussi toujours joui des mêmes qualifications, et qu'enfin, les conseillers et gens du roi ont eu, de tout temps, le titre d'*Ecuyers*.

(a) Desmazures tit. XXIII, n° 21.

(b) Les usurpations d'armoiries et autres marques d'honneur se poursuivaient, en Artois, devant les élus du pays. Lettre du Conseil privé du roi d'Espagne, du 21 août 1630.

(c) Par la capitulation de la ville d'Arras du 9 août 1640, les nobles et autres possédans fiefs ès-ville, cité et gouvernance d'Arras sont déchargés du ban et de l'arrière-ban.

(d) Maillart, notes sur l'art. 72.

d'avocat, de médecin et même de chirurgien. Il paraît qu'il y avait plus de difficulté pour les notaires et les procureurs ; pourtant on avait fini par les admettre. On voit que le champ de l'interprétation était large en fait de noblesse. On avait même été jusqu'à décider qu'un gentilhomme qui faisait la commission des vins ne dérogeait pas (a). Il est impossible de se montrer plus accommodant. La Coutume ne demandait qu'une condition, c'était de *vivre noblement* (199) (b); ces termes sont déjà assez élastiques. On admettait, en outre, assez facilement l'esprit de retour, car la dérogeance s'effaçait « *en soy déportant de son estat et manière de vivre,* » *nonobstant la longueur de temps qui n'estaint ladite no-* » *blesse et franchise, posé que ladite longueur soit de vingt* » *ans et plus.* » (200). C'était au moins encourageant pour ceux qui ne tenaient pas trop aux temps intermédiaires, *media tempora non nocent*. D'ailleurs, il était assez difficile qu'il en fût autrement; en effet, on ne voulait pas sacrifier cette petite noblesse besogneuse, qui était si souvent obligée de voiler son blason pour vivre. Aussi, Maillart dit-il « qu'en Artois la noblesse » ne fait que dormir pendant la dérogeance, elle se ré- » veille quand celle-ci cesse. » D'après ces idées, les

(a) Les verriers ne dérogeaient pas, mais la verrerie n'anoblissait pas, de sorte que les roturiers pouvaient l'exercer. (Le Bret. plaidoyer 38).

(b) L'élection d'Artois connaissait seule du fait de noblesse ou autres titres d'honneur. (Acte de notoriété du Conseil d'Artois, du 4 juillet 1722). Mais une simple sentence de l'élection ne suffisait pas pour assurer la noblesse, il fallait qu'elle fût confirmée par arrêt. — (Arrêt du Conseil d'Artois du 29 juillet 1756).

descendants d'un noble, qui avait dérogé, pouvaient reprendre leur noblesse, en cessant d'exercer l'état dérogeant, sans qu'ils eussent besoin, comme dans le reste de la France, de lettres de réhabilitation : un placard du 14 décembre 1616, leur conférait positivement ce droit. Néanmoins, s'ils reprenaient la qualité de nobles, avant d'avoir cessé la dérogeance, la déclaration du 8 décembre 1699 leur était applicable, et ils étaient passibles d'une amende de cent florins.

On était plus sévère pour les femmes. La femme noble qui épousait un roturier perdait sa noblesse et ne la recouvrait point par le veuvage. Mais toute la faveur du législateur se montrait pour les bâtards : c'est le système espagnol qui, leur supposant toujours quelques gouttes de sang noble dans les veines, n'osait point en faire des roturiers. Le dernier article de la Coutume (201) leur accorde le privilége de la noblesse, pourvu qu'ils soient issus d'un père noble, habitant l'Artois. Leurs enfants jouissaient des mêmes prérogatives (a). On ne saurait terminer un code de lois par une disposition plus bizarre (b).

(a) Dumoulin dit à ce sujet: *Stulta et barbara consuetudo.* mais Dumoulin était un esprit fort.

(b) Le Conseil d'Artois s'est toujours réservé, en dernier ressort, l'examen des questions relatives à la noblesse, comme aussi il n'a jamais laissé échapper l'occasion d'informer *de commodo et incommodo* sur l'érection des titres et dignités concédés par le roi. C'est ce qui eut lieu le 12 avril 1758 pour les lettres obtenues par M. de Brandt de Marconne, qui érigeaient en comté les terres et seigneuries de Galametz et de Marconne, et en avril 1759, pour l'érection du marquisat de la terre de Couturelle et du fief de Mingrival en Hauteville, en faveur de M. Boudart de Couturelle, député des Etats d'Artois à la Cour.

Un des priviléges les plus importants de la noblesse, était l'exemption des charges. Ainsi, la coutume assujettit les roturiers au paiement du droit de franc relief ou de nouvel acquêt, elle en exempte les nobles (194). Elle veut même que les enfants issus d'une mère noble, quoique d'un père roturier, soient exempts de ce droit (198). C'était, du reste, un privilége spécial, car, en matière d'impositions et d'aides, il n'y avait d'exempté que celui qui était issu d'un père noble; *l'enfant légitime ne tirant de sa mère que sa naissance.* Quand on dérogeait à la noblesse, on était privé de l'exemption des tailles, et on devait contribuer aux aides, subsides et autres impôts, de même que les roturiers (199), car la Coutume ne dit pas que le noble qui déroge perd sa noblesse, elle dit seulement qu'il doit contribuer aux charges.

On voit, par ce qui précède, que la grande différence entre les nobles et les roturiers consiste en ce que les premiers ne payaient pas les impositions, du moins en principe, et que les seconds les payaient. Cette différence avait suscité des réclamations bien avant 1789. Bauduin, avec son humeur si indépendante, s'en exprimait ainsi : « Comme aussi anchiennement en » la noble république d'Athènes, le saige législateur » Solon fit certaine distribution des Estats, selon leurs » revenus, de sorte que les pouvres n'estoient aulcune- » ment foulez de tailles. Mais, je ne sais comment au- » jourd'hui la chose est tournée; iceuls estant exempts » lesquels seuls, comme les plus riches, debvoient con- » tribuer, sçavoir est, les nobles et les ecclésiastiques. » Vrai est que l'on ne sçaurait assez rémunérer les gen- » tilshommes qui exposent corps et biens pour la dé-

» fense du pays ; mais il seroit plus convenable qu'ils
» fussent rémunerez du prince, que par les pouvres
» gens, qui sont davantaige foulez pour leur exemp-
» tion. » C'étaient pourtant les vrais principes ! Pourquoi a-t-il fallu une révolution pour les faire triompher ? (a)

CHAPITRE XII.

FIEFS.

Du principe de la noblesse découlait celui des fiefs,
quoiqu'il s'en fallût de beaucoup que tous les fiefs fussent nobles. Nous n'avons pas l'intention de nous étendre
longuement sur cette matière, à laquelle tant de volumes
ont été consacrés (b). Il nous suffira d'en citer quelques
applications au droit coutumier de l'Artois.

On reconnaissait, dans cette province, des fiefs de deux

(a) Les placards ou lois concernant la noblesse sont des 17 février
1676, 25 mars 1683, 23 novembre 1695, 14 décembre 1616, 20 septembre 1628. Il y avait, de plus, règlement du Conseil d'Artois du 31
juillet 1666, sur les titres et qualités de noblesse. Ce règlement défendait de se dire *Messire* et les femmes *Madame*, si on n'était chevalier:
de même, et à plus forte raison, le simple écuyer ne pouvait se qualifier du titre de Messire.

(b) Montesquieu, *Esprit des Lois*, liv. 31, chap. 33 et 34. — Nous
renvoyons surtout aux ouvrages de Du Plessis et de Le Maistre sur les
Fiefs. Ces ouvrages firent autorité en cette matière, tant qu'il y eut
des fiefs en France. Voir également Loiseau, *Traité des Seigneuries.* —
Dumoulin. *Traité des Fiefs.* — Salvaing, *Usage des Fiefs.* — Chantereau-
Lefebvre, *Traité des Fiefs.* — Brussel, *Usage des Fiefs.*—Guyot, *Matières
féodales.*—Henrion de Pansey, *Dissertations féodales.*

natures : *patrimoniaux*, quand ils provenaient d'héritages, et *nouveaux*, quand ils avaient été accordés par
concession récente. Il y avait aussi des fiefs *nobles* et
des fiefs *ignobles* ou *vilains*. Etaient réputés fiefs nobles
ceux qui ne devaient au seigneur que les droits et aides
ordinaires, tels que foi et hommage, service de guerre
et autres. Les fiefs vilains, au contraire, devaient tous
les services indiqués en l'acte de concession, par exemple, les rentes foncières, corvées, terrage, etc. On pouvait donner en fief tout ce qui est dans le commerce,
c'est-à-dire non-seulement les immeubles, mais encore
les choses adhérentes au fonds, telles que le droit de
champart ou terrage, le droit de dimes, les rentes sur
moulins, censes ou métairies, le droit de chasse, de
pêche, de pâturage, de garenne, et généralement tous
les démembrements de la propriété. Aussi, comme ces
démembrements sont presque toujours immobiliers,
Dumoulin a pu dire que « le fief était la concession
» gratuite, libre et perpétuelle d'une chose immobilière
» avec translation du domaine utile, sous réserve de la
» propriété directe, à charge de féodalité et de ser-
» vice. » (*a*).

Celui qui avait plusieurs fiefs pouvait en faire le par-

(*a*) Pour se dire seigneur d'un village, il ne suffisait pas d'y posséder des fiefs, il fallait avoir le fief ou partie du fief qui en rend seigneur. On ne pouvait non plus conserver à son fief le nom d'une autre
seigneurie, quoique ce nom ait été donné à ce fief pendant plus de
cent ans. Ces deux points avaient été jugés au parlement de Paris, à
la quatrième chambre des requêtes, le 1er juillet 1722, en faveur de
M. Lemayeur, seigneur de Simencourt, contre le sieur Pelet. On n'y
regarde pas de si près aujourd'hui pour se dire seigneur d'un village.

tage entre ses héritiers, mais *de leur gré et consentement*
(184). Au contraire, celui qui acquérait un fief, soit par
investiture nouvelle, soit par contrat de donation, mais
à autre titre qu'avancement d'hoirie et de succession,
était libre d'en disposer comme il voulait.

« En matière de fiefs, dit Mabille, trois choses sont à
» distinguer : le substantiel, le naturel et l'accidentel.
» Le substantiel est ce qui est de l'essence du fief et
» n'en peut se diviser, par exemple, la foi et l'hom-
» mage : ceci est de tout pays où la loi des fiefs est
» connue. Le naturel est ce qui est naturellement uni
» au fief, par exemple, en Artois, le relief. Il est cer-
» tains cas où quelques coutumes ne l'accordent pas
» en directe. L'accidentel est ce qui n'est uni au fief
» que par hasard, comme les corvées, les rentes, etc. »

Les arrière-fiefs se réunissaient et se reconsolidaient
au gros du fief de diverses manières, par exemple, pour
défaut de foi et hommage. Le retrait féodal avait le
même effet (118). Le vassal *par désaveu commet et four-
fait son fief au profit de son seigneur, combien que tel
seigneur n'ait haulte justice* (21). Gosson reconnait trois
sortes de désaveux : le premier de la personne et de la
chose, par exemple, si le vassal dénie que son fief relève
du seigneur et de la seigneurie dominante ; le deuxième
de la personne seulement, c'est-à-dire que le seigneur
soit propriétaire du fief dominant ; le troisième, de la
chose seulement, quand on convient que le demandeur
est seigneur, mais que c'est en conséquence d'un autre
fief que celui qu'il réclame (*a*). La félonie était encore,

(*a*) Gosson, note 3e sur l'article 21.

suivant.les auteurs, une cause de privation de fief,
quoique la coutume n'en fasse pas mention (a). Le vassal perdait aussi son fief pour démenti ou injure grave
faite à son seigneur (b), et le seigneur encourait la même
peine pour abus d'autorité. Il est facile de voir combien
ces cas de déchéance devaient entraîner de difficultés
dans l'application du droit féodal, et quand ces difficultés
s'élevaient entre des suzerains et des vassaux également
puissants, on ne doit pas être étonné qu'elles aient motivé tant de recours aux armes.

Le propriétaire d'un fief avait le droit de le démembrer (c), de le diviser et même de l'*éclisser* (32-84-102),
pourvu que ces opérations ne portassent point préjudice
au seigneur dominant et fussent faites de son consentement. Loin de lui porter préjudice, les démembrements
et les divisions lui étaient presque toujours profitables,
par les droits qu'il percevait. Aussi, devait-il les voir
généralement de bon œil, d'autant plus que, d'après
l'article 102, *est chaque portion tenue à pareille préroga-*

(a) Desmazures, tit. 10, n° 13.

(b) Le vassal ne devait jamais agir par voies de fait contre son seigneur. (Arrêt du Conseil d'Artois du 13 janvier 1766). Par voies de
fait, il ne faut entendre que des voies d'exécution.

(c) Les terres que le seigneur possédait étaient censées faire partie
de son domaine, et quand il venait à les aliéner par autre voie que
l'inféodation, il ne pouvait en prétendre la mouvance, car il ne pouvait, en vendant, se former sur ces terres une mouvance qu'il n'avait
pas, quand elles faisaient partie de son domaine. S'il prétendait que
les terres par lui possédées ne faisaient pas partie de son domaine,
c'était à lui de démontrer qu'il les tenait de lui-même en fief et de son
supérieur en arrière-fief, car l'arrière-fief ne se suppose pas, il faut
qu'il soit prouvé. C'est ce qu'avait jugé le Conseil d'Artois, le 2 mai 1758

tive comme le principal; de sorte que si le fief entier devait un cheval de service, chaque portion démembrée devait aussi un cheval : d'où la maxime reçue en Artois : *petit fief, petit cheval.* L'ecclisse ne pouvait aller jusqu'à l'extinction totale du fief ; il fallait toujours qu'on en retint une certaine portion, afin qu'il n'y eût pas de *fiefs en l'air,* ce que le droit féodal cherchait surtout à éviter. L'usage était d'obtenir des lettres du seigneur dominant pour démembrer les fiefs ou les convertir en roture. Si le fief dépendait du domaine, on obtenait des lettres du prince, qui étaient adressées au Conseil d'Artois. La réserve des droits seigneuriaux sur la partie démembrée était nulle, à moins que le seigneur dominant eût renoncé à sa mouvance, car il ne pouvait y avoir deux droits seigneuriaux à la fois sur le même héritage.

Le désaveu, la félonie et l'injure grave entraînaient, comme nous venons de le dire, la perte du fief. Cette peine s'appelait la *commise* ou *fourfaiture (a).* La commise féodale profitait au seigneur immédiat ; c'est en cela qu'elle différait de la confiscation, qui ne profitait jamais qu'au seigneur haut-justicier. Si le seigneur outrageait son vassal, il encourait la *privation de la directe (b),* soit pendant sa vie, soit pendant celle de son vassal, et cette mouvance était dévolue au suzerain. Au reste, on comprend que ceux-là seuls pouvaient *fourfaire* un fief, qui en étaient propriétaires ; ainsi, le mari, le fidéi-com-

(a) Suivant Du Cange, l'étymologie de *fourfaire* serait *foris facere.*

(b) Il s'en trouve un exemple fameux dans le traité d'Arras du 21 septembre 1435, qui déchargea Philippe-le-Bon de l'hommage dû à Charles VII. Ce traité fut enregistré au parlement de Paris, le 24 Janvier 1436.

missaire, l'usufruitier, le bénéficiaire ne le pouvaient pas, à l'égard des fiefs dont ils n'étaient, pour ainsi dire, que dépositaires.

CHAPITRE XIII.

FOI ET HOMMAGE.

La vassalité entraînait, pour premier devoir, la fidélité. Cette fidélité était attestée par le serment de foi et hommage dû au seigneur suzerain. « Il faut que celui » qui jure fidélité à son seigneur, dit Gosson, ait dans » l'esprit qu'il le conservera, défendra, respectera, qu'il » lui sera utile, aisé, qu'il lui rendra les choses possibles, » et prêtera aide et conseil en toutes choses, lorsqu'il » en sera requis. Le seigneur doit rendre le réciproque » à son vassal, à cause de l'obligation mutuelle qui ré- » sulte du lien féodal. » Tout cela était très-beau en théorie, mais l'histoire prouve que, dans la pratique, ces principes étaient souvent méconnus par la féodalité. Le serment de foi et hommage était dû à chaque mutation de propriété, mais la coutume d'Artois ne l'exigeait qu'une seule fois, quand la mutation venait de la part du vassal, et non du seigneur (17). Il devait avoir lieu dans les quarante jours de la sommation, à peine de saisie féodale (27). La sommation était faite à l'Eglise ou à la *Bretecque* (a) du chef-lieu du fief dominant.

(a) La Bretecque était devenue le lieu où se faisaient les annonces publiques ; mais anciennement, c'était une espèce de tour élevée dans

En règle générale, la foi et hommage devaient se prêter en personne, à la cour féodale du seigneur ; on n'admettait d'exception qu'au cas de maladie, vieillesse, impotence, furie et aliénation d'esprit, absence pour les affaires de l'Etat, et inimitié entre le seigneur et le vassal (a). Pourtant, en Artois, il était passé en habitude que la foi et hommage pouvaient toujours être prêtés par procureur spécial ; le vassal avait même la faculté de s'adresser au bailli ou lieutenant des fiefs et seigneuries pour remplir cette formalité.

Voici, suivant Desmazures (b), comment se prêtait la foi et hommage. « Le vassal s'adressait vers son sei-
» gneur et, étant par lui admis à la prestation, se doit
» présenter à son dit seigneur tête nue, sa ceinture,
» épée et éperons ôtés, au cas qu'il soit noble, ayant un
» genou en terre, lui offrant la main droite, disant :
» Mon seigneur, je demeure votre homme de fief mou-
» vant et tenu en plein de vous, vous en fais et prête
» les foi et hommage, à vous dûs, suivant la coutume,
» promettant que votre profit pourchasserai, et votre
» dommage éviterai loyalement, tout conseillerai envers
» vous, sauf contre le roi, comme aussi assisterai, avec
» mes pairs et compagnons, quand requis en serai. Ce
» qu'étant fait, le seigneur répond qu'en faisant ce qu'un
» vassal doit faire à son seigneur, il fera ce qu'un sei-
» gneur doit faire à son vassal. » L'usage avait apporté

les villes, d'où l'on se défendait contre les ennemis ; de là le mot *brétéquer*, qui veut dire combattre à couvert. Du Cange, Gloss., voir *Bertachiæ*.

(a) Dumoulin, *ad consuetudines parisienses*, § 1, gloss. 3.

(b) Tit. XII, n° 4.

bien des modifications à ces formalités surannées ; il parait même que la plupart du temps on ne demandait au vassal que de se tenir debout et, donnant la main au seigneur ou à son bailli, de jurer de lui être fidèle. Parmi les anciens usages que le temps avait modifiés, il en était un qui voulait que le seigneur baisât sa vassale à la bouche. L'omission de cette formalité coûta même à l'église de Cambrai l'hommage de la châtellenie d'Oisy, qui passa à l'Artois. Cette anecdote mérite d'être racontée. Enguerrand de Coucy étant mort, sa veuve, Catherine d'Autriche, se rendit à Cambrai, avec son fils Enguerrand VII, pour faire hommage de la châtellenie d'Oisy à Guy de Ventadour, évêque de Cambrai. Ce prélat, qui était fort bel homme, à ce que l'histoire rapporte, ayant omis d'embrasser Catherine d'Autriche, celle-ci fit constater l'absence de cette formalité, à laquelle il parait qu'elle tenait beaucoup, et elle alla porter son hommage à Eudes IV, duc de Bourgogne et comte d'Artois (a).

La saisie féodale, qui avait lieu pour défaut de prestation de foi et hommage, ne durait que tant que la foi et hommage n'avaient pas été rendus (30). Le curateur à la succession d'un fief pouvait faire foi et hommage pour empêcher la saisie. Un arrêt de principe rendu au mois de janvier 1702, par le Conseil d'Artois, sur les conclusions de M. Bataille, procureur général, déterminait les frais qui devaient être à la charge du seigneur et ceux qui tombaient sur l'hommage ou les *fiévés*, c'est-à-dire les hommes de fief.

(a) **N**'est-ce pas le cas de rappeler ce vers si connu :
Quod caruit puncto, caruit Martinus asello.

CHAPITRE XIV.

DÉNOMBREMENT.

Le dénombrement était une déclaration par écrit donnée au seigneur par le vassal des domaines, droits et appartenances du fief servant. On en comprend aisément l'utilité. Dans la confusion des titres de propriété, qui résultait du régime féodal, les dénombrements introduisaient quelque lumière ; ils permettaient, comme dit un auteur, de *discerner le tien du mien.*

Pour obtenir le dénombrement, le seigneur devait faire publier à l'église paroissiale du chef-lieu de sa seigneurie, que tous les vassaux (*a*) eussent à fournir, par écrit, dans le délai de quarante jours, la déclaration de leurs fiefs et héritages, terres cottières et de main ferme, ainsi que des charges dont ils étaient grevés (14). La coutume d'Artois nomme *déclaration* le cahier qui contenait l'énumération des héritages non féodaux, et qui est présenté par le tenancier au seigneur. L'usage était de donner sur parchemin le dénombrement des fiefs, et sur papier celui des cotteries (*b*). L'article 36 permet

(*a*) Régulièrement les vassaux étaient ceux qui possédaient des fiefs, en la mouvance du seigneur, et les tenanciers ceux qui étaient propriétaires d'héritages non féodaux dépendants d'un seigneur; mais dans la pratique ces deux noms se confondaient souvent.

(*b*) C'est ce qui constituait ces terriers qui ont été d'un si fréquent usage autrefois, et qui nous servent encore aujourd'hui pour élucider bien des questions de propriété. Le seigneur devait mettre tous les titres et papiers entre les mains des notaires chargés de la confection

même aux seigneurs de n'accorder la saisine des fiefs et héritages tenus d'eux qu'à la condition qu'un dénombrement leur sera fourni, dans un délai de quarante jours. Le vassal n'était pas obligé de prendre récépissé du dénombrement, s'il ne le voulait pas. En vain, le procureur d'office d'un seigneur, sans doute dans le but d'émolumenter, avait prétendu imposer ce récépissé à un vassal de ce seigneur ; ce vassal répondit que, n'ayant pas demandé de récépissé, il ne le paierait pas, et le Conseil d'Artois lui donna raison, par arrêt du 8 avril 1748. Mais le vassal avait le droit d'exiger de son seigneur communication de ses titres, pourvu qu'il offrît de prendre à sa charge les frais de cette communication. (Arrêt du Conseil d'Artois du 5 mars 1742)

Si la déclaration n'avait pas lieu, le seigneur faisait saisir l'héritage, sur lequel il prétendait avoir des droits (14). La main-levée de la saisie était poursuivie pardevant le seigneur supérieur. Dans le cas de contestation sur la déclaration même, la cause était portée par devant les hommes du seigneur. Là, le déclarant faisait ses preuves et le seigneur établissait ses contredits. Le seigneur avait un délai de quarante jours pour se défendre ; après ce délai, il devait donner récépissé en dedans quarante autres jours, s'il en était requis, aux dépens du requérant, à moins qu'il eût contredit et signifié, auquel cas il n'était pas tenu de donner récé-

---

des terriers, pour qu'ils en aidassent les vassaux. Il était, de plus, obligé de faire dresser les nouveaux terriers au chef-lieu de la seigneurie, afin de ne pas obliger les vassaux et tenanciers à trop de déplacement.

pissé, jusqu'à ce qu'il eût été statué sur le contredit. S'il n'y avait pas de contestation dans les quarante jours le dénombrement était tenu pour reçu et accordé (15) (a). Il peut paraître étrange que cette procédure fut instruite devant la cour du seigneur, mais il faut savoir qu'en fait de droits seigneuriaux cette juridiction était seule légitime (b).

Le seigneur, qui avait saisi, pour faute de dénombrement, ne faisait pas les fruits siens; il était tenu d'en rendre compte au propriétaire, lorsqu'il lui remettait son dénombrement; mais on lui remboursait tous les frais qu'il avait faits, et notamment les frais de récolte et de saisie (18). Après sa réception, le dénombrement devenait un titre authentique et une espèce de contrat synallagmatique. Il était réciproquement obligatoire entre le seigneur *dominant* et le vassal *avouant*, et faisait foi pour tout ce qui y était contenu et qui n'avait pas été contesté.

Pour éviter des tracasseries inutiles, la coutume avait décidé que le vassal n'était tenu qu'à fournir un seul

(a) Les lettres de terrier qu'un vendeur a obtenues pour obliger ses vassaux à lui passer de nouvelles reconnaissances, ne servent pas à l'acquéreur. Il faut qu'il en obtienne d'autres. (Voir la pratique universelle pour la rénovation des terriers, par M. de la Poix de Fréminville).

(b) L'énonciation, dans un dénombrement servi par un seigneur à son suzerain, que la redevance en nature de quelques-uns de ses vassaux a été rachetée et réduite en argent, selon la convention faite avec eux, constitue un titre contre le seigneur à l'égard de ses vassaux parce que ce dénombrement étant l'ouvrage de ce seigneur, on doit croire qu'une telle énonciation n'y aurait pas été insérée, si la convention n'existait pas. (Arrêt du Conseil d'Artois du 17 mars 1747).

dénombrement (a) pendant sa vie (17). Au reste, il devait autant de dénombrements qu'il avait de fiefs tenus de divers seigneurs (b).

Le Conseil d'Artois avait fait, sur les dénombrements, des règlements en date des 20 novembre 1682 et 16 février 1714.

CHAPITRE XV.

RELIEFS.

Le relief était un droit de mutation qui frappait les fiefs et les cotteries au profit du seigneur (20). Les mutations qui donnaient lieu au relief, étaient principalement les successions en ligne directe ou collatérale (23, 71, 92, 101), les donations faites en avancement d'hoirie (79), le bail ou la garde du tuteur (158). A proprement parler, *relever* des héritages, c'est les retirer des mains du seigneur où ils sont tombés. Cet usage s'explique naturellement, si l'on se reporte à l'origine des fiefs. On sait qu'ils n'ont été d'abord concédés que viagèrement ; à la mort du bénéficiaire, le fief revenait au seigneur. Plus tard,

(a) Il avait été décidé qu'un seigneur ne peut exiger un nouveau dénombrement d'un co-héritier, qui jouit des parts de ses co-héritiers, soit parce que ceux-ci y ont renoncé, soit parce qu'ils sont décédés. — Arrêt du Conseil d'Artois du 31 juillet 1752.

(b) Le dénombrement ancien, de trente ou quarante ans, faisait foi non-seulement entre le seigneur féodal et le vassal, mais aussi contre les tiers.

les fiefs sont devenus héréditaires ; mais, comme re-connaissance du droit, on a pris l'habitude de payer au seigneur une certaine redevance, à chaque mutation de propriété. Des fiefs, cet usage s'est étendu aux rotures, parce que qui peut le plus peut le moins. De sorte qu'en Artois, on avait pour principe que tous les immeubles ne passaient d'une personne à une autre que par le canal du seigneur.

Le relief devait être acquitté dans les quarante jours pour les fiefs, et dans les sept jours pour les cotteries (20), à peine de *régale*, c'est-à-dire de perte des fruits. Mais pour que le seigneur put *régaler* (a), il avait diverses obligations à remplir (b). D'abord, il fallait qu'il manifestât son intention dans l'an et jour de l'ouverture de l'héritage ; de plus, s'il laissait dépouiller les fruits par l'ayant cause du défunt, il ne pouvait plus y prétendre, parce que *tant que le seigneur dort, le vassal veille*. Enfin, il devait se faire adjuger la régale par le ministère de sa cour ; s'il s'était fait justice à lui-même, la saisie était nulle, elle était dite *ravissante* ou *vorace*. Par arrêt du 22 mai 1715, le Conseil d'Artois avait même certifié que le seigneur devait notifier, par un acte si-gnifié au propriétaire héritier ou à l'occupeur, qu'il était résolu à user de la régale.

(a) *Régaler*, dit Maillart, c'est gagner les fruits. Ce verbe régaler s'est introduit dans les Coutumes par assimilation de la régale que les rois avaient sur les archevêchés et évêchés du royaume, c'est-à-dire du droit de gagner les fruits de ces bénéfices pendant la vacance.

(b) Il avait été jugé au Conseil d'Artois, le 26 février 1747, que la réception du vassal en foi et hommage n'était pas une présomption du paiement du relief.

En examinant plus spécialement les reliefs relatifs à la mort du vassal, et à ceux que le mari doit, pour l'administration des biens de sa femme, nous voyons que le délai pour relever ne court que du jour où l'héritier a eu connaissance de la mort de son auteur. Le relief dû par le mari, comme administrateur des biens de sa femme, était considéré comme relief de bail seulement, sans *cambellage* (a), et était payé, quoique la femme eût relevé le fief avant son mariage. Mais, si le fief était échu à la femme pendant le mariage, il n'était dû qu'un relief et un cambellage pour le fonds, et après le décès de son mari, la femme ne devait aucun relief (26).

Quand le seigneur avait laissé passer l'an et jour sans exiger le relief du vassal nouveau, il ne pouvait plus régaler, sans avoir recours à la saisie du fonds (b). Cette saisie devait être signifiée à l'occupeur. S'il y avait opposition, il fallait assigner jour à l'opposant. Sur l'assignation, l'héritier payait ou contestait : s'il payait, il obtenait main-levée de la saisie ; s'il contestait, il pouvait encore obtenir la main-levée, en nantissant le

(a) Le cambellage ou chambellage, était primitivement une gratification donnée au chambellan du seigneur, lors de la prestation de foi et hommage. Il n'est pas étonnant que les seigneurs aient fini par s'approprier la gratification destinée à leurs gens, car ils ne se sont jamais fait faute de prendre de toutes mains.

(b) Quand le seigneur prenait la voie judiciaire pour obliger son vassal à lui faire les devoirs révérentiels et à lui payer le relief, il était soumis à toutes les règles judiciaires Il devait donner à son vassal communication de ses titres, et il ne pouvait l'obliger à quitter le lieu de sa juridiction naturelle pour aller prendre inspection de ses titres au chef-lieu de la seigneurie. — (Arrêt du Conseil d'Artois du 5 mars 1748).

droit de relief. Mais, s'il n'avait point payé ou nanti avant la récolte, le seigneur faisait les fruits siens (23). Dans le cas où personne ne se portait héritier, le curateur à la succession devait acquitter le relief ; s'il n'y avait pas de curateur, les créanciers de la succession pouvaient relever le fief, pour éviter la régale, et les sommes par eux payées leur étaient remboursées préalablement sur les biens de la curatelle (24). Le délai pour relever ne courait que du jour où l'héritier avait eu connaissance de la mort de son auteur : ce délai était de six mois, absolument comme pour nos droits de succession.

Il importe de remarquer que, par suite du défaut de relief, le seigneur ne faisait les fruits siens que jusqu'au moment où l'héritier se présentait pour relever et *droicturer* (a) les fiefs. La jouissance, quelque longue qu'elle fût, ne conduisait jamais à la prescription (30). Pendant la durée de cette jouissance transitoire, il devait user en bon père de famille ; par conséquent, il ne pouvait couper ni abattre des arbres, démolir aucun bâtiment, etc. Le vassal n'était pas non plus obligé de respecter le bail consenti par le seigneur pendant la réunion.

Il faut aussi arrêter notre attention sur l'article 22 de la Coutume, qui consacre cette singulière doctrine, que quand plusieurs personnes ont payé le relief d'une même chose, le seigneur a le droit de ne rien restituer à ceux qui sont évincés de cette chose. En vain, les com-

(a) *Droicturer*, c'est reconnaître son seigneur, avouer que l'héritage vacant est dans sa mouvance.

mentateurs s'élevaient contre cette iniquité ; en vain, Gosson citait, pour la combattre, Socrate, Simonide, Cicéron et saint Paul : malgré ces autorités, certes très-respectables, les seigneurs ne voulaient rien entendre, et trouvaient, comme on dit, que « ce qui est bon à prendre est bon à garder. » Quand une fois le génie fiscal se donne carrière, il est bien difficile de lui imposer un frein. C'est ainsi que, chez nous, en matière de contributions, avant de réclamer, il faut toujours commencer par payer.

La coutume ne fixant pas la somme du relief pour les terres cottières, on en concluait qu'il fallait s'en rapporter à l'usage de chaque localité. Généralement, ce droit était de soixante sols parisis, et le tiers de cambellage. Au reste, on comprend que, pour prétendre relief sur un fief, il fallait avoir justice et seigneurie sur ce fief.

Le relief n'était dû qu'au cas de mutation. Mais, quand la mutation ne pouvait avoir lieu pour cause d'absence, celui qui devait le relief était censé vivre cent ans, s'il n'apparaissait pas du contraire. Quant aux gens de main-morte, ils devaient, dans tous les temps, présenter au seigneur *l'homme vivant et mourant*, sinon ils payaient le relief (arrêt du Conseil d'Artois du 5 janvier 1766). — Cet homme vivant et mourant acquittait, tous les quarante ans, un droit d'indemnité au seigneur. Si cette indemnité n'avait point été fixée à l'avance, elle était, pour les fiefs, du cinquième denier de la prisée, et pour les cotteries, elle dépendait du droit seigneurial perçu habituellement dans le lieu où les héritages étaient situés. Il y eut à cet égard, en 1749, un procès célèbre entre le duc de Montmorency et les Pères Dominicains d'Arras.

CHAPITRE XVI.

RENTES FONCIÈRES ET SEIGNEURIALES.

L'arrentement était un contrat par lequel une personne donnait à une autre la propriété de quelque immeuble, à condition d'en recevoir annuellement et perpétuellement une prestation soit en nature, soit en argent. Ce contrat, très-fréquent sous l'ancien régime, a été presqu'entièrement anéanti par la loi des 18-29 décembre 1790, et l'article 530 du Code Napoléon. Ces actes législatifs défendent de consentir des rentes pour plus de quatre-vingt-dix-neuf ans, et déclarent toutes les rentes essentiellement rachetables après trente ans. Il y avait, en Artois, deux sortes de rentes foncières, les unes seigneuriales, les autres non seigneuriales ; nous n'avons à nous occuper ici que des premières. On les appelait également *baux à cens, à canon, à rente foncière*; elles se percevaient plus communément sur les héritages cottiers ou roturiers. On distinguait le *cens* et le *surcens*. Le cens existait quand le seigneur cédait à son vassal le domaine utile de quelque fonds, moyennant certaine redevance foncière et perpétuelle ; le surcens avait lieu quand des rotures étaient données à rente par le tenancier.

On ne pouvait donner aucun fief à rentes, sans la permission, *le congié* du seigneur (dit la Coutume), quand on n'avait pas justice et seigneurie sur ce fief (41). D'où il faut conclure que toute personne, vassale ou non, ayant un fief avec justice et seigneurie, pouvait bailler à cens et rente tout ou partie du domaine de son fief, sans en demander congé à son seigneur, pourvu que la rente ne dépassât point le revenu annuel de l'héritage (a).

En cas de contravention à l'article 41, le contrat de rentes n'empêchait pas le seigneur *de prendre, saisir et prouffiter dudit fief s'il le trouve ouvert,* et sans que ce droit puisse jamais être prescrit par quelque laps de temps que ce fût (42). Afin que les tiers ne fussent pas induits en erreur, au sujet des arrentements qui pouvaient frapper les fiefs, l'article 43 de la Coutume veut que les acquéreurs ne soient tenus de les respecter qu'autant qu'ils ont été réalisés devant les juges du fief ou devant ceux du seigneur supérieur. Les arrentements se partageaient entre les héritiers, comme tous les autres biens d'une succession (44). Aussi, la Coutume les déclare-t-elle *partageables par égale portion.* Il en aurait été autrement, si l'arrentement avait été *nommément baillez pour le tenir en fief.* Ces fiefs roturiers étaient dits *abrégés* ou *restreints,* ils étaient contraires à la nature du fief, qui ne souffre pas de redevances annuelles (b).

Au cas de surcens, le seigneur ne pouvait jamais être obligé de donner son consentement au contrat fait par son vassal (45), parce que le seigneur a le droit de refuser une mouvance à un vassal qui n'en a pas. Mais, quand il s'agissait d'héritages non féodaux, le seigneur ne pouvait pas refuser son agrément au surcens, auquel

---

(a) Au reste, un seigneur ne pouvait pas faire déclarer nul, à tous égards, un arrentement fait par son vassal, sans son agrément. Cet arrentement n'était nul que relativement au seigneur, mais il subsistait entre les parties qui l'avaient consenti. Ainsi jugé au Conseil d'Artois, le 31 mai 1769.

(b) Dumoulin, sur Paris, tit. I, note 117.

cas, dit la Coutume, *le seigneur, duquel lesdicts héritaiges arrentiz sont tenus, a deux hommes tenans de lui pour ung, assavoir le bailleur pour la rente qu'il retient, et le prendeur pour le fons des dicts héritaiges arrentiz* (46). Aucun droit seigneurial n'était dû pour l'accord d'une rente foncière, même du surcens, à moins qu'il y eût eu deniers déboursés ou promis par les preneurs aux bailleurs, ou que le surcens fût à rachat (47).

L'article 25 de la Coutume défend au seigneur qui a réuni des héritages *à la table et au gros de son fief*, pour rentes non payées, de réclamer aucun arrérage pour les années pendant lesquelles la réunion a duré, parce que, dit Loisel, pendant sa jouissance il est à la fois créancier de la rente et débiteur, comme gagnant les fruits (*a*). Seulement, s'il n'a pas été payé des arrérages échus, avant la réunion, il peut en exiger le paiement avant d'être obligé de remettre l'héritage au propriétaire ou à son héritier.

Pour terminer sur ce sujet, il reste à parler de la manière dont on devait poursuivre judiciairement une rente. Les diligences étaient à peu près les mêmes que pour la foi et hommage et le dénombrement. Le seigneur signifiait à l'église, un jour de dimanche, à l'heure de la grand'messe (*b*), que chacun eût à venir payer les rentes à lui ou à son commis, en tel lieu de la seigneurie, et à tels jour et heure qu'il désignait. Si le tenancier ne ve-

(*a*) Loisel, Inst , liv. 4, tit. II, nº 19.

(*b*) Affiches à la porte de l'église n'appartiennent qu'à celui qui a l'église dans sa seigneurie, tous autres seigneurs ne peuvent faire faire que de simples publications. (Arrêt du Conseil d'Artois du 5 mars 1755).

nait pas ou refusait de payer, le seigneur haut-justicier, viscontier ou foncier mettait le tènement en la main de la justice par son bailli, en présence de deux hommes de fief ou cottiers, et faisait les fruits siens, après trois criées faites publiquement par trois jours de dimanche, à l'église du lieu de la situation de l'héritage. C'était seulement lorsque ces formalités avaient été remplies, que les biens étaient réputés réunis à la table du seigneur 1 6).

CHAPITRE XVII.

SAISIE SEIGNEURIALE.

« La saisie seigneuriale, dit Desmazures, est une » puissance introduite par le droit commun, tant par la » Coutume générale d'Artois qu'autres provinces, en » faveur des seigneurs, de mettre la main aux fiefs ou » terres cottières de sa mouvance, quand il y a demeure » de la part de son tenancier de lui payer ses rentes ou » autrement, jusqu'à ce qu'il soit satisfait et servi de » ses droits, en telle sorte que ledit tenancier est dé- » possédé cependant, de la part de saisie, encore qu'il » y ait opposition en ladite saisie, laquelle, nonobstant » ce, tient jusqu'au définitif. » (a).

(a) Jugé au Conseil d'Artois, le 4 avril 1749, que le seigneur vis- contier, qui n'a aucun officier ni homme de fief pour exercer sa jus- tice, ne peut pas faire saisir féodalement l'héritage de son vassal par les officiers du seigneur dominant, qui ne doivent exercer dans leur siège d'autre justice que celle de leur seigneur.

La saisie seigneuriale ne pouvait s'opérer que dans quatre cas : défaut de relief, absence de dénombrement, manque de foi et hommage, non paiement de rentes (articles 14, 16 20, 25). Elle s'effectuait de la manière suivante : le bailli ou le lieutenant, assisté de deux hommes féodaux ou cottiers, se présentait sur la pièce de terre ou l'héritage qu'il s'agissait de saisir ; là, il prenait une poignée de terre ou quelque autre chose, en déclarant qu'il mettait la terre ou héritage en la main du seigneur ou de justice. (Placards des 8 juillet 1531 et 14 décembre 1546). Il est facile de reconnaitre dans ces pratiques un arrière-goùt de la *manus injectio* des Romains. Si l'on saisissait une maison, il fallait prendre l'*huis* ; si c'était un *fief en l'air,* c'est-à-dire un fief *sans gros ni domaine,* il fallait saisir arrêter entre les mains des débiteurs les cens, rentes, devoirs, profits, dùs à cause de ce fief. Pour saisir plusieurs pièces de terre, il suffisait d'aller sur l'une des pièces appartenant à la même personne, étant en même terroir et tènement (*a*).

L'inobservation de la saisie entrainait l'amende coutumière de soixante sols parisis. On devait signifier la saisie aux propriétaires et occupeurs des arrière-fiefs, en les assignant à comparaitre devant le seigneur féodal, pour voir procéder sur le décret de saisie. La signification devait être faite dans le délai de sept jours et de sept nuits et, quand l'occupeur demeurait hors de la seigneurie, il fallait, au préalable, obtenir la permission du seigneur, de son bailli ou du lieutenant de sa rési-

(*a*) Il y avait règlement du Conseil d'Artois touchant les saisies féodales ; il est du 16 février 1714.

dence, sinon il y avait lieu à l'application d'une amende
de soixante sols parisis, pour emprise de juridiction.

La saisie seigneuriale étant de droit étroit, on décidait
que toutes les formalités requises pour la pratiquer, et
notamment celles des articles 14, 15 et 16, étaient sub-
stantielles, et devaient être observées, à peine de nullité et même de dommages-intérêts, au profit du vassal. (a).

En cette matière, les auteurs admettaient ces deux
principes : 1° *saisie générale vaut ; 2° saisie sur saisie ne
vaut*. Voici comment il faut entendre ces principes. —
Quand il existait plusieurs causes de saisies, par exemple, quand il y avait à la fois non paiement de rentes et
défaut de dénombrement, le seigneur n'était pas obligé
de pratiquer deux saisies; il suffisait d'une seule pour
sauvegarder tous ses droits. Mais, quand une saisie
avait eu lieu, son irrégularité faisait tomber toutes les
autres saisies, parce qu'il ne fallait pas que le vassal fût
sous le coup d'instances sans cesse renaissantes. Au
reste, la saisie une fois déclarée durait, sans qu'il fût
besoin de la renouveler (b).

(a) Le 30 juillet 1644, le Conseil d'Artois avait fait défense de
saisir pour reliefs, rentes foncières et seigneuriales, à cause de la
guerre, sauf à se pourvoir par requête.

(b) Une question assez intéressante de droit féodal, était celle de
savoir si le seigneur pouvait saisir féodalement par faute d'hommage, sans publication ou sommation préalable. La Coutume d'Artois
requiert la publication ou sommation, pour la saisie faute de foi et
hommage et de dénombrement ; mais, disait-on, il y a une distinction
à établir entre la saisie faute d'hommage et celle faute de foi et hommage : la première se fait lorsqu'il y a ouverture de fief, soit par la

L'article 27 de la Coutume défend au seigneur de *saisir le fief de lui tenu, par faute de relief de bail, trois mois après le mariage consommé,* afin, disent les commentateurs, que le seigneur ne trouble pas la solennité des noces par une saisie féodale.

CHAPITRE XVIII.

QUINT, REQUINT ET VENTEROLLES.

C'étaient des droits que les seigneurs percevaient sur les ventes, donations et échanges. A la différence des reliefs, ces droits ne frappaient que les fiefs : les héritages roturiers vendus, donnés ou échangés ne les devaient pas. Ces droits étaient aussi appelés *lods,* parce qu'en les recevant le seigneur loue et agrée le changement de propriétaire. On voit, d'après cela, que les droits de mutation ne sont pas d'origine récente ; seulement on les payait autrefois aux seigneurs, maintenant on les paie à l'Etat : *Fiscus antè omnes,* c'était la

mort naturelle ou civile du vassal, soit par l'aliénation, et lorsque le nouveau vassal ne s'est pas encore fait connaître, au lieu que la seconde peut se faire, quoique le vassal ait déjà été reconnu du seigneur par quelque acte autre que la foi et hommage ; aussi, voit-on la Coutume distinguer, dans certains articles, l'hommage d'avec la foi et hommage, et l'hommage d'avec le serment de fidélité. Cette opinion, qui était celle de Mabille, a été sanctionnée par un arrêt du Conseil d'Artois, du 26 mai 1746.

devise de l'empire Romain, c'est aussi celle de la France, depuis le triomphe de la centralisation.

Le quint était la cinquième partie du prix (a) dû par le vendeur au seigneur, qui ne pouvait être contraint d'accorder la saisine à l'acquéreur, que quand le droit lui avait été payé. En cas de donation ou d'autre aliénation, sans assignation de prix, la valeur du fief donné ou aliéné était déterminée par une prisée faite par les hommes du seigneur et à ses frais (28) (b). Si les héritages vendus donnés ou échangés étaient roturiers, on concluait de la Coutume qu'ils ne devaient pas le quint; c'est ce qu'attestait une charte donnée au mois d'octobre 1245, par Martin, abbé de St-Vaast, et par Robert, avoué d'Arras, sire de Béthune, aux habitants du pays de Lalleu; mais les seigneurs n'y perdaient pas pour cela leurs droits : lorsque des rotures ou cotteries étaient vendues, échangées ou données, ils s'adjugeaient un douzième, d'après l'ancien usage d'Artois, rapporté par Bauduin. Ce douzième s'était même changé plus tard en un sixième.

Tous les droits de vente étant en Artois à la charge du vendeur, la Coutume décidait naturellement que le quint devait aussi être payé par lui, à moins de conventions contraires, ou que la vente n'eût été faite *francs deniers* (29). Si donc l'acheteur avait acquitté le quint, il pouvait le réclamer au vendeur. De son côté, le seigneur avait le droit de s'adresser pour

(a) Maillart. Note 3 sur l'art. 91.

(b) On appelait aussi *quint* la cinquième partie des fiefs patrimoniaux réservée aux puînés. Ce quint n'a aucun rapport avec celui qui nous occupe, et sera expliqué au titre des successions.

moitié au vendeur et pour moitié à l'acheteur. Les lods n'étaient dûs que sur le prix principal, et non sur les sommes payées pour parvenir au contrat, comme deniers à Dieu, ou argent destiné à œuvres pieuses, frais et loyaux coûts, pots-de-vin, etc., pourvu toutefois qu'il n'y eût pas de fraude. (Arrêt de la grand'chambre du 19 juillet 1693).

Le *requint* et les *venterolles* étaient à peu près la même chose : on entendait par ces mots un droit du cinquième dû au seigneur par l'acquéreur seul, quand la vente était faite *francs deniers*, c'est-à-dire quand il avait été stipulé que le prix serait payé au vendeur franc de tous droits (29). Dans ce cas, le vendeur ne devant pas, c'était à l'acheteur qu'il fallait s'adresser.

La ville d'Arras percevait un droit de huit deniers sur toutes les maisons et héritages situés dans sa circonscription. Ce droit était acquitté par égales portions entre le vendeur et l'acheteur. Cette prérogative résultait d'une ordonnance de levée du 24 décembre 1548, émanant des mayeur et échevins ; elle avait été maintes fois reconnue par l'Échevinage et le Conseil d'Artois. Desmazures nous apprend en outre que le *petit échevinage de Méolens* était aussi assujetti à ce droit, ainsi qu'il avait été jugé à l'échevinage d'Arras, et confirmé sur l'appel au Conseil d'Artois et au Grand Conseil de Malines, le 16 janvier 1551, à la requête du Procureur de la ville d'Arras, contre Thomas Paternel, joints à lui les religieux de St-Vaast.

Lorsque l'échange avait pour objet, non plus un fief, mais un héritage, l'article 66 de la Coutume déclare qu'il ne doit être perçu aucun droit (lods, ventes, ni reliefs) à moins qu'il n'y ait une soulte en argent. Mais cette immunité n'existait qu'autant que l'héritage n'était tenu que d'un seigneur ; s'il était tenu de divers seigneurs, il y avait lieu au paiement des droits. On donnait pour raison de cette différence, que dans le premier cas il n'y avait pas mutation de propriétaire à l'égard du seigneur, puisque les échangistes étaient tous deux ses hommes, tandis que dans le second la mutation existait.

L'exercice de la faculté de réméré n'entraînait pas de nouveaux droits, pas plus que le rachat des rentes hypothéquées (67).

CHAPITRE XIX.

SAISINE ET DESSAISINE.

Les principes de la saisine et de la dessaisine, si importants dans l'ancien droit, seront étudiés en même temps que la vente ; on n'en parlera ici que par rapport à certains droits féodaux, auxquels ils donnent ouverture. Ainsi, d'après l'art. 71 de la Coutume, la saisine et la dessaisine (a) ne pouvaient s'effectuer que « *parde-* » *vant les hommes et la cour du seigneur dont les héri-* » *tages sont tenus, ou par mise de fait par la justice du* » *seigneur ou autre souveraine et compétente, tenue et* » *décrétée de droit* » Ces principes ne sont que la con-

(a) C'est ce qu'on appelait le *rapport d'héritage.*

sécration de l'art. 1er de la Coutume, qui attribue au seigneur foncier « *la congnoissance et judicature par ses* » *hommes cottiers de tout ce qui concerne la saisine et la* » *dessaisine des héritages de lui tenuz et mouvans.* » Il faut d'ailleurs remarquer que c'est *aux hommes et à la cour du seigneur* que la compétence est attribuée, et non au seigneur lui-même. Si donc le seigneur avait reçu la saisine, l'opération aurait été entachée de nullité. Il n'était même pas nécessaire d'y convoquer le seigneur; pourvu que ses droits fussent payés, c'était tout ce qu'il avait à demander.

La saisine et la dessaisine ne pouvaient être accordées par la cour du seigneur supérieur, au préjudice du seigneur inférieur immédiat : c'était une prérogative essentielle de la seigneurie ; on ne pouvait l'en dépouiller, même du consentement réciproque des parties. Pourtant si les hommes du seigneur immédiat refusaient de recevoir la saisine, rien ne s'opposait à ce qu'on eût recours au seigneur supérieur de la mouvance. Le bailli d'une seigneurie avait le droit de commettre un lieutenant pour présider à la réception de l'acte de la saisine ; ce lieutenant s'appelait *lieutenant portatif.* Mais celui-ci ne pouvait jamais subdéléguer : il fallait savoir s'arrêter dans la voie des délégations, à peine de tomber dans tous les inconvénients du système romain.

CHAPITRE XX.

AIDE.

On appelait ainsi le secours que tout seigneur, ayant

haute justice ou même seigneurie viscontière, pouvait demander à ses hommes de fief et à ses vassaux, quand son fils ainé recevait l'ordre de chevalerie, ou quand il mariait sa fille ainée en premières noces. Ce droit reconnu par l'art. 38 de la Coutume, paraît avoir été fort ancien, et remonter au temps où la féodalité avait établi entre le seigneur et ses vassaux des liens de gratitude, qui ne sont pas sans quelque ressemblance avec le patronat romain.

L'aide n'était imposée qu'aux hommes de fief et aux vassaux, c'est-à-dire à ceux qui possédaient des fiefs tenus immédiatement de la seigneurie. Les tenanciers, c'est-à-dire les possesseurs d'héritages non féodaux, en étaient affranchis. (a) Les deux cas pour lesquels l'aide pouvait être réclamée, étaient limitatifs et ne devaient pas être étendus : ainsi, lorsque le seigneur lui-même recevait la chevalerie (b), il n'avait pas droit à l'aide, non plus que si le fief dominant était possédé par une femme qui se mariait elle-même. L'aide n'avait lieu que pour le mariage en premières noces, car, disent les auteurs, si la fille du seigneur se marie en secondes noces, il n'est pas obligé de lui donner une dot. Ce droit ne s'exerçait qu'une seule fois, par le même seigneur, en sorte que s'il avait été perçu, pour cause de mariage, il ne pouvait plus l'être pour cause de chevalerie. Mais quand il arri-

(a) Les cotteries pouvaient néanmoins être assujetties à l'aide, par des titres particuliers, et par une possession prescrite.

(b) Personne, en Artois, ne pouvait porter le titre de chevalier s'il n'avait été reconnu pour tel par le Souverain. (Placards des 25 septembre 1595 et 14 décembre 1616).

vait plusieurs mutations de seigneurs pendant la vie du vassal, chaque seigneur pouvait exiger un droit d'aide. Ce droit se poursuivait devant la cour du seigneur compétente pour tous les casuels, d'après l'ordonnance de 1667, titre xxiv, art. 11 ; c'est ce qu'on appelait la procédure d'*évocation*. L'aide ne donnait jamais ouverture à la saisie féodale.

L'aide était un droit personnel et non réel, en sorte que, si le vassal vendait son fief, depuis l'échéance du droit, il n'était pas déchargé du paiement. Il était prescriptible par vingt ans, à la différence de la foi et hommage, qui ne se prescrivait jamais. L'usufruitier d'une seigneurie ne pouvait le réclamer. Quelques seigneurs avaient élevé la prétention de le faire payer pour le mariage de leur sœur aînée ; mais cette prétention avait été repoussée. On ne l'admettait pas non plus pour le cas où le fils aîné du seigneur était fait chevalier par un prince étranger; mais on était assez porté à faire une exception aux termes restrictifs de l'art. 38, lorsque la fille aînée du seigneur entrait en religion.

Outre l'aide, les fiefs et arrière-fiefs devaient encore au roi *le ban* et *l'arrière-ban*, c'est-à-dire qu'ils étaient obligés de l'assister en temps de guerre. C'était même sur cet impôt du sang que la noblesse se fondait pour refuser tous les autres. Pour l'exécution du ban et de l'arrière-ban, les titulaires de fiefs, tenus immédiatement du roi, devaient, *au mandement du ban*, comparaître au lieu qui leur était assigné, montés et équipés de chevaux et armes. Le traité d'Arras, concédé en mars 1477, par Louis XI, avait exempté les habitants de cette ville du ban et de l'arrière-ban.

CHAPITRE XXI.

TERRAGE OU CHAMPART.

Le terrage ou champart (a) était le droit de percevoir une portion des fruits d'un héritage, comme le huitième, le dixième, le douzième, suivant les titres, la possession ou l'usage des lieux. C'est un des droits féodaux dont l'origine se justifie le mieux. On comprend, en effet, qu'un seigneur ayant plus de terres qu'il n'en pouvait cultiver, les ait très légitimement données en propriété à la charge d'en retirer, chaque année, une certaine portion de fruits, par exemple dix au cent de gerbes. Et pourtant, de ce droit très-légitime étaient nés les résultats les plus fâcheux, ainsi qu'on peut le voir dans l'art. 62 de la Coutume, qui défend aux possesseurs de terres labourables, chargées de terrage, d'en changer la culture, de quelque manière que ce soit, sans le gré et le consentement du terrageur. Il est facile de comprendre combien l'agriculture et la liberté devaient souffrir d'une telle prohibition.

La Coutume veut que ceux qui possèdent des terres sujettes au droit de terrage, soient obligés de le payer, à peine de soixante sols parisis d'amende (34). (b) Ce

---

(a) Le mot *champart* vient de *campi pars*. Le terrage ou champart s'appelait aussi *arrage* (arrhes de la terre).

(b) Jugé par différentes décisions, qu'en fait de terrage, il est dû autant d'amendes qu'il y a de champs où l'on contrevient aux droits du terrageur. De même, le propriétaire, qui approuvait en justice le refus de terrage fait par son fermier, devait être condamné solidairement avec lui en l'amende coutumière.

droit était inhérent au fonds et non à la seigneurie ; ainsi on pouvait avoir un fief, sans y exercer le terrage. Dans le but d'éviter les fraudes, l'art. 63 ordonne que le terrageur sera appelé, avant l'enlèvement de la récolte, pour recevoir sa part. Lorsque le terrage était dû à différentes personnes, il suffisait d'en appeler une seule, sans que jamais l'amende pût être supérieure à soixante sols, à partager entre tous les terrageurs, en proportion de ce que chacun prend dans le terrage (63). On concluait de là : 1° que le terrage était dû par chaque pièce de terre, quand même elles seraient contiguës les unes aux autres ; 2° que si le terrageur *évoqué* ne se présentait pas, l'occupeur pouvait laisser le champart sur le champ, et n'était pas obligé de le conduire dans la grange du terrageur. De même, quand le terrage n'avait pas été levé depuis un temps suffisant à prescrire, le terrageur ne pouvait plus le prétendre, quand même les terres dans lesquelles la pièce était enclavée auraient toujours acquitté le droit. Enfin, si la terre était laissée *à rietz*, pendant trois ans, le terrageur était autorisé à la faire labourer et ensemencer, et à s'approprier la récolte. (*a*) Le possesseur ne pouvait rentrer dans son champ qu'après cette récolte, et pourvu que de nouvelles semailles n'eussent point été faites. (62)

On voit que le terrage présentait quelque analogie avec la dîme, cette autre plaie de l'agriculture. (*b*) Néan-

(*a*) Il résulte d'une lettre écrite le 13 novembre 1733 par le Conseil d'Artois au Conseil du Hainaut, que le terrage sur les trèfles et autres espèces, que l'on a coutume de faucher en vert, ne se percevait pas dans la province.

(*b*) Il y avait encore un droit qui n'était pas sans quelque ressem-

moins, en Artois, le terrage paraissait plus favorisé que la dime. Ainsi, l'usage voulait que le terrageur pût choisir telles bottes, gerbes ou warrats qu'il lui plairait, tandis que la dime (a) prenait *des quatre coins et au milieu du champ*. Pourtant cette prééminence du terrage sur la dime n'avait pas passé sans opposition ; il y avait même eu des décisions judiciaires qui lui étaient contraires. Ainsi, les religieux d'Anchin avaient fait juger, à la Gouvernance d'Arras, en 1630, contre le sieur Le Sellier, seigneur de Baralle, que la dime devait se percevoir sur la généralité des fruits et dépouilles, ce qui ne pouvait se faire, si le terrage se prenait au préalable. Au reste, le terrage et la dime se ressemblaient en cela, *qu'ils ne tombaient jamais en arrérages*; ainsi, quand un terrageur ou un décimateur n'avait pas réclamé entre les deux récoltes, il était censé renoncer à ses droits échus. (b)

blance avec le terrage, c'était le droit de *gaule*, de *gavenne*, ou de *gave*. Ce droit était, dans l'origine, la reconnaissance que les vassaux et tenanciers des églises payaient en blé, avoine, poulets, argent ou autres choses, aux avoués de ces églises, pour les défendre pendant les guerres particulières.

(a) Le Conseil d'Artois tenait essentiellement à être reconnu seul juge en matière de dîme, même quand il ne s'agissait que du fait de paiement, parceque la connaissance des dîmes appartient au juge royal, et que le Conseil d'Artois était le seul juge royal de la province. Aussi a-t-il plusieurs fois déclaré nulles les procédures de dîmes que la Sénéchaussée de St-Pol et la Gouvernance d'Arras avaient autorisées. (Arrêts des 14 février et 4 octobre 1765).

(b) Celui qui était en possession du terrage sur une pièce de terre pendant l'an et jour pouvait se pourvoir au possessoire, mais quand il avait réussi, il ne pouvait empêcher celui qui avait succombé de se pourvoir au pétitoire.

Lorsque le terrage s'exerçait sur plusieurs terroirs voisins l'un de l'autre, on exigeait, comme pour la dîme, que le terrageur eût sur chaque terroir un commis assermenté, auquel on pût faire la déclaration, et qui était chargé de compter et de recevoir. Le défaut de déclaration prolongé, même pendant plusieurs années, n'entraînait qu'une seule amende.

La question de prescription, en matière de terrage, présentait de grandes difficultés. Un arrêt du Conseil d'Artois, du 10 novembre 1759, avait reconnu que le terrage seigneurial est prescriptible. Mais le Parlement de Paris l'avait déclaré imprescriptible par un arrêt du 5 avril 1750: il y eut un pourvoi en cassation contre cet arrêt, comme contraire à la coutume d'Artois, art. 31, et le pourvoi fut jugé non recevable par arrêt du Conseil du roi du 6 octobre 1760.

CHAPITRE XXII.

BANALITÉ.

Bauduin dit, en parlant de ce droit, « c'est une nou-
» velle servitude, jadis incognue, que plusieurs usurpent
» sur leurs subjects, par laquelle ils sont tenus au prouf-
» fict du seigneur, aller cuire à ung four, ou user d'un
» molin, ou soubmectre leurs vaches au taureau du sei-
» gneur, et leurs truyes au vérat ou pourceau du sei-
» gneur, lequel droit a tant semblé barbare, qu'il n'est
» réputé avoir quelque chose commune avec la justice

» de Dieu : de sorte que l'acquisition d'icelui se doibt
» aultrement et par espécial, prouver, quasi de fachon
» diverse et du tout estrange. » Ces paroles sont la
preuve de l'espèce d'horreur qu'inspirait le droit de
banalité qui pourtant a trouvé chez nous des apolo-
gistes.

La seigneurie ne donnait pas par elle-même la banalité des fours, moulins (*a*) ou autres choses, comme
nous venons de voir qu'elle ne conférait pas le terrage.
Toute personne pouvait posséder des banalités, ainsi
que des rentes foncières : ce n'était nullement un signe
de seigneurie ou de justice ; de sorte que, dit Maillart,
cet argument ne vaut : il a le droit de banalité, donc il
a celui de seigneurie ou de justice.

Les droits de banalité ne pouvaient s'acquérir que par
titre ou par prescription *longi temporis*, (*b*) c'est-à-dire
de vingt ans (52). L'article 61 de la Coutume punit d'une
amende, de soixante sols parisis, ceux qui « *estant submis aux molins ou fours banniers sont trouvez avoir molu
ou cuyt quelque chose à autre molin ou four.* » De plus,
il y avait lieu à confiscation du sac, de la farine, ou du
pain, au profit de celui à qui appartenait le moulin. Il

(*a*) L'érection des moulins n'était pas, en Artois, un droit seigneurial. Le seigneur, qui n'avait pas de banalité, ne pouvait empêcher
qui que ce soit d'en bâtir. (Arrêt du Conseil d'Artois du 3 décembre
1768).

(*b*) Pour établir la prescription de la banalité d'un moulin, il fallait
prouver que les meûniers étrangers étaient venus librement quêter,
charger et conduire mannées, dans le lieu de la banalité, pendant
tout le temps nécessaire pour prescrire. (Arrêt du Conseil d'Artois du
5 juillet 1758).

était admis, comme tempéramment d'équité, que si après avoir attendu vingt-quatre heures, on ne pouvait faire cuire son pain ou moudre son grain, on avait le droit d'aller ailleurs. Bien plus, à l'égard de la pâte, le fournier du four banal qui ne l'aurait pas fait cuire en temps convenable, était passible de dommages-intérêts.

Un abus en entraîne presque toujours un autre : du droit de banalité était née une prérogative plus odieuse encore, qu'on nommait *clain*. C'était une espèce de droit de recherche, qui permettait d'examiner, par le moyen de visites domiciliaires, si les banalités avaient été respectées. De plus, on ne pouvait se soustraire à la banalité, en ayant chez soi un moulin à bras, ou à cheval. Mais le seigneur, qui n'avait pas de moulin bannier sur sa terre, n'avait pas le droit d'empêcher les meûniers voisins *d'y chasser mannées* : un arrêt du Parlement de Paris du 28 juin 1693, l'avait décidé ainsi. (*a*).

Pour ériger un moulin à vent, il fallait l'autorisation du comte d'Artois, car, disent les auteurs, *le souverain est seigneur du vent*. Quant aux moulins à eau, il y avait un peu plus de difficulté. Pourtant le droit du souverain avait été consacré tant envers l'évêque d'Arras, pour un moulin érigé en la Cité d'Arras, qu'envers le sieur de Cambligneul, pour un moulin situé à Chinchy, quoiqu'ils aient eu tous les deux haute-justice dans ces endroits.

(*a*) On décidait aussi que celui qui a un droit de banal té, ne peut empêcher les meûniers étrangers de passer dans l'étendue de la banalité, avec des sacs de farine, et qu'il n'a le droit de faire saisir les sacs qu'autant qu'ils sont déchargés chez des personnes sujettes à la banalité. (Arrêt du Conseil d'Artois du 19 février 1754. DEVIENNE, journal du Conseil d'Artois. Vᵉ. banalité.)

Les curés des paroisses étaient généralement exemptés des droits de banalité, parce que, comme personnes ecclésiastiques, ils étaient francs de toute servitude personnelle.

On comprend ce qu'il y avait de vexatoire dans le droit de banalité (a). Aussi les auteurs et la jurisprudence faisaient-ils tous leurs efforts pour le restreindre autant que possible, par suite de la règle : *odia sunt restringenda*. Ainsi, celui qui avait un étalon, un taureau ou un vérat banal, ne pouvait confisquer les juments, vaches ou truies, qu'on faisait saillir ailleurs. Quant à l'amende, elle était de soixante sols parisis, outre la perception des droits de banalité qui étaient dûs comme si on avait usé de la chose banale.

Il faut remarquer que le droit de banalité ne se perdait point par le mauvais état de la chose banale ; il revivait dès qu'il était possible de l'exercer. Ainsi, lorsqu'un four ou moulin était hors de service, les personnes sujettes à la banalité n'avaient le droit de se pourvoir ailleurs, que jusqu'à la reconstruction ou la mise en état du four ou du moulin. Cette règle en elle-même est assez simple ; mais quand il s'agissait de

---

(a) Ce droit donnait souvent lieu à des conflits regrettables. Ainsi le 4 juin 1713, le seigneur de Gouy ayant envoyé des sergens sur le terroir de Bavincourt, pour voir si on ne faisait rien au préjudice de sa banalité, ces sergens furent assaillis, vers une heure et demie du matin, dans un chemin creux, où ils s'étaient mis en embuscade, par une multitude de femmes et d'enfants armés de bâtons, de piques et de fourches, et furent obligés de se retirer, après avoir dressé procès-verbal. Plainte fut portée au Conseil d'Artois, qui jugea l'affaire au criminel

l'appliquer aux étalons, taureaux, vérats, etc., on doit comprendre ce qu'elle entraînait d'incertitude et de gène pour les habitants de la campagne.

CHAPITRE XXIII.

COLOMBIER.

Comme corollaire au droit de banalité, il faut citer celui de colombier. Quoique la coutume n'en parle pas, il existait en Artois dans toute sa force. On distinguait deux sortes de colombiers, le colombier seigneurial, et le colombier ordinaire. Le placard du 31 août 1613 ne permettait qu'aux seigneurs d'avoir un colombier à pied, à moins que les lois de l'investiture, l'usage des lieux ou la prescription n'aient donné à un particulier le droit d'en avoir un de cette espèce. Ces sortes de colombiers étaient ordinairement garnis de *boulins*, ou trous propres à nicher les pigeons. Ces colombiers étaient aussi appelés *fuyes (à fugiendo)*, c'est-à-dire (*ubi confugienbant columbæ*). Ils avaient été exclusivement réservés aux seigneurs, à cause des grands revenus qu'ils produisaient. Quant aux colombiers ordinaires, ils pouvaient être entretenus par toute personne ayant à l'entour des terres suffisantes pour nourrir les pigeons qu'ils contenaient, sans qu'il fût nécessaire que ces terres fussent féodales. Ces colombiers étaient appelés *élevés*, parce qu'ils étaient bâtis sur piliers. Un jugement du 20 mars 1703, rendu en conseil d'Artois, exige, pour avoir des pigeons, la possession immémo-

riale, ou le labourage de trois boniers ou douze mencau-
dées en propriété ou à ferme. Le conseil d'Artois avait
aussi décidé le 31 janvier 1702, que ces terres devaient
être dans le terroir du village où le colombier existait.
Quand ces conditions étaient remplies, les seigneurs ne
pouvaient prétendre au droit de faire fermer un colombier. C'est ce qui avait été décidé, le 30 avril 1705,
par un arrêt du conseil d'Artois, qui avait maintenu des
particuliers dans la possession d'un colombier non seigneurial, qu'ils avaient fait bâtir à Oppy ; il ne leur fut
imposé d'autre obligation que de réduire le nombre des
boulins à deux cents.

Les propriétaires ou occupeurs des terres voisines
pouvaient se plaindre de la trop grande quantité de pigeons, et, sur leur plainte, le nombre des pigeons était
fixé par rapport à la totalité de terres labourables que
le maître du pigeonnier avait sur le terroir ou aux environs. Si les pigeons causaient du dommage sur les
terres qui n'étaient pas dans la censive du propriétaire,
il en était dû réparation. Mais quand les terres étaient
dans la censive, les propriétaires ou occupeurs n'avaient
rien à dire, car la présomption était que le seigneur n'avait
baillé ces terres à cens qu'à la charge de souffrir les pigeons. (a) L'estimation du dommage était faite par rapport à la valeur de la chose endommagée, au temps du
dégât, et non de ce qu'elle aurait pu valoir au temps
de la récolte.

(a) A la vérité on leur permettait d'éloigner les pigeons de dessus
leurs terres, surtout au temps des semences nommé *couvraines* en
Artois. Il était encore heureux qu'on ne fût pas obligé de les conserver soigneusement comme le gibier seigneurial.

CHAPITRE XXIV.

FORAGE.

Un droit assez curieux est celui de forage (a). L'art. 3 de la Coutume l'attribue aux seigneurs fonciers. Il s'exerçait sur les vins, bières et boissons qui se débitaient dans toute l'étendue de la seigneurie. Ce droit se payait en nature et consistait en deux lots, ou pots de vin (b), bière, ou autre boisson, sur chaque tonneau foré. Il avait été confirmé par Charles-le-Hardi, duc de Bourgogne, le 17 septembre 1473; par Louis XI, dans une charte du mois de juillet 1481; par Charles-Quint, le 12 mai 1531, et par Louis XIV, au mois de juin 1662; il s'appuyait donc sur les plus hautes autorités, ce qui ne le rendait pas plus supportable.

Le droit de forage était dû au seigneur du lieu de destination; il ne pouvait jamais se prescrire. Comme on doit bien le penser, il avait donné lieu aux plus criants abus. Ainsi les seigneurs avaient prétendu l'étendre à chaque brassin de bière, quoique la Coutume et les actes confirmatifs n'en aient point parlé. Cette extension de droit se percevait dans beaucoup de localités, sous le nom de *gambage*. Gosson, dans son langage imagé, nous

(a) Ou *Foraige*. Ce mot voulait dire autrefois *provisions alimentaires*, c'est même l'acception primitive de *jourage*. Les *Fouriers* étaient anciennement les *Pourvoyeurs*. (Ducange, gloss. v^is *fodrum, foragium forare*.) On a aussi donné pour étymologie à *forage*, le mot *forer*.

(b) Le lot d'Arras tenait environ trois chopines de Paris. Le pot et le lot sont la même chose.

parle également d'une autre contestation élevée à l'occasion du droit de forage : « Mais ce seigneur foncier, dit-il,
» homme d'un goût délicat, intente un autre petit procès :
» car il demande et ordonne que pour son droit on lui
» tire du vin du milieu du tonneau. Le cabaretier sou-
» tient que cela ne lui est pas dû, que le meilleur vin
» lui appartient bien plutôt, afin d'attirer et d'engager ses
» hôtes. Le foncier rusé dit qu'il ne demande pas le vin
» du milieu, parce qu'il est le meilleur, mais parce qu'il
» est le plus pur. Il y en a, dit-il, qui croient que le vin
» du haut de la pièce ressemble à l'huile, et que celui qui
» est au fond est meilleur que le miel. Si cela est ainsi,
» dit le cabaretier, l'on vous donnera, pour votre droit,
» du vin partie du haut, partie du bas, et je garderai
» celui du milieu pour moi, comme de raison ; car ce
» marchand savait que le vin et l'huile étaient de nature
» différente, et que le vin du milieu était le meilleur,
» parce que celui qui est au-dessus est altéré par l'air,
» et celui qui est en bas est gâté par la lie, au lieu que
» l'huile déchargée de sa crasse, nageant au-dessus est
» la meilleure ; de même que le miel du fond est plus
» doux parce qu'il est plus pesant. D'où il suit assez
» que, dans le doute, le débiteur d'une espèce est libéré
» par le payement de la moyenne espèce. »

Aucun vin ne pouvait être vendu en gros ni en détail,
en quelque lieu de l'Artois que ce fût, s'il n'avait été
étapé dans la ville d'Arras, c'est-à-dire déposé et vendu
dans la halle au vin (a). Les raisons qu'on donnait de

(a) Le droit d'étape à payer par ceux qui amenaient du vin en Artois était de 7 sols 6 deniers par muid.

cette obligation étaient le désir d'attirer les étrangers dans la ville, de permettre aux bourgeois de faire plus facilement leurs provisions, et d'empêcher les fraudes : c'est l'éternelle devise de ceux qui veulent règlementer à outrance toutes les industries (a). En vertu de cette obligation, une sentence de la gouvernance d'Arras, du 28 janvier 1684, avait condamné un sieur Hubert Riquier, cabaretier à Hébuterne, à trente florins d'amende, et à la confiscation de deux pièces de vin par lui vendues, dans sa maison, sans avoir été étapées à Arras. Desmazures cite également un jugement du Conseil d'Artois, du mois de mars 1559, contre quelques marchands de vin, au sujet de l'étape. Les vins amenés en Artois par Calais et les autres ports étaient exempts de ce droit. Les habitants de Bapaume et de St-Pol prétendaient être exonérés du droit d'étape. Ceux d'Hesdin avaient obtenu de Philippe IV dispense de poser les vins dans la ville d'Arras en payant les droits au fermier. Enfin, on avait exempté les bourgeois de St-Omer de ce droit pour les vins de Beauvoisis qu'ils se faisaient amener et décharger directement (b).

(a) Une ordonnance du Conseil d'Artois défend aux fermiers des impôts de vendre et débiter de l'eau-de-vie, dans les environs de la chapelle de Notre-Dame de Bon-Secours, à Bouret-sur-Canche, à cause du peu de respect que l'on a pour la sainte Vierge.

(b) Voir au sujet du droit d'étape les lettres de Charles-le-Hardi, du 17 septembre 1473, et de l'empereur Maximilien, du 16 septembre 1494, charte de Louis XI, du mois de juillet 1481. ordonnances de Charles-Quint, du 12 mai 1531 et de Philippe II, du 20 octobre 1576, autre ordonnance de Louis XIV, du mois de juin 1662.

CHAPITRE XXV.

ÉPAVES ET BATARDIE.

La Coutume accorde au seigneur viscontier le droit *d'épave* et celui de *batardie* (a). (9-10). Par le premier, le seigneur avait la propriété de tous les objets mobiliers trouvés dans la seigneurie, dont on ne connaissait pas le propriétaire ; par le second, il jouissait du privilége de recueillir la succession du bâtard mort intestat et sans laisser d'héritiers légitimes. Le droit d'épave était sanctionné par une amende de soixante sols parisis, à la charge de celui qui, ayant trouvé quelque objet sans maître, ne l'aurait pas rapporté au seigneur dans les vingt-quatre heures.

Les choses abandonnées n'étaient pas considérées comme épaves. Lorsqu'elles étaient délaissées par la volonté du propriétaire, elles appartenaient au premier occupant et non au seigneur. Les essaims de mouches à miel étaient attribués pour moitié au seigneur, et pour l'autre moitié à celui qui les signalait, pourvu que le propriétaire en eût abandonné la poursuite. Quant au trésor, s'il était trouvé dans l'héritage d'un particulier par lui-même, il lui appartenait en entier ; s'il avait été trouvé fortuitement par un autre que le propriétaire, le

(a) Epaves de *Pavere*, trembler. *Hinc videre licet*, dit Gosson, *animalia vehementer terrefacta, subito, relictis domibus, longius aufugere, et revertendi nescia passim oberrare.*

partage se faisait par moitié. Quand il était trouvé dans un lieu public, on établissait une distinction : si c'était par l'effet du hasard, il se partageait entre l'inventeur et le seigneur, sinon, il appartenait tout entier au seigneur. Il est facile de saisir les analogies et les différences de ces principes avec ceux déposés dans l'art. 716, (Code Nap.) De graves auteurs, qui ont écrit sur le droit Coutumier, font remarquer que si le trésor avait été trouvé par art magique ou incantation l'inventeur devait en être privé.

La Coutume d'Artois ne décidait rien, quant au temps après lequel les choses réputées épaves appartenaient au seigneur. La pratique avait suppléé à ce silence, en adoptant le délai de quarante jours. Pendant ce délai, le seigneur était tenu de faire publier, trois dimanches consécutifs, que tel objet avait été perdu. Mais après les quarante jours, le seigneur devenait-il propriétaire incommutable de l'épave? Quelques auteurs le soutenaient; pourtant l'opinion contraire, fondée sur le respect de la propriété, avait généralement prévalu.

Jadis les bâtards ne pouvaient tester, parce qu'en testant ils dépouillaient les seigneurs du droit de bâtardise; mais la Coutume n'a pas maintenu cette prohibition, et elle ne donne ouverture au droit qu'autant qu'il n'y a pas de testament. De même les Coutumes générales de France exigeaient trois circonstances pour que la succession du bâtard appartînt au seigneur, 1° que le bâtard fût né sur les terres du seigneur; 2° qu'il y eût vécu ; 3° qu'il y fût mort (ordonnance de Charles III). La Coutume d'Artois ne parlant pas de ces circonstances, on n'exigeait dans cette province d'autre condition que la mort.

Le droit de bâtardie n'était pas sans charge pour le seigneur : la jurisprudence en avait fait découler l'obligation d'élever tous les enfants exposés dans la seigneurie, dont on ne connaissait ni le père ni la mère (a). A ce prix, on ne saurait trop dire s'il y avait véritablement avantage dans le droit de bâtardie.

CHAPITRE XXVI.

CHASSE ET PÊCHE.

Le droit de chasse et de pêche était, comme on le sait, un des attributs les plus enviés de la féodalité : ce droit avait été réglé par décision du Conseil d'Artois, du 13 août 1739. D'après cette décision, la chasse était défendue à toutes personnes indistinctement autres que les seigneurs, gentilshommes, et gens vivant noblement (b), à peine de cinquante livres d'amende, appli-

(a) Un paysan de Verquin ayant prétendu avoir trouvé dans la rue un enfant tout habillé, le remit au seigneur ; celui-ci ne voulut pas l'accepter parce que, disait-il, cet enfant ne lui était présenté que par suite d'un accord entre le père et le paysan. Mais le Conseil d'Artois, après vérification, décida, le 20 janvier 1752, que l'enfant devait demeurer à la charge du seigneur. Au reste, cette obligation était aussi quelquefois allégée par la jurisprudence. Ainsi, le Conseil d'Artois avait reconnu, le 26 octobre 1747, que les pauvres enfants orphelins devaient appartenir aux communes et non aux seigneurs.

(b) Un arrêt du Conseil d'Etat du 3 octobre 1722, défend à tous seigneurs laïques et ecclésiastiques du royaume d'affermer la chasse sur leurs terres et domaines.

cables par moitié au roi et au seigneur, de cent livres
pour la seconde contravention, et de plus grande peine
pour la troisième. Que diraient nos chasseurs d'aujour-
d'hui, si pour leur délivrer des permis de chasse, on leur
demandait la justification de leurs lettres de noblesse?
Ce règlement ne fait d'ailleurs que reproduire des dispositions depuis longtemps en vigueur; car les placards
des 29 janvier 1533 et 18 octobre 1559 ne permettent la
chasse qu'aux nobles et à ceux qui ont des seigneuries.
Lorsqu'il y avait plusieurs seigneurs, même fonciers, on
les *cantonnait,* et en attendant on établissait le parcours
entr'eux (a). Un placard du 28 juin 1575, accordait le droit
de garenne à tous ceux qui avaient le droit de chasse;
mais personne n'avait le droit de franche garenne, sans
titre; le placard du 29 novembre 1611 l'avait réglé
ainsi (b). Quand on jouissait du droit de garenne les
voisins ne pouvaient prétendre à aucune indemnité pour
les dommages causés; on leur permettait seulement de

(a) Maillart, note sur l'art. 2 de la Coutume.

(b) Les auteurs pensaient que l'art. 19 des chasses, dans l'ordonnance
des eaux et forêts, ne devait pas être appliqué en Artois. En effet, par
lettres patentes du 1er novembre 1736, expédiées par arrêt du 29 juin
précédent, il était dit que « quant à la juridiction pour la pêche et la
» chasse, elle sera exercée suivant l'usage du pays et les anciennes
» ordonnances, par les magistrats, juges des lieux, ceux des seigneurs
» et autres auxquels elle est attribuée, ainsi et de la même manière
» qu'elle l'a été avant la publication de l'ordonnance des eaux et forêts. »
Mais, ajoute Mabille, quand même cette ordonnance s'exercerait en
plein dans l'Artois, je pense qu'il faudrait toujours prouver une
possession antérieure au placard du 20 novembre 1611, parce qu'une
possession postérieure et contraire à une loi précise, ne peut jamais
passer que pour abusive.

tuer les lapins sur leurs terres. C'est ce qui avait été jugé au Conseil d'Artois, le 10 décembre 1693, et confirmé au Parlement de Paris, le 27 août 1697.

Les gens de main-morte, qui avaient droit de chasse, à cause de leurs fiefs, pouvaient faire chasser sur leurs mouvances, mais par un chasseur assermenté (arrêt du Parlement de Paris, du 7 mai 1740). Il était d'ailleurs formellement défendu aux religieux de se faire suivre par des chiens de chasse : le Conseil d'Artois l'avait décidé le 21 avril 1768, dans une affaire où le sieur de Brandt, seigneur de Marconne, poursuivait trois religieux de l'abbaye de St-Éloi, qui s'étaient promenés sur le territoire d'Ecoivre avec des levriers.

Les simples propriétaires de fiefs en Artois n'avaient pas le droit de chasse ; c'est ce qui avait été jugé le 9 janvier 1706, en faveur du comte d'Equevat, contre le prieur d'Aubigny, et le 25 mai 1716, en faveur du prince de Hornes, seigneur viscontier de Gauchin, contre le sieur de le Val, gentilhomme et propriétaire de plusieurs fiefs, sur l'un desquels il avait la seigneurie foncière. Les nobles avaient le privilége de chasser sur les terres du roi éloignées de plus de trois lieues de ses plaisirs.

Le droit de chasse entrainait le droit de suite du gibier, c'est ce qui avait été sanctionné par arrêt du Conseil d'Artois, du 12 août 1773. Il avait aussi été décidé, le 5 mars 1756, que les gardes (a) (il s'agissait dans l'espèce

(a) Les sergents et gardes de bois devaient signer leurs procès-verbaux le jour même qu'ils les faisaient. Ils devaient en outre les remettre au greffe de la maîtrise des eaux et forêts et les affirmer dans les vingt-quatre heures au plus tard (Arrêt du Conseil d'Artois, du 4 août 1759).

des gardes de M. le prince d'Isengheim, gouverneur d'Arras), ne pouvaient tuer les chiens qu'ils trouvaient chassant, mais qu'ils devaient se borner à les arrêter (*a*).

Quant à la pêche, les seigneurs prétendaient qu'elle leur appartenait, parce qu'ils étaient propriétaires de tous les cours d'eau non navigables ni flottables, en vertu de l'art. 5 de la Coutume d'Artois. C'est en se fondant sur ce droit, qu'un sieur Delannoy, ancien conseiller au Conseil d'Artois, seigneur d'Estrée-Wamin, crut pouvoir empêcher un moulin de tourner, avant qu'il en eût employé l'eau pour remplir ses étangs. Mais le Conseil d'Artois repoussa cette prétention par arrêt du 19 juin 1750.

Un règlement du Conseil d'Artois du 13 août 1759, défend à toutes personnes, autres que les seigneurs hauts-justiciers et viscontiers, de pêcher dans les rivières publiques, et d'avoir chez elles des filets, à moins qu'elles n'aient la pêche dans les étangs ou rivières en propriété ou à ferme, à peine de confiscation des filets et de cinquante livres d'amende pour la première fois, de cent livres pour la seconde, et de plus grosse peine pour la troisième. Un autre règlement du 17 février 1679, prohibait la pêche dans les marais et fossés.

(*a*) Le Conseil d'Artois avait fait de nombreux règlements sur la chasse. Les principaux sont du 13 mai 1664, 17 février 1679 et 13 août 1759.

CHAPITRE XXVII.

AUBAINE.

Le droit d'aubaine n'existait pas en Artois, l'art. 40 de la Coutume le proclame hautement .(a). On voit avec plaisir que cette province avait précédé, dans cette voie généreuse, les législateurs de 90 et de 1819. Mais ce qu'on gagnait d'un côté on le perdait de l'autre ; car dans tous les Pays-Bas il y avait une espèce d'aubaine, nommée droit d'*issue* ou d'*escas*. Ce droit, établi au profit de certaines villes, se percevait quand les biens d'un bourgeois passait à une personne qui ne l'était pas : il était ordinairement du dixième denier. A Arras, où la bourgeoisie n'existait qu'à la condition d'être conférée par les maire et échevins, ce droit existait sous le nom de *quart forain*. Il consistait dans le quart des immeubles situés dans l'étendue de l'échevinage, et la moitié des meubles et rentes. La ville d'Aire jouissait du droit d'escas, à raison du cinquième denier, Bapaume du dixième, Béthune du septième, et St.-Omer du huitième. St.-Pol en avait été privé, par arrêt du Parlement de Paris, du 12 janvier 1700, sous prétexte que la Coutume de cette ville n'était pas homologuée.

(a) Il y avait de plus un acte de notoriété du Conseil d'Artois, du 7 avril 1728.

CHAPITRE XXVIII.

FRANC-FIEF OU NOUVEL ACQUÊT.

Pour terminer la matière des droits seigneuriaux, il reste à parler du franc-fief, ou nouvel acquêt. Ce droit a cela de particulier qu'il n'appartenait pas, comme ceux que nous venons d'examiner, à tous les seigneurs de différents degrés, mais qu'il était exclusivement réservé au plus élevé d'entre eux. Ainsi, en Artois, il était le privilége spécial du comte, et le roi ne l'exerçait que comme souverain fieffeux du comté (a). Il y avait lieu au franc-fief toutes les fois qu'une personne non noble acquérait *fiefs ou nobles tènements* (194). Maillart définit ce droit « une finance due au comte d'Artois, pour la propriété » acquise par le roturier, qui veut que ses hoirs et lui » soient capables de posséder les héritages nobles, pour » raison desquels cette finance est payée. » Il était fondé sur ce principe *qu'aucun roturier ne peut tenir fief sans congé* (b). Ce droit consistait en une année sur trois de revenu (195). Il se percevait tous les vingt ans, et n'était

(a) Maillart est d'un avis contraire ; mais il se préoccupe beaucoup trop de la lettre de l'art. 194, et il ne fait pas attention que dans toutes les provinces du royaume le franc-fief n'a jamais été détaché de la souveraineté.

(b) Desmazures dit que ce droit semble avoir pris son origine dans les anciennes lois, ordonnances et statuts du royaume de France, suivant lesquels il n'est loisible au roturier ou non noble de posséder audit royaume, francs-fiefs et héritages nobles ou droit tenu pour tel. (Desmazures, tit. XXXIII, n° 17). La conséquence est facile à tirer : ce qui était défendu s'achetait, et *le roi n'y perdait pas ses droits.*

dû qu'une seule fois (197). La déclaration du 9 mars 1700 avait décidé que, dans l'an et jour du contrat d'acquisition, le roturier serait tenu de déclarer au fermier (*a*) des francs-fiefs l'acquisition qu'il avait faite, afin que le droit pût être acquitté. De cette manière la perception indiquée par l'art. 195 avait été abrogée.

Le droit de franc-fief se prescrivait quand un non noble avait joui de fiefs ou nobles tènements pendant quarante ans, sans que le droit lui eût été réclamé (194) (*b*). Ainsi, depuis la déclaration de 1700, si le roturier n'avait pas fait sa déclaration dans l'an et jour et si, pendant quarante ans, il n'avait pas été inquiété par le fermier des francs-fiefs, il était à l'abri de toute poursuite. La déclaration de 1700 avait aussi fait cesser de graves contestations, qui s'élevaient sur l'interprétation des termes de l'art. 195, ainsi conçus : *de trois années l'une*. Des commentateurs en avaient induit l'obligation de payer à chaque troisième année, une année de revenu, c'est-à-dire six années et huit mois tous les vingt ans. Mais cette interprétation avait été repoussée comme trop rigoureuse, et l'on décidait que le droit de nouvel acquêt ne devait être que d'une année de revenu, estimée d'après une moyenne des trois dernières années.

Le droit de nouvel acquêt était personnel, de manière que si le fief passait d'un roturier à une personne noble, la terre n'en était plus chargée (196). Mais on comprend

(*a*) Le droit de franc-fief avait été soumis, comme presque tous les impôts, au régime déplorable de la ferme.

(*b*) Ce privilège était particulier à l'Artois : partout ailleurs la prescription du droit de franc-fief ne pouvait jamais avoir lieu (Bacquet, *Traité des franc-fiefs*, ch. XIV).

que le seigneur ne pouvait pas changer ce qui était fief
en cotterie afin d'éviter le droit. C'est ce qui avait été
décidé au Conseil d'Artois, en 1603. Les rentes inféodées
et francs-alleux étaient aussi compris dans ce droit.
ainsi qu'il résultait des patentes et commissions de perception données en 1623. En fait d'impôt, la fiscalité a
toujours aimé à procéder par voie d'extension.

La veuve d'un roturier, quoique issue d'une famille
noble, n'était pas soustraite au nouvel acquêt. De même,
l'acheteur roturier y était assujetti, quoiqu'il fût noble
avant la levée, par exemple, si dans l'intervalle, il avait
dérogé. Pour être exempt du droit, il suffisait d'être né
d'une mère noble, pourvu qu'on vécût noblement (198).
Mais, en matière d'impositions et d'aides, et en toutes
autres que celles de franc-fief, la noblesse maternelle ne
produisait aucun privilège au profit de celui qui était né
d'un père roturier et d'une mère noble.

Les conseillers et gens du roi composant le corps du Conseil d'Artois étaient exemptés du droit de nouvel acquêt
que les roturiers étaient tenus de payer. Cela résulte d'un
acte de notoriété délivré par le Conseil d'Artois le 8 novembre 1679. Maillart émet une opinion contraire, mais
il ne paraît pas avoir connu l'acte de notoriété que nous
citons. C'est en vertu de ce privilège que le Conseil
d'Artois prit fait et cause pour le sieur Fromentin,
conseiller, qui avait été taxé en 1727 par le sous-fermier des francs-fiefs : un arrêt du Conseil d'Etat, du
13 juillet 1728, déchargea le sieur Fromentin, et fit défense au sous-fermier de *récidiver*. En 1758, le sieur
Maïoul, greffier en chef du Conseil d'Artois, ayant été

pareillement inquiété pour un droit de franc-fief, le roi
l'en déchargea, par arrêt du 28 août 1759.

Comme application du droit de franc-fief, on peut
encore citer un fait qui s'est passé en Artois : il remonte
au temps de la comtesse Mahaut. Un certain Jacques
Mercadez, dominé, comme tant d'autres, du désir de
posséder de *nobles tènements*, avait acheté de Bauduin
de Souastre, un fief situé au terroir de Piquehem et
mouvant de la comté d'Artois, moyennant huit cents livres parisis. Mais Mahaut, ayant appris que l'acquéreur
n'était pas noble, l'obligea à se dessaisir en sa faveur
de son fief, pour la somme de six cents livres. Ainsi le
pauvre Mercadez n'eut pas de fief, et sa velléité nobi-
liaire lui coûta deux cents livres parisis.

CHAPITRE XXIX.

OBSERVATIONS GÉNÉRALES SUR LES DROITS SEIGNEURIAUX.

Nous avons passé en revue les principaux droits qui
étaient dévolus aux seigneurs, d'après les anciennes institutions de l'Artois. On a pu voir combien ces droits
étaient multiples, et devaient frapper lourdement sur
ceux qui en étaient grévés. Ce n'était encore que la
moindre part des charges supportées par la population

roturière (a). Si on y ajoute les tailles, la dîme, la corvée, et tant d'autres redevances, plus vexatoires les unes que les autres, on comprendra que La Fontaine ait personnifié en quelque sorte le pauvre peuple quand il a dit :

...... Les soldats, les impôts,
Le créancier et la corvée,
Lui font d'un malheureux la peinture achevée.

Aussi tout ce qui avait l'âme un peu généreuse s'élevait contre de pareils abus, et Bauduin s'écriait dans une chaleureuse indignation : « Hodie Domini privatorum lo-
» corum, ex innata quadam libidine regnandi, ac veriùs
» subditos opprimendi, multa servitutum barbarorum
» genera, in rempublicam invenerunt, veluti : les droits
» d'afforaige, de bannier, d'herbaige, estellaige et, quod
» maximè verecundum, de cœuillage. Præterea alias mul-
» tas servitutes omnium barbarorum tyrannidem supe-
» rantes. » On pourrait croire qu'un régime qui est ainsi attaqué est bien près de finir ; pourtant il a fallu le grand ébranlement de la révolution pour en venir à bout.

Il faut reconnaître néanmoins que la Coutume d'Artois était infiniment plus libérale que la plupart des Coutumes de la France. Ainsi, elle s'était appliquée à restreindre, autant que possible, les droits féodaux si éten-

(a) Les habitants d'un lieu ne pouvaient jouer ou faire jouer des instruments ou danser sur une place publique sans la permission du seigneur ou de ses officiers, à peine de soixante sous parisis d'amende. Jugement d'audience du Conseil d'Artois, du 27 octobre 1737. Il est robable que cette autorisation n'était accordée qu'à prix d'argent.

dus ailleurs (a) : on ne saurait trop faire remarquer cette différence. Ce qu'il faut surtout signaler, c'est que les terres roturières étaient beaucoup mieux traitées en Artois que dans une infinité d'autres provinces. Cela prouve évidemment l'importance dont le tiers-état y jouissait. Comme il fallait surtout compter avec cette classe riche et ancienne de fermiers, qui fait encore aujourd'hui l'honneur de ce pays, on avait sans doute été obligé de réduire, dans les plus fortes proportions, les fardeaux qui pesaient sur elle.

CHAPITRE XXIX.

DROIT DE JUSTICE.

Un des attributs les plus considérables de la féodalité était le droit de rendre la justice. Ce droit, né de la conquête, et peut être avant elle, était l'apanage exclusif des fiefs nobles, car en règle générale les fiefs roturiers

(a) La Coutume de St-Pol admettait un droit seigneurial assez-singulier, c'était celui de *moutonage* ou *de vif herbage*. En vertu de ce droit, le seigneur pouvait exiger de son vassal un mouton gras, chaque année, à la Saint-Jean, c'est-à-dire au moment où l'herbe devient verte. D'où un procès jugé au Conseil d'Artois, entre un sieur de Bryas et son fermier. Le premier n'ayant demandé son droit de vif herbage qu'au mois de décembre, le second lui offrit le mouton réclamé, mais en tenant compte des nourritures depuis la St.-Jean. Le Conseil d'Artois *mit aux voix cette affaire importante*, et décida, le 20 mai 1754, pour sortir d'embarras, que le fermier paierait à son seigneur le prix du mouton, estimé à la somme de neuf livres.

n'avaient ni justice, ni seigneurie (*a*). De ce droit de justice résultaient des juridictions réelles ou féodales, qui étaient plus ou moins étendues, suivant que les Coutumes leur étaient plus ou moins favorables. En Artois, la Coutume attachait une grande importance à ces juridictions, car c'est par leur réglementation qu'elle commence. « Seigneurie et justice y sont inséparables, et pour ainsi dire synonymes, » dit Roussel de Bouret, tome I, page 25 (*b*). Cette idée de subordonner le droit de justice au droit de propriété est très-remarquable : les Romains, du moins dans les temps classiques, n'en ont jamais eu notion.

Un seigneur ne pouvait, en matière fiscale, plaider en son nom dans sa justice, il devait le faire par son procureur fiscal. C'était l'opinion de Mabille, vº *Seigneurs*. Au reste, les seigneurs ne devaient intenter dans leur justice, ni en leur nom ni en celui de leurs procureurs fiscaux, aucune action qui leur fût personnelle ; mais lorsqu'il s'agissait des droits de la seigneurie, ou de leurs

(*a*) Néanmoins quand le seigneur ou ses officiers y consentaient, ces fiefs pouvaient acquérir le droit de justice, et par conséquent devenir nobles. Ainsi en Artois, un seigneur avait le droit de changer la nature d'un fief. (Maillart, note 7 sur l'art. 17).

(*b*) Pourtant on pouvait, en cette province, avoir une seigneurie sans justice, et exercer la justice dans un endroit sans avoir la seigneurie. (Mabille, vº *Justice*) De même on pouvait se décharger de l'une et se réserver l'autre. C'est ce qu'avait décidé un arrêt du Conseil d'Artois, du 14 décembre 1747. La mouvance et la justice n'étaient pas non plus toujours inséparables. Ainsi on voyait souvent en Artois que des biens étaient mouvants d'un seigneur et se trouvaient dans la justice d'un autre.

dépendances, les procureurs fiscaux pouvaient prendre la voie même extraordinaire. Le Conseil d'Artois s'était prononcé en ce sens, le 29 juillet 1752, à l'occasion d'une révolte des habitants d'Oisy, contre leur seigneur, pour des droits de banalité.

La justice ne pouvait jamais s'acquérir par la prescription ordinaire, mais seulement par la possession immémoriale. La preuve de cette possession devait se faire au moyen d'actes attestant l'exercice positif de la justice, tels que des jugements, des procès-verbaux, des affiches publiques, des bans d'août et de mars, etc. Quant aux reconnaissances du droit données par des particuliers, ou aux transactions qui auraient pu être passées avec eux, ces actes ne produisaient jamais d'effet que contre les personnes dont ils émanaient.

Il y avait trois espèces de justices féodales : *la basse*, appelée aussi *justice foncière*, parce qu'elle ne s'exerçait que dans les limites de certains héritages, la *moyenne*, ou *justice viscontière*, qui s'étendait non-seulement sur ses propres héritages, mais aussi sur ceux qui en étaient mouvans, et la *haute* qui embrassait la généralité de tous les fiefs et héritages compris dans sa suzeraineté. Suivant Gosson, cette dernière était, à proprement parler, la justice pure et véritable. Nous allons examiner séparément chacune de ces justices ou seigneuries.

CHAPITRE XXXI.

BASSE JUSTICE.

La basse justice avait cela de particulier, qu'elle ne

s'exerçait pas par le seigneur lui-même, mais par des hommes censiers ou cottiers, c'est-à-dire possédant des biens en roture, mouvans de la seigneurie foncière (a). Ainsi, quand il n'y avait aucun héritage cottier dans la seigneurie foncière, il n'y avait pas de justice dans cette seigneurie, car la justice n'y aurait rien trouvé sur quoi elle pût s'exercer. Le seigneur foncier ou bas justicier connaissait de tout ce qui concerne la dessaisine et la saisine des héritages mouvans de la seigneurie. Cela résulte du principe que le juge d'un seigneur a connaissance de tout ce qui concerne les droits réels, soit de propriété, soit d'hypothèque, à l'égard des héritages qui sont dans sa mouvance immédiate, sans que cette connaissance puisse appartenir au juge supérieur. On voit d'après ce principe que la basse justice avait des attributions fort étendues.

Nous venons de dire que cette justice était rendue par les tenanciers du seigneur ; à cet effet les tenanciers étaient *conjurés* par le bailli, le prévôt, le mayeur ou le lieutenant (b). Sans la conjure, le pouvoir des hommes de fief ne pouvait produire d'effet, de sorte que les jugements par eux rendus en l'absence de cette formalité étaient nuls, ainsi que l'a déclaré un arrêt du Parlement du 26 mai 1721, à l'égard du châtelain d'Aire (c).

(a) Le seigneur foncier, dit Maillart, est celui qui n'a dans sa mouvance que des héritages cottiers, ou roturiers, ou de main-ferme, car s'il avait seulement un fief il serait seigneur viscontier.

(b) La formule de réquisition était celle-ci : voilà telle affaire ; je vous *conjure* d'y faire droit.

(c) Les officiers des seigneurs qui avaient leurs charges à titre onéreux ou par récompense de services, ne pouvaient être révoqués par les seigneurs; mais quand ces charges leur avaient été

Les hommes de fief étaient appelés au service des plaids, à tour de rôle, dressé par le bailli ou son lieutenant. Un placard de la Gouvernance d'Arras, du 14 décembre 1546, et un règlement, du 2 novembre 1700, étaient spéciaux à cette matière. Au reste, si les hommes du seigneur convoquaient et présidaient, ils ne jugeaient pas; ils devaient même sortir quand les hommes de fief opinaient, et ne rentraient que *pour faire et dire loi à la semonce* (a). A ces traits, n'est-il pas facile de reconnaître l'antique institution du jury? Ainsi, les seigneurs fonciers n'avaient sur leur propre fonds que la conjure et l'exécution; ce n'était que dans la cour du seigneur supérieur qu'ils pouvaient être juges. Etrange anomalie qui leur donnait des fonctions publiques au-dehors et qui les leur refusait chez eux. A cette occasion, Gosson examine l'importante question de l'origine du pouvoir judiciaire, et il se demande pourquoi le seigneur ne l'exerce pas lui-même. La raison qu'il en donne, si elle n'est pas péremptoire, est au moins originale. « Je pense, » dit-il, que comme il y a trois sortes de gouverne- » ments, la monarchie, l'aristocratie et la démocratie, il » y a trois manières de juger, la première par la déci- » sion d'un seul, c'est la manière monarchique; la » seconde par l'avis des jurisconsultes, c'est la manière » aristocratique, la troisième par le ministère de per-

---

accordées à titre purement gratuit ils pouvaient être destitués selon le bon plaisir des seigneurs. Le Conseil d'Artois avait appliqué ce principe, le 28 mai 1748, en faveur du sieur de Nédonchel, seigneur de Ravensberg, qui avait destitué le greffier de cette justice.

(a) Voir la *Somme Rurale* ou le *Grand Coutumier*, par Boutiller liv. II, tit. 2.

» sonnes presque illettrées, mais avec l'aide de praticiens
» exercés, c'est la manière démocratique. Cette dernière
» forme a prévalu en Artois, parce qu'on peut à peine
» trouver un homme en un siècle qui soit doué d'assez
» de vertu et de sagesse pour tout connaitre et tout faire
» par lui seul. »

L'exercice de la justice était une charge imposée aux
propriétaires ; elle était imprescriptible. Si un homme
cottier n'obtempérait pas à la conjure du seigneur, son
héritage pouvait être saisi *faute de devoir non fait*. Au
reste, les hommes cottiers avaient la faculté de se faire
représenter (*a*). On allait même jusqu'à conclure du droit
qu'avait le seigneur d'imposer à ses tenanciers l'obligation de rendre la justice, celui d'en dispenser ceux qu'il
voulait. Il est probable que ces dispenses s'obtenaient
quelquefois par des moyens peu avouables.

Primitivement on n'exigeait pas, en Artois, que l'échevin, l'homme de fief ou cottier sût lire et écrire. Le jugement contenait simplement les noms de l'échevin
conjureur et des hommes de cour. Le sceau de chacun
pendait d'un lacs de parchemin : à côté de chaque lacs
était écrit le nom de l'échevin ou de l'homme de
cour. Mais, depuis le 12 novembre 1687, l'ordonnance
de 1667 étant observée en Artois, les juges devaient savoir écrire, à peine de nullité. Quant aux baillis et aux
lieutenants, un édit du mois de mars 1693 leur enjoignait
de se faire recevoir en la justice royale supérieure ; cet
édit voulait également que les autres officiers fussent

(*a*) Les pairs de France devaient assister en personne au Parlement.
Mahaut, comtesse d'Artois, y siégeait avec les autres pairs.

reçus dans leurs justices respectives. Cette dernière prescription ne parait pas avoir été suivie à la lettre en Artois : on n'y exigeait qu'une commission écrite et enregistrée au greffe de la justice où on devait exercer. En cas de-légitime empêchement ou de déport du bailli, du lieutenant, du procureur fiscal ou du greffier, leurs fonctions pouvaient être remplies par toute personne commise à cet effet. C'était un moyen assuré de ne pas laisser chômer la justice, mais, ce n'était pas toujours le moyen de la rendre bonne. Il y a plus, les officiers des justices seigneuriales « pouvaient être remerciés par le seigneur en termes honnêtes, dit Maillart, et sans marquer d'autres raisons que sa volonté. » Les choses en étaient même venues à ce point, qu'un règlement du bailliage d'Arras, du 31 mai 1694, fut obligé de défendre aux seigneurs de donner les offices de leurs justices à leurs domestiques (a).

D'après ce qui vient d'être dit, on comprend que la justice seigneuriale était tout entière dans les mains des fermiers et locataires des seigneurs. Ce n'était déjà point une garantie d'indépendance ; mais en outre cette justice, ainsi déléguée et résultant de baux à ferme, devait être la plupart du temps fort défectueuse. Le législateur avait été frappé de cet inconvénient, et avait cherché à y remédier. L'édit perpétuel du 12 juillet 1611 obligeait les juges à prendre l'avis de gens sensés

(a) La justice seigneuriale était gratuite ; mais l'usage des épices ayant prévalu en Artois, comme ailleurs, les justiciables y étaient rançonnés sans merci. Pourtant les juges des seigneurs ne pouvaient jamais prononcer d'amende envers le roi. Ce droit n'appartenait qu'aux juges exerçant la justice royale.

et versés dans les affaires. Le placard du 30 juillet 1672 voulait que les juges rendissent leurs sentences conformes à l'avis des avocats consultés. Dans la pratique, on avait fini par admettre en principe, que quand un procès était instruit dans une justice hommagère, foncière ou échevinale, les hommes de fief ou cottiers, ou les échevins devaient l'envoyer *en avis*, c'est-à-dire qu'il était soumis à quelque avocat qui n'avait pas connu de l'affaire. Cet avocat donnait sa consultation écrite, en forme de jugement : quand l'affaire était grave, on consultait plusieurs avocats, puis les juges rendaient un jugement conforme à cet avis, s'ils le trouvaient juste (a).

Nous avons vu que la compétence de la basse justice seigneuriale était très vaste en matière civile, mais il n'en était pas de même en matière criminelle. Ainsi le seigneur foncier ne pouvait connaître que de délits dont l'amende n'excédait pas cinq sols. Cette compétence, qui n'est même pas égale à celle de notre simple police, puis qu'elle exclut toute peine qui n'est pas pécuniaire, aurait même été tout à fait inapplicable si on n'avait pas prêté à la lettre de la loi. Comme une amende de 5 sols tournois était à peu près dérisoire, on décidait que l'article 2 de la Coutume avait entendu parler de livres parisis (b). Cette interprétation était contraire aux principes

(a) Seigneurs sont tenus d'avoir des officiers résidant sur les lieux pour administrer la justice. Ordonnance du 18 mai 1666, donnée par le Conseil d'Artois.

(b) L'usage constant et uniforme, dit Maillart, est que, dans l'Artois cédé, le parisis n'est qu'un huitième en sus de ce qu'il était autrefois ; par exemple, l'amende de soixante sols parisis n'est que de trois livres sept sols, six deniers, et non de trois livres quinze sols, comme à Pa-

qui restreignent plutôt qu'ils n'étendent les dispositions pénales, aussi les commentateurs ne l'admettaient-ils qu'avec une certaine répugnance, et seulement parce qu'il n'y avait pas dans la coutume un seul autre article qui prononçât une amende de cinq sols. La modicité de cette amende a même fait penser à Gosson qu'elle ne s'appliquait qu'au cas où des bestiaux auraient causé des dégâts sur les héritages d'autrui. De cette manière, les seigneurs fonciers n'auraient eu, au criminel, d'autre mission que de réprimer la négligence des gardiens de bestiaux. C'était peu de chose, et autant aurait valu leur refuser toute juridiction en cette matière.

La Coutume indiquait cependant un cas où le seigneur foncier pouvait prononcer une amende de soixante sols parisis, c'était lorsqu'il y avait infraction à sa justice (2, 8, 11). La justice et la seigneurie étaient enfreintes par la rébellion à l'exécution des commissions et des jugements, par le bris de saisie, ordinaire ou seigneuriale, etc. Outre cette amende, le seigneur pouvait ordonner le rétablissement des choses dans l'état où elles étaient avant l'infraction, c'est ce qu'on appelait *réintégrer la main de justice*.

Pour sûreté et paiement des amendes prononcées par le seigneur, l'art. 19 de la Coutume lui permet de faire arrêter et appréhender au corps les délinquants, et de les retenir en prison jusqu'à ce qu'ils aient consigné l'amende ou donné caution. Ce droit n'appartenait pas seu-

---

ris. Dans l'Artois réservé, le parisis était le huitième en sus de la monnaie de Flandre, de sorte que l'amende de soixante sols parisis y était de trois livres, sept sols, neuf deniers. ·

lemènt au seigneur vis-à-vis de son vassal, mais aussi à l'égard des étrangers, pourvu que le fait punissable eût eu lieu dans la circonscription de la seigneurie. On demandait si dans le cas où le délinquant offrirait une caution, cette caution devait être domiciliée dans la seigneurie : Gosson disait non, parce qu'une caution solvable était bonne en quelque lieu qu'elle résidât, mais Maillart disait oui, parce qu'une caution étrangère présentait bien des inconvénients (a).

La poursuite de l'amende pouvait avoir lieu directement par le seigneur, ou par l'entremise de ses procureurs d'office et de ses commis. Cette procédure se suivait devant la cour de la seigneurie, en vertu de ce principe que tout tribunal a le droit de se faire respecter lui-même. Mais ce que les seigneurs ne pouvaient pas faire, c'était d'emprisonner de leur autorité privée celui qui avait encouru une amende : il fallait qu'ils obtinssent préalablement contre lui un jugement de prise de corps. Il faut remarquer que tout ce qui a rapport à l'infraction de la justice s'applique à tous les degrés de seigneuries : l'art. 11 le décide pour les seigneuries foncières et vicontières ; mais il faut évidemment l'étendre aux seigneurs hauts-justiciers, le moins étant compris dans le plus.

CHAPITRE XXXII.

MOYENNE JUSTICE.

Du moment qu'un seigneur avait un homme de fief,

(a) L'art. 2018 Code Nap. a donné raison à Maillart.

c'est-à-dire qu'il avait un fief dans sa mouvance, il avait la seigneurie viscontière, et par conséquent la moyenne justice. De même que labasse justice s'administrait par des hommes cottiers, la moyenne justice était rendue par les hommes de fief. C'étaient eux qui formaient la cour du seigneur ; mais ils ne pouvaient exercer aucune justice civile ou criminelle sur sa personne, ni sur sa femme, ni sur ses enfants, à cause du respect qu'ils leur devaient. La compétence viscontière était au civil, là même que la compétence foncière (4), en sorte que s'il n'y avait pas eu de seigneur foncier sur une terre c'était le seigneur viscontier qui en exerçait la juridiction. Mais, quand il se trouvait un seigneur foncier, ses droits de justice passaient avant ceux du seigneur viscontier, car les tenanciers ne pouvaient être soumis à une double juridiction. Le seigneur viscontier (*a*) avait la connaissance de toutes les actions pures personnelles civiles. Il pouvait nommer des tuteurs et curateurs, présider aux inventaires, en un mot faire tous les actes de juridiction qui n'étaient pas en désaccord avec une autre compétence établie. C'est pour cela que la dessaisine et la saisine, ainsi que la saisie seigneuriale des coteries ou rotures mouvantes de la seigneurie viscontière, devaient avoir lieu en présence des hommes de fief et non des hommes cottiers (*b*).

(*a*) Gosson fait remarquer qu'on croit à tort que le mot *viscontier* vient de ce que ce seigneur tient la place du comte, car le plus souvent cette moyenne seigneurie n'a rien de commun avec le comte. Mais l'étymologie qu'il donne : viscontier *à vico*, est tout aussi critiquable.

(*b*) Il n'est point notoire qu'il y ait en Artois des fiefs ayant seigneurie viscontière ou moyenne justice sans vassaux ou hommes féodaux Acte de notoriété du Conseil d'Artois, du 21 novembre 1705.

Au criminel, le seigneur viscontier avait le droit de prononcer des amendes jusqu'à concurrence de soixante sols parisis. Il pouvait, bien entendu, condamner aux dommages intérêts et aux dépens. Mais s'il s'agissait d'une amende supérieure à soixante sols, les juges de la seigneurie viscontière devaient, après avoir prononcé l'amende, faire mener le coupable devant les hommes de la haute-justice. Quant aux larrons, la justice viscontière avait sur eux *la pugnition de sang jusqu'à la mort*. Dans ce cas elle avait le droit de prononcer la confiscation par suite de cette maxime révoltante que, *qui confisque le corps confisque le bien*. Les seigneurs viscontiers pouvaient aussi condamner les délinquants à la réparation honorable, pourvu qu'elle ne fût pas infamante (*a*). Mais, ce qui leur était formellement défendu, c'était de prononcer des bannissements (4). On en donnait pour raison que, n'étant pas seigneurs absolus de leurs fiefs, ils n'en devaient bannir personne. La raison n'est pas très-concluante, mais elle est favorable à l'humanité et, en matière criminelle, il ne faut pas en demander davantage. Il paraît même qu'elle ne prévalut point sans difficulté, car jusqu'à la rédaction de la Coutume, les seigneurs viscontiers eurent le droit de bannir. (*b*)

Pour l'exécution de sa justice criminelle, le seigneur viscontier *peut avoir une fourcque à deux pilliers* (35). Ces fourches patibulaires, dont le souvenir est resté

(*a*) On appelait ainsi celle qui se faisait une torche à la main. Cette sorte de réparation n'était infligée que par le seigneur haut-justicier.

(*b*) Le seigneur viscontier d'Inchy donnait par aveu au château d'Arras le droit de bannir. Il y en a dénombrement du 25 juillet 1502 (Maillart, note 10 sur l'art. 4).

dans l'esprit des populations, ne devaient être placées
ni dans les villes, ni dans les villages, ni dans les lieux
habités ; mais on recommandait de les mettre sur les
bords des chemins , ce qui pouvait peut-être inspirer
aux malfaiteurs une terreur salutaire , mais ce qui devait certainement être peu agréable pour les voyageurs.
Le seigneur viscontier qui ne trouvait pas d'endroit
convenable pour établir la fourche patibulaire , pouvait
même contraindre le propriétaire d'un champ à lui céder l'emplacement dont il avait besoin : c'était une application anticipée de la loi d'expropriation pour cause
d'utilité publique. Au reste, le droit de fourche patibulaire se perdait par prescription ; cette prescription était
même assez courte. Si dans l'an et jour de la chûte
d'une fourche, le seigneur viscontier ne la faisait point
relever, il ne pouvait plus le faire sans obtenir *des lettres adressantes* au juge royal supérieur.

D'après ce que nous venons de dire, on peut conclure
que la justice viscontière était fort compliquée et demandait un personnel assez nombreux ; mais les moyens
ne répondaient pas toujours aux exigences de l'institution. Cette petite noblesse campagnarde , qui se partageait le sol de la France , manquait le plus souvent
des éléments nécessaires à l'exercice de la seigneurie ;
l'article 33 de la Coutume était venu à son secours :
miseris succurrendum. Cet article permet au seigneur
viscontier, qui n'avait qu'un homme de fief, d'en emprunter à son seigneur pour faire ses jugements (*a*).

(*a*) Les officiers des bailliages de l'Artois ne pouvaient faire aucunes
fonctions s'ils n'étaient reçus hommes de fief dans leurs seigneuries.
(Arrêts du Conseil d'Etat, des 17 février 1697 et 2 novembre 1700).

On expliquait cette disposition par le principe assez commode que *qui veut la fin veut les moyens*. Or, disait-on, le seigneur suzerain ayant donné au viscontier un droit de justice doit lui fournir la possibilité de l'exercer, ce qu'il ne pourrait faire s'il restait réduit à un homme de fief. Au reste on ne croyait pas que le viscontier eût le droit d'emprunter les hommes *de son compagnon*, c'est-à-dire d'un autre viscontier relevant du même seigneur que lui ; mais il pouvait en emprunter au bailli ou au lieutenant. Le seigneur dominant était même obligé de fournir à son vassal autant d'hommes que celui-ci en requérait pour exercer sa justice, et de plus les pairs et compagnons du vassal, quoique ne dépendant aucunement de lui, devaient néanmoins lui rendre service, si le seigneur commun l'ordonnait. Ce service leur tenait lieu de celui qu'ils devaient fournir dans la cour du seigneur : c'est pourquoi ils étaient appelés à l'un et à l'autre, par exemple de quinzaine en quinzaine, si tel était le délai de la cour, et quand on les avait envoyés desservir les plaids dans la cour du covassal ils ne pouvaient être obligés de les desservir dans la cour du seigneur, que la quinzaine suivante. S'il y avait appel à la cour du seigneur d'un jugement rendu à celle du vassal, les hommes de fief empruntés au seigneur dominant ne devaient pas assister au jugement rendu en la justice du seigneur. Enfin, si le vassal n'avait pas de justice exercée, il pouvait faire exécuter les actes ordinaires et extraordinaires de sa justice dans la cour du seigneur. On était réputé n'avoir pas de justice exercée quand on n'avait ni bailli, ni lieutenant, ni greffier, ni procureur d'office ou pour les parties, ni sergents, ou s'il manquait quelques-uns de ces officiers, car chacun d'eux était nécessaire pour l'exercice de la justice (a).

CHAPITRE XXXIII.

ATTRIBUTIONS ADMINISTRATIVES DES SEIGNEURS VISCONTIERS.

La distribution de la justice n'était qu'un des côtés de la seigneurie viscontière, un autre, non moins intéressant, se produisait dans l'exercice de certaines fonctions de police et de sûreté publiques. Aujourd'hui que juger et administrer paraissent deux choses incompatibles, nous pouvons trouver étonnant que ce double soin ait été jadis remis à la même personne ; mais, dans l'organisation féodale, il était naturel que le maître de la terre réunît en ses mains de tels pouvoirs (b). C'est d'après ce principe que les seigneurs viscontiers avaient pour ainsi dire accaparé la surveillance des campagnes, et

(a) Il est facile de saisir les ressemblances qui existent entre la juridiction viscontière et celle de nos juges de paix. Cette juridiction locale et paternelle, qui n'est presque rien et qui devrait être presque tout, ne pourrait-elle pas se compléter par l'adjonction des hommes les plus considérables de chaque canton qui rempliraient le rôle d'assesseurs auprès du juge de paix comme les hommes cottiers auprès du bailli ?

(b) Les juges de paix joignent à leurs fonctions judiciaires quelques fonctions administratives, et les choses n'en vont pas plus mal.

c'était fort heureux. En effet, en l'absence d'une autorité forte et centrale, on ne pouvait mieux s'adresser qu'à eux. Etant sur les lieux, ils se trouvaient plus à même que qui que ce fût de réprimer le désordre. C'est le rôle que remplissent les shériffs en Angleterre, à la grande satisfaction des populations. Il est même à regretter que cette surveillance n'existe pas chez nous : certes la police rurale gagnerait à être confiée non pas à des seigneurs, mais à des fonctionnaires assez haut placés pour se faire respecter.

§ I. *Police rurale.* — Comme préposé à la police rurale, le seigneur viscontier devait, d'après l'art. 48 de la Coutume, réprimer les dégâts *des bestes trouvées ès nouvelles esteulles,* et faire boucher les puits à marne. L'infraction relative aux puits à marne était punie d'une amende de soixante sols parisis (a), et celle relative aux animaux, de vingt sols (49). L'art. 50 définit ce qu'il faut entendre par *nouvelles esteulles.* Les champs étaient réputés en cet état pendant les trois jours qui suivaient l'enlèvement de la récolte. La défense d'introduire des animaux dans les champs nouvellement récoltés était fondée sur un motif respectable sans doute, mais peu favorable à l'agriculture. On voulait ainsi laisser le temps aux pauvres de ramasser les éteulles, afin de s'en chauffer. Les anciennes lois défendaient même aux la-

---

(a) Le sou d'or *solidus* valait environ seize francs de notre monnaie, le sou d'argent cinq francs, et le sou de cuivre douze deniers. (Voir sur la valeur des monnaies, un mémoire de M. Leber, inséré dans le premier volume des mémoires des savants étrangers, publiées par l'académie des inscriptions et belles lettres).

boureurs de couper le chaume jusqu'à terre, afin de ne pas en priver les pauvres. La matière si importante du glanage avait été réglée par un placard de Philippe II, du 5 juin 1557, dont la principale disposition défendait d'entrer dans le champ d'autrui pour y glaner avant que les gerbes *aient été levées et mises en moyes*. Le 13 août 1725, le Conseil d'Artois fit un règlement portant prohibition 1° de glaner avant que les grains fussent mis *en dizeaux* ou monts égaux, 2° d'introduire des bestiaux dans les éteulles, sinon trois jours après que les gerbes auraient été emportées, 3° de labourer les éteulles avant le 15 septembre. Tel était la conséquence du droit au glanage (*a*).

Le Conseil d'Artois s'était aussi vivement préoccupé de la question si épineuse de la vaine pâture. Ses principales décisions sur ce sujet, sont des 25 juin 1672, 12 juillet 1693, 22 août 1702, 11 août 1708, 26 juin 1710, 27 juillet 1713, 3 avril 1721, 18 avril 1722, 31 mars 1723, 3 février 1724 et 26 mars 1725. D'après ces règlements, le territoire réservé à la vaine pâture devait être limité dans chaque commune. Il n'était pas permis de posséder un plus grand nombre de moutons que ce qu'on devait avoir, eu égard à l'étendue du territoire et des exploitations, à peine de cent livres d'amende. Les prescriptions du Conseil d'Artois concernant la fixation des moutons devaient s'exécuter, que les terres fussent ou

(*a*) Le 3 août 1695 le Conseil d'Artois décida, en faveur d'un nommé Wagon, contre le sieur Dubois, fermier à Pas, que le droit de pâturage n'appartenait pas aux seigneurs, mais à tous les habitants en commun.

non assolées. Le fermier, qui voulait demander la réduction des troupeaux des autres fermiers, devait avoir
le sien au complet. Enfin, il était défendu de faire passer
les moutons dans les marais pour les conduire aux terres
assignées à la vaine pâture. Il avait aussi été jugé que la
vaine pâture ne pouvait s'acquérir ni se perdre sans
titre. (Arrêt du Conseil d'Artois du 22 février 1720).

Le seigneur viscontier était autorisé à faire les
bans d'août et de mars (48). Par les bans de mars,
il était ordonné aux vassaux de reboucher leurs
haies, relever leurs fossés, laisser les rues et flégards
dans leur largeur ordinaire, réparer les cheminées et
fours de leurs maisons, etc. Par les bans d'août il était
fait défense de charrier aucune espèce de grains avant
le lever ou après le coucher du soleil (a), ainsi que les
dimanches et fêtes, de couper les blés en vert, etc. On
voit par là que tous les travaux agricoles étaient minutieusement contrôlés par voie de réglementation. C'est
ainsi qu'un règlement du Conseil d'Artois enjoignait à
toutes personnes, de quelque qualité qu'elles fussent, d'a-
battre chaque année tous les nids de pies, corbeaux et
cornailles qui pourraient se trouver sur les fonds par
elles occupés. On ne se doutait pas alors que ces oiseaux
sont plus utiles que nuisibles à l'agriculture.

Comme corollaire du droit de police, le seigneur viscontier était chargé de la punition des coups inférés dans
la limite de sa justice. En conséquence, il pouvait prononcer une amende de vingt sols contre celui qui avait

(a) On en donnait pour raison que la rosée peut corrompre les
grains.

donné un coup de bâton ou autre instrument, et de dix
sols contre celui qui avait frappé de la main ou du poing
(64), en supposant dans tous les cas qu'il n'y eût point
effusion de sang. L'article 54 lui donne aussi le droit de
punir d'une amende de cinq sols parisis *bestes et gens
trouvés en dommage*. L'assimilation est peu flatteuse
pour l'espèce humaine, mais elle est significative. Hébert
va même plus loin : il dit que, si un officier de justice
exploite dans la seigneurie d'autrui (13), il peut être
appréhendé au corps pour l'amende, de même qu'une
personne ou bête en dommage (a). Chacun avait le droit
de prendre de son autorité privée, sur son héritage, les
bêtes qui s'y trouvaient ; mais on ne devait pas les retenir plus de vingt-quatre heures. On décidait même qu'on
pouvait tuer les poules qui venaient endommager les
champs ou jardins, mais à condition de les laisser sur
place. Les interprètes s'étaient demandé s'il devait y
avoir autant d'amendes que de bêtes trouvées en dommage. Gosson proposait cette distinction : si tous les animaux n'ont qu'un gardien, il n'y aura qu'une amende,
s'ils en ont plusieurs, on prononcera autant d'amendes
que de gardiens. Pour ces sortes de contraventions, l'article 65 de la Coutume donnait même aux sergents et
officiers de justice le privilège d'être crus sous serment,
pourvu que l'amende ne dépassât pas cinq sols parisis :
c'était une grave dérogation aux principes du droit criminel ancien, qui demandait au moins deux témoins
pour constater un fait.

Si les bêtes étaient trouvées en de nouveaux taillis ou

(a) Hébert, commentaire manuscrit sur l'article 19.

plantis en dessous de trois ans, l'article 55 prononçait
une amende de soixante sols, et seulement de cinq sols
si les bois étaient *de plus grant caige*. La raison de cette
différence venait, disait-on, de ce que moins un arbre est
âgé plus il a besoin de protection (*a*). Par l'article 56 il
était défendu de mettre en pâture aucune bête à laine
dans les marais communs, à peine de 60 sols parisis.
Pour justifier cette disposition, Desmazures dit que « la res-
» piration des moutons est venimeuse, et que leur haleine
» gâte et putrifie les herbes des marais, à tel effet que les
» herbes mangées par eux en deviennent infectées » (*b*).
De même, une amende de soixante sols était prononcée
contre le berger ou gardien qui menait ses bêtes sur
les terres ou bois d'autrui (57), et contre ceux qui
abattaient un *estallon* (*c*) ou arbre (58). L'enlèvement
des bornes et haies donnait aussi lieu à une amende
de soixante sols parisis, au profit du viscontier; mais
outre l'amende, l'affaire était déférée au seigneur haut
justicier (59), et celui qui s'était rendu coupable du fait
pouvait être puni de peine arbitraire. Enfin, d'après
l'article 60, celui qui enlevait les récoltes d'une autre

(*a*) Un placard de Charles-Quint, du 7 juillet 1574 veut, qu'outre
l'amende coutumière, les délinquants soient punis d'une amende de
cinq florins pour la première fois et de dix pour la seconde: à la troisième, ils doivent être considérés comme larrons. Ceux qui n'avaient
pas moyen de payer étaient fustigés de verges.

(*b*) Desmazures, tit. 17, n° 16.

(*c*) Maillart pense que le mot *estallon* est synonyme de baliveau, et
que baliveau vient de bailli, parce que les baliveaux sont comme les
baillis des forêts. Nous ne nous chargeons pas de justifier cette étymologie.

personne, sans son consentement exprès, était passible d'une amende de soixante sols parisis.

Telle est la nomenclature donnée par la Coutume des principales contraventions que le seigneur viscontier avait charge de réprimer. On comprend, en les parcourant, que le désir du législateur était de faire des seigneurs viscontiers les commissaires de police des campagnes. Ce but a-t-il été atteint? Il est permis d'en douter ; mais on doit savoir gré aux rédacteurs de la Coutume de l'avoir poursuivi.

C'est aussi à cet ordre d'idées qu'il faut rattacher la surveillance *des ladres* attribuée au viscontier dans toute l'étendue de sa seigneurie. Ainsi, quand quelqu'un était suspect de lèpre, il devait être appelé en jugement pour être visité, et, s'il était reconnu affecté de maladie, « il » était mis arrière du peuple, et ordonné de porter certains » habits particuliers, à savoir un chapeau et un manteau » gris, une clochette et une besace. » Desmazures (*a*) rapporte minutieusement ces détails ; il est vrai qu'il ajoute : « qu'en ce pays d'Artois, ce mal de lèpre n'est présentement régnant, au moins fort rarement. »

§ II. *Vicinalité.* — Les seigneurs viscontiers étaient, à proprement parler, les grands voyers de l'Artois. L'art. 5 de la coutume leur reconnaît en effet pleine et entière juridiction *ès flotz et flégards, chemins et voiries, estans alencontre des tènements de leurs fiefs.* Jadis, il y avait en Artois des officiers royaux nommés *fossiers,* qui étaient chargés de la garde et de l'entretien des chemins. Mais il paraît que les exactions commises par ces officiers

---

(*a*) Desmazures, tit. 14, n° 10.

avaient soulevé contre eux des réclamations universelles,
et les Etats de la province avaient obtenu leur suppression, dans l'année 1630. Depuis lors, la surveillance de
la vicinalité fut attribuée aux officiers locaux (a).

L'art. 5 parle de flotz, de flégards, de chemins et de
voiries, chacun de ces mots demande une explication.
Par flots, on entendait toutes les eaux courantes et dor-
mantes ; le mot flégard désignait les lieux servant à
l'usage commun, tels que les places publiques, les rietz,
etc ; quant aux chemins, ils se divisaient en chemins
royaux qui conduisaient de ville à autre, en chemins viscontiers, menant de village à village, et en chemins châ-
telains ou voiries allant d'un village ou d'un lieu habité
dans les terres. Les premiers devaient avoir quarante-
deux pieds, les seconds trente-deux à trente-trois, et les
troisièmes vingt-deux. Les chemins royaux (b) ou grands
chemins appartenaient au roi, tant pour la justice et
seigneurie que pour la propriété. Ils devaient être
réparés aux dépens des États, suivant la réponse faite
par le roi, le 16 mars 1692, au cahier qui lui avait
été présenté par les députés des États d'Artois. L'ordonnance des eaux et forêts du mois d'août 1669,
attribue aussi au roi la propriété de tous les fleuves
et rivières portant bâteaux, de leurs fonds, sans arti-

(a) Desmazures, tit. 6, n° 6.

(b) Règlement des députés généraux et ordinaires des Etats d'Artois
du 2 décembre 1748, qui ordonne aux propriétaires des fonds adjacens
aux grands chemins, de planter le long desdits chemins, à deux pieds
de distance des fossés, des arbres ayant entre eux une distance de
trente pieds.

fice ni ouvrage de main (*a*). Les voiries appartenaient,
en Artois, comme dans la plupart des provinces, aux seigneurs viscontiers, qui pouvaient les planter, et profitaient de tout ce qui y croissait ou s'y trouvait (*b*). Voici,
au sujet du droit de planti par les seigneurs, les usages
qui étaient généralement admis en Artois. On ne pouvait
planter les chemins qu'en laissant une distance de cinq
pieds des héritages et dix-huit pieds d'arbre à autre. Il
ne devait y avoir que deux rangées d'arbres dans les rues
de trente-cinq pieds de largeur, et il fallait qu'il y eût
vingt-cinq pieds entre deux rangées d'arbres parallèles.
Tout planti était interdit dans les rues ayant moins de
vingt-cinq pieds de largeur. Il était permis de planter
dans les endroits vagues et inutiles. Les arbres étaient
mis sous la protection de la justice et la sauvegarde des
communautés et des fermiers ayant des terres voisines
des plantis : les syndics des villages étaient particulièrement chargés de veiller à leur conservation. Les seigneurs avaient même, dans certains cas, le droit de faire
mettre leurs propriétés plantées sous la sauvegarde des
communautés d'habitants. Ainsi les abbé et religieux de
Dommartin s'étant plaints au Conseil d'Artois de ce que

(*a*) L'édit du mois de décembre 1694 attribuant au roi toutes les
eaux dans les terres de ses domaines et seigneuries engagées, on en
concluait qu'il devait en être de même pour les seigneurs dans leurs
terres (Mabille, v° eaux).

(*b*) On ne pouvait, en Artois, avoir droit de planti dans les chemins
viscontiers qu'autant qu'on avait seigneurie et justice, et l'on n'y
pouvait jamais prescrire le planti vis-à-vis la mouvance. Ainsi jugé à
la première chambre des enquêtes du Parlement de Paris le 21 juin
1755.

l'on dégradait continuellement leurs bois, obtinrent que
ces bois seraient mis sous la sauvegarde des communes
où ils étaient situés. C'était un excellent moyen pour
éviter des frais de garde.

Mais si les seigneurs avaient droit de planti sur les chemins, ils étaient obligés de les entretenir; c'est sans doute
pour cette raison qu'ils l'étaient si mal (a). Ce mauvais état
des chemins est attesté par des documents judiciaires in-
contestables. Ainsi, un règlement du Conseil d'Artois du 19
mars 1722 prescrit d'urgence les réparations à faire aux
chemins royaux, viscontiers et autres. Il existait également
un arrêté du Conseil d'Artois du 23 novembre 1763, qui
permettait aux communautés d'habitants de ramasser
des cailloux partout où on pouvait en trouver pour la
réparation des chemins. Cette servitude existe encore,
d'après nos lois administratives, et donne naissance à
des réclamations continuelles. La question des subven-
tions industrielles s'était aussi posée pardevant le Conseil d'Artois. On s'y était demandé 1° si les maîtres de
poste devaient payer des réparations extraordinaires, à raison du grand usage qu'ils faisaient des chemins ; 2° si une
communauté de paroisse, qui jouissait de la vaine pâture
dans une autre paroisse, était tenue de réparer les chemins que ce parcours endommageait. La décision avait
été favorable aux maîtres de poste (arrêt du 28 novembre 1758), mais le même arrêt de règlement s'était prononcé contre ceux qui jouissaient de la vaine pâture.

(a) On sait qu'en Artois c'était surtout la Coutume d'Hesdin qui
faisait autorité en matière de chemins , ainsi que pour les eaux et
forêts. Un règlement du Conseil d'Artois du 14 août 1756 contenait
aussi des dispositions importantes sur ce sujet.

Les prestations en nature, si connues anciennement sous le nom de corvées, avaient également éveillé la sollicitude des magistrats. Une lettre de M. Bataille, procureur général du Conseil d'Artois, au procureur fiscal de la sénéchaussée de St-Pol, en date du 1ᵉʳ décembre 1759, porte que « les enfants, valets de charrue et autres » domestiques des fermiers, qui donnent leurs chariots » pour la réparation des chemins, ne doivent pas être » obligés aux corvées de bras, par la même raison qu'ils » ne sont pas sujets à devenir pionniers. » Cette lettre ajoute que les fermiers sont obligés de fournir tous leurs chariots pour les réparations des chemins, attendu qu'ils doivent contribuer à ces réparations eu égard à leurs facultés. Enfin, elle déclare que celui qui ne charge pas son chariot, comme il le doit, peut être regardé comme défaillant, et sujet à l'amende (a).

L'application du droit de seigneurie en matière de vicinalité avait donné lieu à un concordat passé le 19 décembre 1549, entre les abbé et religieux de St-Vaast et les mayeur et échevins d'Arras. Par ce concordat, il avait été reconnu que pour paiement des droits de voiries, que l'abbaye de St-Vaast pouvait exiger de la ville d'Arras, en vertu de sa seigneurie, il lui était accordé certaines sommes à percevoir toutes les fois qu'on demandait à toucher au pavé des rues et flégards ou au fond des flots et rivières, comme aussi lorsqu'on touchait au sol pour la construction de bâtiments, ouvertures ou ouvrages

(a) Le Conseil d'Artois avait décidé le 26 juillet 1755 que les droits de corvée pouvaient être réclamés sans justification d'une seigneurie, pourvu qu'on établit une longue possession.

sur lesdites rues, flégards, flots et rivières. C'est ce qu'on
appelait les droits de *Bergaine* : ils étaient de sept sols
six deniers.

Les chemins de servitude et les piedsentes n'appartenaient jamais au seigneur ; ils restaient toujours la propriété de celui à travers l'héritage duquel ils passaient.
C'est pour cela qu'il avait été jugé le 23 octobre 1750
qu'on ne devait jamais faire circuler un troupeau de
moutons par une piedsente (a).

Après avoir posé le principe général qui établit la compétence du viscontier sur les chemins de la seigneurie,
l'article 5 en fait découler les conséquences suivantes : si
les héritages qui bordent le chemin appartiennent des
deux côtés au viscontier ou sont tenus de lui, le chemin
est tout entier au seigneur, s'il n'y a d'héritage que d'un
côté, il n'a seigneurie que sur la moitié du chemin. De
même pour les eaux, le viscontier les possède en proportion de ce qui lui appartient sur les bords. Ainsi,
quand les héritages de l'un et de l'autre bords sont à deux
seigneurs différents, la justice de chacun s'étend jusqu'au
milieu de la rivière. Ces distinctions s'appliquaient même
aux églises et aux cimetières, de sorte qu'on disait que
les lieux sacrés et religieux étaient dans la justice et
dans la seigneurie du viscontier, suivant que ses tènements abordaient à l'église ou au cimetière, quand même

(a) Les seigneurs n'avaient pas le droit de se plaindre de ce que les
riverains touchaient aux chemins sans leur permission pour les réparer. Cette question avait été décidée au Conseil d'Artois le 26 juin 1761
contre le sieur d'Assignies, qui se plaignait de ce qu'un sieur
Gorlier avait réparé le chemin de Pas sans autorisation.

il y aurait eu un chemin ou une place publique entre
eux. De là, on concluait que les droits honorifiques appartenant aux seigneurs dans les églises étaient réservés
à celui qui avait le plus grand nombre de tènements
abordant à l'église.

La sanction de l'article 5 se trouve dans l'article 51
qui punit d'une amende de soixante sols parisis *quicon-
ques picque, fœult ou hault*, c'est-à-dire plante, creuse
ou laboure, *en aucuns flégards, voyes ou chemins*. Même
amende était encourue par ceux qui coupaient des bran-
ches dans les chemins viscontiers, et qui arrachaient ou
déplantaient des arbres dans un bois ou autre lieu. De
plus, le Conseil d'Artois avait, par un règlement du
16 mars 1762, prescrit l'échenillage des arbres, haies et
buissons, sous peine d'amende, et même *de plus forte
correction*, en cas de négligence.

§ III. *Afforage.* — Parmi les attributions administratives résultant de la seigneurie viscontière, on rangeait
l'afforage. Par ce mot il faut entendre la faculté de fixer
le prix de certaines denrées, à peine de soixante sols
parisis d'amende contre quiconque vendrait à un prix
supérieur. (6 7). C'était, comme on le voit, une espèce
de *maximum* : la démagogie de 93 n'a eu qu'à l'emprunter à la féodalité (*a*). On en était même venu jusqu'à
reconnaître au seigneur viscontier, le droit de contraindre ses vassaux à vendre leurs grains, en temps de
disette, comme d'en empêcher le transport hors de sa
juridiction. Avec de pareils principes d'économie politi-

(*a*) Gosson, qui plus tard devint un peu tribun, approuve grandement ce droit de fixation ; mais il permet à tout particulier d'appeler
si la taxation lui parait trop forte.

que, il ne faut s'étonner que d'une chose, c'est que la famine n'ait pas été permanente.

Outre l'afforage, le seigneur viscontier percevait un droit sur les liquides vendus dans sa seigneurie. Ce droit était indépendant de celui de forage qui n'en était pas moins dû au seigneur foncier. Ainsi, quand on voulait vendre des liquides, il fallait d'abord les faire taxer par le viscontier, puis acquitter les droits qui lui étaient dûs, et ensuite payer le forage au seigneur foncier. Et ce n'était pas encore tout : les officiers de la seigneurie viscontière *goûtans et afforans* prenaient pour rétribution demi-lot de vin, une tranche de fromage et un pain : en hiver on ajoutait un fagot (*a*). Quand le pauvre contribuable avait passé par toutes ces étrivières il ne devait plus lui rester que la peau sur les os (*b*).

Pour la perception de l'afforage, les officiers du seigneur viscontier établissaient sommairement le prix des denrées, eu égard à leur bonté, substance, qualité et valeur. A cet effet, ils recevaient le serment du vendeur : si leur estimation paraissait excessive, il y avait lieu à appel ; pourtant il fallait préalablement payer. Toutes ces exigences devaient engendrer bien des abus ; mais nous ne devons pas trop nous en étonner, nous qui avons conservé, en matière de contributions indirectes, des méthodes qui ne sont certainement pas non plus exemptes de vexations.

(*a*) Desmazures, tit. 14, n° 2.

(*b*) Le forage et l'afforage ne portaient pas préjudice au paiement des droits dûs au fisc. Il est vrai qu'on décidait que les seigneurs devaient payer ces droits sur les portions qui leur revenaient par le forage ou l'afforage.

Les seigneurs viscontiers étaient aussi les inspecteurs des poids et mesures dans toute l'étendue de leur seigneurie. Cette prérogative avait donné lieu à la question de savoir s'ils pouvaient imposer à tous les marchands des mesures uniformes, et l'on décidait généralement qu'ils ne le pouvaient pas, car du moment qu'on ne se servait pas de fausses mesures on n'avait rien à demander de plus. Au reste, dès le xvi⁰ siècle, des plaintes nombreuses s'élevaient contre la diversité des poids et mesures, qui était généralement regardée comme une véritable calamité, quoique personne n'eût le courage ou la force d'y porter remède. Voici ce que Gosson dit à ce sujet : « L'on s'étonnera peut-être de ce que l'on tolère » si longtemps cette différence insupportable, dans les » mesures, vu qu'elle est si nuisible au public, et que tout » le monde sait qu'elle cause une infinité de fraudes, de » procès, de vexations, d'exactions illicites et d'inquié- » tudes. En effet, elle jette les marchands dans une per- » plexité continuelle, et donne lieu aux seigneurs et à » leurs officiers d'inquiéter les habitants et de les con- » damner injustement à l'amende. Elle apporte aussi » beaucoup de difficultés aux receveurs des princes et des » seigneurs dans la recette des rentes, et fournit occa- » sion aux collecteurs, d'en lever beaucoup plus qu'il » n'en est dû. Mais à qui faut-il imputer cette négligence » de ne pourvoir pas là-dessus au bien public? C'est à » ceux qui sont préposés au gouvernement des villes et » des affaires de l'Artois. Ils devraient y donner tous » leurs soins, leurs applications et leurs conseils, et » rendre compte au Prince et aux Etats de toutes ces » choses, qui regardent le bien public, afin que par de

» bonnes ordonnances, publiées en leurs noms, il fût
» pourvu à la sûreté générale. » On ne pouvait mieux
dire, mais les privilégiés ont presque toujours des
oreilles pour ne pas entendre.

***

CHAPITRE XXX.

HAUTE JUSTICE.

Les pouvoirs du haut justicier étaient de trois espèces:
il rendait la justice, il administrait et il édictait. Ainsi,
à mesure qu'on monte dans l'échelle sociale de la féodalité, les attributions s'agrandissent : le seigneur foncier
juge, le seigneur viscontier juge et administre (a), le seigneur haut justicier juge, administre et légifère.

En ce qui concerne les droits de justice, le haut justicier avait évidemment tous ceux des seigneurs viscontiers, comme le viscontier avait tous ceux des seigneurs
fonciers. Mais il faut remarquer que si la compétence
civile paraît de beaucoup absorber la compétence criminelle dans la juridiction du seigneur foncier, si elle est
à peu près égale dans celle du seigneur viscontier, le criminel l'emporte considérablement sur le civil dans la
haute justice. En effet, l'article 12 de la Coutume ne fait
pas même mention des affaires civiles, quand il règle les

(a) Il faut bien remarquer que tandis que de nos jours l'administration ne s'exerce que par une délégation du pouvoir central, anciennement les seigneurs l'exerçaient par leur propre droit.

pouvoirs du haut justicier, il paraît laisser cette question à l'interprétation des auteurs : mais quand il s'agit du criminel il énumère soigneusement tous les cas de juridiction. Ainsi il accorde à la haute justice *cognoissance de tous crimes et fourfaitures, mesmes de rapt, murdre, archin et de tous autres crismes.* Comme les viscontiers, les hauts justiciers pouvaient prononcer des confiscations, mais de plus qu'eux ils avaient le droit de bannissement: leur juridiction s'étendait à tout, excepté aux cas royaux et privilégiés.

Au reste, ainsi que les seigneurs fonciers et viscontiers, les seigneurs hauts justiciers n'exerçaient pas la justice par eux-mêmes : cette justice était rendue par *leurs hommes féodaux,* dit l'article 12. Les hommes cottiers qui se trouvaient dans la seigneurie du haut justicier n'y prenaient donc pas part. Quant au haut justicier lui-même, son rôle se bornait à bien peu de chose dans sa propre cour ; ce rôle consistait à établir les officiers de justice, à recueillir les droits honorifiques, et à percevoir les amendes et autres émoluments.

Il est vrai qu'il avait le droit de faire exécuter les jugements, à la différence des juridictions ecclésiastiques qui devaient toujours emprunter le bras séculier pour cette exécution. D'après ce qui vient d'être dit, on comprend que les pouvoirs de la haute justice plutôt que du haut justicier devaient donner lieu à bien des abus ; mais il faut remarquer d'une part que cette juridiction ne s'exerçait jamais qu'à charge d'appel (a), et d'autre part

(a) Les condamnés avaient alors une garantie dont ils ne jouissent plus aujourd'hui, car il y a entre les lois civiles et criminelles cette ano-

que les Parlements et les cours souveraines s'étaient peu à peu approprié tout le haut criminel à mesure que l'autorité royale s'agrandissait aux dépens des seigneurs. (a)

Les pouvoirs des hauts justiciers, en fait d'administration, se résument principalement dans le droit important d'édicter, qui leur est reconnu par l'article 12 de la Coutume. En vertu de cet article, ils peuvent *faire édictz et statutz ès mectes de leur seignourie et imposer amende arbitraire.* Cette prérogative, aurait pu très-aisément engendrer des excès de pouvoir ; aussi les auteurs s'efforçaient-ils de la maintenir dans d'étroites limites. C'est pour cela qu'ils étaient tous à peu près d'accord pour décider que les statuts devaient être raisonnables et les amendes modérées, sinon chacun avait le droit d'appeler pardevant le juge supérieur du haut justicier. Avec un tel tempérament les édits des seigneurs ne reposaient plus que sur le bon plaisir des rois (b).

Sous cette réserve, le pouvoir d'édicter attribué aux hauts justiciers, s'étendait au port d'armes, au transport des grains, au luxe des habits et des repas, à la super-

---

malie que pour un intérêt pécuniaire de quinze cents francs on peut appeler, et qu'on ne le peut pas quand il s'agit de la vie et de l'honneur.

(a) Le titre de Pairie dont une terre était décorée emportait par soi-même le droit de haute justice. (Acte de notoriété du Conseil d'Artois du 28 juin 1745.)

(b) Le haut justicier ne pouvait pas non plus, par ses statuts, porter atteinte aux droits du viscontier. Ainsi, on avait jugé au Conseil d'Artois le 28 novembre 1636 qu'il ne pouvait pas défendre aux vassaux d'un seigneur viscontier d'aller boire ou chercher de la bière dans les cabarets situés sur les domaines de ce dernier.

fluité des dépenses, à. la méñdicité, et enfin, à toutes les
mesures que l'urgence des circonstances réclamait (*a*).

Ils pouvaient sanctionner leurs édits par des amendes
même supérieures à soixante sols parisis. Le droit
d'édicter présentait cela de particulier qu'il s'exerçait
non-seulement par le seigneur haut justicier lui-même,
mais aussi par ses subordonnés agissant en son nom.
C'est ce qu'on appelait le droit de *prévention*. Ainsi, il y
avait prévention entre l'évêque d'Arras, qui était seigneur de Vitry, et les prévôt et lieutenant de ce bourg..
En conséquence, ces officiers pouvaient faire tous édits
et statuts politiques, lesquels ressortissaient, en cas d'appel, pardevant les prévôt et hommes de fief de la salle
épiscopale. De même, dans les villes de Bapaûme, Béthune et autres semblables, les maïeurs et échevins
avaient haute, moyenne et basse justice ainsi que la
puissance d'édicter, en vertu du droit de prévention. A
Arras, le grand-bailli ou son lieutenant devait être appelé et faire, conjointement avec les maire et échevins,
les règlements de police des arts et métiers ; mais quand
il ne s'agissait que de l'application de ces règlements,
la coopération du grand-bailli n'était pas nécessaire. Cela
est fondé sur une transaction homologuée par arrêt du
28 juin 1673, confirmée au Conseil d'Artois le 11 octobre
1675 (*b*). Une prérogative assez singulière des hauts jus-

(*a*) Desmazures, tit. 7, nᵒˢ 7 et 8.

(*b*) Les juges ne pouvaient jamais recevoir les actes et contrats,
excepté les échevins d'Arras qui avaient le droit de recevoir les actes
dans lesquels on les acceptait pour juges. (Devienne, *Journal du Conseil
d'Artois*, t. 1ᵉʳ, p. 18.)

ticiers consistait dans le droit exclusif de faire visiter et
lever *les corps morts, noyés, désespérés et occis*, à peine
d'infraction de justice et d'amende arbitraire. C'est peut-
être par suite de cet antique usage que s'est propagée
l'idée si invétérée dans l'esprit du peuple qu'il n'est pas
permis de toucher à un noyé ou à un pendu sans
la présence de la justice (*a*).

Pour terminer ce que nous avons à dire sur les justices
seigneuriales, il ne nous reste plus qu'à examiner les
règles de prescription qui y étaient applicables. Ces
règles sont tracées dans l'article 31. Elles peuvent se
résumer ainsi : le seigneur ne devait jamais prescrire
contre le vassal ou le vassal contre le seigneur pour
tout ce qui touchait *la hauteur de la seigneurie*. Ainsi, la
prescription n'atteignait pas l'obligation de desservir les
plaids en la cour du seigneur, le ressort à cette cour, la
foi et hommage, le serment de fidélité, l'aveu, le dénombrement, les déclarations, parce que ce sont tous
droits révérentiels, dit Maillart, qui sont attachés essentiellement au fief dominant, qui en marquent la supério-
rité, et qui n'en peuvent être séparés. Mais pour les
rentes, redevances et servitudes, le vassal pouvait s'en
libérer, comme le seigneur les acquérir par prescription (*b*). Il faut remarquer du reste que ces règles n'é-

(*a*) Il y avait un acte de notoriété du Conseil d'Artois concernant
les droits des hauts et moyens justiciers.

(*b*) La seigneurie *ruyère* sur les chemins et lieux publics, pouvait
aussi s'acquérir et se perdre par prescription ; c'est ce que Maillart
établit avec beaucoup de raison contre Gosson, qui n'était peut-être
pas tout à fait désintéressé en soutenant l'opinion contraire. En effet,

taient de mise qu'entre seigneur et vassal, car entre personnes étrangères, par exemple entre co-vassaux, la prescription avait son cours pour les fiefs comme pour les autres biens. Elles n'étaient même pas si inflexibles qu'on ne pût y citer quelques dérogations : ainsi, la juridiction et l'exercice de la haute justice s'acquéraient par prescription centenaire ; elles se perdaient par le non-usage. L'abus de la haute justice entraînait aussi la privation du droit. Il y avait plusieurs exemples de cette privation prononcée en Artois par sentence du seigneur dominant.

RÉSUMÉ.

Nous venons de parcourir toute l'organisation de la justice seigneuriale en Artois. Quoique les détails dans lesquels nous avons été forcé d'entrer aient pu paraître longs et fastidieux, ils sont encore bien incomplets pour donner une idée exacte de cette machine si compliquée, où les rouages s'enchevêtraient les uns dans les autres, et se faisaient continuellement obstacle. Il est même étonnant qu'un système aussi mal pondéré ait pu durer aussi longtemps. Pourtant, il ne faut pas oublier que, quand il se produisit, on n'avait que le choix entre lui ou l'absence complète de la justice. On peut même affirmer que, pendant l'âge de fer de la féodalité, il rendit

en sa qualité de seigneur de Mercatel il avait perdu le 7 avril 1547, un procès sur ce point au Conseil d'Artois. Ses ennemis ont même prétendu que l'animosité qu'il en ressentit fut la cause de la rigueur qu'il déploya plus tard contre les membres de ce Conseil.

de véritables services aux populations. Plus tard il succomba sous les coups du pouvoir central, si bien qu'au moment de la révolution les bailliages et sénéchaussées, au moins dans les campagnes, ne comptaient presque plus que pour mémoire. Le ridicule avait même atteint toutes ces justices seigneuriales, et Beaumarchais leur donna le coup de grâce dans son *Mariage de Figaro*. Mais tout en reconnaissant le discrédit dont elles finirent par être couvertes, on doit constater aussi qu'elles eurent leurs jours de splendeur et que, si elles tombèrent dans les mains de Brid'oison, elles ont passé par celles de Beaumanoir (a).

(a) Beaumanoir est un des hommes les plus éminents du xiiie siècle, Montesquieu a dit de lui : *Ce fut la lumière de son temps, et une grande lumière.*

DEUXIÈME PARTIE.

DES BIENS.

CHAPITRE Ier.

DIVISION DES BIENS.

La principale division des biens, sous l'ancien régime, résultait de la division des personnes. De même qu'il y avait des *nobles* et des *roturiers*, il y avait des *fiefs* et des *cotteries*. Cette distinction, tout importante qu'elle était autrefois, doit moins nous occuper que celle qui a conservé quelque analogie avec nos mœurs actuelles, c'est-à-dire la classification des biens par rapport à leur nature. A cet égard, la Coutume d'Artois admettait deux sortes de biens, les *héritages* et les *cateux* (a). Les héritages correspondent exactement à ce

---

(a) Maillart pense que le mot·*cateux* est un diminutif de *capitale*,

que nous appelons les immeubles; mais les *cateux* ne répondent pas précisément à l'idée que nous nous faisons des meubles. C'étaient des choses meubles à certains égards, et immeubles à certains autres. « Biens cateux, » dit Bauduin (a), sont pour un temps immeubles, mais » sujets à être réduits de brief en meubles. » C'est ainsi qu'en succession les cateux avaient nature de meubles (146), et en matière de communauté ils étaient immeubles.

Etaient réputés cateux : les bois qui n'étaient pas convertis en coupe ordinaire, à la réserve des chênes et des arbres fruitiers (b). Quant à ceux qui étaient convertis en coupe ordinaire, ils étaient héritages, pourvu qu'ils ne fussent ni ameublis ni coupés (143). D'où il faut tirer cette règle, que la Coutume considère comme immeubles tous les bois qui donnent un revenu ordinaire ou

c'est-à-dire ce qui appartient au chef; parce que ces biens suivent la tête ou le chef du propriétaire (Notes 69 et 72 sur l'art. 141). Cette étymologie est très hasardée. Du Moulin dit : *cateux id est*, meubles caduques *quamvis hæreant solo vel œdificio.* Cette explication paraît plus satisfaisante, quoiqu'elle ne soit pas à l'abri de tout reproche.

(a) Bauduin, note sur l'art. 141.

(b) Quand les bois étaient à coupe ordinaire on décidait que ce n'était pas la coupe qui les rendait fruits de telle ou telle année, mais le temps où ils auraient dû être coupés, ce qui se réglait par les sèves. (Arrêt du Conseil d'Artois du 11 décembre 1749.) Les bois de haute futaie ne pouvaient être abattus par les gens de main morte, si ce n'est d'après une permission expresse du roi. Un placard du 7 juillet 1547, enregistré en Artois le 30 janvier 1548, réglait tout ce qui concernait les dégradations faites dans les bois. En vertu de ce placard, tout officier ou sergent avait le droit d'appréhender ceux qu'il trouvait commettant quelque méfait dans les bois.

qui produisent des fruits, et range parmi les cateux tous ceux qui ne se coupent qu'à des intervalles irréguliers. C'est pour cela qu'on décidait que les hallots, les ormes, les peupliers, les frênes et les tilleuls étaient meubles de leur nature. Les granges, même celles qui sont bâties en pierres, cailloux ou briques, les étables, maréchaussées, c'est-à-dire les écuries, les hangars et appentis destinés à ferrer les chevaux, à serrer les harnais, les charrues et les chariots étaient cateux. Aussi distinguait-on deux sortes de cateux, les *cateux secs*, c'est-à-dire les bâtiments, et les *cateux verts*, c'est-à-dire les arbres. Quant aux châteaux, maisons habitables avec leurs portes, leurs fours, et leurs colombiers, ils étaient immeubles et héritages (144). Pourtant la jurisprudence paraissait assez hésitante sur ce point. En effet, sur l'article 146 de la Coutume, Maillart rapporte un arrêt du 26 janvier 1736 (a), qui avait jugé que toutes les portes grandes

---

(a) Cet arrêt du Conseil d'Artois du 26 janvier 1736, décide encore plusieurs points au sujet des cateux verts et secs. Ainsi les uns et les autres doivent être prisés par rapport à leur valeur intrinsèque On ne peut pas distinguer les jeunes arbres des vieux pour savoir ceux qui doivent être conservés. Les testards, qui sont dans les haies, sont cateux secs, etc... Voir sur le même sujet une consultation donnée par Mes Leducq, de Crespieulle et Develle, avocats à Arras, du 31 janvier 1749, rapportée par Devienne, V° Catheux.

Conformément à l'art. 147, de la Coutume, l'estimation des cateux doit se faire suivant la valeur du jour de l'ouverture de la succession. Les intérêts du prix des cateux ne courent que du jour de l'estimation. Cette estimation se fait aux frais communs des héritiers mobiliers et immobiliers. Ces différents points avaient été jugés par arrêt du Conseil d'Artois du 15 juin 1752.

ou petites, étaient cateux sans distinction de la principale ou des autres. On voit le service rendu par le Code Napoléon qui a fait cesser toutes ces distinctions en décidant que les propriétés bâties, de quelque nature qu'elles soient, sont immmeubles.

Tout ce qui n'était ni héritage ni cateux était meuble ; c'est pour cela que l'article 145 de la Coutume range parmi les meubles tout ce qui est réputé accessoire dans les moulins à vent et à eau. Quant au principal, tel que la croisée, l'estache, l'arbre, la gaiolle et le gisant dans les moulins à vent, la maison, le beffroi, le gisant et le royère dans les moulins à eau, ils sont déclarés héritages. Ainsi, au lieu de cette division si simple en meubles et immeubles, *quod potest moveri aut quod non potest*, la Coutume reconnaît trois sortes de biens : les immeubles, les meubles et les cateux. Nous aurions droit de nous étonner de ce que certaines choses soient considérées tantôt comme pouvant être mues, et tantôt comme ne le pouvant pas, si le Code Napoléon n'était tombé aussi dans cette singularité, quand il a admis des immeubles par destination (a).

Les fruits industriels, tels que les blés verts et les avéties, étaient réputés immeubles et héritages jusqu'à la mi-mai, et, après cette époque, ils étaient déclarés cateux (141). Le système des articles 520 et 521 du

(a) « Sachez, dit Bauduin, que pressoir de vin, et tout ce qui y « appartient, qui est en terre enclavé comme vaisseaux à vin que l'on « ne polroit mettre hors, sans despiécher sont héritages, et si le dit « pressoir estoit hors terre, et les cuves telles qu'elles puissent estre « mises hors sans despiécher sont tenus pour meubles. »

Code Napoléon, qui considère comme immeubles tous les fruits de la terre, tant qu'ils ne sont pas séparés du sol, paraît bien préférable à cette fixation d'époque adoptée d'ailleurs par presque toutes les coutumes (a). Les arbres abattus, déracinés ou rompus sont meubles, pourvu qu'ils ne tiennent plus au fond. Les nocqueries, ou pépinières, sont immeubles parce qu'elles sont un revenu ordinaire.

L'art. 142 range au nombre des immeubles *les pretz faiz à censiers*, mais à condition qu'il y ait prisée et estimation. Si cela n'avait pas eu lieu, *il devait être prins regard au jour du trespas du presteur*. Si le trépas était arrivé avant la mi-mai, les prêts étaient immeubles, s'il était arrivé après, ils étaient meubles: on pensait que la prisée constituait une véritable vente. Au reste, les prêts dont parle l'article 142 ne comprenaient que les seules avances des labours et semences ou d'avèties. Quant aux rentes, la Coutume s'occupe spécialement de savoir si elles doivent être rangées parmi les meubles ou parmi les immeubles. C'est le but de l'article 140 ; cet article déclare meubles toutes les rentes à rachat (b). Pour qu'une rente soit immeuble, il faut qu'elle réunisse les

(a) On avait soulevé au Conseil d'Artois la question de savoir si les éteules ou chaumes n'appartiennent pas de droit divin aux pauvres et l'on est étonné de voir que c'est l'abbé de Saint-Vaast qui, pour se procurer un profit, avait vendu les éteules de l'abbaye, au détriment des pauvres. Au reste le Conseil d'Artois lui donna raison par jugement du 12 juillet 1752.

(b) Rentes à rachat hypothéquées sont meubles en succession ou aliénation. (Acte de notoriété du Conseil d'Artois du 25 mai 1695.)

trois conditions suivantes : qu'elle soit sans rachat, qu'elle soit héritière, et qu'elle soit hypothéquée. Si l'hypothèque reposait sur des immeubles fictifs, par exemple sur des maisons qui étaient considérées comme meubles dans l'échevinage d'Arras, la rente devenait mobilière, parce que l'accessoire suit le principal. Toutes les rentes viagères non rachetables étaient immeubles, quand elles étaient hypothéquées légalement.

D'après ce qui vient d'être dit, il est facile de voir que la théorie de la coutume, en matière de distinction de meubles et d'immeubles, est assez obscure (a); aussi les auteurs avaient-ils cherché à y suppléer par leurs interprétations. S'il est possible d'asseoir un principe général sur ces solutions éparses, on peut dire, qu'en Artois, on mettait au nombre des meubles les rentes rachetables, les droits, noms, raisons et actions qui tendent à une chose mobilière, les bestiaux, même ceux garnissant les fermes, les ustensiles de ménage et de labour, l'or et l'argent monnayé et ouvré, les meubles meublants, les livres, et généralement tout ce qu'un texte de loi ne déclare pas immeuble (b). Les offices étaient meubles,

(a) On décidait que les immeubles se régissent par la Coutume de la situation plutôt que par celle de la mouvance. (Arrêt du Conseil d'Artois du 22 décembre 1758).

(b) Il y avait de grandes discussions pour savoir si les ognons de fleurs étaient meubles ou immeubles, car, dit Maillart, l'Artois est plein de rédeurs (amateurs). On avait fini par décider que les ognons appartiennent au jardin même dans lequel ils sont plantés, à moins que le propriétaire n'en fasse marchandise.

quand ils étaient héréditaires et venaux. Il paraît en avoir été de même pour les professions et métiers (a).

Pour compléter ces notions sur la division des biens, il n'est peut-être pas sans intérêt d'étudier séparément quelques-uns des objets dont il vient d'être parlé, et de voir les usages auxquels ils se réfèrent. Le nom de *granges* se donnait souvent aux fermes, censes et métairies de campagne, surtout à celles qui appartenaient aux abbayes. On avait l'habitude d'y envoyer un religieux qui les administrait, et les faisait exploiter. C'est même ainsi qu'on explique l'origine des prévôtés en Artois. Au reste, ces fonctions d'administration ne constituaient pas des bénéfices; c'étaient de simples délégations révocables à la volonté des supérieurs. Le mot *estable* comprenait dans l'usage tous les endroits où les animaux, autres que les chevaux, étaient mis à couvert. Lés *mareschaussées* étaient à proprement parler, les matières assemblées pour bâtir, c'est l'acception adoptée par la Coutume de Montreuil, rédigée en 1567 (art. 96); mais, dans la Coutume d'Artois, on n'appelait ainsi que les écuries et le travail où l'on ferre les chevaux. Les *maisons manables* étaient les seuls bâtiments destinés à la demeure des hommes, c'est ce que signifie le mot *manables* (*manere*, rester). Les *chasteaulx* étaient des lieux fortifiés de fossés, de murailles, de tours et de pavillons. On décidait que les canons et autres engins de guerre, placés pour la défense du château, étaient héritages, comme le château

(a) Un arrêt du Parlement du 26 juin 1713, infirmant une sentence du Conseil d'Artois du 14 octobre 1711, déclare mobilier le titre héréditaire de perruquier à Arras.

lui-même. Il en était ainsi des ornements servant à une chapelle castrale. Il était défendu de *bâtir forteresse au fief et justice d'autrui.* Cependant, en Artois, comme dans les pays frontières, on tolérait des tours et redoutes destinées à abriter les hommes avec leurs effets et bestiaux, et à les mettre à couvert contre les partisans et les maraudeurs (a). Les *portes* comprenaient les entrées des cours et celles des maisons. Pour savoir dans quelle paroisse les habitants d'une maison devaient recevoir les sacrements, on avait égard à la situation de la principale entrée. Il en était autrement pour les impositions, dont la juridiction était créée uniquement par la situation du principal corps de logis.

CHAPITRE II.

USUFRUIT.

Une lacune assez difficile à expliquer existe dans la Coutume d'Artois en ce qui concerne l'usufruit. Cette matière, qui était fort connue et fort appliquée dans l'ancien droit, n'était point régie en Artois par des dispositions spéciales : c'est à peine s'il en est parlé incidemment dans quelques articles, notamment à propos

(a) Il paraît que dans le XVIIe siècle quelques seigneurs avaient encore conservé le privilége d'exiger le guet et la garde de leurs vassaux et tenanciers, et, quand ce privilége pouvait s'établir par aveu ou par coutume, les tribunaux n'hésitaient pas à l'adjuger.

des droits de relief (109) et de la mise de fait (75). Il faut en conclure que tout ce qui touchait à ces questions était soumis à la règle générale du Droit romain, qui est encore, à peu de chose près, celle du droit nouveau. D'après ces principes, les auteurs distinguaient deux sortes d'usufruitiers, celui qui ne perçoit les fruits qu'à cause des charges qu'il acquitte, par exemple le bénéficier qui ne gagne les fruits que parce qu'il remplit une fonction, et celui qui a droit aux fruits parce que la loi les lui accorde. Le premier ne recueillait les fruits qu'en proportion du temps qu'il avait rempli la charge. Ainsi lorsqu'un bénéficier mourait avant la fin de l'année, l'usufruit ne durait que jusqu'au jour du décès. Le second prenait tous les fruits du moment qu'ils étaient séparés du fonds, encore bien que l'année ne fût pas expiré. « Il » faut se souvenir, dit Gosson, que les archevêques, » évêques, archidiacres, diacres, chanoines, chapelains, » prévôts et curez sont tous usufruitiers des fondations » ou bénéfices ecclésiastiques ; de sorte que quand ils » décèdent, lorsque les fruits sont seulement coupez, » sans être encore enlevez ainsi qu'il arrive souvent, ces » fruits n'appartiennent pas à leurs héritiers, mais qu'ils » sont réservez à leurs successeurs dans les bénéfices, » car les fruits des terres ne sont gagnez par les » usufruitiers qu'autant qu'ils sont cueillis et perçus par » eux » (a).

On trouve dans l'ordonnance forestière de 1669 des dispositions qui permettent à l'usufruitier de faire couper les baliveaux qui croissent dans les taillis, à la charge

_____

(a) Gosson, note 3 sur l'article 25.

de laisser seize nouveaux baliveaux par arpent. Si la
côupe des anciens baliveaux n'était pas permise, le taillis
devenait futaie et rendait l'usufruit inopérant. Comme
aujourd'hui, on décidait que les menues réparations
sont à la charge de l'usufruitier, et les grosses à celle du
propriétaire (a). A ce sujet voici ce que Bauduin dit :
« Tous les usufruitiers sont de droit tenus à l'entreten-
» nement de la chose dont ils jouissent, de sorte que la
» propriété ne soit détériorée. Et nommément est dit de
» refaire et entretenir la maison dont on a l'usufruit, du
» moins s'il n'est question que de petits despens, comme
» de pelle, latte, closture, couverture et semblables me-
» nuités que doibt seulement fournir l'usufruitier, vou-
» lant joyr. Et s'il faisait plus grands despens nécessaires
» à l'entretennement ou réparation de la chose, aurait,
» audit nom, son recouvrier contre le propriétaire. »
Sur la question de la caution à fournir par l'usufruitier,
on distinguait s'il s'agissait d'un usufruit légal ou conventionnel; dans le premier cas l'usufruitier en était
dispensé, dans le second il y était tenu.

CHAPITRE III.

SERVITUDES.

Les servitudes et services fonciers, qui font l'objet du

(a) C'est d'après ce principe qu'a été rendu un arrêt du Conseil
d'Artois qui partage entre la dame Marie-Madeleine de Clermont-
Tonnerre, veuve du comte de Delannoy, et son beau-père les réparations
à faire à l'hôtel Delannoy, situé à Arras.

tit. 3, liv. 2 Code Nap.; ne sont pas non. plus traités d'une manière spéciale dans la Coutume. Sur ce point chaque localité avait ses habitudes différentes, et il n'est entré dans l'esprit de personne, au XVIe siècle, de vouloir imposer l'unité dans les choses qui paraissaient tenir si essentiellement aux usages particuliers.; néanmoins, comme beaucoup de ces usages étaient communs à un grand nombre de localités à la fois, il est possible d'en induire quelques principes généraux qui paraissent avoir été universellement appliqués (a).

En ce qui concerne la mitoyenneté, on tenait généralement qu'il n'était pas permis de prendre des vues directes sur l'héritage de son voisin, à moins de se trouver à une distance de sept pieds. On ne permettait pas non plus de tirer des vues dans un mur mitoyen sans autorisation. On avait le droit d'exhausser le mur mitoyen autant qu'on le voulait, mais on ne pouvait y loger des poutres plus avant que la moitié de l'épaisseur. Il était loisible à chaque voisin de percer et de démolir le mur mitoyen, quand cela lui était utile, mais à la condition de le rétablir à ses frais. Quand le mur mitoyen pendait ou surplombait, l'un des propriétaires pouvait contraindre l'autre à le rebâtir à frais communs. Si le mur appartenait à un seul des voisins, il n'était pas obligé de supporter les poutres ou solives de la maison contigue. Enfin les propriétaires de deux héritages qui se touchaient étaient respectivement obligés d'élever à

(a) M. Clément, dans son excellent ouvrage sur les usages locaux, a relevé plusieurs de ces règles qui se réfèrent à ce que nous appelons aujourd'hui les servitudes.

frais communs leur mur de clôture, jusqu'à la hauteur de sept pieds (a).

Les constructions étaient aussi assujetties à certaines prescriptions qui avaient pour but la régularité des bâtiments et la sûreté publique ; c'est pour ces motifs que la ville et la cité d'Arras avaient obtenu, par placard du 23 mars 1583, qu'il ne serait permis à personne « de bâtir » ou rebâtir maisons à neuf, sinon en faisant les murs de » pierres et de briques, et sans aucunes saillies sur les » rues. »

Un placard de 1610 défendait, en outre, « de toucher » aux parties réputées gros membres, ni aucunes d'i- » celles, pour les renouveler et mestre dans leur pre- » mier estat, soit qu'il y ait saillies ou point ; mais sera » besoin de dresser les devantures à neuf de pierre ou » de brique sans aucunes saillies depuis le haut jusques » en bas. » Ces règlements sont fort sages assurément ; mais à voir ce qui nous reste des constructions de cette époque, il ne parait pas qu'ils aient été très efficaces pour établir l'ordre et l'alignement dans la voirie urbaine.

Les contre-murs avaient aussi fait l'objet de plusieurs dispositions légales. Ainsi Gosson dit qu'anciennement il fallait un pas de distance entre un puits et l'héritage voisin. Il était défendu d'adosser un four, une forge ou

---

(a) Les filets, armoirettes ou niches, qu'on appelle vulgairement *bahotes*, ainsi que les retranchements de murailles sont des marques de mitoyenneté, mais les présomptions qu'on tire de ces marques cessent dès qu'on peut rapporter un titre nouveau. (Arrêt du Conseil d'Artois du 16 mai 1752).

un fourneau à un mur mitoyen sans un contre-mur d'un pied d'épaisseur. (a) Il fallait de plus laisser un demi-pied de vide sur la hauteur perpendiculaire et à plomb contre le mur mitoyen et le contre-mur. Un règlement du Conseil d'Artois du 17 mars 1780, voulait « que les « cheminées des forges fussent élevées de trois pieds de » roi au-dessus des toits, que toutes les forges fussent » construites en murs de briques et de pierres et sépa-» rées des pignons de tous bâtiments voisins, que le » foyer fût en briques maçonnées au bon mortier. » Dans un délai de six mois, les forges existant à cette époque devaient toutes être couvertes en tuiles ou pannes, et les cheminées faites suivant les prescriptions indiquées, sinon ledit délai passé, la Cour en interdisait l'usage, à peine de cinquante livres.

L'art. 58 de la Coutume punit de soixante sols parisis d'amende l'*arrachage de bourgne ou d'espine réputée pour bourgne.* On trouve dans Desmazures quelques détails intéressants sur les pratiques et usages d'Artois pour la plantation des bornes. Voici comment il s'exprime : « Il convient ce faire pour éviter l'amende coutumière » pardevant les officiers de justice du lieu, partie, pour » ce voir faire, appelée. Par mesureur sermenté pour » au cas de concordance desdites parties y planter les » bornes au levant. La prétendue borne reconnaître, si » icelle avait autrefois esté plantée pour borne entre

---

(a) Les puisoirs ou cloaques doivent être à six pieds de distance en tous sens du mur mitoyen. Les latrines ou aisances contre un mur mitoyen exigent un contre-mur, conformément aux art. 151 et 217 de la Coutume de Paris. (Arrêt du Conseil d'Artois du 26 février 1750).

» voisins, car tous grès plantés en terre ne servent de
» borne ; ce qui se reconnoît, cessant autre preuve, par
» indice et remarque dont lesdits mesureurs ont accou-
» tumé d'user, à sçavoir de telles fois et le plus souvent
» mettre au-dessous de grès ou pierre mise pour borne
» un caillou cornu rompu en deux pièces au-dedans du-
» quel est escrit avec fil de léton que ladite pierre sert
» de borne entre tels et tels héritages, qui aurait esté
» plantée pardevant officiers de la justice viscontière ; et
» sont les lieutenans et officiers de la gouvernance
» d'Arras en possession immémoriale de recevoir et
» d'admettre tous arpenteurs et mesureurs sermentés
» aux pays et comté d'Artois, après preuve par eux faite
» et serment presté d'eux acquister fidélement.» (Desmazures, tit. 17, n° 20). Un arrêt du Conseil d'Artois du
20 juin 1763, indiquait les mesures à prendre en cas de
mesurage et bornage. On refusait généralement aux parties
le droit de faire leur moisson, à moins que leurs champs ne
fussent bornés. (Arrêt du 23 juin 1762). On admettait aussi
que là où il n'y avait pas de borne, on ne pouvait intenter l'action en complainte. (Arrêt du 17 janvier 1755).
Enfin, une borne seule ne suffisait pas pour établir une
limite : on exigeait qu'elle répondit à une autre borne,
et surtout qu'elle fût accompagnée de *témoins*, c'est-à-
dire qu'elle fût assise sur des cailloux ou pierres. (a)

(a) C'est ce principe qui a dicté une décision du Conseil d'Artois
rapportée dans les notes manuscrites de Devienne. Les abbé et religieux de St-Vaast intentèrent une action en complainte contre Pierre
Delattre, demeurant à Achiet-le-Petit pour avoir fauché un rayon
d'avoine sur une pièce de terre appartenant à un de leurs fermiers,

L'écoulement des eaux ne devait pas s'effectuer par l'héritage voisin, à moins de titre contraire. Pour éviter les infiltrations, il était permis de placer des contre-murs toutes les fois que cela était utile. La distance, pour les plantations et le tour d'échelle, était de quatre à cinq pieds, suivant les circonstances. Le rejet des haies était fixé à deux pieds et demi du côté d'Orient et de midi, et un pied et demi du côté d'Occident et de septentrion. Quand une maison était brûlée, celle qui la remplaçait était soumise aux mêmes servitudes. Le rejet d'une haie ne pouvait se prescrire qu'autant qu'on prescrivait la haie elle-même : quelle que possession que que l'on eût du rejet, si l'on n'avait pas en même temps

Delattre voulait par ce moyen ouvrir un chemin à son chariot pour aller prendre des avèties dans son champ. Il prétendait que, comme il n'y avait pas d'autre accès possible à ce champ, l'usage de la province l'autorisait à agir comme il l'avait fait, parce que les fonds inférieurs y doivent cette servitude, moyennant indemnité. Les religieux de St-Vaast au contraire soutenaient qu'en principe personne ne peut passer sur un champ sans permission du maître. Le sieur Delattre disait de plus qu'il n'y avait aucun dommage ; il demandait acte de ce qu'il n'entendait pas s'attribuer un droit de passage sur ladite terre et ne voulait nullement l'assujettir à cette servitude. Plaidans, M᪷ˢ Cazes et Galhéan, à l'audience du 5 février 1692 ; ouï M. Bataille procureur général, président M. Le Merchier, à la première chambre. « La cour, après déclaration faite par M. Galhéan, pour sa partie, d'avoir » passé sur la pièce de terre dont il s'agit, et d'y avoir coupé la rayon » d'avoine, sans permission du maître, a maintenu et gardé lesdits » abbé et religieux de St-Vaast dans leurs droits, possession et sai- » sine, et condamné la partie de Galhéan à la réparation du trouble » commis et aux dépens. » Les articles 682 et suivans du Code Napoléon donnent raison au sieur Delattre contre les religieux de St-Vaast et le Conseil d'Artois.

celle de la haie, la possesion du rejet était regardée comme précaire. (Arrêt du Conseil d'Artois, du 20 septembre 1748).

Ces principes se retrouvent à peu près dans le droit actuel, car en fait de raison et d'équité, nos pères en savaient autant que nous. Quant aux servitudes personnelles, elles n'existaient pas en Artois ; elles n'auraient pu s'y concilier avec les idées généreuses qui ont toujours été si développées dans cette province. Aussi tandis que le servage s'est perpétué ailleurs jusqu'à la révolution, quelque loin qu'on remonte dans l'histoire de l'Artois, il est difficile d'en saisir une trace bien nette. Si le reste de la France avait été animé des mêmes sentiments, les rédacteurs du Code Napoléon n'auraient pas eu besoin de dire que la servitude n'établit aucune prééminence d'un fonds sur l'autre (art. 638).

Un point important en cette matière est relatif à la prescription. On décidait qu'en Artois les servitudes quelles qu'elles fussent, pouvaient s'acquérir par prescription. Cela résultait implicitément de l'article 72 de la Coutume qui porte que les droits réels s'acquièrent par prescription fondée sur une possession de vingt ans entre présens ; trente ans entre absens, et quarante ans contre l'Eglise ; or, disait-on, les servitudes sont des droits réels, donc elles doivent tomber sous l'application de l'article 92. Une autre raison se tirait de ce que la Coutume d'Artois n'en parlant pas, ce qu'elle ne prohibait pas devait être autorisé (a). On sait que le Code Napoléon, imitant sur ce point la Coutume de Paris, n'a

_____
(a) Maillart, note 35 sur l'article 72.

autorisé la prescription qu'en faveur des servitudes apparentes et continues (a) (articles 690 et 691).

CHAPITRE IV.

SUCCESSIONS.

Si la Coutume d'Artois est à peu près muette au sujet des biens pris en général, il n'en est pas de même des successions. Sur ce point, elle contient de nombreuses dispositions qu'il importe d'examiner en détail : c'est ce que nous allons faire en suivant, autant que possible, l'ordre adopté par le Code Napoléon, plutôt que la suite un peu confuse des articles de la Coutume (b).

(a) Passage par un pré qui n'est sujet à aucune servitude, donne lieu à la complainte et à des dommages-intérêts (arrêt du Conseil d'Artois, du 5 janvier 1759). Il avait été également jugé au Conseil d'Artois qu'une voie ou espèce de chemin où il y a eu des marques de fermeture n'est pas censée être une rue ou chemin public. Il est présumable que si le public y a passé, ce n'était qu'à titre précaire et par tolérance du propriétaire à qui le fonds appartient (arrêt du 10 août 1756).

(b) Il n'y avait en Artois nul héritier nécessaire, en sorte que l'héritier présomptif et apparent n'était point obligé de renoncer à la succession du défunt, il suffisait qu'il s'abstînt ou qu'il laissât créer un curateur aux biens vacans. (Acte de notoriété du Conseil d'Artois du 11 février 1679). Il est peut-être à regretter qu'il n'en soit plus ainsi aujourd'hui et qu'une imprudence puisse engager même *ultra vires*.

§ 1. *Succession descendante et représentation.* — Dès les temps les plus anciens, l'usage en Artois était de n'appeler à la succession directe descendante que les enfants du défunt, ses petits-enfants et, à défaut de ceux-ci, ses arrière-petits-enfants. Aussi l'art. 93 de la Coutume porte-t-il en termes formels : *Représentation n'a lieu, en matière de succession.* C'est en se fondant sur ce principe qu'un arrêt célèbre du Parlement de Paris, du 9 octobre 1309, a exclu Robert III de la comté d'Artois, au profit de Mahaut, sa tante. Mais la rigueur excessive de l'article 93 avait excité des réclamations universelles; aussi Dumoulin disait-il avec sa parole tranchante: *quod est durum et emendandum.* C'est en suivant cette tendance de faveur que les Coutumes des bailliages de St-Omer et d'Aire avaient rejeté cette disposition. Une pragmatique sanction de l'empereur Charles-Quint avait enfin introduit la représentation dans les Pays-Bas, mais avec cette réserve : *tant seulement sans préjudice aux coutumes de chascun pays (a).*

Cette répulsion pour l'application de l'article 93 donna naissance à une pratique appelée le *rappel.* C'était l'intention exprimée dans un contrat de mariage, un testament ou tout autre acte que la représentation eût lieu.

(a) Cette question de la représentation légale paraît avoir vivement embarrassé les esprits au moyen-âge. Voici comment l'empereur Othon Ier s'est imaginé de la résoudre. Ayant réuni à Steil en Westphalie, un Parlement composé de seigneurs et de notables, il fit débattre le litige au moyen du duel judiciaire. Il se trouva que le champion de la représentation eut le bras plus fort que son adversaire, et dès lors un grand principe de droit passa dans les lois germaniques (Maillart, notes 43 et 44 sur l'art. 93).

Quand cette manifestation existait de quelle que manière que ce fût, le représentant avait tous les droits qu'aurait eus la personne représentée. C'était du moins l'opinion d'Hébert (b), et cette opinion s'appuyait sur un arrêt du Parlement de Paris du 30 juillet 1735, infirmatif d'une sentence du Conseil d'Artois du 15 février 1734. Le rappel était basé sur ce principe fondamental que les contrats sont susceptibles de toutes sortes de conventions qui ne sont pas contraires aux bonnes mœurs. Dans le rappel on distinguait si le rappelant avait rappelé ceux qui descendent de lui, ou s'il avait rappelé ceux qui n'en descendent pas. Au premier cas, le rappel avait lieu à l'infini, au second, il fallait examiner si le rappel existait dans un contrat de mariage ou dans un autre acte. Si c'était dans un contrat de mariage, le rappelant était présumé avoir eu en vue tous les descendants de ce mariage, si c'était dans un autre acte, le rappel s'arrêtait en ligne collatérale au troisième degré civil. Au reste, la représentation s'opérait, comme de nos jours, par souche et non par tête.

Une fois engagé dans la voie d'équité introduite par le rappel, on étendit aussi loin que possible la faveur qui s'attachait à ce principe. Ainsi on tenait que l'héritier purement patrimonial était obligé d'exécuter le rappel direct ou collatéral accordé par le défunt, soit dans un contrat de mariage, soit dans un testament. C'est ce qui a dicté un arrêt du Parlement de Paris du 17 juin 1738, confirmatif des sentences rendues à la gouvernance d'Arras le 12 avril 1733 et au Conseil d'Artois

(b) Hébert, manuscrit note sur l'art. 93.

le 21 juillet 1735, qui ont déclaré valable, même sur les patrimoniaux d'Artois, le rappel fait par un oncle dans un contrat de mariage d'une nièce, tant de cette nièce que de ses frères et sœurs. D'après le même principe d'équité, le rappel fait par contrat de mariage ne pouvait jamais être révoqué ; il était transmissible aux descendants et saisissait du jour du contrat. Il cassait le testament antérieur du rappelant, ainsi que l'avait jugé le Parlement de Paris, par arrêt du 30 juin 1702, confirmant une sentence du Conseil d'Artois du 3 décembre 1700, et il empêchait même le rappelant de faire des dispositions universelles ou considérables. Quant aux rappels contenus dans des actes autres que les contrats de mariage, ils jouissaient d'une faveur bien moins grande : ainsi ils étaient toujours révocables, même quand ils avaient eu lieu dans des donations entre vifs acceptées. Ces sortes de rappels ne paraissent jamais avoir été considérés que comme des testaments.

§ II. *Droit d'Aînesse.* — Le droit d'aînesse était déjà vu de mauvais œil au XVIe siècle, c'est pour cela que la Coutume d'Artois le limite aux fiefs (94). Les commentateurs allaient encore plus loin : ainsi Bauduin exige, pour que l'aîné succède seul aux fiefs, qu'il se trouve dans la succession d'autres biens complétant la portion légitime des puînés « qui, dit-il, doit être préférée au « droit d'aînesse et premièrement déduite, laquelle mo- « dération ne pœult que plaire à ceux qui s'arrestent en « raison. » On décidait de plus que la portion de l'aîné, quand il venait à s'abstenir, accroissait à tous les autres puînés également, et non au plus âgé d'entre eux. Enfin l'art. 94 lui-même n'accorde la totalité des fiefs *patrimo-*

niaux ou d'acquest à l'aîné qu'à la charge du *quint*, au profit des puînés. Ainsi, sous l'ancien droit coutumier de l'Artois, la doctrine et la législation paraissent n'avoir admis le droit d'ainesse que comme un mal nécessaire, mais qu'il fallait réduire autant que possible (a).

Le quint était la cinquième partie de chaque fief, « de sorte, dit Maillart, que s'il y a par exemple dix fiefs » dans une même succession, quoique relevant tous d'une » même seigneurie, l'aîné sera obligé de donner à ses » puînés dix quints qui leur tiendront lieu de légitime » immobilière coutumière. » De plus, l'aîné en abandonnant le quint à ses frères et sœurs, n'était pas affranchi de toute obligation à leur égard, si les puînés n'étaient pas en âge de gagner leur vie, et que le quint ne leur suffisait pas, l'aîné qui était à la place du père, devait leur venir en aide, car, selon Hébert, le droit d'ainesse doit passer après le droit d'aliments. C'est ainsi, qu'en Angleterre, l'aîné reste toujours le protecteur nécessaire de toute la famille.

L'obligation de donner le quint des fiefs (a) était une charge réelle de l'acceptation de tous les fiefs ; en conséquence les puînés pouvaient agir en désistement contre

---

(a) Il est à remarquer que la Coutume ne reconnaît pas le droit d'aînesse aux personnes mais aux biens. Ce n'est point à cause de sa primogéniture que l'aîné succéde seul aux fiefs, mais c'est parceque ces fiefs sont des *héritages féodaux.* Le droit d'aînesse, tel qu'il a été question de le rétablir, était donc plus étendu que celui de la Coutume.

(a) Les coteries, rotures, main-fermes et les alleux roturiers n'étaient pas soumis à la règle de l'art. 94, et se partageaient également entre tous les héritiers.

le tiers détenteur qui aurait tenu de l'aîné tous ces fiefs
à titre gratuit ou à titre onéreux. Si les fiefs de la succession étaient indivisibles de leur nature, par exemple
s'il s'agissait de duchés, marquisats, principautés, comtés,
vicomtés, baronies ou châtellenies, l'aîné devait les
prendre sans charge de quint, mais en indemnisant les
puînés par d'autres héritages de la succession. D'autre
part, dans l'évaluation du quint, on ne devait pas faire
entrer les droits purement honorifiques, tels que patrona-
ge, nomination aux offices, ni même la maison et la basse-
cour destinées au logement du propriétaire. Enfin si un
des puînés ne réclamait pas sa part du quint, cette part
ne se partageait pas entre les autres puînés, mais elle
restait à l'aîné (103), jusqu'à ce qu'elle lui fût demandée,
car, suivant l'ancien usage d'Artois, *longue teneure ne
vaut, et ne peut porter préjudice entre frères et sœurs.* (b)

Les puînés n'avaient pas droit au quint dans les fiefs
échus par toute autre succession que celle du père ou de
la mère (95). On peut s'étonner de cette disposition, car
il semble que c'est plutôt le contraire qui aurait dû avoir
lieu. Il paraît au reste qu'elle n'a pas été admise sans difficulté ; en effet elle n'existe pas dans la rédaction de 1540,
et elle ne se trouve que dans celle de 1544. Aussi Bauduin,
qui écrivait sur le texte de 1540, approuve-t-il la coutume de n'avoir pas limité le quint à la succession des
père et mère : « quoique les practiciens, dit-il, veuillent

(b) Le Conseil d'Artois a décidé, le 25 janvier 1763, que la portion
de quint auquel un cadet renonce, accroit aux autres cadets. Sur
cette question, Maillart et Bauduin soutiennent la négative, mais le
Conseil d'Artois s'est rangé à l'avis de Dumoulin, qui est pour l'affirmative.

« calidiner, la raison naturelle requiert que aultant soit
« de succession de l'ayeul et de l'ayeule. » Dans
l'intervalle de 1540 à 1544, les *practiciens* avaient si
bien *calidiné* que la *raison naturelle* s'est trouvée vaincue.

Quand le quint, ou portion de quint, était dévolu à
l'aîné, comme héritier du puîné mort sans postérité, ce
quint ou portion de quint ne se réunissait pas au gros
du fief, mais demeurait fief nouveau, comme il était aux
mains du puîné à pareils droits et reliefs (104). Cela vient
de ce que, depuis 1509, le quint était héréditaire en Artois.

Les fiefs appartenaient à l'aîné avant même de les avoir
acceptés ou appréhendés; d'où cette conséquence que
s'il venait à mourir sans acceptation ou renonciation, le
droit d'accepter ou de renoncer passait à ses héritiers, et
était partagé entre eux suivant la nature du fief et de la
succession. L'aîné ne pouvait même abandonner son
droit tant qu'il était en état de se marier; mais s'il était
engagé dans les ordres majeurs, il pouvait renoncer, au
profit de son puîné, même du vivant du père.

C'était par droit de succession, et non par préciput,
que s'exerçait le droit d'aînesse, d'où il résultait que
l'aîné devait payer les dettes par contribution sur la valeur des fiefs. Par fiefs, on entendait ceux situés sous les
Coutumes générales d'Artois, quoique mouvants d'un
fief situé dans une autre Coutume. Les fiefs n'étaient
déférés à l'aîné qu'autant qu'ils étaient une propriété
incommutable: si l'aîné se trouvait dans la nécessité de
les restituer par suite de lésion ou autrement, le prix
qui lui était remis ne lui appartenait pas, mais il devait
être partagé entre tous les cohéritiers, car, par suite de

là résolution, le défunt était censé n'avoir jamais eu de droit de propriétaire, et n'avoir laissé que des deniers dans sa succession.

Au reste, malgré la défaveur qui s'attachait au droit d'ainesse, tout le monde était d'accord que les père et mère n'auraient pu éluder l'application de l'art. 94 au moyen d'un partage ou d'une disposition de leurs acquets, d'après les termes des art. 84 et 85. Le fils ainé n'aurait pas été obligé de respecter ce partage, parceque les quatre quints étaient un droit auquel il ne pouvait être dérogé qu'à concurrence du quint datif, selon l'art. 90. De même, le père et la mère n'auraient pu disposer de leurs acquets, au préjudice de leur fils ainé, quoique, d'après la Coutume d'Artois, les acquets fussent à la libre disposition des conjoints. Remarquons aussi que le droit de l'ainé sur les fiefs s'exerçait entre nobles ou roturiers, car, en Artois, on avait égard à la qualité des biens et non à celle des personnes.

Après avoir réglé le droit d'ainesse par rapport aux hommes, la Coutume l'examine à l'égard des femmes ; c'est ce qui fait l'objet des art. 96-97. D'abord, elle spécifie que *le masle exclud la femelle, en pareil degré*, et ensuite elle pose ce principe qu'un grand nombre de Coutumes, et notamment la Coutume de Paris, n'admettait pas que, si le défunt ne laissait que des filles, l'ainée avait dans les fiefs les mêmes droits que le fils ainé. Ainsi, en Artois, le droit d'ainesse existait même pour les femmes ; c'était, dit Maillart, pour mettre le successeur des fiefs en état de rendre toujours le même service au souverain : il aurait mieux valu, puisqu'on en avait des exemples, chercher à rétablir l'égalité dans les familles, au moins parmi les femmes.

§ III. *Succession ascendante et patrimoniale.* — A défaut de descendans, la Coutume appelle les ascendans (107). Les père et mère succèdent seuls à tous les biens délaissés par leurs enfants, excepté aux propres. S'il n'y a pas de père ou de mère, les aïeux viennent à la succession de leurs petits enfants, sans que jamais il y ait partage avec la ligne collatérale : c'est l'application de cette règle du droit coutumier : *tant que la tige sourche elle ne se fourche.* Cela démontre à l'évidence que l'intention de la Coutume est de faire deux catégories dans les successions, les biens propres ou patrimoniaux et les acquets. Les acquets sont divisibles à l'infini, et suivent à peu près les règles adoptées aujourd'hui pour les biens de toute nature et qui ne sont autres que celles de la novelle 118 de Justinien; mais les propres sont considérés comme une espèce de dépôt qui ne doit pas sortir de la famille, et qui se divise le moins possible. C'est ce qui est exprimé en ces termes par l'art. 108 : *tous héritages patrimoniaulx suyvent cotte et ligne.* Il est facile de saisir les différences qui existent entre ce système et celui de notre législation : il a l'avantage d'être beaucoup plus simple, nous ne savons s'il est plus équitable. Au reste, malgré son désir de maintenir les biens propres dans les familles, l'article 108 ne prohibe nullement l'aliénation des propres : quand cette aliénation se faisait avec les formalités qui seront expliquées plus tard, l'héritier était obligé de la respecter.

Les propres ne remontent jamais, dit l'art. 107; il s'en suivait que les ascendans ne pouvaient y succéder, excepté au cas de donation faite précédemment par eux : c'est l'hypothèse de l'art. 747 du Code Nap., qui a donné lieu à tant de difficultés dans la doctrine et dans la pratique. On décidait encore que les ascendants succédaient aux immeubles (a), quand ils étaient les plus proches du côté et ligne d'où ces immeubles étaient échus. S'il n'y avait point de collatéraux dans la ligne d'où provenaient les propres on considérait ces propres comme acquêts, et dès lors les ascendans pouvaient y succéder. Enfin, à la différence du droit actuel, la Coutume ne reconnaissait aucune réserve aux ascendans ; ils avaient seulement droit à des aliments.

Des principes qui viennent d'être exposés on peut tirer la conséquence suivante : entre ascendans le partage a toujours lieu par têtes et non par souches. Ainsi, lorsqu'on mourait sans descendans et sans père ni mère, la succession non sujette à cotte et ligne était déférée, par égales portions, à tous les ascendans survivans. C'est ce qui avait été décidé par deux arrêts de doctrine au Parlement de Paris, les 12 décembre 1701 et 30 mai 1702. Dans la succession féodale au contraire, l'ascendant mâle paternel ou maternel le plus âgé et à son défaut l'ascendante la plus âgée, excluait tous les autres. La succession ascendante aux meubles, acquets et propres, comprenait même les fruits pendans par racines, pourvu que le décès eût eu lieu avant la mi-mai le Conseil d'Artois avait jugé en conséquence, le 16 juillet 1697, que l'aïeul emportait les meubles sur le frère. Il n'y avait que les immeubles tenant cotte et ligne différente auxquels l'ascendant ne succédait pas. On ne faisait aucune différence, en Artois, entre les propres anciens et les propres nais-

(a) L'héritier immobilier n'était pas obligé d'entretenir les baux faits par anticipation. (arrêt du Conseil d'Artois du 5 juillet 1747).

sants, quoique Brodeau fût d'avis que cette différence dût avoir lieu dans tous les pays de Coutume. Les rentes et sommes données par contrat de mariage pour suivre la cotte et ligne du donataire demeuraient propres fictifs et conventionnels: de cette manière ils n'entraient pas en communauté et, si le donataire venait à mourir laissant des enfants et que ces enfants décédassent avant le conjoint survivant, la succession ascendante s'exerçait même sur les propres fictifs. Pour éviter ce résultat, il fallait stipuler dans le contrat de mariage que les rentes et sommes données tiendraient à toujours la cotte et ligne du donateur: c'est l'opinion d'Hébert sur l'art. 107. Une déduction doit être remarquée, c'est celle de Brodeau, qui cite plusieurs arrêts d'où il résulte que, la ligne, venant à défaillir, les plus proches parens doivent succéder aux biens patrimoniaux à l'exclusion du fisc.

En matière de fiefs, on observait la distinction fondamentale entre les biens patrimoniaux et les acquêts. Tous les fiefs patrimoniaux suivaient la règle de l'art. 105 ; mais les fiefs procédant d'acquêts, c'est-à-dire possédés par le défunt à tout autre titre qu'à celui de donation en avancement d'hoirie, de succession ou de retrait lignager, étaient dévolus au plus proche héritier *de l'acquesteur* (a), sans avoir égard au côté paternel ou maternel (98). S'il y avait plusieurs héritiers du même côté, l'aîné excluait les autres, de même que le mâle excluait la femme. En cas d'héritiers au même degré du côté paternel et maternel, les fiefs d'acquêt ne se parta-

---

(a) Ce sont ces principes qui ont fait dire que la Coutume d'Artois est de *ramage*, de *branchage*, mais non de *souche*.

geaient même pas entre les deux lignes, mais ils appartenaient tout entiers au plus ancien des deux lignes : c'est
ce que les Flamands appelaient le droit *du plus vieil sur
rue.*

§ IV. *Succession collatérale.* — Le troisième ordre de
succession était la succession collatérale. Elle était dévolue
à celui ou à ceux qui, au moment du décès, se trouvaient
au degré le plus proche. En conséquence l'oncle excluait
les cousins germains pour le tout, sauf pour les propres
n'appartenant pas à sa ligne (110). En vertu du principe
déposé dans l'art. 93, on ne reconnaissait point de représentation dans la ligne collatérale. C'est encore une
différence notable avec le droit actuel, qui appelle les
neveux en concours avec les oncles et tantes. Entre les
biens roturiers et féodaux il y avait à faire la distinction qui se retrouve dans l'esprit de toutes les coutumes.
Les premiers se partageaient par égales portions entre
les héritiers collatéraux au même degré, en vertu du
principe de l'article 106, applicable à tous les ordres de
succession, les seconds étaient déférés en totalité à l'aîné
mâle, ou à défaut à l'aînée femme (100). L'article 99
n'admet pas le quint en ligne collatérale. Du reste,
l'article 95 disant formellement, comme nous l'avons
vu, que le quint n'existe qu'en succession de père et de
mère *et non en succession de grand-père ou grand'-mère
ny aultrement,* l'article 99 était à peu près inutile.

Le privilége du double lien existait en Artois, excepté
pour les héritages patrimoniaux (105). Ce privilége était
limité aux frères et sœurs, c'est-à-dire à la parenté produite par les père et mère ; ainsi il ne détruisait pas la

règle, *paterna paternis, materna maternis* (a). L'art: 105 consacre même cette règle pour les héritages patrimoniaux qui sont formellement réservés, tant en ligne directe que collatérale, *aux plus prochains héritiers du les et costé dont ilz viennent ou procèdent*. Le double lien ne s'appliquait *qu'aux meubles, catheux, debtes, acquêts et généralement pour-tous biens non tenans cotte me-ligne*. Quant aux héritages patrimoniaux, *l'on n'a regard à la double ligne, mais seulement à la ligne dont l'héritage procède* (105). Il faut aussi remarquer que les degrès de parenté n'étaient jamais limités dans l'ancien droit, quand il s'agissait de successions. Ainsi, à quelque degré qu'on se trouvât du défunt, du moment qu'on pouvait établir avec lui un lien quelconque de parenté, on héritait. Il est facile de comprendre à combien de procès cette tolérance devait donner lieu, et que de généalogies plus ou moins obscures se bâtissaient dans l'espérance d'une succession. Le Code Napoléon a sagement borné au douzième degré la capacité de succéder : peut-être même aurait-il pû faire moins.

§ V. *Successions religieuses.* — *Religieux ôu religieuses profès sont reputez morts civilement, et ne peuvent venir en succession, ni la religion pour eux*, dit l'art. 149 de la Coutume. Ainsi, quand ils n'avaient point disposé de leurs biens avant leur profession, les religieux ne pouvaient plus le faire, car ces biens appartenaient à leurs héritiers na-

(a) Un arrêt du Parlement de Paris, rendu pour l'Artois, le 19 août 1733, avait admis les neveux, enfants d'un frère utérin, à la succession de leur oncle avec d'autres neveux et nièces enfants d'une sœur germaine.

turels, sans que le monastère y pût prétendre aucun droit successif ou autre. La Coutume continue ainsi : *les prochains parents des évêques, prélats et autres gens d'église séculiers leur succèdent ab intestat, et non les églises* (151). La prudence de nos aïeux avait parfaitement compris qu'il fallait opposer le plus de digues possible à cette immense absorption exercée par les biens de main-morte. Il est à regretter que, sur ce point, certains esprits soient, de nos jours, moins avancés qu'on ne l'était au XVIe siècle.

La succession ab intestat avait lieu pour les évêques, quand même ils auraient été auparavant religieux ; parce que, disait-on, celui qui est le père de tout le peuple d'un diocèse ne doit pas être soumis à la discipline d'un supérieur régulier. C'est pour cela que la succession de François Richardot, décédé évêque d'Arras, le 26 juillet 1574, fut adjugée à ses héritiers du sang, quoiqu'il eût été moine Augustin. Celle de Jean Sarazin, décédé archevêque de Cambrai, le 3 mars 1598, fut également dévolue à son frère, son légataire universel, et la cotte-morte, en qualité d'abbé de St-Vaast, à cette abbaye. Ces deux points de jurisprudence ont été décidés par arrêt de doctrine, au grand conseil de Malines, le 14 avril 1618. Enfin, Thierri d'Irrechon, prévôt d'Aire, et évêque d'Arras, légua, par testament du 20 mai 1323, une grande partie de ses biens à Mahaut, comtesse d'Artois, sans que cette disposition ait été attaquée.

Quant aux abbés, on sait qu'il y en avait de deux sortes, les abbés réguliers et les abbés commandataires. Les abbés réguliers ne laissaient pas de succession, par conséquent le monastère recueillait tous les meubles qui leur appartenaient, au moment de leur décès, c'est ce qu'on nommait la *cotte morte*. Mais les abbés commandataires n'étant pas religieux, n'étaient pas réputés morts civilement, par conséquent ils transmettaient leur succession ab intestat à leurs parents.

Les principes des articles 149 et 151 de la Coutume se trouvaient encore confirmés par une législation constante. Ainsi dans un placard du 20 février 1528 Charles-Quint dit que « nuls religieux profès, ni aucuns monas-« tères ou cloîtres pour eux, ne pourront fonder héritier » en aucune maison mortuaire, ni à titre de succession, » avoir ou appréhender aucun bien » Une déclaration du 28 avril 1693 défendait aux parens de donner quoi que ce soit aux couvents, en considération des personnes qu'elles y ont, lorsque ces personnes ont été dotées, à moins que ce ne soit pour la rétribution des fondations qu'ils y font. Il était même défendu aux femmes et filles qui se mettaient dans des communautés, d'y donner plus de trois mille livres *au fond*, outre une pension de cinq cents livres dans les villes où il y avait des Parlements, et de trois cent cinquante livres dans les autres.

Les novices ne pouvaient rien donner aux monastères des ordres où ils faisaient profession, mais cette prohibition recevait exception pour les colléges des jésuites de Flandre, d'Artois et de Hainaut. Ces colléges pouvaient valablement recevoir des dons et legs, même des religieux de leur compagnie, suivant lettres patentes par eux obtenues au mois de décembre 1672, enregistrées au Parlement de Paris le 4 juillet 1677, au Conseil supérieur de Tournai le 24 septembre suivant, et au Conseil d'Artois le 10 novembre 1684. Il est bon de noter que les jésuites étaient mieux traités en Artois que dans le reste de la France, où l'article 6 de l'édit du mois de septembre 1603 défendait toute disposition en leur faveur.

§ VI. *Succession du conjoint.* — A défaut de parents, le mari succédait à sa femme et la femme à son mari. Quoique la Coutume ne contint aucune disposition à cet égard, on le décidait par application du titre au Code *undè vir et uxor*, qui était appliqué aussi bien dans les pays de coutume que dans ceux de droit écrit. Mais les parents de la femme ne succédaient pas au mari et réciproquement, car l'affinité ne crée pas de droit de succession. Un arrêt du Conseil d'Artois du 24 avril 1586, confirmé au grand Conseil de Malines en 1588, avait établi cette doctrine.

Il n'est ici question que de la succession universelle : quant à la succession mobilière, l'article 153 de la Coutume y appelle pour moitié le conjoint survivant.

§ VII. *Succession des enfants naturels.* — Les bâtards soit nobles soit roturiers ne succédaient ni à leurs père et mère ni à leurs collatéraux, ils ne pouvaient hériter que des enfants qu'ils avaient eus en légitime mariage ou de leurs petits-enfants (150) (*a*). Ces dispositions découlaient de la rigueur même des principes qui ont été en vigueur jusqu'à la révolution : à cette époque les lois intermédiaires renversèrent complètement ces principes, et reconnurent aux enfants naturels les mêmes droits qu'aux enfants légitimes. Le Code Napoléon a adopté un système mixte

(*a*) Il y avait à cet égard un acte de notoriété du Conseil d'Artois, du 28 mars 1729.

dans les articles 756 et suivants; ce système est encore loin de la perfection, et la législation sur les enfants naturels aurait grand besoin d'une révision.

D'après les idées adoptées par la Coutume, on décidait que les enfants naturels ne pouvaient recevoir par testament qu'une somme ou pension modique, à titre d'aliments. Les enfants incestueux et adultérins n'étaient pas exclus de cette faveur, mais on était plus sévère à leur égard, quant à la quotité des legs. Il était en effet à peu près reconnu que leur père ou mère ne devait leur donner que les moyens de gagner leur vie ; les tribunaux, par conséquent, étaient chargés d'apprécier ces moyens d'après les circonstances. La fille naturelle pouvait recevoir une dot proportionnée au bien de son père ou de sa mère ; on admettait généralement que cette dot ne devait jamais excéder le huitième de la masse héréditaire.

Au reste, la disposition qui ne reconnaît pas de successibilité entre la mère et l'enfant naturel paraissait déjà fort dure anciennement, et plusieurs coutumes locales de l'Artois l'avaient rejetée. On admettait aussi généralement que l'enfant naturel avait le droit de tester comme il le voulait. Quant à la succession aux enfants naturels morts sans postérité, nous avons vu qu'elle était déférée aux seigneurs en vertu du droit de bâtardie. Il ne faut pas non plus oublier qu'il y a un cas dans la Coutume d'Artois où les bâtards succèdent à leurs pères, c'est en fait de noblesse (201). Il est bien remarquable que ce qu'on refusait pour la fortune on l'accordait pour les titres (a).

(a) Maillart exige que le bâtard, qui veut être noble, ait un père certain, soit par reconnaissance, soit par sentence, c'est ce qu'il ap-

§ VIII. *Succession mobilière.* — Tandis que les biens patrimoniaux, ainsi que nous l'avons vu en parlant de l'article 105, étaient régis dans les successions par des principes tout féodaux, la Coutume admettait les règles du droit commun quand il s'agissait des cotteries ou des meubles. L'article 106 déclare en effet que ces sortes de biens sont partagés par égale portion entre les héritiers du même degré. L'article 146 étend formellement les dispositions de l'article 106 aux cateux, c'est-à-dire aux maisons et aux arbres. Ainsi tous les biens roturiers, tous les meubles, sans distinction d'origine, et tous les cateux étaient soustraits à la loi du privilége. Il en ressort, qu'à tout prendre, l'égalité était la règle générale, même sous l'ancien régime, et le droit d'aînesse une exception limitée autant que possible par l'esprit éclairé du législateur.

Le bénéfice de la succession mobilière s'étendait aux conjoints. En effet, l'article 153 accorde au survivant la moitié des meubles ; l'autre moitié appartenait aux plus proches héritiers du défunt : c'est ce qu'on appelait la *formonture* (a). D'après un usage certain de l'Artois, la formonture ne comprenait que la portion mobilière de la succession, la portion immobilière en était exclue. Ainsi une veuve ou un enfant qui renonçait à la formonture de son mari ou de son père n'était pas privé pour cela

pelle un *bâta d avoué.* Mais il refuse la noblesse à celui qui serait né d'une personne prostituée à plusieurs, et qu'il nomme *enfant de la terre et du soleil,* note 7 sur l'art. 201.

(a) Ce mot était employé dans tous les Pays-Bas pour désigner un droit acquis par la mort de quelqu'un.

de là faculté de demander sa part et portion des immeubles de la communauté ou de la succession.   -

Les principes généraux que nous venons d'exposer en matière de succession mobilière (a) trouvent leur application dans l'article 152 qui décide que *les biens meubles suyvent le corps et son principal domicile*, c'est-à-dire qu'ils se gouvernent selon la Coutume du lieu où le *de cujus* est décédé. Cela ne s'applique qu'aux effets mobiliers réels, car les effets mobiliers fictifs, c'est-à-dire les cateux, ne suivaient pas le corps, ils étaient régis par la Coutume de la situation « En effet, dit Maillart (b) ce sont » de véritables immeubles soit principaux soit accessoires » que la Coutume de la situation ne défère comme meu- » bles qu'à certaines personnes, et pour certains effets, » de sorte qu'ils conservent leurs qualités naturelles » d'immeubles accessoires dans tout le reste ». D'après ces principes, il faut conclure que la représentation ne pouvait pas avoir lieu dans la succession des cateux et biens meubles de l'Artois, quand même elle aurait été admise dans la Coutume du domicile du défunt.

L'inventaire du mobilier devait être fait lors de l'ouverture d'une succession : c'était le juge du domicile du défunt qui procédait à cet inventaire. Il y faisait figurer non-seulement les meubles trouvés dans l'étendue de sa juridiction, mais encore les titres et papiers concernant

(a) En fait de succession mobilière l'on devait se pourvoir pardevant le juge de l'ouverture de la succession, et l'on ne pouvait, sous prétexte que les co-héritiers demeuraient dans différentes juridictions, attraire directement au Conseil d'Artois (Arrêt du 16 janvier 1762).

(b) Maillart, note 4 sur l'art. 152.

les immeubles dont le défunt était propriétaire hors de cette juridiction. On demandait permission aux juges du lieu, qui pouvaient assister à l'inventaire, mais sans frais. Lorsqu'il était impossible de connaître quel était le véritable domicile du défunt, on avait recours *au jugement des partageants,* c'est-à-dire qu'on réglait la succession mobilière par rapport aux coutumes des lieux où les objets mobiliers étaient trouvés.

Lorsqu'un héritier succédait à des manoirs amazés (*a*) ou à d'autres héritages, l'article 147 lui donnait le droit de retenir *lesgranges mareschaulsées et aultres biens réputés catheulx estans esdits manoirs,* à condition d'en payer la valeur à l'héritier mobilier. L'estimation devait être faite sur le prix des matériaux, *commé si le tout estoit démoly en ung mont.* On ne pouvait les démolir sans avoir au préalable demandé à l'héritier des manoirs s'il voulait les reprendre. C'était sans doute la faveur des bâtiments qui avait dicté cette disposition si précieuse pour l'héritier immobilier ; mais on était allé bien loin en donnant à cet héritier pour le prix des matériaux ce qui avait peut-être une valeur industrielle très-considérable. L'art. 147 s'appliquait aussi bien au successeur d'héritages féodaux qu'à celui d'héritages cottiers. Quant aux rentes non rachetables hypothéquées, elles étaient déférées à l'héritier immobilier : c'était une conséquence forcée de l'article 140 qui les déclare immeubles ; elles devenaient donc propres à celui qui les recevait à titre successif.

(*a*) On distinguait jadis en Artois deux sortes de manoirs, les manoirs amazés, c'est-à-dire bâtis et édifiés, et les manoirs non amazés, c'est-à-dire les simples enclos. Cette vieille dénomination s'est conservée dans les affiches des notaires.

§ IX. *Adition d'hérédité*. — La maxime : *le mort saisit le vif*, était connue dans la Coutume d'Artois : cette maxime est appliquée par l'article 92, absolument comme dans notre droit. Mais en Artois, comme dans tous les pays de Coutume, il y avait autant de successions que d'espèces de biens, de sorte que l'héritier présomptif pouvait prendre les propres et laisser les biens libres (*a*) ou prendre les immeubles libres et laisser les meubles (*b*). De même, ces meubles pouvaient être acceptés par un autre héritier ou, à défaut d'acceptation, être régis par un curateur. Il est facile de voir combien la liquidation des successions devait être difficile dans de telles conditions. Les rédacteurs du Code Napoléon ont donc été parfaitement inspirés quand ils ont adopté, en cette matière, la simplicité du Droit romain, qui n'admet qu'un seul patrimoine.

Pour que la règle : *le mort saisit le vif* s'applique, il faut que celui qui succède soit le plus proche et le plus habile à succéder. Les héritiers étrangers ne sont jamais saisis des biens, ils doivent avoir recours à *la mise de fait*, et relever la succession pardevant le seigneur immédiat avec les formalités indiquées par l'article 71 de la Coutume (*c*). Pour être héritier, il suffisait, comme

(*a*) Héritier qui n'use pas de l'appréhension par la voie de la Coutume ne laisse pas d'avoir droit personnel. (Actes de notoriété du Conseil d'Artois des 2 juillet 1682 et 30 juillet 1696.)

(*b*) Héritier purement patrimonial est tenu indistinctement des rentes et autres obligations personnelles du défunt, sauf son recours contre l'héritier des meubles et des acquêts. (Actes de notoriété du Conseil d'Artois n° 208.)

(*c*) Desmazures, tome II, tit. II, n° 9.

aujourd'hui, d'être conçu au moment de l'ouverture de la succession. Hébert (a) professait, il est vrai, une opinion contraire, mais cette opinion n'avait pas prévalu (b).

§ X. *Rapport*. — La Coutume d'Artois n'est rien moins qu'une coutume d'égalité, aussi n'impose-t-elle pas le rapport entre co-héritiers (148). On peut regretter cet oubli des principes les plus vulgaires de l'équité dans une Coutume généralement raisonnable. Les bons esprits le voyaient avec peine, c'est ce qui fait dire à Bauduin, « et à la vérité, m'a toujours semblé ceste équalité » de rapport ou collation fort équitable, et que nostre » Coustume la rejete trop loing. » Aussi plusieurs Coutumes particulières, et entr'autres celle de St-Omer, avaient modifié sur ce point la Coutume générale, et admis les rapports qu'on appelait aussi collations (c). Les auteurs étaient aussi entrés dans cette voie et, comme pour la représentation, ils avaient reconnu que ce que la loi ne faisait pas, les conventions pouvaient le faire : que rien n'empêchait, par exemple, de stipuler le rapport dans un contrat de mariage ou de l'ordonner dans un testament.

(a) Hébert, manuscrit, notes sur l'article 92.

(b) En l'audience de la seconde chambre du Conseil d'Artois, dit Mabille (séance du 3 octobre 1747), on a tenu qu'un créancier d'une succession pouvait demander à faire preuve tant par titre que par témoins, qu'un parent du défunt qui lui opposait un acte de renonciation s'était immiscé de quelque manière dans la succession, et qu'il ne fallait pas que cette demande fut appuyée d'aucune présomption.

(c) Toutes les Coutumes de Flandre acceptaient le principe du rapport, d'où cet adage *qu'on n'y peut faire chers enfans*. Le vieux français se prêtait parfaitement, comme le latin, à exprimer les règles de Droit d'une manière saisissante.

Dans ce cas, les résultats étaient à peu près les mêmes que ceux assignés au rapport par le Code Napoléon. Ainsi les fruits et intérêts ne se rapportaient qu'à compter du jour de l'ouverture de la succession, le rapport se faisait en nature ou en moins prenant, les meubles né se rapportaient jamais en nature, et l'estimation s'en faisait eu égard au temps de la donation ; enfin, le rapport n'était dû qu'entre co-héritiers, par conséquent on pouvait s'en dispenser en renonçant à la succession, sauf bien entendu l'application de la légitime. La faveur du rapport était même si grande qu'on s'était habitué à insérer dans certains actes, et surtout dans les contrats de mariage, la promesse de ne pas avantager les autres enfants. Cette promesse recevait son effet parce qu'elle intéressait le conjoint étranger à l'occasion du mariage duquel elle avait été faite.

Lorsque le rapport avait été *conditionné* (a), il s'opérait d'après les règles ordinaires du rapport coutumier. Ainsi la fille, quoique mineure de vingt-cinq ans, devait rapporter ce qui lui avait été donné en mariage, même quand son mari l'avait dissipé. De même, si l'avantage avait été fait par le père et la mère, on n'était obligé de rapporter que moitié à la succession du prémourant. Enfin l'obligation du rapport passait de l'enfant aux petits-enfants, et cela quand même ils renonceraient à la succession de leur auteur. Toutes ces solutions n'avaient rien de contraire aux textes, car quoique la Coutume

---

(a) La clause ordinaire du rapport *conditionné* était celle-ci en Artois : *pourra venir à la succession du donateur en rapportant en mont commun, ce qui lui a été donné ci-dessus.*

rejette le rapport, elle ne s'oppose nullement à ce qu'on remette à la succession ce qu'on lui doit.

§ XI. *Contribution aux dettes.* — Sur cette matière, la Coutume d'Artois avait adopté un système particulier, qui ne présente aucune analogie avec nos idées actuelles. Elle établit trois classes de dettes, et par conséquent d'héritiers : les dettes mobilières, les dettes immobilières et les dettes patrimoniales (184, 185, 186, 187, 189). Il en résultait que les dettes d'une succession devaient d'abord être acquittées sur le mobilier, en cas d'insuffisance sur les immeubles, et enfin, à défaut, sur les terres patrimoniales. D'où cette singulière conséquence que si l'héritier mobilier n'avait pas accepté sous bénéfice d'inventaire, il était tenu de toutes les dettes, tandis que les deux autres classes d'héritiers profitaient de biens dégrevés par son fait. A cet égard, l'Artois était resté en arrière de la plupart des pays de Coutumes. En effet, presque partout on avait effacé la distinction des successions mobilières et immobilières résultant de cette fausse idée que les meubles sont moins précieux que les immeubles. Le Code Napoléon a fort sagement sanctionné le dernier état de la législation coutumière dans l'application de la fameuse règle : *bona non intelliguntur nisi deducto ære alieno*, qui n'est qu'un retour au Droit romain, c'est-à-dire à la raison écrite.

Quoique l'héritier mobilier fût *capable des debtes et contracts du trespassé*, suivant l'expression de l'article 187 (a), le créancier n'était pas obligé de s'adresser di-

---

(a) Le Conseil d'Artois avait décidé le 17 décembre 1753 que le quint datif et les trois années de revenu devaient contribuer aux dettes. Cette décision fut confirmée au Parlement de Paris, 6 août 1755.

rectement à lui (a) : en effet l'article 184 dit : *le créancier d'un trespassé adresse bien contre l'héritier des immeubles pour toute sa debte* ; c'est que, malgré la distinction établie entre les différentes espèces de dettes, on était forcé de reconnaître qu'elles affectent en définitive la masse entière de la succession.

Ainsi la dette immobilière pouvait être réclamée contre tout héritier patrimonial, sans que celui-ci eût le droit d'opposer le bénéfice de division « car, dit Maillart, à » l'égard des créanciers, notre Coutume considère la suc- » cession comme un miroir : lorsque le miroir est entier, » il ne représente que la seule espèce qui est devant, » mais s'il est cassé chaque morceau représente toute la » même espèce en entier » (b). De même l'article 189 permet d'actionner directement l'héritier patrimonial à l'effet de *payer, entretenir et accomplir les debtes, contrats et obligations du trespassé duement contractées.* Il n'y a d'exception à son égard que pour le cas où le défunt aurait vendu ou hypothéqué l'héritage patrimonial, *sans l'observance de l'une des trois voyes,* c'est-à-dire sans le consentement de l'héritier présomptif, le remploi ou la nécessité jurée (c). Dans ce cas, l'héritier patrimonial pouvait se refuser à maintenir le contrat, parce que la dette était *non duement contractée.* Il est bien entendu que

(a) Les articles 185 et 187 de la Coutume touchant les héritiers différents sont exactement observés. (Acte de notoriété du Conseil d'Artois du 22 juin 1679.)

(b) Maillart, note XIX sur l'art 184. Cette explication est plus prétentieuse que satisfaisante.

(c) Voir l'article 76 de la Coutume.

lorsque l'héritier patrimonial avait ainsi payé la dette de la succession, il avait son *recouvrier* contre l'héritier mobilier, sauf la résistance de celui-ci, quand l'héritier patrimonial s'était mal défendu. Quant aux dettes immobilières, qui ne se composaient en Artois que du domaine coutumier, des rentes non rachetables hypothéquées, des rentes foncières et des anciennes redevances, elles étaient pour le tout et sans recours à la charge de ceux à qui les fonds chargés étaient échus. Ces dettes se partageaient entre les héritiers immobiliers *selon leur contingent dans la succession* (186).

Les créanciers de la succession pouvaient actionner en paiement celui des héritiers qu'ils voulaient, mais les débiteurs ne devaient payer à chacun des héritiers que ce qui lui revenait dans la dette (*a*). Egalement à l'égard des legs, chacun des héritiers ne pouvait être poursuivi, comme chez nous, que pour sa part et portion. Quand un des co-héritiers était actionné par un créancier, les procédures faites contre ce co-héritier interrompaient la prescription pour tous les autres, et les demandes formées tant en principal qu'en intérêts étaient censées formées *ergà omnes*. Il y avait en ce sens un acte notoriété du Conseil d'Artois du 27 février 1696. L'héritier immobilier *poursuy par le créancier du trespassé* n'avait de recours contre le créancier mobilier qu'à la condition de

(*a*) En cas d'éviction d'immeubles assignés par partage, les co-héritiers doivent en fournir d'autres d'égale bonté et valeur. Jugement du Conseil d'Artois, du 12 mai 1760. De même, lorsqu'une personne jouissat de la part de son co-héritier encore indivise, il en devait les intérêts de plein droit, autrement, dit Mabille, la part des co-héritiers ne serait plus égale.

lui dénoncer l'action (185). Les dettes mobilières se divisaient aussi de plein droit entre les co-héritiers, mais le créancier pouvait *adresser contre ung seul héritier pour toute sa debte* (187) (*a*). Les légataires universels de meubles étaient tenus des mêmes obligations que les héritiers mobiliers, car ils sont *loco hæredis*, comme tels ils étaient donc tenus de payer les dettes : les placards des 8 juillet 1531 et 14 novembre 1546 le disent formellement.

§ XII. — *Renonciation.* L'article 112 de la Coutume reconnaît le droit de renonciation. Comme dans le droit nouveau, on ne pouvait renoncer que quand on n'avait pas fait acte d'héritier (*b*). De là des questions assez embarrassantes pour savoir quand on avait fait acte d'héritier. La jurisprudence paraît avoir été assez sévère sur ce point : à notre avis, c'est le contraire qui aurait dû avoir lieu. Il n'y avait pas en Artois d'héritier nécessaire : *n'était héritier qui ne veut.* Aussi pouvait-on toujours renoncer à une succession et, quand on avait renoncé, on était censé n'avoir jamais été héritier. Ces principes sont tout à fait conformes à ceux du Code Napoléon, et s'écartent complètement du Droit romain. Il résultait même d'un acte de notoriété du Conseil d'Artois, du 11 février 1679, que l'héritier apparent n'était pas obligé de renoncer, et de rapporter un acte de renonciation ; il

(*a*) Il y avait, touchant la solidarité des héritiers envers le créancier du défunt, un acte de notoriété du Conseil d'Artois du 27 février 1696.

(*b*) Un créancier ne peut point revenir contre l'appréhension d'une succession faite par son débiteur, sous prétexte que cette succession étant onéreuse, l'acceptation en a été frauduleuse. (Arrêt du Conseil d'Artois du 23 décembre 1741. Devienne, v° *Créances.*)

süffisait qu'il s'abstînt pour qu'on ne pût lui opposer la qualité d'héritier, et par conséquent le rendre responsable des dettes du défunt.

Le droit de demander la séparation de patrimoine existait au profit des créanciers du défunt, mais il n'existait pas au profit des créanciers de l'héritier : c'est absolument le même principe que celui des articles 878 et 881 du Code Napoléon. La séparation de patrimoine devait être demandée dans les cinq ans du décès (a). Les légataires pouvaient aussi la réclamer. Un arrêt du Conseil d'Artois, du 29 septembre 1599 avait établi l'application des lois romaines en cette matière, dont la Coutume ne s'était pas occupée.

§ XIII. *Bénéfice d'inventaire.* — La Coutume d'Artois avait emprunté le bénéfice d'inventaire au Droit de Justinien : aussi les principes qu'elle a consacrés (113) sont-ils à peu près les mêmes que ceux qui nous régissent aujourd'hui. Il y avait pourtant cette différence qu'au lieu de résulter d'une déclaration faite au greffe (article 793, C. Nap.), le bénéfice d'inventaire était accordé par lettres du prince, entérinées en justice. Les obligations de l'héritier bénéficiaire consistaient 1° à faire inventaire de tous les biens de la succession ; 2° à en faire une juste estimation ; 3° à donner caution (111). Les formalités de la procédure du bénéfice d'inventaire étaient

---

(a) Bénéfice de séparation de biens du défunt d'avec ceux de son héritier ne dure que cinq ans. (Acte de notoriété des 3 juillet 1677 et 28 janvier 1679). Toutefois Mabille fait observer que cette jurisprudence avait changé de son temps, et qu'on se conformait à la loi française, qui fait durer le bénéfice de séparation tant que les biens du débiteur restent dans la succession.

indiquées dans l'Edit perpétuel de 1611 : ces formalités
sont aujourd'hui réglées par les articles 986 et suivants.
(Code proc.) Il y a cela de remarquable, que le délai de
trois mois et quarante jours assigné par nos Codes à
l'héritier pour prendre parti, est absolument le même
que celui fixé par l'Edit perpétuel.

Le défunt pouvait défendre à son héritier présomptif
collatéral de prendre la qualité du bénéfice d'inventaire
pour les biens libres (Edit perpétuel, article 34 et 35) ;
mais la défense du défunt n'empêchait jamais l'héritier
patrimonial d'accepter bénéficiairement. Cette décision
se fondait sur l'article 189 de la Coutume. Le droit de
bénéfice d'inventaire, en Artois, avait cela de particulier
qu'il était un peu le prix de la course. En effet l'art. 115
de la Coutume dit qu'*ung aiant obtenu bénéfice d'inventaire exclud ung plus prochain d'autre ou semblable bénéfice pour sa diligence*. « Cela a été introduit, dit Bauduin,
» pour subvenir aux créanciers, des droits desquels il
» faut conserver tant qu'il est possible » (a). Au reste,
cette disposition ne s'appliquait qu'aux biens n'ayant ni
cotte ni ligne, ou étant de la ligne dont l'un et l'autre
concurrent étaient héritiers. Elle n'avait lieu aussi qu'en
ligne collatérale, car en ligne directe, non-seulement le
premier héritier bénéficiaire n'excluait pas le second,
mais même l'héritier simple n'excluait pas le bénéficiaire (a).

L'Edit du mois de mars 1702, portant création de
commissaires et de greffiers des inventaires, n'était pas

(a) Bauduin, note 1 sur l'article 145.
(a) Coutume de Paris, article 342.

observé en Artois. A Arras, le procureur de la ville, assisté d'un greffier et d'un sergent à verge, était en possession immémoriale d'apposer les scellés et de faire inventaire. Ce droit résultait pour la ville de l'art. 19 du concordat passé le 18 juin 1379 entre la comtesse Marguerite de Flandre et la ville d'Arras. L'art. 114 de la Coutume réservait aux créanciers *le droit de rehaulcher la priserie des héritages et biens du trespassé fait par le sergeant, toutes fois que bon leur semble, auparavant le compte-rendu.* Une pénalité était édictée par l'art. 113, comme dans le code Nap. par l'art. 801, contre l'héritier bénéficiaire *qui avait recélé aucuns biens du trespassé :* il était réputé héritier pur et simple, *et si est tenu à toutes debtes.*

L'héritier bénéficiaire était obligé de prendre une commission pour assigner les héritiers présomptifs et les créanciers, à l'effet de voir entériner les lettres de bénéfice. (Placards du 18 juillet 1531, tit. 14 ; 20 octobre 1541, tit. dernier ; 14 décembre 1546, art. 107.) Ces lettres s'obtenaient en chancellerie ; elles étaient adressées au juge du lieu où la succession était ouverte. L'édit du mois de décembre 1697 défendait à tous juges, même à ceux des pays de droit écrit, d'admettre aux bénéfices d'âge ou d'inventaire, sans qu'au préalable les parties eussent pris des lettres de chancellerie, nonobstant toutes coutumes, arrêts et usages contraires, à peine de nullité et de cinq cents livres d'amende contre le juge. Dans l'année qui suivait l'entérinement des lettres, l'héritier bénéficiaire devait déclarer s'il voulait continuer à être bénéficiaire, ou devenir héritier pur et simple. (Édit perpétuel, art. 32 et 33). Cette disposition était excellente ; mais il paraît que dans la pratique, on obtenait très-facilement en chancellerie des lettres de prorogation, de sorte qu'elle se trouvait le plus souvent éludée.

Lorsque le défunt avait été comptable de deniers publics, ses héritiers étaient privés du droit de bénéfice d'inventaire. L'ordonnance du Roussillon de 1563, art. 16, et l'édit des comptables du mois d'août 1669 étaient formels à cet égard. Il est vrai que cette législation qui semble dictée par le génie fiscal des empereurs Romains, n'avait pas été enregistrée en Artois, mais elle n'y était pas moins appliquée.

§ XIV *Droits de succession*. — D'après le droit féodal, à chaque mutation la propriété devait retourner au seigneur, car les possesseurs des fiefs n'étaient jamais considérés que comme des usufruitiers ou des bénéficiers. Pour avoir le droit de retenir les biens, il fallait donc donner au seigneur une certaine compensation ; c'est pour cela que la Coutume d'Artois établit au profit des seigneurs des droits de relief à l'occasion des successions.

Toutes les fois qu'un héritage féodal s'ouvrait, il fallait le *relever* et le *droicturer* du seigneur dont il était tenu et mouvant (101). Le quint ou portion de quint se droiturait comme le fief principal (102); en sorte que si le fief entier devait un cheval, chaque portion démembrée devait également un cheval (*a*). Mais si la partie démembrée était chargée des mêmes droits et devoirs que la

(*a*) La différence, dit Maillart, qui est entre le fief principal et le fief démembré ou *éclipsé* a donné lieu à la maxime *petit fief petit cheval*, dans ceux des fiefs d'Artois qui se relèvent à cheval et armes.

totalité, elle avait les mêmes prérogatives. Ainsi quand la haute justice était attachée au total du fief, elle était aussi accordée à la partie démembrée. Si on donnait à son héritier apparent en avancement d'hoirie avec réserve d'usufruit, on ne devait aucun droit au seigneur pour l'usufruit retenu (109). Les auteurs étendaient même cette disposition aux donations faites à un étranger.

CHAPITRE V.

RETRAITS.

Le désir de conserver les biens dans les familles avait introduit dans la plupart des Coutumes un droit exorbitant que les législateurs modernes ont effacé de nos codes, du moins pour la plus grande partie. Nous voulons parler des retraits. On entendait par ce mot la faculté attribuée à certaines personnes de reprendre une chose en se soumettant à certaines conditions. On distinguait dans l'ancien droit deux espèces de retraits : le *retrait légal* et le *retrait conventionnel*. Le retrait légal est le droit accordé par la Coutume ou par la loi de se faire subroger dans une acquisition faite par autrui ; le retrait conventionnel est la faculté accordée par le contrat au vendeur de retirer la chose vendue dans un certain temps : c'est ce retrait qui s'est conservé sous le nom de *réméré*. Les auteurs prétendaient qu'il avait son fondement dans le droit divin, car Dieu ne peut vouloir qu'on vende aucun immeuble, si ce n'est avec la faculté de le racheter. Nous ne savons ce que Dieu pense de cette interprétation de sa volonté, mais ce qui est certain c'est que les usuriers ne se sont pas fait faute d'en abuser. Quant au retrait légal, il se divisait en *retrait ligna-ger* et *retrait féodal*. Nous allons les examiner successivement, nous réservant de parler du réméré lorsque nous traiterons de la vente (a).

§ I. *Retrait lignager*. — Ce retrait consistait dans la faculté accordée au parent de celui qui avait vendu son héritage propre, de le retirer des mains de l'acquéreur, en lui remboursant le prix de la vente (123, 126). Ce droit avait pour motif le désir de maintenir, autant que possible, intactes les fortunes patrimoniales. Ce motif est louable sans doute ; mais il a cédé avec raison devant le grand principe de la mobilisation des biens, qui a créé les immenses développements de la fortune publique auxquels nous assistons depuis le commencement de ce siècle.

Le retrait lignager ne pouvait s'exercer que par les *procsmes* (b), c'est-à-dire par les parents lignagers du vendeur du côté et ligne d'où lui provenait le propre

(a) La matière du retrait est une de celles auxquelles la Coutume d'Artois paraît attacher le plus d'importance ; aussi elle y consacre un titre tout entier, le troisième, quand elle n'accorde même pas une place à part à la vente. Il ne faut donc pas s'étonner de ce que les commentateurs se sont abattus à l'envi sur cette riche proie. Ils ne comptent pas moins de onze espèces de retraits dont on peut voir la longue et fastidieuse nomenclature dans Maillart. (Note 17 sur le texte du titre III).

(b) Proësme, prème, prôme : ces mots viennent du latin *proximus*.

vendu ; mais il pouvait être réclamé par tout parent, à. quelque degré qu'il fût. Bauduin limitait cette faculté au 10e degré ; néanmoins deux arrêts du Parlement de Paris avaient tranché la question dans un sens contraire. L'un de ces arrêts, du 22 août 1686, concerne la terre de Camblain-le-Châtelain, l'autre, du 26 juillet 1709, les terres de Dourier et Kérien, au bailliage d'Hesdin : c'étaient d'anciens propres de la maison de Créqui. Ce dernier arrêt adjugea le retrait lignager, quoique la retrayante ne fût parente du vendeur qu'au onzième degré canonique, et au vingt-deuxième civil. Ces arrêts sont d'ailleurs conformes aux principes qui n'établissaient pas de limite au degré successible en Artois.

Le mari commun en biens pouvait, au nom de sa femme, retraire les héritages patrimoniaux ou cottiers de celle-ci (119). Les enfants naturels, même légitimés, n'avaient pas le droit de retrait ; le vendeur ne l'avait pas non plus, parce que, disait-on, on ne peut être à la fois vendeur et acquéreur. Mais un père vendeur pouvait exercer le retrait au nom de son enfant. On pouvait même retraire au nom d'un enfant simplement conçu, en faisant nommer un curateur au ventre.

Le parent éloigné plus diligent excluait les plus proches, pourvu qu'il fît le retrait pour lui-même (127). Mais le Conseil d'Artois ne préférait le plus proche que dans le cas où deux lignagers avaient interté le retrait dans le même temps, sans qu'aucun d'eux pût justifier de l'antériorité des poursuites ; car lorsqu'il se présentait, pour exercer le retrait, un parent plus proche, dans l'année de la saisine, on l'admettait de préférence au plus diligent. L'art. 128 explique ce qu'il faut entendre par le plus diligent, ce n'est pas toujours le premier qui intente l'action, c'est celui qui fait offre judiciaire à l'acheteur du prix de la vente et d'une somme raisonnable pour les frais et loyaux coûts, sauf à parfaire, s'il y a lieu. L'art. 129 permet de faire cette offre hors jugement : si elle est refusée, on doit se pourvoir en justice dans l'année. L'offre devait être effectuée en deniers découverts, si le prix du contrat était connu ; sinon on offrait une somme à peu près suffisante que l'on complétait après communication et affirmation du contrat (a), La consignation avait lieu *en la main du juge, pardevant lequel ladite rattraite est requise,* c'est-à-dire du receveur des consignations ou du greffier du siége. L'assignation en retrait pouvait précéder les offres : les délais de l'action étaient ceux prescrits par l'ordonnance de 1667, observée en Artois depuis le 12 novembre 1687. Du reste, le vœu de la loi était que les choses restassent le moins possible en suspens, car l'art. 130 dit positivement que si l'acheteur, qui a reconnu le droit du retrayant, ne reçoit pas promptement *les deniers principaux et aultres loyaulx coustemens à la discrétion de justice, le lignager sera débouté d'icelle ratraite.*

Le plus diligent lignager pouvait céder son action en retrait à un autre lignager qui n'avait pas intenté d'action, et qui était même plus éloigné que celui exclu par lui. (b) On avait cherché à contester au lignager le droit

---

(a) Un arrêt du Parlement du 3 septembre 1685 avait autorisé le retrait lignager de la baronie de Rollencourt, en consignant cent soixante-dix mille livres, quand le prix principal était de deux cent six mille.

(b) Loisel Instit., liv. III, tit. 5, § 7.

de retrait quand il avait emprunté la somme nécessaire pour retraire ; mais les auteurs décidaient judicieusement qu'il n'était pas possible de s'enquérir de l'origine du prix offert. On maintenait même le retrait quand le retrayant vendait immédiatement l'immeuble retrayé. L'action en retrait lignager ne pouvait être intentée que contre l'acquéreur étranger à la ligne (123, 127). Si l'acquéreur était lui-même lignager, il était à l'abri de toutes poursuites. Pour expliquer cette disposition, on disait que la faculté du retrait lignager appartenait non pas à un individu de la ligne, mais à la ligne en général. En effet, ce que la loi désirait, c'était que le bien restât dans la famille, abstraction faite des personnes. Il était d'ailleurs indispensable que l'acquéreur lignager gardât l'héritage entre ses mains ; car, s'il le vendait, le retrait pouvait avoir lieu, même de la part du premier vendeur (a). L'action en retrait aurait aussi été refusée si l'héritage avait été acquis par le roi.

Le retrait n'était point cessible ; on ne pouvait l'exercer que pour soi-même (127). Il était véritablement indivisible (125), c'est-à-dire qu'on était obligé de retraire tous les propres aliénés par un même contrat, et qu'il n'était pas loisible de réclamer les uns et de laisser les autres, même quand ils auraient été tenus par différentes personnes. Mais si le bien vendu comprenait des propres et des acquêts, le lignager pouvait retraire tous les propres et abandonner les acquêts (b). Le retrait li-

(a) Un arrêt du Parlement de Paris, du 15 juillet 1702, avait décidé que le propre d'Artois, vendu à un parent, était sujet à retrait quand ce parent revendait cet héritage à un étranger.

(b) Biens situés en Artois retraits lignagèrement par un parent du

gnager devait être exercé dans l'année de la saisine donnée à l'acheteur et enregistrée (123). Ce délai était fatal : il courait même contre les privilégiés sans espérance de restitution (a). Les propres ou héritages étaient seuls assujettis à ce droit ; les conquêts en étaient affranchis (126). La Coutume ne parle que des acquêts parce qu'en *conquêt ne gist retrait*.

Après le retrait exercé, l'héritage retiré est propre au lignager (78). Ainsi, quand même le retrayant voudrait se réserver, lors de son action, la libre disposition de l'héritage retrait, il ne le pourrait pas. L'héritier qui ne prend que les héritages retraits lignagèrement, pouvait se dire immobilier patrimonial. En conséquence ; il ne payait pas les dettes non valablement contractées, et il avait pour celles qu'il payait son recours sur l'héritier des biens libres. C'est ce qui avait été certifié au Conseil d'Artois le 31 juillet 1664. D'après ce principe, un arrêt du Parlement du 7 septembre 1690, avait déclaré patrimoniale, en la personne de l'acquéreur, la terre de Fléchin en Artois, retirée le 4 juin 1625, moyennant soixante-cinq mille livres.

Le retrait ne pouvait s'exercer qu'au cas de vente ; il n'avait pas lieu dans l'échange (132). Dans la vente, il fallait même qu'il ne fût mêlé d'aucune autre stipulation : ainsi, s'il y avait soulte, le retrait ne s'opérait que jusqu'à concurrence de la soulte. On voit, d'après cela,

vendeur de la cotte et ligne d'où ils procèdent, rentrent en la ligne et demeurent propres au retrayant. (Acte de notoriété du Conseil d'Artois du 31 juillet 1664).

(a) Gosson, note 3 sur l'art. 20.

que les donations ne pouvaient jamais donner ouverture au retrait (a).

§ II, *Retrait féodal*. — Le retrait féodal était une des mille entraves qui s'opposaient, dans l'ancien droit, à la libre circulation des biens fonds. Il consistait dans la faculté qu'avait le seigneur de se faire attribuer tout héritage vendu, qu'il fût patrimonial ou autre, fief ou cotterie, en remboursant à l'acheteur le prix de vente avec les frais et loyaux coûts. Ce droit ne pouvait s'exercer que pendant quarante jours, à moins qu'il y eût eu mise de fait. Il était également refusé quand le seigneur, son bailli, ou le lieutenant avait décerné la saisine ou la tenue de droit (116, 117).

Les héritages ratraits par puissance de fief sont remis et reconsolidés au fief principal, et sortissent en toutes choses la nature d'iceluy (118). Mais quand le seigneur achetait le fief de son vassal, ou qu'il le recevait par succession, ce fief restait entièrement séparé. Il en était de même quand le vassal achetait le fief dont le sien était tenu et mouvant (118). Ces règles sont contraires non-seulement à la coutume de Paris, mais aussi aux principes généraux. En effet, il faut en conclure avec Maillart que le concours de la propriété du fief dominant et de celle de l'héritage servant arrivé en une même personne, ne confond jamais les qualités respectives du fief supérieur et du fonds inférieur, si ce n'est quand le concours est

(a) Il y avait en Artois plusieurs coutumes locales qui n'admettaient pas le retrait, parce que les héritages n'y suivaient pas cette et ligne. On peut citer Aire, art. 8 ; Arras ville, art. 48 ; Cité, art. 15; Bapaume, art. 12 ; Lillers, art. 27 ; St-Omer, échevinage, art. 6.

produit par l'exercice du retrait seigneurial. Cette conséquence, on le voit, est en contradiction avec les principes en matière de consolidation de servitudes. Ainsi la
consolidation n'avait jamais lieu en Artois de plein droit;
mais elle pouvait être effectuée par la volonté expresse
ou tacite de l'acquéreur, par exemple, lorsque dans ses
livres de compte ou de seigneurie il avait compris, au
nombre de ses propres immédiats, l'héritage acquis.

Le seigneur pouvait exercer son droit de retrait,
même sur les héritages vendus en justice au plus offrant
et dernier enchérisseur (121), comme au reste le lignager. Mais s'il avait renoncé à son droit, reçu or ou argent, ou accordé souffrance, il n'avait plus le droit de
retraire, même quand la saisine n'aurait pas encore eu
lieu (122). Les baillis et lieutenants étant en tout les représentants des seigneurs, leur faisaient encourir par
leurs actes la déchéance du droit de retrait. Mais l'usufruitier d'une seigneurie, en recevant les droits de
vente, ne portait pas préjudice à ce droit compétant au
seigneur propriétaire, parce que cet acte n'avait pu
être fait par l'usufruitier qu'en son propre nom. Quant
au mari, en exerçant les droits de vente, il se privait de
la faculté de retraire l'arrière-fief mouvant et dépendant
du fief propre et patrimonial de sa femme. Le tuteur
pouvait aussi par sa faute, faire encourir à son pupille
la déchéance du retrait, sauf pour celui-ci l'action en
dommages-intérêts. Le seigneur féodal était encore déchu du droit de retraire quand le vassal faisait en sa
cour, pardevant son bailli ou officier, quelque acte de
vassalité: par ce moyen le vassal était réputé tenant (a).

(a) Desmazures, tit. 15, n° 11.

Le retrait féodal fait pendant le mariage, appartenait à celui des époux du chef duquel il avait été effectué, en rendant la moitié des dépenses ; la rigueur des principes conduisait forcément à ce résultat. Comme le retrait lignager, le retrait féodal ne pouvait se céder.

Le lignager avait un droit de préférence sur le seigneur lui-même. Ainsi, quand le seigneur avait exercé le retrait féodal, le *proesme* pouvait exercer le retrait lignager sur les héritages patrimoniaux, pourvu que ce retrait eût lieu dans l'année de celui opéré par le seigneur (124). C'est ce qu'on appelait *retrait de préférence*.

CHAPITRE VI.

DONATIONS.

Cette importante matière avait été à peu prés omise dans la Coutume d'Artois ; mais la célèbre ordonnance de 1731, rédigée par le chancelier d'Aguesseau, avait suppléé à une lacune si regrettable. Cette ordonnance avait été enregistrée au Conseil d'Artois le 28 juin 1736 ; elle était donc devenue obligatoire pour la province. Néanmoins, il y eut cela de remarquable que l'enregistrement ne fut accordé qu'à condition que la formalité de l'insinuation ne serait pas exigée en Artois (a), car

(a) Insinuation des donations n'a jamais eu lieu en Artois. (Actes de notoriété des 28 avril et 11 juillet 1684 , 10 janvier 1688, 9 décembre 1724.

les États de la province s'étaient rachetés de cette charge. Aussi, quand l'ordonnance de 1731 fut reçue dans la province, la déclaration du 17 janvier 1736 dut retrancher les articles 19 et suivants jusqu'à l'art. 32. Singuliers temps où un même peuple pouvait avoir des lois si dissemblables !

Antérieurement à l'ordonnance de 1731, tout ce qui concernait les donations était à peu près contenu dans l'art. 133 de la Coutume. Cet article appliquait le droit de donner dans sa plus grande étendue par rapport aux meubles et aux acquêts (a). Ce droit n'était limité que par la légitime des enfants, car, quoique la légitime ne soit pas reconnue dans la Coutume, on décidait qu'elle devait être admise partout où elle n'était pas formellement interdite. Mais parmi les enfants, rien ne s'opposait à ce qu'on donnât plus à l'un qu'à l'autre. Quant aux propres, la Coutume, fidèle à ses principes rigoureux, défend expressément d'en disposer par donation entre vifs. L'art. 76 ne permet de les donner en tout ou en partie à des étrangers, qu'avec le consentement des héritiers apparents. Ce droit anticipé sur une succession non encore ouverte, est un des points les plus curieux de la législation coutumière. L'esprit féodal l'emportait ici sur les droits de la puissance paternelle.

L'édit des secondes noces n'avait pas été enregistré en Artois ; c'est ce qui résulte d'actes de notoriété délivrés par le Conseil d'Artois les 10 avril 1698 et 7 jan-

(a) Les donataires n'étaient pas tenus autrefois en Artois d'accepter eux-mêmes les donations, cela résulte d'actes de notoriété du Conseil d'Artois des 24 mars 1681 et 10 janvier 1688.

vier 1730. Aussi le conjoint qui convolait à de secondes
noces, pouvait donner à son futur conjoint tout ou telle
partie de ses biens qu'il voulait. La donation manuelle
d'or et d'argent et d'autres effets mobiliers corporels,
même non écrite, était réputée valable par la seule tradition : c'est ce qui avait été jugé par arrêt du Conseil
d'Artois du 11 avril 1702. La fameuse règle *donner et
retenir ne vaut*, ne paraît pas avoir été appliquée dans
la province. C'est pourquoi le Conseil d'Artois avait déclaré, le 19 avril 1578, qu'une donation entre vifs avait
pu être faite sous ces conditions : 1° N'est que le donateur en ait autrement disposé, pour quoi il a retenu toute
puissance et faculté ; 2° que le donataire ne pourra, du
vivant du donateur, appréhender la terre donnée.

La donation en avancement d'hoirie (*a*) était autorisée
par la Coutume (79). L'héritier apparent pouvait recevoir ainsi tous les fiefs patrimoniaux et acquêts, à la
charge du quint héréditaire des puinés, si la donation
était faite par le père ou la mère à l'aîné. On avait aussi
le droit de donner en avancement d'hoirie les cotteries
ou biens roturiers patrimoniaux et acquêts aux héritiers
apparents, par portions égales, et autant que les donataires pourraient avoir *ab intestat* (80), en sorte que,
comme le fait très-judicieusement observer Roussel de
Bouret (*b*), les donations en avancement d'hoirie son

(*a*) En cas de donation de père et mère à leur fils de biens par eux
acquis, si ce fils venait à mourir avant les donateurs, le Conseil d'Artois avait jugé que les biens donnés revenaient aux père et mère
comme propres et non comme acquêts. (Arrêt du 4 juillet 1752.)

(*b*) Coutumes générales d'Artois, chap. XVII. sect. IV, n° 3.

de véritables successions. Aussi, quand un ascendant donnait son bien à ses enfants on disait qu'*il se faisait mort pour eux*.

La donation en avancement d'hoirie pouvait ètre acceptée pour le donataire absent, par le notaire ou par tout autre stipulant. On suivait sur ce point les art. 273 et 274 de la Coutume de Paris. La chose ainsi donnée n'était pas sujette à rapport, parce que les héritiers n'étaient pas obligés de rapporter sous la Coutume d'Artois. On décidait avec raison que ces sortes de donations devaient subsister, quand même, après le décès du donateur, le donataire renoncerait à la succession pour s'en tenir à son don. Toute donation faite en ligne directe à l'héritier présomptif était présumée faite en avancement d'hoirie; mais en ligne collatérale on exigeait l'énonciation formelle de cette intention. Il faut bien remarquer que dans la donation en avancement d'hoirie, on ne comprenait jamais les cateux, à moins qu'il n'y fussent nommément repris.

Cette sorte de donation entraînait l'obligation de payer toutes les dettes du donateur antérieures à l'appréhension (82). Du Moulin interprète ainsi cette disposition : « Le donataire est capable des dettes *passivè, id est* » poursuivable, *et tenetur ea solvere ; sed intelligendum* » *usquè ad concurrentiam donationis tantùm.* » Ainsi, du moment que l'appréhension avait eu lieu, soit par la prise de possession, soit par le paiement des droits, le donataire pouvait être poursuivi pour les dettes du donateur, quand même celui-ci ne serait pas encore décédé. C'est ce que fait très-bien remarquer Bauduin, en citant une décision du Conseil d'Artois, rendue en 1539,

au profit du sieur de Chernin, contre le sieur de Bou-
bers. Le donataire était même *capable des debtes* contractées par le donateur dans le temps écoulé entre la
donation et l'appréhension, quand même il n'aurait reçu
que des effets mobiliers, qui n'ont pas de suite par hypothèque (*a*). Ce système était très-rigoureux, et le Code
Nap. a admis avec raison des dispositions plus équitables dans l'art, 945. Au reste, le donataire poursuivi
pour les dettes du donateur, avait son recours contre
ce dernier, à moins que la donation ne le lui interdit
(83). Le donataire avait aussi le droit de rendre compte
pour n'être pas tenu des dettes au-delà de son émolument.

Pour droits d'appréhension des donations en avancement d'hoirie (79), les seigneurs ne pouvaient exiger
que double relief et un cambellage (*b*); c'est ce qui a fait
dire à Bauduin : « qu'en France cette donation est trop
» plus favorisée, car, à raison d'icelle, n'est dû aucun
» relief, comme si le fief estoit escheu par le trespas et
» succession des parents, auquel cas, en France, on ne
» doit que les mains et la bouche au seigneur. »

Les immeubles donnés devenaient acquêts dans la
fortune du donataire, à moins que la donation eût eu
lieu en avancement d'hoirie (138). Dans ce dernier cas,
au contraire, l'héritage donné devenait patrimonial au
donataire (81). Il en était de même de celui provenant

(*a*) La cession d'une généralité de meubles par un père à ses enfants soumettait ceux-ci aux dettes antérieurement contractées. (Arrêt
du Conseil d'Artois du 19 mars 1751. Mabille, v° cession.

(*b*) Voir au chapitre des reliefs ce qu'il faut entendre par ce mot.

de succession (78). Comme tels, ils ne pouvaient donc plus être vendus, engagés ni aliénés, si ce n'est avec les formalités indiquées dans l'art. 76. On admettait généralement qu'une donation pouvait être reçue par un notaire et deux témoins : l'ordonnance de 1731 n'exigeant pas la présence de deux notaires, et la Coutume d'Artois étant muette sur ce point.

CHAPITRE VIII.

PARTAGES.

Les articles 84 et 85 de la Coutume autorisent les partages entre vifs. Ces sortes de partages ont, de tout temps, été vus d'un œil favorable par le législateur, car, dit Bauduin, « le partage des choses communes » entre co-héritiers peu souvent se fait sans différend; » pourquoi fait sagement le testateur qui, pour obvier » à ce, ne leur délaisse occasion de procès qui est bien » accoutumé de sourdre de communauté et biens indi- » vis. » La Coutume d'Artois ne permet pas aux pro- priétaires d'héritages patrimoniaux, ayant plusieurs hé- ritiers, de partager ces héritages sans le gré et consen- tement de ces héritiers; mais ce consentement n'est pas nécessaire quand il s'agit d'acquêts. Pour les fiefs, la Coutume défendait de les démembrer et de les diviser par un partage. Comme aujourd'hui, les biens ainsi par-

tagés restaient entre les mains du disposant jusqu'à sa
mort. Ces sortes de partages se nommaient *assène, assi-
gnat* ou *avis*. La garantie, en cas d'éviction, était due
entre les co-partageants, comme entre co-héritiers dans
les successions. Quand toutes les formalités du partage
avaient été remplies, la Coutume donnait aux héritiers
qui y étaient compris, le droit d'appréhender chacun
la part et portion lors du décès du disposant, et il n'était
dû au seigneur que le droit de relief.

On comprend pourquoi on n'avait pas permis de démembrer les fiefs au moyen d'un partage ; c'était afin
de sauvegarder les droits du seigneur, dont l'exercice
aurait été rendu difficile par le démembrement. Mais
quand le seigneur voulait bien accepter l'*éclipsement
du fief*, les héritiers étaient obligés de l'entretenir. L'u-
sage était d'obtenir du seigneur dominant des lettres
à l'effet de démembrer les fiefs ou de les convertir en
rotures. Ces sortes de lettres étaient très-recherchées
des propriétaires de fiefs, car par ce moyen, il devenait
possible de vendre les fiefs par parties, et par conséquent de s'en défaire plus avantageusement. Lorsque le
fief relevait du domaine, c'était au roi qu'il fallait demander des lettres d'éclipsement, de démembrement ou
de conversion : ces lettres étaient adressées au Conseil
d'Artois.

CHAPITRE IX.

TESTAMENTS.

Comme les donations, les testaments n'ont pas dans

la Coutume d'Artois , de législation spéciale : c'est à peine s'il en est parlé dans quelques articles disséminés dans le titre deuxième. Ces articles sont bien loin de former un tout complet et homogène, et si on en avait été réduit à eux seuls, il n'aurait pas été possible d'asseoir une théorie sur d'aussi faibles fondements. Citons néanmoins ces articles, quelque réduits qu'ils soient. L'article 86 défend à la femme de disposer par testament, sans l'autorisation de son mari ; l'art. 87 étend cette prohibition aux femmes simplement fiancées ; l'article 90 permet de donner, par testament seulement, à qui l'on veut, sans appeler les héritiers et sans leur consentement, les fruits et revenus des trois années qui suivent immédiatement le décès, de tous les biens patrimoniaux ou acquêts, féodaux ou roturiers ; l'art. 71 impose au légataire de ces trois années de revenus l'obligation de faire appréhension de fait, les héritiers et le seigneur dûment appelés ; l'article 91 consacre le droit d'aumône du cinquième des fiefs, à l'insu et sans le consentement de l'héritier ; enfin, l'article 133 pose la règle générale que chacun peut disposer par testament, au profit de qui il veut, de tout ou partie de ses acquêts et conquêts, et des rentes même hypothéquées : il n'y a d'exception à cette règle que dans l'art. 89, qui défend au mari et à la femme de s'avantager l'un l'autre indirectement (a) et sans la légitime des enfants.

(a) Le Conseil d'Artois avait admis que la donation faite à l'enfant d'un premier lit de l'un des conjoints n'était pas un avantage indirect entre époux, non plus que le legs universel consenti par un mari qui n'a point d'enfants , au gendre de sa femme. (Arrêt du 4 juin 1742). Il avait aussi décidé que le legs universel fait par une

Telles sont à peu près toutes les dispositions contenues dans la Coutume sur l'importante matière des testaments, et pendant longtemps on en avait été réduit à suppléer par la doctrine au silence de la loi. Mais l'ordonnance du mois d'août 1735 (a), enregistrée au Conseil d'Artois le 28 juin 1736, avait enfin introduit l'ordre dans ce chaos. Désormais, il y eut en Artois une législation complète sur les testaments (b). Néanmoins, de de la combinaison de l'ordonnance de 1735 avec la Coutume, naissaient de singulières contradictions qui devaient certainement offusquer les jurisconsultes éclairés. Ainsi on avait admis généralement que le testament olographe était défendu en Artois (c), et pour tous les autres testaments, on n'exigeait aucune formalité particulière : il suffisait qu'ils fussent reçus par deux notaires ou un notaire et deux témoins. Ces usages étaient en opposition flagrante avec l'ordonnance ; mais sous la royauté absolue, il y avait quelque chose de plus absolu que le roi, c'était la routine.

Ce qui vient d'être dit constitue le sommaire de la lé-

femme à la mère de son mari ne peut être considéré comme un avantage indirect. (Arrêt du 15 avril 1747).

(a) Avant l'ordonnance de 1735, l'art. 12 de l'édit perpétuel de 1611 était appliqué pour les formalités des testaments. (Actes de notoriété du Conseil d'Artois des 15 avril 1719 et 4 mai 1674)

(b) Un placard de décembre 1586 obligeait tous les héritiers et toutes les personnes publiques à représenter les testaments et codiciles, ou à avertir les intéressés dans les quarante jours du décès des testateurs.

(c) Roussel de Bouret, chap. XIX, sect. 1, n° 3. — Hébert, sur l'article 90, est d'un avis contraire.

gislation testamentaire en Artois ; néanmoins pour donner une idée plus complète de cette législation, il convient d'entrer dans quelques détails. Il ne faut pas oublier que le principe de l'art. 133 consacre le droit de la libre disposition des biens par testament (a). Mais à côté de ce droit viennent de si nombreuses exceptions, qu'en définitive il en reste bien peu de chose (b). Ainsi l'art. 90 défend, sur les fiefs et les héritages patrimoniaux, de léguer sans le consentement de l'héritier au-delà de trois années de revenus : voilà donc toute une classe de biens soustraite à la volonté du testateur. C'était pour tempérer ce que cette prohibition devait avoir de pénible, qu'on avait autorisé le legs du revenu triennal. Cet usage consacré par l'art. 90, paraît remonter à une haute antiquité en Artois. Jadis on pouvait même faire ce legs par disposition entre vifs. Il pouvait avoir lieu sans que l'héritier apparent fût appelé, et par conséquent malgré cet héritier quand même il était appelé ; mais le consentement de l'héritier au legs de plus que

(a) Le Conseil d'Artois avait décidé le 3 juillet 1760, qu'un légataire peut être tenu d'affirmer que lors de la demande en délivrance il n'avait point et qu'il n'a point encore l'intention de rendre le legs à autrui.

(b) La jurisprudence du Conseil d'Artois avait décidé que, dans le legs fait à des cousins issus de germains et à leurs enfants, si les cousins issus de germains sont décédés au temps de l'ouverture de la succession, les enfants peuvent prétendre à la part de leurs pères défunts. (Arrêt du 3 juillet 1755). De même dans le cas de legs fait à des neveux qui ne sont que *conjuncti verbis tantum*, le droit d'accroissement compète à ces neveux, et la clause de représentation mise en faveur des enfants de ces neveux leur donne droit à prendre part à ce droit d'accroissement. (Arrêt du 15 novembre 1755).

le revenu des propres, ne rendait pas ce legs valable, parce que la prohibition est considérée comme d'ordre public (a).

Le legs du revenu triennal (b) comprenait, d'après la Coutume, les *fruiz, prouffiz et revenus*, c'est-à-dire tout le produit ordinaire et extraordinaire ou casuel échéant pendant les trois années. Ainsi un arrêt du grand Conseil de Malines, du 14 février 1619, décidait que si la coupe entière d'un bois mis en coupe réglée de neuf en neuf ans, survenait pendant les trois premières années du décès, le légataire devait profiter de toute la coupe, sans en donner aucune portion à l'héritier. D'autre part, le légataire ne pouvait prétendre qu'il lui était dû aucune indemnité pour les années stériles, comme aussi il était obligé de se contenter du prix des baux passés par le testateur, sans pouvoir déposséder le fermier. Le legs dont nous parlons donnait droit, pendant trois ans, aux revenus de tous les héritages roturiers, allodiaux, emphythéotiques, rentes foncières et généralement de tous les immeubles ; mais il ne s'étendait pas aux rentes constituées, parce qu'elles étaient

(a) Au mois de mars 1748, il avait été jugé au Conseil d'Artois que le légataire universel chargé par le testament d'acquitter un legs particulier consistant en une somme d'argent, ne peut obliger ce légataire à prendre des terres au lieu de la somme, sous prétexte qu'il n'a pas d'argent et qu'il ne peut s'en procurer qu'à des conditions onéreuses.

(b) Le quint datif et les trois années de revenus devaient contribuer aux legs concurremment avec les maisons et autres biens situés dans l'étendue de l'échevinage d'Arras. Cette disposition avait été conservée dans l'article 24 de la nouvelle Coutume d'Arras.

meubles, à moins que le testateur ne s'en fût expressément expliqué. La Coutume avait même pris soin de dire que ce legs peut comprendre les revenus des fiefs, comme des autres immeubles, et ce soin n'était pas superflu, car d'après les feudistes, les fiefs ne sont jamais compris, même dans une aliénation générale. Les trois années de revenus commençaient à courir du jour du décès du testateur; elles devaient être continues, et non par intercallation. Ainsi le testateur n'aurait jamais pu ordonner que le légataire et l'héritier jouiraient alternativement chacun durant une année.

On a sans doute remarqué la disposition de l'art. 86 qui défend à la femme de tester sans l'autorisation de son mari. Cette prohibition n'existe pas dans notre nouveau droit. (Art. 905 C. Nap.), et dans le droit ancien elle était déjà en opposition avec la jurisprudence générale du royaume; mais elle reposait sur des usages anciens et universellement respectés en Artois (a). L'article 13 de l'édit perpétuel du 12 juillet 1611 était encore venu prêter une nouvelle force à cette prohibition. Ainsi, tandis que sous l'empire des Coutumes qui, comme celle d'Artois, ne permettaient pas à la femme de tester sans l'autorisation du mari, cette formalité n'était pas requise si le testament avait été fait dans une province où cette autorisation n'était pas nécessaire, la femme, qui disposait hors de l'Artois de biens situés en Artois, devait être autorisée. Le principe de l'art. 87,

---

(a) C'est en vertu de cet usage que Hugues de Châtillon, comte de St-Pol, avait permis à Marie d'Avesnes, sa femme, de faire son testament, qui est daté du vendredi après le dimanche de Quasimodo 1211.

qui défend même à la fiancée de tester sans autorisation
de son fiancé, est encore plus extraordinaire. On se rappelle ce que Du Moulin dit de cette exigence, et la manière maladroite dont elle est justifiée par Maillart. (b). Il
faut pourtant reconnaître que les fiançailles exerçaient jadis
un certain prestige dont le législateur a pu tenir compte
sans trop de déraison. Comme dérogation aux règles du
droit moderne, on doit aussi remarquer l'article 89,
qui défend aux époux de s'avantager par testament.
Cette disposition s'explique très-bien sous le droit
coutumier, qui accordait à la femme un douaire, *dont se
doibt bien contenter*, dit Bauduin, *laissant le surplus aux
vrais et légitimes hoirs du mari*.

Nous avons vu que l'article 91 de la Coutume consacre un privilége important en faveur du *don d'aul-
mone*. Il permet de disposer, à ce titre, par testament,
*d'ung quind de tous ses fiefs, pour par le légataire en joyr
paisiblement comme de sa chose*. On sait l'importance que
l'Église attachait à ce que personne ne mourût sans
testament : c'est au point qu'elle était parvenue à faire
admettre dans la législation la confiscation à son profit
de la succession mobilière des intestats. Cette confiscation pour cause d'intestabilité, était nommée *mor-
taille* (a). Il ne faut donc pas s'étonner des facilités accordées dans les coutumes aux legs pieux appelés *dons
d'aumône*. Ces legs pouvaient être faits en Artois *à cha-*

(a) Voir au chap. de la puissance maritale.

(b) L'Église avait même prétendu refuser la sépulture chrétienne à
ceux qui mouraient sans testament. De là cet adage célèbre : *Tu tes-
teras ou tu ne humeras,*

cun, pourvu que ce fût à personnes ou à communautés capables. Les ordres mendiants n'étaient pas capables de legs immobiliers ni universels, à moins d'autorisation par lettres-patentes précises.

Le don d'aumône (*a*) pouvait comprendre la cinquième partie des fiefs et non des rotures, en sorte qu'il n'était pas permis de disposer du quint des rotures patrimoniales, quoiqu'il fût permis de disposer de celui des propres féodaux. L'héritier pouvait donner l'estimation du quint, afin d'éviter le démembrement des fiefs. Le don d'aumône était devenu, avec le temps, une véritable libéralité à laquelle tout le monde était appelé ; aussi disait-on que le quint des fiefs situés en Artois pouvait être légué en aumône aux riches aussi bien qu'aux pauvres. Ce legs avait pris le nom de *quint datif*, par opposition au *quint naturel*.

L'ordonnance d'Orléans, article 19, et celle de Blois, art. 26, défendaient aux novices de faire aucune disposition testamentaire soit au profit de l'ordre dans lequel ils avaient fait profession, soit au profit d'un autre ordre. Au reste, les communautés et les hôpitaux pouvaient être institués légataires universels ; mais quand

(*a*) Sous prétexte d'aumône, le Conseil d'Artois rendit, le 25 juillet 1757, une décision qui mérite d'être rapportée. Une femme était morte léguant une somme de 984 livres à la paroisse d'Hulluch pour être distribuée aux pauvres à titre d'aumône : le frère de cette femme prétendit, qu'étant lui-même très-pauvre, il avait droit à cette somme de préférence à tout autre ; et le Conseil d'Artois décréta que la moitié de la somme serait remise aux gens de loi de la commune d'Hulluch pour être versée chaque semaine par portion au demandeur suivant ses besoins, le surplus appartenant à l'église.

les legs faits à leur profit paraissaient trop considérables, par rapport aux biens laissés par le testateur, et à la situation de la famille, ils étaient réductibles, suivant la sagesse des juges. (a). Ainsi nos pères avaient déjà senti le besoin d'opposer des barrières à cet esprit d'envahissement si dangereux pour les familles. Seulement, c'étaient les tribunaux qui faisaient chez eux ce que le Gouvernement fait chez nous : il est assez difficile de dire quel est le système qui vaut le mieux.

L'article 71 impose au légataire du revenu triennal l'obligation d'appeler les héritiers et le seigneur, quand il fait appréhension. Un arrêt du Parlement de Paris, du 16 mars 1717, a condamné à la restitution des fruits un légataire qui s'était fait envoyer en possession par le magistrat d'Arras, sans avoir appelé l'héritier. Quant au seigneur, on s'explique parfaitement la règle de l'article 71 : en effet, il avait grand intérêt à savoir à quel titre ceux qui étaient en possession d'un héritage en jouissaient. Si cependant l'héritier majeur délivrait un acte de legs, sans la participation du seigneur, on estimait que tant que le seigneur ne faisait pas de saisie, le légataire pouvait jouir valablement, suivant l'adage : *quand le seigneur dort, le vassal veille.*

Quoique le testament olographe fût prohibé en principe, celui des pères et mères avait été admis par une déclaration du Conseil d'Artois du 3 août 1679, donnée

(a) Le sieur Gosson ayant légué par son testament à son frère, jésuite, recteur à Amiens, une somme de 400 livres de rente viagère, le légataire universel refusa la délivrance du legs sous prétexte qu'il était exorbitant pour une personne engagée dans les ordres ; mais le Conseil d'Artois, par arrêt du 20 avril 1754, ordonna de passer outre.

en interprétation de l'édit perpétuel de 1611. C'était une maxime constante en Artois que le testament authentique était toujours exécutoire par provision, quelle que nullité qu'on ait alléguée contre lui, et quelle qu'opposition qu'on ait formée contre son exécution, fût-il même argué de faux. C'est ce qui avait été jugé par plusieurs arrêts du Conseil d'Artois, et notamment par celui du 12 avril 1707, rendu au rapport de M. le Mayeur : cette jurisprudence nous semble un peu trop favorable au faussaire. L'édit perpétuel défendait aux personnes publiques, qui reçoivent des testaments (a), de s'y laisser donner des legs, ni à leurs parents jusqu'au degré de cousins germains. Ainsi, par voie d'interprétation, on avait annulé, le 28 juillet 1621, un legs de six florins fait à un curé. Mais on permettait au curé, par suite du *droit de desserte*, de recevoir pour son église, quand même il lui en reviendrait quelque chose : c'est le cas de dire qu'on arrive au même but par différents chemins. On décidait généralement, avant l'ordonnance de 1735, que quand un testament était annulé pour défaut de forme, il valait au moins quant aux legs pieux qu'il contenait : l'art. 78 de l'ordonnance avait fait cesser cette doctrine contraire à tous les principes. Remarquons encore que l'art. 97 de la même ordonnance prohibe les testaments mutuels, qui étaient admis jusque-là

(a) Par arrêt rendu au Conseil d'État, le 4 août 1750, sur la requête des États d'Artois, il a été ordonné qu'il serait libre aux notaires et autres personnes publiques de la province de remettre les minutes des testaments et donations à cause de mort, quand ils en seraient requis par les testateurs,.

en Artois. Cette sage mesure a passé dans nos codes, comme presque toutes les dispositions de l'ordonnance de 1735. Quant aux formalités intrinsèques du testament, on se conformait à la coutume du lieu où il avait été passé ; pourtant on estimait que le testament olographe d'un Artésien fait à Paris n'était pas valable (a).

Les curés séculiers ou réguliers avaient le droit, comme les notaires, de recevoir les testaments dans l'étendue de leurs paroisses, en y appelant deux témoins (b). L'édit perpétuel avait même étendu ce droit aux vice-curés ou vicaires ; mais depuis l'ordonnance de 1735, le clergé avait perdu ce privilége. Au reste, comme le ministère des curés en cette circonstance n'était, pour ainsi dire, que de nécessité, l'article 26 de l'édit perpétuel, leur défendait de délivrer des expéditions des testaments qu'ils avaient reçus, et les obligeait à déposer ces testaments aussitôt après la mort du testateur, chez le notaire du lieu. Cette dernière disposition ne pouvait pas recevoir d'exécution en Artois, car dans cette province, les notaires n'étaient point garde-notes.

(a) Les testaments passés en pays étranger devaient être légalisés par l'ambassadeur ou résidant.

(b) Un testament fait par un curé et un seul notaire, souscrit cependant par la fille de la testatrice, nièce de ceux qui attaquaient le testament, a été déclaré nul par arrêt du Conseil d'Artois du 18 mars 1763.

CHAPITRE X.

LÉGITIME.

Comme correctif de la faculté de disposer, il faut placer la légitime. Cette légitime existait dans les pays coutumiers, même dans ceux où la loi n'en parlait pas. En effet, l'arrêt du 11 mars 1672 établissait qu'on devait partout suivre sur ce point la Coutume de Paris, qui attribuait à chacun des enfants la moitié de ce qu'il aurait eu, si l'ascendant n'avait pas disposé de ses biens. La légitime était prise sur les biens de libre disposition, meubles, acquêts et conquêts, aussi bien que sur les propres. Il y avait deux sortes de légitimes : *la légitime coutumière* et celle *de droit*. Comme le défunt pouvait avoir des biens sous différentes Coutumes, on comprend qu'il y avait souvent plusieurs légitimes coutumières dans une même succession : de là des difficultés sans nombre. La légitime coutumière ne tenait pas lieu de la légitime de droit, mais elle était imputée sur cette légitime. En Artois, les deux légitimes existaient. La Coutume partageait les biens propres entre les enfants du défunt : elle donnait les quatre quints des fiefs à l'aîné et le quint aux puînés (77). Quant aux rotures, elle les divisait entre tous les enfants par égales portions (80). Nous avons vu aussi qu'elle permettait au défunt de disposer par testament du revenu de trois années des propres (90), et du quint du fief à titre d'aumône (91). C'étaient là de véritables réserves coutumières et de droit. Aussi les enfants n'étaient pas obligés de respecter les dispositions que le défunt avait faites en dehors de ces limites. C'est pourquoi un acte de notoriété du Conseil d'Artois, du 13 octobre 1698, a attesté que dans la province d'Artois, il n'y avait pas de légitime, soit de la moitié, suivant la Coutume de Paris, soit du tiers, suivant le droit écrit. C'est également ce qu'avait décidé un arrêt du Conseil d'Artois du 3 décembre 1768, nonobstant la jurisprudence du Parlement de Paris.

L'usage, en Artois, reconnaissait une *légitime alimentaire*. Une sentence du Conseil d'Artois, du 24 mars 1673, déclare inofficieux le testament d'un père aisé qui n'avait assigné à l'un de ses fils que deux mille livres, et ordonne à la fille, légataire universelle, de faire une pension viagère annuelle de cinq cents livres à son frère. Un acte de notoriété du Conseil d'Artois, du 24 juillet 1674, déclarait aussi qu'il était dû des aliments aux enfants, lorsqu'ils n'avaient pas de quoi vivre. C'est d'après ces différentes autorités que Maillart croit pouvoir conclure que la légitime sur les propres et sur les acquêts est de la portion héréditaire *ab intestat*, et que la légitime alimentaire ne doit s'exercer que sur les effets mobiliers.

CHAPITRE XI.

EXÉCUTEURS TESTAMENTAIRES.

Si la Coutume n'a pas cru devoir consacrer un titre

spécial aux testaments, elle en a réservé un pour les
exécuteurs testamentaires; c'est le titre huitième : il est
vrai qu'il ne se compose que d'un article (182). Cet article impose aux exécuteurs testamentaires deux obligations, d'abord de faire appréhension judiciaire, ensuite
de rendre compte. L'appréhension ne pouvait avoir lieu
que par la voie de mise de fait : les placards des 8 juillet
1531 et 14 décembre 1546 le décidaient formellement
(a). Le compte était rendu devant le juge qui avait accordé la commission de mise de fait, c'est-à-dire le
juge sous la juridiction immédiate duquel le testateur
avait son domicile au jour du décès. Les exécuteurs testamentaires étaient encore tenus de faire dresser inventaire des meubles et papiers du défunt, au moment de la
mise de fait; ils étaient en cela assimilés aux tuteurs.
L'emprise d'exécution devait se faire dans l'année de la
connaissance du testament par l'exécuteur testamentaire : le Conseil d'Artois avait résolu en principe cette
question, par un arrêt rendu en 1630 (b). Il fallait aussi
que le compte fût rendu au bout d'une année, à partir
de la mise de fait : on s'appuyait pour le décider ainsi
sur la novelle 1 au code, tit. 1, § 1 (c).

(a) Quand les héritiers donnent leur consentement à une exécution
testamentaire, le décret devient inutile et les débiteurs ne peuvent
combattre la qualité de l'exécuteur testamentaire, sous prétexte qu'il
ne se serait pas fait décréter. Ainsi jugé au Conseil d'Artois, le 23
juillet 1735.

(b) Desmazures, liv. III, titre V, n° 4.

(c) Quant aux successions vacantes, tout compte rendu au curateur
devait l'être en justice. (Arrêt du Conseil d'Artois du 20 mai 1754).

CHAPITRE XII.

SUBSTITUTIONS ET FIDÉI-COMMIS.

Les substitutions étaient d'un usage général dans l'ancien régime ; on les regardait même comme nécessaires au maintien de l'État ; il ne faut donc pas s'étonner de les voir pratiquées en Artois. Là, comme dans le reste de la France, on les confondait avec les fidéi-commis, et on leur appliquait les mêmes règles. Elles étaient principalement régies par l'ordonnance de Moulins de 1560, par celle de 1611. (Art. 15, 16 et 17) et surtout par l'ordonnance du mois d'août 1747 (a).

D'après cette législation, les substitutions étaient strictement limitées à trois personnes. Elles devaient être notifiées et enregistrées par-devant les juges des lieux de la situation des biens (b). Ceux qui voulaient

---

(a) Il faut remarquer les réserves sous lesquelles l'enregistrement de cette ordonnance eut lieu en Artois : « Sans que, y est-il dit, de » l'enregistrement on puisse induire qu'il y ait hypothèque dans la » province pour la dot des femmes et pour le douaire préfix, comme » aussi que le douaire coutumier ou préfix soit propre aux enfants, » et sans que, sous prétexte dudit enregistrement, les *committimus* » soient admis dans la province, où ils n'ont point lieu, suivant les » déclarations du roi des 16 juin 1687 et 17 ctobre 1708. » On voit avec quel soin, et souvent avec quel succès, nos pères savaient défendre leurs coutumes locales contre les envahissements de la centralisation. C'est une preuve de plus que la vieille maxime : *si veux le roi, si veux la loi*, n'était pas toujours une vérité.

(b) L'édit perpétuel de 1611, en ce qui regarde l'enregistrement

substituer leurs biens étaient tenus de les désigner d'une manière claire, et devaient le faire par écrit quand l'importance des substitutions excédait trois cents livres. Enfin elles ne pouvaient porter sur des biens patrimoniaux qui n'étaient pas de libre disposition d'après les coutumes locales (a).

Pour succéder aux substitutions, on avait égard à la proximité du grevé et non de l'instituant ; c'est ce qui avait été jugé au Conseil d'Artois, le 8 novembre 1591. Il ne s'opérait en Artois aucune retenue sur les substitions ; ainsi il n'y avait pas lieu à l'application de la quarte instituée par le sénatus-consulte Trébellien. En cas de renonciation générale, on ne pensait pas que cette renonciation dût porter sur les substitutions ; pour y renoncer, il fallait qu'on s'en expliquât formellement. Le principe de l'inaliénabilité des biens substitués n'était pas tellement rigoureux qu'il ne fléchît devant certaines considérations. Ainsi, quand il y avait avantage évident, la vente des biens substitués pouvait être autorisée sur

des actes contenant substitution, n'a pas été observé en Artois jusqu'au 1er octobre 1661. Le Conseil d'Artois a alors, par forme de règlement, ordonné que pareil enregistrement se ferait à l'avenir, à peine de nullité, à l'égard des créanciers seulement. (Actes de notoriété du 13 juillet 1667, 22 avril 1673, 2 décembre 1678, 6 juillet 1685, 23 mai 1691), Depuis cette époque, l'enregistrement seul ne suffisait pas, il fallait de plus la publication. (Arrêt du Conseil d'Artois du 16 juillet 1754).

(a) Un substitué grevé ne peut substituer, à moins qu'il ne laisse des biens libres, outre ceux substitués. (Arrêt du Conseil d'Artois du 16 mai 1745).

les conclusions du procureur fiscal (*a*). C'est ce qui avait
été décidé en 1632 pour la seigneurie de Famechon, dé-
laissée à la Pauvreté d'Arras, par Jean Famechon. La
même règle s'appliquait à plus forte raison dans les cas
de nécessité absolue, par exemple, quand il s'agissait de
payer la rançon du fidéi-commissaire. Dans tous ces cas,
le Conseil d'Artois exigeait aussi des lettres-patentes du
roi (*b*).

Nous avons dit que les substitutions devaient être publiées et enregistrées. Cela résultait de la déclaration
du 18 janvier 1712, registrée au Parlement de Paris le
6 février et au Conseil d'Artois le 24 octobre de la même
année. La publication et l'enregistrement se faisaient au
Conseil d'Artois, seule justice royale de la Province. La
publication avait lieu à l'audience de la justice royale,
tant du domicile du substituant que de la situation des
biens. Les substitutions non publiées ne nuisaient pas
aux créanciers ni aux tiers détenteurs antérieurs à l'enregistrement (*c*).

(*a*) Les biens substitués, dans le cas où ils se vendaient au parquet,
ne pouvaient être vendus qu'après trois expositions ou criées.

(*b*) Au sujet de la translation des substitutions, il faut se reporter
à l'acte de notoriété du Conseil d'Artois du 2 août 1746. Il y est dit
qu'on n'a jamais entendu qu'un tel changement empêchât les créanciers hypothécaires d'exercer leurs droits sur les biens subrogés à la
substitution, d'autant que l'Artois est un pays de nantissement, où
les hypothèques ne peuvent se transférer.

(*c*) Le chancelier Voisin, pour éclaircir un doute qui lui avait été
manifesté par le Conseil d'Artois, mande, le 29 octobre 1712, à cette
compagnie que « quand celui qui fait la substitution demeure natu-
« rellement dans l'étendue de la justice royale où sont situés les biens
« qu'il substitue, il n'y a pas besoin d'un double enregistrement, et

CHAPITRE XII.

OBLIGATIONS.

Quoique la Coutume d'Artois n'ait consacré aucune de ses dispositions aux obligations en général, l'ancien droit artésien n'en avait pas moins admis certaines règles qui avaient à peu près force de loi. En cette matière, le droit romain avait conservé une salutaire influence, et cette influence s'était fait sentir partout ; mais l'esprit moderne s'y était aussi mêlé, et avait tempéré ce que les idées formalistes des Romains avaient de trop exclusif. C'est cet esprit qui avait fait prévaloir la grande et salutaire maxime que tous les contrats doivent être réputés de bonne foi. C'était un véritable service rendu à la société. Ainsi, en Artois, comme dans presque tous les pays de Coutumes, la législation relative aux obligations se composait de principes romains mitigés par l'équité française (a).

« par conséquent ce que porte la déclaration à cet égard ne peut produire d'inconvénient en Artois, puisque dans cette province il n'y a « point d'autre justice royale que le Conseil provincial. » C'est par application de ce principe qu'il a été décidé que les échevins de Dunkerque ne pouvaient connaître des causes concernant les substitutions parce qu'ils n'étaient pas juges royaux. (Arrêt du Conseil d'Etat du 28 avril 1767.)

(a) Le bon plaisir du prince venait quelquefois se jeter à la traverse des conventions privées. Ainsi, on citait en Artois un arrêt du Conseil d'Etat qui défendait aux créanciers du comte d'Hésecque d'exercer contre lui aucune poursuite pendant le délai d'un an. Cet arrêt est du

On distinguait des contrats simples, conditionnels et alternatifs. On décidait que ce qui est de la substance même des contrats était indispensable pour former une obligation ; mais que ce qui ne touche qu'à la matière des contrats pouvait être modifié par la volonté des parties. Quant à la cause, on exigeait généralement qu'elle fût exprimée, à moins que cette volonté ne ressortît évidemment de la convention. Il fallait aussi qu'il n'y eût pas d'incertitude sur les termes mêmes de l'obligation. C'était d'ailleurs une question de droit qui se résumait presque toujours en de nombreuses questions que l'on trouve compendieusement examinées par les auteurs.

Dans les obligations conditionnelles, on ne pouvait agir avant l'ouverture de la condition. L'insolvabilité du débiteur n'aurait pas suffi pour demander caution. Il paraît même que, pour les obligations pures et simples revêtues de la forme authentique et portant exécution précise, l'usage de l'Artois refusait au créancier de faire mainassise ou de prendre rapport d'héritage pour sûreté de sa créance : ce que Desmazures n'approuve pas (tome III, liv. 1, n° 8). Du reste les héritiers profitaient de l'obligation conditionnelle, comme de tous les droits actifs de leur auteur. Mais on décidait que, dans ces sortes d'obligations, la condition *ne se retrotait au jour du contrat*, de manière qu'on n'avait égard pour les formalités qu'au temps de l'existence de la condition. On était également

19 mai 1759. « Plaise à Dieu, dit l'auteur qui le rapporte, que le prince n'en accorde pas souvent de pareils ! La chicane n'a-t-elle pas assez de ressources, sans que celui qui doit étouffer ce monstre lui fournisse des alimens ? » Mabille. *V. Dettes.*

d'accord pour reconnaitre qu'une fois la condition accomplie, l'obligation existait quand même le fait ne se continuerait pas.

Les contrats alternatifs ne donnaient pas droit de réclamer ou de payer indistinctement l'une ou l'autre chose, suivant le caprice du créancier ou du débiteur. On faisait dépendre la demande ou le paiement de la nature même du contrat; de sorte que l'alternat était le plus souvent une superfétation. Quant aux obligations solidaires, on décidait que tous les débiteurs y répondaient des frais exposés par le créancier contre les insolvables; mais le créancier, qui avait un titre portant exécution parée, ne pouvait se pourvoir par voie d'action; il devait faire exécuter.

On distinguait dans les contrats des formalités de deux espèces, les unes intrinsèques, quand « par la propre « nature et la signification des paroles, elles ne se peu- « vent comprendre », dit Desmazures; les autres extrinsèques, c'est-à-dire non essentielles à la validité des obligations, mais en augmentant la force. On suivait le principe encore en vigueur aujourd'hui que les termes des contrats devaient en général l'emporter sur les présomptions contraires. (Arrêt du Conseil d'Artois du 17 juillet 1751). On décidait aussi que quand un acte devait être revêtu de certaines formalités, il convenait que ces formalités fussent en tête de l'acte. On attachait du reste aux clauses narratives et énonciatives la même valeur que celle indiquée par Pothier et par les jurisconsultes romains. On recherchait toujours le sens vrai du contrat plutôt que le sens simulé. Enfin, depuis l'Edit perpétuel de 1611, on exigeait que tous les contrats fussent rédigés

par écrit, pour tout ce qui excédait trois cents livres (a).
C'était en contradiction avec l'ordonnance de Moulins,
qui voulait que toute obligation dépassant cent livres
fût rédigée par écrit ; mais l'ordonnance de Moulins ayant
été rendue à une époque où l'Artois ne faisait pas partie
de la France, on croyait pouvoir lui préférer la législation espagnole, quand il y avait à cela plus d'avantage.

La partie qui était dans l'impossibilité de représenter
un écrit, avait la ressource de la délation de serment : le
Conseil d'Artois l'avait reconnu maintes fois. On admettait même la preuve par témoins dans certains cas de
fraude. Desmazures cite, pour exemple, un procès jugé
le 30 juillet 1633, dans lequel l'une des parties, berger
à Hénin-Liétard, avait chargé l'autre partie de faire pour
son compte l'acquisition d'un immeuble qui devait être
vendu par autorité de justice. Ce dernier ayant acheté
l'immeuble en son nom, demandait à rapporter la preuve
par témoins du mandat qui lui avait été donné, et la
demande fut accueillie. Mais la preuve par témoins était
généralement repoussée pour un intérêt excédant cent
livres. Le Conseil d'Artois avait même jugé le 10 janvier
1749 que, quand il s'agissait d'une somme excédant ce
chiffre, on ne pouvait restreindre la demande à ce taux
pour arriver à la preuve par témoins. Mais lorsqu'il y
avait un commencement de preuve par écrit, les tribu-

(a) Une ordonnance de Philippe II du 16 novembre 1594, adressée
au Conseil d'Artois, défendait à tous officiers de justice de recevoir
aucune dessaisine, de donner saisine ou décerner commission de main
assise en vertu de contrats non grossoyés. Il ne faut pas oublier que
les grosses des contrats faisaient toujours foi. Acte de notoriété. N° 165.

naux ordonnaient facilement l'audition des témoins (a).
C'est ce qui avait été jugé au siège de Saint-Vaast en 1624.
L'échevinage d'Arras avait aussi décidé que l'ordonnance
de 1611, en matière de preuves, ne s'applique pas aux
marchands. Cette jurisprudence si sage pressentait déjà
les dispositions de notre Code de commerce (b).

Les auteurs discutaient beaucoup sur la validité des
obligations résultant des jeux et paris. Ils étaient généralement d'accord pour l'admettre quand les jeux et
paris étaient limités dans de justes bornes ; mais le
Conseil d'Artois s'est toujours montré à cet égard beaucoup plus sévère que la doctrine. Ainsi il réprouvait les
dettes de jeu, même quand elles étaient en rapport avec
la position des joueurs. C'est ce qui lui fit refuser jugement pour une somme de quatre-vingt-dix-neuf livres
perdue au trictrac par une personne qui pouvait subir
cette perte sans inconvénient. (Arrêt du 9 janvier 1751) (c).
Il y avait moins de difficulté pour les loteries. En effet,
l'autorité supérieure, dans ses besoins d'argent, avait

(a) Preuve par témoins a lieu pour confins d'héritages non bornés
quand on articule une division certaine. (Arrêt du Conseil d'Artois du
27 mai 1751).

(b) Le Conseil d'Artois avait décidé que le consentement donné en
tête de l'état ou compte d'un aubergiste afin qu'il se fît payer par qui
il appartiendra vaut promesse de payer ou de faire payer.

(c) Néanmoins le Conseil d'Artois était assez indulgent pour les obligations qui auraient pu, jusqu'à un certain point, être considérées
comme sans cause. C'est pour cela qu'il avait admis comme valable
un billet contenant promesse de payer une somme de trente-six livres
à la première volonté de celui au profit de qui il était souscrit, quoique
la cause de la promesse n'y fût pas exprimée, et qu'on ne pût même
facilement l'apercevoir. (Arrêt du 3 mars 1749).

souvent recours à ce moyen peu moral, et alors, il fallait bien autoriser ce qu'on ne pouvait empêcher. Dès le XVIᵉ siècle, on trouve des placards concernant les loteries en Artois. Les principaux sont des 14 septembre 1561, 16 août 1563 et 9 février 1576. L'influence de la boisson sur le consentement des contractants avait aussi exercé la sagacité des juges. La plupart des tribunaux déclaraient nuls les contrats passés au cabaret par ceux qui n'y logeaient pas, à moins qu'ils n'y fussent demeurés jusqu'au lendemain (a) ; c'était un encouragement à coucher au cabaret.

Quelques observations sont nécessaires au sujet de la forme des actes en Artois. On estimait généralement que la signature des parties n'y était pas indispensable, attendu que cette formalité n'avait été imposée que par l'ordonnance de Villers-Cotterets du mois d'août 1539 et autres ordonnances rendues dans un temps où l'Artois ne faisait pas partie de la France. Le placard du 14 octobre 1531 exigeait la présence de deux notaires pour la réception des actes, et un règlement du Conseil d'Artois voulait que l'acte fût signé par les deux notaires. Enfin, le notaire qui recevait un acte était tenu d'y mentionner la juridiction où il était immatriculé. Il ne faut pas non plus oublier de signaler un arrêt du Parlement

(a) Les princes de la maison d'Autriche s'étaient beaucoup préoccupés de la réglementation des cabarets. Les placards des 7 octobre 1521, 3 janvier 1545 et 22 juin 1589 défendaient de tenir tavernes hors des rues et chemins royaux. Les dimanches et les fêtes on ne pouvait donner à boire durant la grand'messe et les vêpres. Il était interdit aux baillis, bourgmestres, échevins, greffiers, huissiers, sergens et autres officiers semblables de tenir un cabaret.

de Paris du 18 août 1736, qui déclare nuls tous les actes synallagmatiques qui ne sont pas faits en double. Rappelons aussi qu'en Artois les notaires n'étaient pas gardes notes : tous les actes étaient conservés dans des dépôts publics qu'on appelaient greffes du gros. Il n'y avait qu'un seul greffier du gros, mais ce dernier avait des commis qui tenaient des bureaux dans différentes localités (a). Il faut peut-être regretter la suppression de ces greffes du gros. Les actes notariés seraient bien plus en sûreté dans des dépôts publics que chez les notaires, et on saurait toujours où les trouver quand on en aurait besoin.

CHAPITRE XIII.

NOTAIRES.

La question de la formalité des actes nous amène à parler des notaires, et à examiner quelle était leur position en Artois. De tout temps ces officiers publics ont attiré l'attention du législateur ; aussi le Conseil d'Artois, qui ne se faisait pas faute de légiférer, avait rendu de nombreuses décisions relatives aux notaires. Par règlement du 19 avril 1754, il avait ordonné que la date des actes et contrats fût écrite de la main même des notaires,

(a) Voir sur les greffes du gros les actes de notoriété des 16 mars 1680 et 11 avril 1698. De plus, un règlement du Conseil d'Artois du 9 janvier 1688 et une ordonnance du même Conseil du 10 avril 1688. Le tarif du greffe du gros était fixé par ordonnance du Conseil d'Artois du 9 janvier 1688.

à peine d'interdiction et de cent livres d'amende, que les renvois fussent signés des notaires et des parties, qu'il n'y eût point de renvois après la date, que les mots raturés ne pussent être lus, que l'approbation des ratures fût signée des notaires et des parties, et que cette approbation ne se trouvât pas après la date. Le même règlement défendait aux notaires de dresser des contrats dans les cabarets des lieux de leur résidence, si ce n'est pour les personnes du logis. Il indiquait aussi les mesures à prendre à la mort d'un notaire pour la conservation de ses papiers. Un acte de notoriété du 27 février 1682 obligeait les notaires à porter au greffe du gros les minutes des contrats, un mois après qu'ils avaient été passés. Par règlement du 30 avril 1680, les notaires étaient obligés de tenir protocole de tous les actes et contrats réciproques qu'ils recevaient, et de faire coucher sur leurs registres les décharges de tous les contrats qu'ils remettaient au greffe du gros. Le règlement du 4 avril 1758 leur défendait de délivrer aux parties aucun acte ou contrat signé de l'un d'eux seulement, à peine d'interdiction et de tous dommages-intérêts. Enfin un règlement du 30 avril 1680 leur prescrit de représenter au Synode (c'est ce que nous appelons aujourd'hui la Chambre des notaires), leurs protocoles, avec affirmation qu'ils contiennent tous les actes passés par eux.

De leur côté, les notaires de l'Artois avaient fait des statuts de discipline pour l'organisation de leur corporation. Ces statuts sont du mois de novembre 1750, et ont été enregistrés au Conseil d'Artois et au Parlement de Paris. D'après ces statuts, l'aspirant qui voulait commencer son travail chez un notaire, était tenu de se faire inscrire pour la première fois sur le registre du doyen, le 1ᵉʳ octobre, et de renouveler cette inscription chaque année, dans le courant du mois de janvier. Il ne suffisait pas à un aspirant au notariat d'être avocat pour être dispensé de l'examen. Les notaires ne pouvaient faire délibération concernant règlements, sauf à prendre, dans les assemblées de la communauté, les résolutions convenables pour l'ordre et la bonne police du corps. Ils devaient, dans les cas qui pouvaient intéresser l'ordre public, se retirer pardevant le Conseil d'Artois, ou faire des représentations au procureur général. Il leur était interdit de faire imprimer leurs résolutions sans en avoir obtenu l'autorisation du Conseil d'Artois, ou la permission du procureur général. Les salaires des notaires avaient été fixés par un règlement du Conseil d'Artois du 31 janvier 1744 (a).

Les archiducs Albert et Isabelle inféodèrent les offices de notaires en Artois, moyennant une certaine somme, et le droit de quint en cas de vente, mort ou mutation de vassal. Au mois d'août 1644, Louis XIV décida que les notaires seraient réduits au nombre de dix dans les villes où il y avait présidial, bailliage ou sénéchaussée, quatre dans les villes où il y avait une ou plusieurs juridictions, et deux dans les bourgs fermés ou grandes paroisses ; le 23 mars 1672, il ordonna en outre, de créer de nouveaux

(a) Un arrêt du Conseil d'Artois rapporté par Desmazures fait défense aux mayeurs, échevins, greffiers et hommes de fief du pays d'Artois, excepté les échevins d'Arras, de recevoir aucun contrat ni acte public, autres que les testamens et actes de dernière volonté, à peine de cinq cents livres d'amende.

offices de notaires dont le prix reviendrait au trésor royal (a).

Non seulement les offices de notaires étaient devenus de véritables fiefs transmissibles par aliénation, mais il fut aussi permis de les louer et de les affermer. En vain le Conseil d'Artois, ému des progrès que faisait la vénalité des charges, s'adresse le 26 avril 1709, au Chancelier pour lui faire des représentations sur ce point, il ne peut en obtenir d'exception que pour les offices qui n'avaient pas été inféodés ; c'était le plus petit nombre. Quant aux autres, ils continuèrent à être cessibles par la vente, et même susceptibles de location. Cette circonstance semble avoir nui singulièrement dans l'Artois à la considération dont les notaires jouissent généralement, et à la confiance qu'ils auraient dû inspirer. Voici en effet comment Mabille s'exprime à leur égard : « Les « notaires, en cette Province, ne sont pas gardes notes, « et d'ailleurs, quand même ils seraient responsables des « actes qu'ils reçoivent, cela ne constituerait qu'une fai-« ble garantie pour la plupart, attendu qu'ils ne sont pas « propriétaires de leurs charges, mais les tiennent à « bail, ce qui est un mal qui tire son origine dans l'inféo-« dation de ces offices. « (Mabille. *V. Substitutions*.)

(a) L'Artois résista toujours à l'application de l'édit de 1672, et pour le nombre des offices de notaires, il resta dans les limites indiquées par celui de 1644.

CHAPITRE XIV.

L'usage de la mise en demeure était très-répandu en Artois. Desmazures définit la mise en demeure « le délai « frustratoire de payer ou recevoir le deubt. » Il reconnaît qu'elle peut exister tant du fait du débiteur que de celui du créancier, et il laisse à l'appréciation des juges la question de savoir si elle a eu lieu ou non. Au reste, il y avait différents cas dans lesquels on décidait que la mise en demeure n'était pas nécessaire : par exemple, si on ignorait la dette ou la personne à laquelle le paiement devait être fait. Il y avait plus d'hésitation pour savoir si on pouvait se dispenser de la mise en demeure par suite de la difficulté d'exécuter la promesse ; mais les tribunaux étaient très-sévères à cet égard, et n'accordaient de dispense que quand les empêchements étaient sérieux et imprévus. Ainsi Desmazures cite un procès plaidé en 1614 devant le Conseil d'Artois, entre les nommés Guislain Segond, Sr Duhamel et Antoine Rouquel, bailli héréditaire des paroisses de Laventie et de La Gorgue. Le bail passé par Segond ne pouvait être résilié que pendant un certain temps ; mais lorsqu'il s'agit de prévenir le propriétaire, les chemins étaient interceptés par *de grandes eaux sauvagés* (c'est encore l'expression consacrée en Artois). On jugea que cet obstacle était assez grave pour dispenser de la mise en demeure.

La demeure qui intervient par le fait même de la loi

ne dispensait pas de la déclaration du juge qui la reconnaît et la constate. C'était l'opinion de la plupart des Docteurs. Quant à celle émanant du fait des parties, elle devait se produire, comme aujourd'hui, par une sommation. Cette sommation devait être faite en termes clairs et non ambigus. Il fallait qu'elle fût donnée par la partie intéressée, et non par un tiers ; elle pouvait être laissée à un serviteur. On exigeait qu'elle fût faite *en temps convenable et lieu compétent.* Tout temps était en thèse générale réputé convenable, « voire même les jours de fête, dit Desmazures (a), pourvu que le paiement ne se doive faire judiciairement. Pour le regard du bien, continue cet auteur, celui du domicile est compétent, pourvu qu'il soit honnête. » La question de savoir si le débiteur devait se présenter au domicile du créancier, ou le créancier au domicile du débiteur se résolvait par des distinctions qui donnaient lieu à beaucoup de contestations (b). Le Code civil a donc bien fait de la trancher d'une manière péremptoire (1247).

La mise en demeure était surtout pratiquée dans les baux emphytéotiques : on y stipulait généralement que l'omission de telle ou telle obligation donnerait fin au contrat. On comprend dès lors tout l'intérêt qu'on attachait à savoir s'il y avait eu ou non mise en demeure pour l'accomplissement de ces obligations ; les auteurs sont remplis d'espèces de ce genre. Les habitudes du

<hr/>

(a) Desmazures, tome III, tit. 27, n° 6.

(b) Le Conseil d'Artois accordait même le droit de saisir avant le terme du paiement, lorsqu'on articulait qu'il y avait changement d'état chez le débiteur. (Arrêt du 23 novembre 1767.)

commerce admettaient aussi fréquemment la mise en demeure, car les allures en étaient beaucoup plus lentes que de nos jours où la lettre de change suffit presque à tout.

_____

CHAPITRE XV.

DOMMAGES-INTÉRÊTS.

L'importante matière des dommages-intérêts résolue en principe par les art. 1382 et suiv. du Code Nap., ne pouvait manquer d'attirer l'attention des jurisconsultes qui ont écrit sur la Coutume d'Artois. Voici les principales questions qu'ils avaient examinées et résolues. On admettait que tout dommage souffert ou à souffrir entraînait une réparation pécuniaire (a). C'est la doctrine du Droit romain bien opposée à la coutume barbare du talion. Faisant l'application de ce principe aux délits et quasi délits, on adjugeait à la partie lésée le montant de

_____

(a) Ainsi dans la construction des bâtiments on devait avoir soin de ne causer aucun préjudice à son voisin ; mais s'il en avait été causé, la réparation était dûe par l'ouvrier, et non par celui qui avait ordonné la construction. (Arr. du Conseil d'Artois du 19 avril 1747. Devienne. V. Bâtiment.) Au reste, les bâtiments et autres ouvrages sur rue ne pouvaient être faits sans l'autorisation préalable du juge de police. (Arrêt du Conseil d'Artois du 30 juin 1735) Il est à remarquer que la police des bâtiments n'était pas de la compétence de l'intendant, mais de celle du magistrat d'Arras. C'est ce qui résulte d'une lettre de M. d'Aligre, intendant d'Artois, à M. le chevalier de Bellerive, du 29 juin 1754.

la perte qu'elle avait subie, et du gain dont elle avait été privée. En cas de blessures, les dommages-intérêts devaient être proportionnés à l'état et à la fortune des individus. S'il y avait incapacité de travail pour le reste de la vie, on allouait ordinairement une rente viagère au blessé. Pour qu'il y eût lieu à l'adjudication de dommages-intérêts, il fallait qu'on ne fût pas dans le cas d'excuses légitimes, telles que la nécessité de la défense, le défaut de réflexion, la force majeure, les accidents impossibles à éviter, etc. Ce n'était plus le temps où on faisait le procès à un porc qui avait mangé un enfant, et où on le pendait par autorité de justice.

La procédure à suivre consistait dans l'obtention d'une commission en vertu de laquelle on faisait assigner le défendeur. Lors de la comparution, le demandeur prenait des conclusions à fin de dommages-intérêts, et en requérait l'adjudication par provision, avec caution. Sur la provision, il était procédé sommairement et à bref délai, ces causes étant de celles qui étaient réputées requérir célérité. Desmazures fait remarquer qu'il y avait seulement quelques années que le Conseil d'Artois avait pris l'habitude d'ordonner la provision et l'adjudication de tous les dommages-intérêts, au lieu d'un tiers seulement de ce qui était demandé, ainsi qu'il s'était toujours pratiqué auparavant (a).

Lorsqu'un homicide avait été commis, on voulait que la veuve fût appelée à l'entérinement des lettres de ré-

---

(a) Le Conseil d'Artois ordonnait ordinairement la liquidation des dommages-intérêts ; pourtant dans les causes de minime importance il les arbitrait d'office *ex æquo et bono*. Mabille. *V. Dommages-intérêts.*

mission, afin qu'elle pût réclamer des dommages-intérêts de celui qui avait obtenu sa grâce. On décidait, au reste, qu'elle pouvait aussi les demander directement. On accordait le même droit aux enfants pour le tort que leur causait la mort de leur père ou de leur mère. Il était même d'usage d'imposer à celui qui s'était rendu coupable d'homicide la fondation d'un certain nombre de messes pour le repos de l'âme du défunt. La réparation s'étendait donc jusqu'à l'autre monde : on ne pouvait désirer mieux (a).

Si les poursuites avaient lieu concurremment à la diligence du ministère public et de la partie lésée, celle-ci ne pouvait plus s'en désister sans avoir obtenu la permission du juge, parce qu'on craignait que le désistement ne nuisit à la vindicte publique. Après quelques difficultés, on avait admis que l'étranger coupable d'un crime ou d'un délit en Artois, devait être poursuivi devant la juridiction du lieu du crime ou du délit, et non devant celle de son domicile. Cette question, qui n'en est plus une aujourd'hui, était fort intéressante dans l'an-

(a) Le traité d'Arras, conclu en 1435 entre Charles VII et Philippe-le-Bon, portait que pour le repos de l'âme de feu Monseigneur le duc Jean de Bourgogne, de feu messire Archambault, comte de Navailles, mort avec lui, et de tous ceux qui sont morts dans les divisions et guerres de ce royaume, seront faites les fondations suivantes : à Montereau, une chapelle en l'église et une messe basse pour chaque jour, dotée de soixante livres, de calices et ornements suffisants. En outre, une église-couvent et monastère pour douze Chartreux et un prieur, avec huit cents livres de revenus au moins. Plus une grande messe de *requiem* à la Chartreuse de Dijon. pour être célébrée tous les jours à perpétuité, avec cent livres de revenus. Le tout aux dépens du roi. (Barante, *Hist. des ducs de Bourgogne*, liv. IV.)

cienne France, où il y avait des étrangers, non seulement quant aux pays, mais quant aux provinces.

La responsabilité des pères et mères pour les méfaits commis par leurs enfants (a), était établie par différents monuments de jurisprudence, et notamment par un arrêt du Parlement de Flandre du 9 novembre 1565. On est étonné de voir un auteur aussi judicieux que Desmazures s'élever contre cette sage décision. Il n'admet même la responsabilité des maîtres à raison de leurs domestiques, que « quand, à leur réception, ils les ont connus vicieux, « querelleux, prompts à exécuter leur colère » (b). A ce compte il aurait été moins important qu'aujourd'hui de se bien renseigner sur le caractère des gens qu'on prend à son service. Un usage particulier à l'Artois voulait que le charretier ne fût responsable que *des roues de devant de son chariot* (c). C'était donner un peu trop d'extension à la maxime qu'on ne peut avoir des yeux derrière la tête (d).

(a) Les fautes des impubères n'assujétissent pas ordinairement les père et mère aux dommages intérêts, (Arrêt du Conseil d'Artois du 26 octobre 1748.)

(b) Mabille est moins exclusif. Il dit sans distinguer : Maîtres répondent des délits de leurs domestiques, en ce qui concerne le service où ils sont employés.

(c) La responsabilité des voituriers n'avait plus lieu quand on avait donné décharge sur la lettre de voiture. (Arrêt du Conseil d'Artois du 4 juillet 1747.) Mais un paquet perdu remis par un voiturier à un autre voiturier restait à la charge du premier. (Arrêt du 24 octobre 1752.)

(d) En fait de quasi délits, il paraît que des abus s'étaient introduits dans la manière d'adjuger des dommages-intérêts, car en 1767, nous voyons le Conseil d'Artois rappeler sur ce point les officiers de justice de la Province à l'observation des lettres patentes du 15 avril 1752.

Enfin, les auteurs posaient, en matière de dommages-intérêts, deux principes qui ne laissaient pas que d'avoir quelques inconvénients. Ils voulaient que le juge pût toujours suppléer les dommages-intérêts d'office et les allouer, même quand ils ne lui étaient pas demandés, et de plus ils défendaient d'en réclamer lorsque le procès principal était terminé. Une théorie plus saine a fait justice de ces erreurs de droit (a).

CHAPITRE XVI.

TRANSPORTS ET CESSIONS.

Un des points les plus importants de la matière des obligations est celui de la cession des créances ; les auteurs

(a) Nous avons dit, en parlant de la police rurale que l'on avait le droit de tuer les animaux domestiques qui causaient des dégâts aux propriétés, à la condition de les laisser sur place. Mais dans ce cas il n'y avait pas lieu à des dommages-intérêts. On ne pouvait en réclamer que quand on ne s'était pas fait justice à soi-même, ils étaient alors réglés par experts, (Maillart, sur l'art. 2, de la Coutume). A cette occasion le Conseil d'Artois eut véritablement à ordonner

. . . . . Qu'il fût fait un rapport à la cour
Du foin que peut manger une poule en un jour.

Voici à quelle occasion : Des volailles s'étant introduites dans un pâturage, la sous-prévôté du chapitre d'Arras, après expertise, avait condamné le propriétaire à treize livres dix sols d'indemnité. Mais le Conseil d'Artois, après nouvelle expertise, déclara, le 5 août 1750, que le dommage n'était pas assez considérable pour donner lieu à réparation.

qui ont écrit sur la Coutume d'Artois s'en sont longuement occupés. Ils admettent à cet égard les principes généraux posés par le Droit romain. Ainsi, ils décident, qu'après le transport dûment notifié ou insinué, le débiteur ne devait plus payer qu'au cessionnaire. Mais quand le débiteur connaissait le transport, sans que pourtant il y eût insinuation, la solution paraissait plus douteuse. D'une part, en s'appuyant sur le droit canonique, qui avait toujours conservé plus ou moins d'influence sur les décisions de nos anciens jurisconsultes, on prétendait que la connaissance devait être réputée pour le fait ; d'autre part, en invoquant le droit strict, on affirmait que rien ne pouvait remplacer un acte de procédure. C'est cette dernière opinion qui semble avoir prévalu, ainsi qu'il avait été jugé au bailliage de Lillers, en décembre 1633.

Si le cessionnaire et le cédant réclamaient concurremment l'exécution de l'obligation en justice, on décidait que le cessionnaire devait être préféré, à moins de circonstances contraires. On ne voulait pas non plus que le cessionnaire pût exécuter, sans avoir au préalable employé la voie de l'insinuation envers le débiteur, parce qu'en pareille matière il faut surtout éviter les surprises : à défaut de lois formelles, la doctrine était très-sévère à cet égard. La défense faite par le créancier du cédant avant l'insinuation devait être respectée ; c'est ce qui avait été jugé par le Conseil d'Artois en 1630, entre David Lefébure et Guillaume de Bécourt, tous deux demeurant à Ficheux. Les cessions frauduleuses étaient sévèrement réprouvées : on présumait même assez facilement la fraude dans certaines circonstances suspectes. Ainsi quand, malgré une cession, les choses cédées étaient restées dans la possession du cédant, le Conseil d'Artois décidait fréquemment que la cession était nulle : c'est ce qui avait été jugé le 30 juillet 1623 et le 10 mars 1629. Quant aux créanciers hypothécaires, si quelqu'un se présentait pour les désintéresser, on pensait qu'ils devaient accepter le paiement qui leur était offert.

Nul ne pouvait être forcé de céder sa créance contre un tiers, quand même on lui aurait offert de payer intégralement le montant de cette créance. Cette pratique autorisée par certaines coutumes était sévèrement proscrite en Artois. On n'y admettait pas non plus les fameuses lois *per diversas et ab Anastasio*, relatives à l'achat des droits litigieux. Ainsi on ne permettait pas au débiteur d'éteindre sa dette en remboursant au cessionnaire le prix par lui payé. Le rachat des créances ne pouvait avoir lieu que par lettres spéciales du prince : c'est ce qui avait été maintes fois jugé au Conseil d'Artois. Le Code Napoléon a rejeté avec raison une pareille doctrine, et remis en vigueur le système romain. Quant à la cession des actions litigieuses à ceux qu'on appelait anciennement *de plus puissants adversaires,* il parait qu'il y avait des accommodements (a). Cela ferait supposer ou que l'abus n'était pas très-fréquent en Artois, ou qu'on était impuissant à le réprimer. L'art. 1597 C. Nap., n'a pas admis d'accommodements ; il a exclu *les plus puissants adversaires,* quoiqu'il se soit bien gardé de leur donner ce nom.

(a) Les plus puissants adversaires étaient les magistrats pourvus d'offices près le tribunal où les causes étaient pendantes

CHAPITRE XVII.

RESTITUTIONS EN ENTIER.

La restitution en entier était reconnue par l'ancien droit comme moyen de faire annuler les obligations. Les majeurs, aussi bien que les mineurs, pouvaient l'obtenir; mais pour les premiers il fallait prouver qu'il y avait eu dol, crainte, violence ou obsession, tandis que pour les seconds il suffisait d'établir que la convention ne leur avait pas été profitable (a). Il y avait cela de particulier dans ce mode d'extinction des obligations qu'il devait être obtenu par lettres de relief du prince, et que le juge n'aurait pu le prononcer directement. Mais, comme ces lettres de relief étaient soumises à l'entérinement des tribunaux, les juges reprenaient d'une main ce qu'ils avaient perdu de l'autre. Par l'entérinement ils devenaient appréciateurs des faits qui avaient causé la rescision, et ils avaient la faculté de donner suite au contrat si les faits ne leur paraissaient pas suffisants : « Aïant, dit Desmazures, « l'usage de semblables restitutions esté introduit et « reçeû ès chanceliers et souverains tribunaux des Prin- « ces, pour faire quelque finance de deniers plus tôst

(a) Décidé au Conseil d'Artois, le 16 mai 1747, que des enfants qui sont héritiers mobiliers de leur mère ne peuvent se plaindre de la transaction qu'elle a faite en leur nom pendant leur minorité, pour parer aux différends qui allaient naître, et qu'ils ne peuvent non plus revenir contre un partage du chef de lésion, quand les biens qui sont entrés en partage ont été divisés également, et qu'il n'y a que quelques corps de terres omis.

« que pour amoindrir et diminuer l'authorité des juges
« inférieurs. »

Les lettres de relief devaient être obtenues dans les
dix ans, à compter des derniers faits qui avaient motivé
la rescision. Pour les mineurs, la rescision devait être
demandée dans les dix ans après la pleine majorité ; or
comme l'ancien droit coutumier ne reconnaissait la pleine
majorité qu'à vingt-cinq ans, il s'ensuivait que le mineur
avait jusqu'à trente-cinq ans pour réclamer. Cela résultait de l'ordonnance de 1539, qui était obligatoire en Artois, quoiqu'elle n'y eût pas été registrée, la jurisprudence des arrêts des Pays-Bas, ayant mis sur le même
pied la restitution du chef de minorité et celle demandée
pour les cas indiqués dans l'édit perpétuel de 1611. Au
reste les obligations souscrites par les mineurs sans l'intervention de leurs tuteurs n'étaient pas rescindables ;
elles étaient radicalement nulles, et ne pouvaient être
maintenues par tacite approbation, ainsi qu'il avait été
jugé à la Gouvernance d'Arras le 24 décembre 1624.

On admettait que le bénéfice de restitution se trans-
mettait aux héritiers et aux autres ayant-droit, mais ces
représentants du restituable ne pouvaient invoquer leur
ignorance du contrat pour obtenir un délai plus long que
celui de dix ans. Autrefois, comme de nos jours, les jurisconsultes dissertaient à perte d'haleine sur le fameux
axiome : *Minor restituitur non tanquam minor sed tanquam læsus.* Les plus autorisés s'étaient arrêtés à cette
idée qu'il suffisait au mineur d'alléguer la lésion ou le
défaut de profit, sans qu'il fût obligé de rien prouver
au-delà, parce qu'on devait présumer que celui qui avait
contracté avec lui avait eu l'intention de profiter de son

inexpérience. Cette interprétation s'appuyait même sur les termes de l'Edit, qui ne parle que de *proposer* la surprise. Aussi ceux qui avaient intérêt au maintien du contrat devaient prouver qu'il avait tourné au profit du mineur, et que le prix n'en avait été ni perdu ni dissipé, « car, dit Maillart, les contrats faits avec les mineurs, « les églises et les communautés subsistent plus par « l'emploi que par le consentement des parties. »

La preuve n'était pas exigée quand il s'agissait d'obligations naturelles contractées par le mineur, non plus que pour les obligations souscrites par le mineur pour faits de son commerce. Mais si le mineur avait créé, endossé ou accepté des lettres de change, sans être commerçant, on décidait qu'il était restituable : « en effet, « dit encore Maillart, l'usage des lettres de change a été « introduit pour la facilité du commerce, et non pour « couvrir la cupidité des usuriers qui prêtent aux enfans « de famille. » On décidait aussi que les avantages excessifs faits par un mineur à son épouse dans un contrat de mariage sont rescindables : c'est ce qui avait été jugé au Parlement le 8 février 1704, par arrêt confirmatif d'une sentence du Conseil d'Artois du 26 juillet 1702. Enfin, sur cette matière délicate, on posait en principe que tout mineur était restituable contre ses engagements, quand ces engagements excédaient sa qualité ou son état; ce qui n'avait pas empêché le Parlement de Paris d'entériner, le 26 février 1706, des lettres de relief prises par les héritiers d'un duc et pair contre son obligation de quarante-cinq mille livres empruntées pour acheter ses équipages de guerre.

La restitution en entier pour les majeurs n'était autre

chose que ce que nous appelons nullité de l'obligation pour défaut de consentement (art. 1109, C. Nap.). Les auteurs admettaient comme causes viciant le consentement, le dol, la crainte et la violence. *La révérence paternelle ou maritale* n'était admise qu'avec certaines distinctions ; mais, quand elle avait été vérifiée, elle était réputée durer autant que le mariage ou la puissance paternelle.

Le délai de dix ans n'était pas tellement fatal qu'on ne pût en obtenir d'autre. Il suffisait pour cela de s'adresser au Prince, qui souvent accordait des lettres de relief bien après les dix ans. Pour justifier cette espèce d'arbitraire, on disait que celui qui pouvait faire la loi pouvait s'en départir : c'est par cette raison, plus ou moins spécieuse, que les jurisconsultes romains ont accepté les plus monstrueux excès du pouvoir impérial. La découverte de nouveaux titres ou de nouveaux témoins, même après la chose jugée, pouvait aussi donner lieu à la restitution en entier. L'Eglise prétendait même qu'elle pouvait être restituée contre la prescription de quarante ans ; mais cette prétention avait été généralement repoussée. Quant aux princes souverains, on leur reconnaissait un singulier privilége, c'était d'être exempts de demander la restitution « parce que, disait-on, il serait ridicule que « celui qui restitue autrui ne pût se restituer lui-même. » Toutefois on conseillait au roi d'user avec beaucoup de modération de cette faculté « afin que son action fût « trouvée juste et raisonnable, et nullement faite par « une puissance souveraine à la désolation de ses inférieurs. » Voilà où on en vient quand on entre dans la voie des priviléges !

Citons, en terminant, les difficultés que la guerre de 1635 suscita en Artois au sujet des terres prises à bail. Pendant cette période si fatale à l'agriculture, les fermiers prétendaient qu'ils devaient être restitués en entier contre leurs baux, à cause de la dévastation de leurs terres et du danger qu'ils couraient d'être faits prisonniers en les cultivant. Malgré ces raisons, le Conseil d'Artois a maintes fois décidé que les baux devaient être respectés, et qu'il n'y avait lieu qu'à réclamer modération ou rémission de rendage.

CHAPITRE XVIII.

CONTRAT DE MARIAGE.

Ce sujet est traité dans un grand nombre de dispositions de la Coutume (a), mais il n'y est nulle part compris sous une désignation spéciale (b). Ainsi les propres sont régis indirectement par l'art. 133, les acquêts et les conquêts trouvent leur place dans les art. 81 et 138, et la communauté est noyée dans le titre 2, au milieu de

(a) Il faut qu'il y ait minute d'un contrat de mariage pour qu'il soit valable, quand il contient donation. Ainsi jugé le 12 août 1725 au Conseil d'Artois.

(b) La jurisprudence avait eu souvent à s'occuper des institutions contractuelles. Le Conseil d'Artois avait décidé le 2 décembre 1748 que la novation pouvait les atteindre, l'acte postérieur détruisant le précédent. Il tenait aussi que l'institution contractuelle avec réserve d'emprunt n'était pas une institution. (Arrêt du 8 novembre 1751.)

matières qui lui sont complètement étrangères. Toujours
la même confusion et le même défaut d'ordre ! De bons
principes, mais une mauvaise classification ! Pour rétablir un peu de suite dans ces idées, il faut étudier les
principales questions qui se rattachent au contrat de mariage, indépendamment du rang qu'elles occupent dans
la Coutume ; ce n'est que de cette manière qu'on pourra
se rendre compte des analogies et des différences du
droit ancien avec le droit nouveau (a)

§ I. *Propres*. — Si l'on recherche ce que les Coutumes
entendent par ce mot, on reconnaît facilement qu'il avait
avant la Révolution, dans le langage du droit, une toute
autre signification que depuis le Code Napoléon. Il désignait alors non seulement les biens appartenant à chacun
des conjoints séparément, mais aussi ceux provenant de
successions et d'aliénations, même sans qu'il y eût eu de
mariage. D'après cela on distinguait deux sortes de propres, les propres en général et les propres de communauté. Les premiers ont disparu depuis que la loi permet
de disposer de tous ses biens indistinctement et de la
même manière ; mais sous les Coutumes il était d'une
grande importance de savoir si les biens étaient des propres ou des acquêts, parce que leur sort était tout différent, suivant qu'ils appartenaient à l'une ou à l'autre de
ces catégories.

(a) On décidait que les contrats de mariage étaient la loi non seulement des conjoints, mais encore des membres de leurs familles, et que
ceux de ces membres qui avaient intérêt à les consulter pouvaient
exiger qu'ils fussent déposés soit au gros soit chez un notaire. (Arrêt
du Conseil d'Artois du 18 mai 1756.)

1° *Propres en général*. — La Coutume d'Artois réputait *propres en général* tous les immeubles échus par succession, soit en ligne directe soit en ligne collatérale (78), ainsi que les héritages donnés en avancement d'hoirie (81). Les immeubles retraits lignagèrement étaient aussi propres au retrayant (78); il en était de même de ceux acquis des deniers provenant de la vente d'un propre à charge de remploi (32), ou de ceux reçus en échange d'un propre (132). L'utilité pratique de cette distinction se trouve dans l'art. 76, un des plus importants de la Coutume. D'après cet article, on ne pouvait aliéner les propres en général que de l'une des trois manières suivantes (a) : ou avec le consentement de l'héririlier apparent, ou en remployant les deniers provenant de la vente en acquisition d'héritage de même nature, ou pour cause de nécessité jurée par le vendeur et attestée par deux témoins dignes de foi. Hors ces cas, l'aliénation des propres était nulle; les héritiers patrimoniaux n'étaient pas tenus de la maintenir (189). Ceux-ci pouvaient, après la mort du vendeur, et dans les délais indiqués par l'art. 72, intenter une action contre l'acquéreur ou contre le créancier pour faire déclarer les contrats nuls. Maillart ajoute même qu'ils n'étaient pas obligés de restituer le prix de la vente ni l'argent emprunté, parcequ'on n'est pas tenu des dettes non valablement contractées. Cette décision est bien rigoureuse,

(a) Les art. 76 et 77 de la Coutume touchant l'aliénation des patrimoniaux ont été de tout temps exactement observés dans la Province. (Actes de notoriété du Conseil d'Artois du 22 juin 1679 et 12 décembre 1708.)

et ne doit être probablement entendue qu'avec la restriction *quatenus locupletior factus est.*

Les dispositions de l'art. 76 méritent de fixer séparément l'attention, nous allons donc examiner chacune des trois hypothèses qu'elles embrassent. 1° Consentement de l'héritier apparent. Cet héritier était le plus proche à l'instant de la vente, l'enfant conçu étant ici, comme toujours, réputé né. Le consentement pouvait intervenir après le contrat; il n'était même pas nécessaire, quand la vente était faite au profit de l'héritier apparent. S'il s'agissait d'un fief patrimonial, il suffisait que le premier héritier apparent consentît, sans qu'on fût obligé de demander le consentement de ceux qui avaient droit au quind; mais pour les cotteries patrimoniales le consentement de tous les héritiers était requis (77) (*a*).

2° *Remploi.* Par l'effet du remploi il y a subrogation d'un bien à un autre, c'est pourquoi le bien remployé devenait propre. Il n'était pas absolument nécessaire d'acheter autant de terre qu'il en avait été aliéné; il fallait seulement que le remploi fût fait de bonne foi, et qu'on y consacrât tout l'argent de la vente (*b*). L'art. 76 disant que le remploi devait avoir lieu *en héritages de*

(*a*) Maillart nous dit que la nécessité du consentement de l'héritier apparent pour la validité de l'aliénation des propres est un reste du vieux droit des Francs allemands et des Lombards, condamné par le pape Grégoire IX le 15 octobre 1229. On retrouve en effet cette obligation dans le Miroir de Saxe, liv. I, art. 24.

(*b*) Le déclaration d'emploi devait être faite par le contrat même de la vente. Arrêt du Conseil d'Artois du 8 octobre 1750. Si cette déclaration n'avait pas été faite, la femme n'avait qu'un droit d'hypothèque et non pas de propriété.

telle nature, on avait voulu y appliquer le principe *feudalia feudalibus* et *censualia censualibus;* mais cette interprétation n'avait pas prévalue, et on avait fini par reconnaître que les terres féodales vendues pouvaient être employées en terres cottières et réciproquement (a). Cette sorte de remploi parait avoir été usitée très-anciennement en Artois. En effet, les 25 août, 17 septembre et 3 octobre 1368, Marguerite de France, septième comtesse d'Artois, vendit à l'évêque et au chapitre d'Arras *le pooir* (b) *maître Adam,* moyennant mille florins d'or, qui furent employés en l'achat du *rouage* et du *vinage* d'Arras.

3° *Nécessité jurée.* Nécessité, disent les auteurs, n'a pas de loi. Il n'était pas indispensable que l'indigence fût absolue, il suffisait qu'on ne pût plus vivre conformément à son état, ou qu'on eût besoin de vendre pour mettre ses affaires dans un meilleur ordre. Quand la nécessité avait été jurée par le vendeur et deux témoins, on se contentait de cette preuve, quoiqu'elle ne fût pas très-concluante, et on n'admettait même pas la preuve contraire. On avait voulu, avec raison, éviter d'entrer trop avant dans le secret des familles, et de forcer chacun à mettre ses misères à nu. Le serment devait être fait devant un juge ou un notaire (c).

(a) Ces décisions équitables sont admises par Desmazures, mais elles n'ont pas été adoptées par Maillart.

(b) C'est-à-dire le fief, la seigneurie (*podere, potestas*).

(c) Un des exemples les plus curieux de nécessité jurée, est celui qui eut lieu dans un procès soutenu par le roi Louis XIII. Le grand Conseil de Malines décida que le père de ce monarque, Henri IV, avait pu valablement vendre par nécessité jurée la baronnie de Rode située

D'après ce que nous venons de dire, il est facile de voir qu'il y avait en Artois deux sortes de biens : les uns étaient de libre disposition, c'étaient le quind féodal, les propres, les acquêts et les meubles ; les autres étaient, suivant l'expression énergique de Maillart, chargés d'une espèce de fidei-commis légal envers les héritiers, c'étaient les quatre quinds des propres féodaux et la totalité des cotteries propres. Au reste, on avait déjà compris avant la Révolution les inconvénients du système de l'article 76. En effet, Le Camus d'Houlouve, un des commentateurs de la Coutume du Boulonais, où le même système existait, en réclame énergiquement la suppression.

2° *Propres de communauté.* — Les propres de communauté étaient ce que nous appelons aujourd'hui les propres. Ils se divisaient comme chez nous, en *propres de leur nature*, et *propres conventionnels.* Les propres de leur nature comprenaient les immeubles, tant propres qu'acquêts, appartenant au mari ou à la femme antérieurement au mariage, ceux donnés en faveur du mariage à l'un ou à l'autre des conjoints, et ceux qui leur sont échus depuis le mariage par donations ou par successions (81, 138, 78). Les immeubles échangés, ceux acquis en remploi, ou retrayés lignagèrement, enfin, les fiefs acquis par le mari seul étaient également propres de leur nature (118, 123, 135, 137). Les propres conventionnels étaient des biens qui par eux-mêmes auraient dû tomber en communauté, mais qui en étaient exclus par une stipulation expresse. Toute cette théorie des

au pays de Vaës Il est vrai que le Béarnais était souvent aux expédients.

propres est exactement la même que celle qui est passée dans le Code Napoléon.

§ II. *Acquêts et conquêts.* — Par opposition aux propres, il y avait les acquêts et les conquêts. Les acquêts étaient les immeubles acquis avant le mariage ou après sa dissolution, les conquêts étaient les héritages acquis pendant le mariage. Cette distinction, qui n'a plus grande portée aujourd'hui, en avait beaucoup autrefois. La différence des propres et des acquêts amenait également diverses solutions qu'il est bon de mentionner. Ainsi, les immeubles donnés simplement en collatérale étaient acquêts au donataire, quand même ces immeubles auraient été propres au donateur et que le donataire eût été héritier présomptif du donateur. Mais si le donataire prenait en qualité d'héritier ce qui lui avait été donné, les immeubles devenaient propres (a). Des auteurs pensaient que les dons faits par le roi à l'un des conjoints restaient propres au donataire, d'autres n'appliquaient ce privilége qu'aux offices des maisons royales. C'est ce qui avait été réglé par la jurisprudence de la maison du roi reprise dans les édits de juillet 1653 et janvier 1678. Les biens retrayés devenaient patrimoniaux, quoique les héritages n'eussent pas appartenu à leur souche commune, car, il ne faut pas oublier que la Coutume d'Artois *n'était pas souchière*.

§ III. *Entravestissement.* — Une pratique particulière à la ville d'Arras et à quelques autres localités de l'Ar-

(a) Maillart, sur l'article 138.

tois (*a*) était celle des entravestissements (*b*), C'était une
exception à la règle fondamentale qui prohibe les donations mutuelles entre époux. Au moyen de l'entravestissement, les conjoints pouvaient se faire réciproquement
donation pendant le mariage de tous biens, meubles et
héritages situés dans les limites de l'échevinage d'Arras (*c*). Les jurisconsultes rendaient compte de ce privilége en disant que, quoique la donation réciproque entre
époux vivants ne soit pas valable, pourtant elle vaut
comme acte de dernière volonté, quand elle est faite dans
l'intention que le survivant succède à l'autre. On voit tout
ce que cette explication a d'embarrassé ; il était plus
simple d'avouer que l'entravestissement était une faveur
accordée au mariage : il y a dans les Coutumes des choses
plus extraordinaires.

Quoiqu'il en soit, on distinguait deux sortes d'entravestissements, celui *de sang qui se cause*, dit la Coutume
de la ville d'Arras, *quand il y a enfants issus du mariage
l'un de l'autre*, et celui *par lettres quand deux conjoints
comparent pardevant deux échevins, et reconnaissent
l'amour du mariage qu'ils ont l'un de l'autre, et en iceluy*

(*a*) La méthode de l'entravestissement était suivie à Bapaume ainsi
que dans soixante et un bourgs et villages de l'Artois, dont on peut lire
la désignation dans Desmazures, liv. II, tit. 30, n° 8. Le pays de Lalleu
était de ce nombre à cause des lettres-patentes du 28 juin 1745.

(*b*) Entravestissement par sang et par lettres en usage à Arras. (Acte
de notoriété du Conseil d'Artois du 10 avril 1698.)

(*c*) L'entravestissement par lettres porté par la Coutume d'Arras
n'opère que pour les biens situés dans l'étendue de l'échevinage de cette
ville. (Acte de notoriété du Conseil d'Artois du 10 avril 1682 et 14
mai 1683.

demonstrant la femme va baiser son mary, en la présence desdits eschevins (a).

L'effet de l'entravestissement était de saisir le conjoint survivant de la propriété de tous les meubles et héritages du prédécédé situés dans l'échevinage d'Arras, à la charge de payer les dettes et frais funéraires (b). Mais quand il y avait des enfants du mariage, il était interdit au survivant de vendre ou hypothéquer les biens du prédécédé : c'était ce qu'on appelait *un propriétaire bridé*. La propriété bridée ne doit pas être confondue avec l'usufruit. En effet, si les enfants venaient à mourir avant le conjoint survivant, il était *débridé*, et devenait plein propriétaire des meubles et héritages de quelque cotte qu'ils provinssent, ce qui n'aurait pas eu lieu au cas d'usufruit. Il est facile de comprendre tout ce que la pratique de l'entravestissement avait de fâcheux pour les enfants, qui étaient exposés le plus souvent à n'avoir aucune fortune jusqu'à ce que leurs pères et leurs mères fussent morts.

Au cas de second mariage, les enfants du premier lit succédaient, à l'exclusion de ceux du second, aux biens provenant de l'entravestissement, quand le survivant

(a) **Toute** la matière de l'entravestissement est fort bien expliquée dans Bultel, nous y renvoyons. (Notice de l'état ancien et moderne de la province et comté d'Artois, page 193.)

(b) Dans le cas d'entravestissement de sang les biens possédés pendant la conjonction étaient par préférence sujets aux dettes contractées pendant cette conjonction, et l'enfant n'était pas tenu de celles que le survivant de ses père et mère pouvait avoir créées seul depuis la mort du premier décédé. (Acte de notoriété des avocats et procureurs du Conseil d'Artois du 10 avril 1698.)

venait à décéder. Mais, si pendant le second mariage, il
advenait quelque héritage au survivant, cet héritage appartenait exclusivement aux enfants du second lit, à
moins que le contrat d'acquisition ne portât qu'il devait
tenir sa cotte et ligne, auquel cas tous les enfants, tant
du premier que du second lit, devaient y prendre part.
C'est ce qu'avait jugé le Conseil d'Artois le 17 janvier
1630, en réformant une sentence de l'échevinage d'Arras.

Il est à remarquer qu'on ne pouvait entravestir les
biens par portion ; il fallait donner tout ou rien. Cette
exigence avait évidemment pour but d'imposer un frein
salutaire à la libéralité des conjoints. Mais il était permis
de se réserver une certaine somme, ou même certains
biens pour les employer en legs pieux ou autrement.
L'entravestissement ne pouvait pas non plus avoir lieu
au préjudice du règlement des acquêts écrit dans le contrat, car les conjoints ne peuvent déroger aux conventions
matrimoniales par des opérations ultérieures : c'est ce
qu'avait décidé un arrêt du Parlement du 14 août 1703,
confirmatif d'une sentence de l'échevinage d'Arras du 3
août 1694. Cet arrêt déboute le survivant de l'entravestissement du sang, parce que, dans le contrat de mariage,
l'usufruit des conquêts était déféré au survivant, et que
le partage égal était ordonné entre lui et les héritiers du
prédécédé. De même, si le contrat stipulait le retour
libre de toutes aliénations et dispositions, ou s'il interdisait l'entravestissement, les conjoints étaient privés du
droit d'entravestir leurs biens. Enfin, il résultait de la
jurisprudence et des principes 1° que le domicile des
conjoints au temps de la célébration du mariage formait
toujours la base de l'entravestissement qui n'opérait que

dans ce lieu. (Arrêt du Conseil d'Artois du 12 décembre 1746.) 2° Que l'entravestissement ne pouvait jamais exister sans une dérogation spéciale et expresse. (Mabille. V. *Entravestissement.*)

§ IV. *Clause du dernier vivant tout tenant.* — Une clause qui a beaucoup d'analogie avec l'entravestissement est celle dont s'occupe l'art. 120 de la Coutume et qui est connue, sous la désignation du dernier vivant tout tenant. Elle se retrouve déjà dans les établissements de St-Louis. Il y est dit en effet : *Se ung hom ou une fame achetoient terre ensemble : cil qui plus vit, si la tient sa vie, et li achet, et quand ils seront morts ambe deux, si retorneront li achat l'une moitié au lignage devers l'hom, et l'autre moitié au lignage devers la fame.* Pour qu'il y eût application de cette clause, il fallait que la communauté subsistât entre les époux. Si donc la femme survivante renonçait, elle ne pourrait prétendre au bénéfice du dernier vivant tout tenant.

Une autre condition exigée impérieusement par les auteurs et la jurisprudence, c'était que les époux fussent en bonne santé au moment du contrat : les procès en cette matière devaient donc aboutir le plus souvent à une vérification de médecins (a). Mais si l'égalité de santé était requise, l'égalité d'âge ne l'était pas. Ainsi on avait validé la clause, quoique l'un des conjoints eût quarante ans de plus que l'autre. Au reste, la convention formée par le consentement mutuel des époux pouvait être révoquée de même.

(a) On voulait bien admettre que la grossesse et les couches ne faisaient pas obstacle à la validité de la clause qui nous occupe, parceque ce ne sont pas des maladies.

On exigeait que la déclaration fût faite au moment même du contrat, parce qu'ensuite le bien *acquesté* tombait dans la communauté. Le survivant était saisi de plein droit de l'héritage à l'égard des héritiers du prédécédé et il ne devait pas leur demander la délivrance. Il prenait la chose dans la communauté par préciput et hors part, mais chargé des dettes à proportion de sa valeur. L'existence d'enfants n'empêchait pas la clause du dernier vivant tout tenant de recevoir son effet. De même, au cas de second mariage, cette clause n'était pas révoquée, parceque les peines des secondes noces n'existaient pas en Artois, où on n'observait ni les lois *feminæ* et *hac edictali* (lois 3 et 6 au Code *de secundis nuptiis*), ni l'édit de 1560, excepté en ce qui était conforme à l'édit perpétuel de 1611.

CHAPITRE XIX.

COMMUNAUTÉ.

Dans le droit coutumier la communauté dérive du mariage; c'est pour cela que la Coutume d'Artois a établi un régime de communauté légale qui devait être suivi toutes les fois qu'il n'y était pas dérogé par des conventions spéciales. Ce principe ressort des art. 136, 137, 139 et 153 de la Coutume. Il existe également dans l'article 1693 du Code Napoléon. Au reste, les conventions matrimoniales une fois formées étaient irrévocables. Un placard du 29 novembre 1625 déclare même non obligatoires les actes passés, soit avant soit après le mariage, hors de la présence de ceux qui assistaient au contrat, et un arrêt du Parlement du 30 août 1702, confirmatif d'une sentence du Conseil d'Artois du 27 novembre 1693, a annulé un acte signé par le père de l'épouse, l'époux et l'épouse, parce qu'il contenait des clauses différentes du contrat de mariage reçu le lendemain.

Pour composer la communauté, il y avait une grande différence à faire entre les héritages cottiers et les héritages féodaux. Les premiers entraient dans la communauté (136), les seconds n'y entraient pas (135). Ainsi, quand le mari acquérait des héritages féodaux, ils lui restaient propres, et la femme ne pouvait, dit la Coutume, *en iceulx quereller droit de propriété* (a). Il n'y avait d'exception qu'au cas où la femme aurait été saisie actuellement du fief, c'est-à-dire si elle était revêtue de droits réels ou si elle pouvait l'être. Bauduin et Maillart établissent aussi qu'il était dû récompense à la femme, à raison de la moitié des sommes prises dans la communauté, pour parvenir à l'acquisition des fiefs faite par le mari, car sans cela le mari aurait pu employer tous les effets de la communauté en acquisitions féodales. Pourtant, il paraît que les praticiens répugnaient à cette interprétation équitable ; mais, dit Bauduin, « il n'y aura « jamais fin si l'on se veut arrester à eux, et ne sera « jamais bien fait en justice, tant que l'on mettra en

(a) Immeubles, en la Coutume générale d'Artois, n'entrent pas en communauté. (Acte de notoriété du Conseil d'Artois, n° 13. Mabille. V. *Immeubles.*

« nonchaloir la vérité et raison naturelles, ne tenant
« compte que de l'usage commun, qui est bien souvent
« erroné et abusif..»

Quant aux héritages cottiers, ils tombaient dans la
communauté, même lorsque le mari les avait achetés
seul. Les héritages féodaux entraient aussi dans la communauté, lorsque cela résultait de conventions expresses,
car l'article 135 n'est pas d'ordre public. Ainsi, quand
le contrat de mariage portait que les fiefs acquis pendant
le mariage feraient partie de la communauté, cette clause
recevait son exécution, parce que, disent les auteurs,
convenances vainquent la loi. C'est ce qu'avait décidé un
arrêt du Parlement du 23 juin 1695. Les héritages, même
situés hors des Coutumes d'Artois, étaient soumis aux
prescriptions de l'article 136, pourvu que la communauté
eût été stipulée en Artois, car le statut de la communauté
conventionnelle est personnel. C'est pour cela qu'on
tenait qu'une femme pouvait prendre part aux fiefs
situés en Artois acquis pendant la communauté par des
personnes ayant contracté mariage dans un pays où cette
Coutume était reçue.

§ I. *Administration de la communauté.* — La communauté était administrée par le mari qui en était le maître (134), « car, suivant Roussel de Bouret, toute la poli
« tesse française n'a pas empêché que toutes les Coutumes
« de la nation n'aient retenu et conservé au mari le
« droit de puissance, comme l'un des plus solides fon
« dements de la société civile. » Il faut remarquer à cet
égard l'énergie des expressions dont se sert l'article 134 :
L'homme, dit cet article, *a comme mary, le bail de sa
femme, l'administration et gouvernement des biens et hé-*

ritages de sa dite femme. Ne semble-t-il pas que la Coutume considère la femme comme une chose que l'homme prend à bail et qu'il administre? En vertu de cette puissance, le mari avait la libre disposition des meubles et effets mobiliers ainsi que des conquêts, et la femme n'avait d'autre droit que de prendre la moitié des meubles qui se trouvaient dans la communauté au décès de son mari (134, 139, 153). Ainsi l'article 140 de la Coutume réputant meubles les rentes rachetables, il en résultait que ces rentes appartenant à la femme tombaient en communauté, et pouvaient être aliénées par le mari seul. Il en était de même des maisons situées dans l'échevinage d'Arras, ainsi que l'avait reconnu un acte de notoriété délivré le 6 mai 1681 par le Conseil d'Artois.

Mais les meubles seuls et les fruits des immeubles entraient en communauté; les immeubles de la femme n'y entraient pas : aussi le mari ne pouvait jamais en disposer sans l'exprès consentement de celle-ci. Il lui était également interdit de disposer par testament, sans le consentement exprès de sa femme, de la part de celle-ci dans la communauté, car cette disposition ne doit produire effet que dans un temps où la femme et ses héritiers auront la moitié des biens de la communauté. Le consentement tacite n'aurait pas suffi, mais il n'était pas nécessaire que le consentement exprès accompagnât l'aliénation.

§ II. *Dettes de la communauté.* — L'article 139 accorde au survivant la moitié de tous les biens meubles du prédécédé, à la charge de payer la moitié des dettes. L'autre moitié appartenait, comme nous le savons, *aux plus prochains héritiers* du premier mourant (153), Nous avons

- vu que ce droit s'appelait *formonture*, c'est-à-dire droit
de formelle moitié. Des articles 139 et 153 il faut encore
rapprocher les articles 183, 184 et 185, pour avoir une
théorie complète concernant les dettes de la communauté.
En vertu de l'article 183, *le créancier d'un trépassé peut,
pour estre payé de ce qui lui est deu, adresser contre la
vefve d'icelui, demourée és-meubles, pour la moictié de sa
debte*. Ainsi, l'article 183 ne s'applique qu'au cas de communauté, car si la veuve prenait la totalité des meubles,
soit en vertu de son contrat de mariage, soit en vertu
de l'entravestissement, elle devrait payer la totalité des
dettes (*a*). Si la veuve prenait les meubles à titre de donation, elle n'était tenue des dettes que jusqu'à concurrence de la valeur de ces meubles. Les conquêts étaient
assimilés aux dettes pour la contribution aux dettes,
« car, dit Maillart, il y a encore moins de raison de
« charger de toutes les dettes la veuve qui prend la
« moitié des conquêts, qu'il y en a d'en charger celle
« qui prend la moitié des meubles. En effet, les meubles
« sont le véritable sujet des dettes quoique les conquêts
« y contribuent. » La veuve n'était même pas toujours

(*a*) En matière de partage de communauté le Conseil d'Artois avait
jugé les points suivants. Sous la donation de meubles au survivant les
acquêts ne sont pas compris. Le survivant qui reste dans les meubles
meublants est tenu de payer toutes les dettes s'il n'a point fait inventaire. Les acquisitions ne sont pas censées faites par remploi, si les
contrats d'acquisitions ne le disent pas. Pour décider de la nature des
rentes hypothéquées on considère la coutume du domicile du créancier, plutôt que la Coutume des lieux où elles se trouvent affectées.
Il n'y a point de catheux à l'égard du survivant qui prend la moitié
des conquêts : tout suit dans le partage qui s'en fait la nature d'immeubles (Arrêt du 16 juin 1750. Devienne. *V. Communauté*.)

tenue de payer la moitié des dettes de la communauté.
Ainsi, quand sa part était moindre que la moitié, elle ne
contribuait aux dettes qu'à raison de son émolument.
C'est ce qu'avait reconnu en principe un arrêt du Parlement du 7 juillet 1737, confirmatif d'une sentence
du Conseil d'Artois du 17 mars 1725.

On sait que d'après l'article 184 les créanciers du défunt pouvaient poursuivre l'héritier des immeubles
pour la totalité de la dette; mais l'héritier ainsi poursuivi devait être déchargé et acquitté par la veuve commune jusqu'à concurrence de la moitié (185). Parmi les
dettes de la communauté étaient comprises celles dûes à
raison des héritages achetés, soit avant soit après la
communauté, sauf récompense bien entendu. On y comprenait encore les frais de maladies, mais on en rejetait
celles faites par le mari avant le mariage. Quant aux
obsèques et funérailles, les héritiers mobiliers devaient
les payer, mais seulement si ces frais étaient proportionnés à l'état et aux facultés du défunt (139). De tout
temps les jurisconsultes se sont montrés sévères sur ce
point. « Aujourd'huy, dit Bauduin, il y a tant d'abus
« et dépens perdus, tant par la superstition des décédés que *l'avarice des prêtres*, qu'il serait besoin de
« remettre sus l'ancienne ordonnance de Sylla, qui jadis,
« à Rome, publia certain édict que les dépenses des obsèques ne pourraient dépasser certaine quantité. » Au
sujet du deuil, Maillart fait une singulière distinction ;
voici comment il raisonne : le mari n'est pas obligé de
pleurer sa femme, s'il porte son deuil, c'est qu'il le veut
bien, on ne doit donc pas lui rembourser les frais qu'il
fait pour cela ; mais la femme étant obligée de pleurer

son-mari, il faut lui tenir compte des dépenses de son deuil.

§ II. *Renonciation à la communauté.* — Après la dissolution de la communauté la veuve avait la faculté d'y renoncer. Par cette renonciation elle était affranchie de toutes dettes, excepté de celles auxquelles elle s'était personnellement obligée; et encore pour celles-là elle avait son recours contre les héritiers du mari (161, 162, 165). La faculté de renoncer accordée aux femmes sous le régime de communauté ne parait pas remonter au delà des Croisades : elle fut d'abord limitée aux veuves nobles de ceux qui mouraient en Terre sainte. Plus tard elle s'étendit aux veuves des gentilshommes, en considération des dépenses que leur occasionnait le service militaire (a). Enfin, elle fut accordée aux veuves des roturiers (b), parce qu'on reconnut qu'il n'était pas juste non plus de les ruiner par les prodigalités de leurs maris. On voit combien les vrais principes ont de peine à se faire jour quand ils luttent contre les préjugés de caste (c).

(a) Après le décès de Philippe-le-Hardi, duc de Bourgogne, arrivé le 27 avril 1404, Marguerite de Flandre, sa veuve, lui fit faire un service solennel en sa chapelle d'Arras, durant lequel elle renonça aux biens meubles de son mari, *pour crainte de trop grandes dettes ;* en mettant sa ceinture, sa bourse et ses clefs sur *la représentation de son mari.* Il en fut donné acte par un notaire appelé à cet effet.

(b) C'est l'autorité de Du Moulin qui la fit admettre en 1580 dans la Coutume de Paris.

(c) Par arrêt du grand Conseil de Malines, du 4 novembre 1600, il a été jugé, sur un appel du Conseil d'Artois, que la femme a pu s'engager valablement avec son mari, quoiqu'elle n'eût pas renoncé au bénéfice du sénatus consulte Velléien et à l'authentique, et ce suivant l'article 162 de la Coutume d'Artois et l'usage du pays.

Toutefois il est bon de rappeler qu'en Artois, le droit de
renonciation a été de très-bonne heure concédé à toutes
les veuves de quelque qualité qu'elles fussent : il n'y a
pas lieu de s'en étonner, car les habitudes judiciaires de
cette province ont toujours incliné vers l'égalité, autant
que cela était conciliable avec les mœurs du temps.

La renonciation devait être faite en justice par déclaration au greffe (a) dans les quarante jours du décès du
mari, *ou de la sceute de sa mort* (161). Mais l'ordonnance
de 1667 avait apporté une modification importante à
cette règle. A dater de cette ordonnance, registrée en
Artois le 12 novembre 1687, la veuve eut trois mois et
quarante jours pour faire inventaire et pour délibérer.
C'est encore ce délai que lui accorde l'article 1457 du
Code Napoléon. Si dans le temps fixé la femme *n'avait
renonché solempnellement, elle était capable et poursuyvable
des debtes de son mary* (165). On sait qu'aujourd'hui,
après les trois mois et quarante jours, elle peut être
seulement poursuivie comme commune, mais qu'elle
a encore la faculté de renoncer (b). L'obligation de
faire inventaire, pour pouvoir renoncer, ne s'appliquait
qu'à la femme (c), il était généralement reconnu que

(a) Un arrêt du Parlement du 14 février 1701 enjoint aux greffiers
et notaires qui reçoivent des actes d'acceptation et de renonciation
d'en garder minutes sans les laisser aux parties.

(b) D'après l'ordonnance de 1667, on décidait que la veuve pouvait
renoncer en quelque temps que ce fût, parce que l'ordonnance assimilait en tout les veuves aux héritiers qui n'encouraient jamais la déchéance.

(c) Les habits et linge du mari devaient être représentés par la
veuve : quant aux siens, on se contentait d'une simple déclaration.

ses héritiers et ceux du mari n'y étaient pas soumis (a).

L'effet de la renonciation était d'affranchir la femme des dettes de la communauté (b) ; mais, ainsi que nous l'avons vu (163), elle pouvait être tenue de ces dettes quand elle s'y était obligée. Or, on admettait qu'elle y était obligée de trois manières : 1° Si elle en était débitrice avant le mariage, 2° si durant le mariage il lui était échu quelque bien auquel des dettes mobiliaires étaient attachées, 3° si elle avait contracté avec son mari (c). Quant aux meubles entrés de son chef dans la communauté, les principes s'opposaient à ce qu'elle pût les reprendre (d). C'est pour cela qu'avait été inventée *la clause de reprise*, qui était très-fréquente en Artois dans les contrats de mariage, quoiqu'il n'en soit pas parlé dans la Coutume. De ce silence on concluait que la clause dont il s'agit n'avait d'effet qu'à l'égard de la femme, et

L'inventaire devait contenir prisée et estimation. (Arrêt du Conseil d'Artois du 6 avril 1747). Il ne devait pas être remis à la partie, mais il était déposé par les notaires au greffe du gros. (Arrêt du Conseil d'Artois du 23 mars 1753.)

(a) Maillart, notes 5 et 6 sur l'article 153.

(b) Il faut remarquer la différence qui existe entre les deux rédactions de la Coutume. La première ne permet à la femme que de renoncer aux biens meubles, le second y ajoute *les acquêts* faits dans la communauté.

(c) Dans ce dernier cas il y avait quelques Coutumes qui déchargeaient la veuve renonçante.

(d) En la première chambre du Conseil d'Artois, à l'audience du 18 juillet 1748, il avait été jugé, sur les conclusions de M. l'avocat-général, qu'une femme qui avait pris des terres à bail avec son mari, et qui devenue veuve avait renoncé à la communauté, ne pouvait pas obliger les propriétaires des terres à les lui laisser exploiter au lieu des héritiers du mari. (Devienne, *journal du Conseil d'Artois. V. Bail.*)

qu'à moins de stipulation expresse, ses enfants, héritiers ou ayant-cause ne devaient pas en profiter.

Au cas de renonciation, on ne voulait pas que la veuve sortit *nue* de la maison de son mari ; aussi, à moins de conventions matrimoniales contraires, lui accordait-on ses *vêtements quotidiens* et son lit garni (a). Elle avait de plus le droit de demeurer dans la maison pendant trois mois et quarante jours. Elle pouvait, pendant ce temps, *user des biens tant en vivres, comme autrement, usuablement, sans en transporter aucuns* (164) (b). Bien entendu, que ce que l'on dit de la veuve s'étend à ses enfants et à ses domestiques, en un mot à son train ordinaire. Mais si au lieu d'être commune, la veuve était séparée de biens, on décidait qu'elle ne jouissait pas du bénéfice de l'article 164, parce que dans ce cas elle n'aurait pas à faire inventaire et à délibérer. Pendant les trois mois et quarante jours, la veuve qui détournait ou récelait quelque objet de la communauté était présumée acceptante (163), l'article 1460, Code Napoléon, a reproduit cette disposition peut-être un peu trop rigoureuse (c). Au reste, on

(a) L'ordonnance du 23 juin 1716 fixait le deuil des veuves à un an, celui des veufs, orphelins, héritiers et légataires universels à six mois, celui des frères et sœurs à trois mois, celui des autres parents et alliés à un mois. L'ordonnance du 8 octobre 1730 a augmenté tous les deuils de moitié.

(b) L'ancien droit coutumier voulait que la femme *qui avait jeté les clefs sur la fosse de son mari*, ne retournât pas dans la maison du défunt, mais qu'elle allât coucher ailleurs. (Loiseau, *du déguerpissement*, liv. IV, ch. 2.)

(c) Voir dans Mabille *(V. Communauté)* une série de questions relatives au droit des veuves qui renoncent à la communauté. La plupart de ces questions seraient encore applicables aujourd'hui.

ne pouvait agir contre une veuve du chef de récelé qu'après l'inventaire achevé et son affirmation, parce que jusque-là le défaut de représentation de certains effets de la communauté n'est censé qu'une simple omission.

CHAPITRE XX.

DOUAIRE.

« Le douaire (a), dit Bauduin, est un droit d'usufruit « qu'a la veuve ès biens de son mari prédécédé, qui a « esté inctroduit par les Coutumes en faveur des fem- « mes, lesquelles semblent plustost devoir prouffiter des « maris que les maris d'elles. » Il y avait deux sortes de douaires, l'un *coutumier*, qui n'existe plus aujourd'hui, et l'autre *conventionnel* ou *préfix*, qui répond à ce que noùs appelons *les gains de survie*. Mais ce qu'il faut bien remarquer, c'est que la femme survivante avait toujours droit à un douaire. Quand il n'avait pas été prévu par son contrat de mariage, la loi lui en donnait un (b). En général, le douaire n'appartenait qu'aux femmes, pour-

(a) Dans le vieux langage le douaire se nommait *livote, provision, viage, voyage* et, quand il s'agissait de roture, *vivenote* ou *vivelote*.

(b) Molière a très-bien exprimé la différence du douaire légal et du douaire conventionnel dans ces vers de la scène 2, acte IV de l'*Ecole des femmes :*

> L'ordre est que le futur doit *douer* la future
> Du tiers du dot qu'elle a ; mais cet ordre n'est rien,
> Et l'on va plus avant lorsque l'on le veut bien.

tant il y avait des Coutumes locales en Artois, notamment celle d'Hamelincourt, qui en attribuait un au mari.

Le douaire coutumier se composait, d'après la Coutume d'Artois, de la moitié des profits et revenus des fiefs, et de la jouissance du tiers des cotteries pendant la vie de la femme seulement (173). Ce douaire existait en cas d'acceptation, comme en cas de renonciation de la communauté (171). Au reste, c'était une règle générale que le douaire coutumier ne constituât qu'un usufruit, à moins qu'il ne fût stipulé *sans retour :* dans ce cas, la veuve recevait la propriété du jour du décès du mari. Lorsqu'il était à titre d'usufruit, il subsistait pendant toute la durée de la vie de la femme. Pourtant si la veuve vivait *impudiquement*, il pouvait lui être retiré. C'est ce qu'avait jugé un arrêt du Parlement de Paris, du 11 avril 1571.

Pour profiter de ce douaire, la veuve était tenue de faire appréhension de fait, en appelant l'héritier et les seigneurs dont relevaient les héritages sur lesquels le douaire était assis (167). Ainsi, pour jouir d'un douaire coutumier, il fallait employer les mêmes formalités que pour acquérir des droits réels sur un héritage. Ces formalités sont celles des articles 71 et 75 de la Coutume. Quand ces formalités avaient été remplies, la veuve obtenait un décret qui l'envoyait en possession ; jusque-là elle ne pouvait percevoir aucun fruit de son douaire. Mais quand le décret avait été rendu, *il se rattrayait à l'appréhension*, c'est-à-dire qu'il avait un effet rétroactif depuis le jour de la prise de possession de fait. La veuve n'était pas tenue, en Artois, de donner caution pour un douaire, à moins d'abus de jouissance.

Ce n'était que le trépas du mari qui donnait ouverture au douaire, d'où l'on concluait qu'une femme ne pouvait renoncer à son douaire avant qu'elle fût veuve, parce qu'il n'est pas possible de renoncer à un droit non acquis. Pourtant, on admettait la renonciation au douaire coutumier, quand il y avait d'autres héritages sur lesquels il pouvait être exercé. On citait même des exemples notables de cette renonciation avant le décès du mari. Ainsi une charte du mois de janvier 1237 contient renonciation de Béatrix, femme de Wautier d'Omericourt, au douaire sur la moitié des dîmes de Canlers en Artois, que son mari donnait à l'abbaye de Blangy-en-Ternois, et ce moyennant un demi muid de grain que le mari lui avait assigné. Par une autre charte du mois de février 1244, Mahaut, femme du comte Bauduin de Hennin, tient quitte le comte d'Artois du douaire qu'elle pouvait avoir sur la terre de Hennin, vendue par son mari, parce que, dit-elle, elle en avait été récompensée ailleurs. Les auteurs décidaient que la mort civile du mari, comme la mort naturelle, donnait ouverture au douaire. Il en était autrement de l'absence. Dans ce cas, la veuve ne pouvait demander qu'une pension qui était ordinairement du *mi-douaire*. La séparation de corps (*a*) donnait droit au douaire; mais la femme condamnée pour adultère en était privée. La Coutume n'ayant pas déterminé à quel moment le douaire était gagné, les auteurs l'accordaient à partir de la célébration du mariage (*b*).

(*a*) On l'appelait jadis le divorce.

(*b*) Il y avait des Coutumes qui voulaient que le mariage fût consommé, et qui disaient que la femme ne gagnait son douaire qu'au

De l'article 166 qui refuse à la femme une hypothèque pour son douaire conventionnel, on concluait *à contrario* qu'elle en avait une pour son douaire coutumier. Il était formellement défendu de cumuler les deux douaires. Ainsi, en prenant le douaire conventionnel, on renonçait tacitement au douaire coutumier et réciproquement (168). La raison en est dans la crainte de voir la succession du mari surchargée outre mesure par les reprises de la femme. Mais la veuve avait toujours l'option entre les deux douaires, quand même cette option ne lui aurait pas été réservée par son contrat de mariage. L'appréhension du douaire coutumier n'entraînait la perception d'aucun droit au profit des seigneurs dont les terres étaient tenues (169). La faveur des douaires avait fait admettre ce privilége qui s'étendait même aux droits de relief. Mais s'il s'agissait d'un douaire conventionnel, la veuve qui voulait acquérir hypothèque pour sûreté de ce douaire, devait payer les droits seigneuriaux, au moins, en ce que le douaire conventionnel excédait le coutumier.

La première femme exerçait son douaire sur tous les biens que son mari possédait pendant le mariage, tant nobles que roturiers, tant propres qu'acquêts, quand bien même le mari les aurait vendus ou donnés avant sa mort, et que la vente en aurait été faite par décret (172). On en déduisait néanmoins les rentes dûes par le mari et hypothéquées avant le mariage (174); mais si l'hypothèque avait été constituée postérieurement au mariage

coucher, quand elle avait mis le pied dans le lit. C'est une réminiscence du *morgengabe*, présent du matin, chez les Germains, qui n'était acquis que le lendemain des noces.

ellé ne pouvait anéantir ni diminuer le douaire (175) (a).
Il est facile de voir que toute cette théorie des articles
172, 174 et 175 ne s'applique qu'au douaire coutumier.
En effet, le douaire préfix ou conventionnel étant une
véritable créance peut s'exercer non seulement sur les
immeubles, mais même sur les effets mobiliers. Quant
au douaire coutumier, comme il n'était jamais pris que
sur les objets réputés mobiliers par la Coutume, on estimait qu'il ne devait pas s'exercer sur les rentes rachetables ni sur les fonds situés dans l'échevinage, non plus
que sur les offices vénaux. Pourtant, s'il n'y avait pas
autre chose dans la succession, le douaire coutumier
s'étendait sur ces objets.

Quand il n'y avait pas d'enfant du premier mariage,
ou qu'ils étaient décédés lors du second, le douaire coutumier de ce second mariage se réglait de la même manière que le premier. Mais s'il y avait eu des enfants
d'un mariage précédent, le douaire coutumier du second
mariage ne pouvait s'exercer sur les biens possédés par
le mari pendant le premier mariage, quoique les enfants
fussent morts avant leur père (176). Ainsi, la seconde
femme n'avait droit de douaire que sur les immeubles
échus à son mari par succession, ou par lui acquis depuis
le décès de la première femme, et qu'il avait possédés
pendant le second mariage. Tous les autres mariages
étaient soumis aux mêmes règles (181). On voit que cette

(a) Ainsi, il n'était jamais au pouvoir du mari de diminuer le
douaire coutumier : dès l'instant de la bénédiction nuptiale les immeubles du mari étaient tacitement hypothéqués à la sûreté de ce
douaire.

législation est assez rigoureuse : sous ce rapport l'Artois était beaucoup moins favorable aux douaires que bien d'autres provinces. En effet, dans la plupart des Coutumes qui affectent le douaire aux enfants, la seconde femme avait demi-douaire, la troisième un quart, et ainsi de suite, tandis qu'en Artois, où le douaire était personnel à la femme, il ne pouvait plus s'exercer en présence d'enfants d'un premier lit. Au reste, cet usage parait fort ancien ; on en retrouve des traces dès le XIVe siècle.

La veuve qui avait appréhendé la communauté ne pouvait s'affranchir des dettes hypothéquées sur les biens sujets à son douaire ; mais pour être soumise aux dettes elle ne perdait pas pour cela son droit de douaire, et elle avait son recours contre les héritiers du mari pour les obliger à payer la moitié de ces dettes (171). Ainsi de la combinaison de l'article 171 avec les articles 139, 183 et 185, il résulte que la veuve peut accepter la communauté mobiliaire, et renoncer à celle des conquêts, si l'une lui est plus avantageuse que l'autre.

Le douaire coutumier se prenait non seulement sur les propres du mari, même substitués, et sur les acquêts faits pendant le mariage, mais encore sur les conquêts, lorsque la femme n'en reçoit pas la moitié à titre de communauté (170). Autrefois les châteaux forts n'étaient pas sujets aux douaires en Artois, parceque les femmes ne pouvaient habiter que des *basse-courts*. Mais plus tard, « quand les guerres particulières ne furent plus à craindre », dit Desmazures, les douaires s'exercèrent sur les *maisons fortes et ordinaires*. De l'article 170, on peut tirer deux conséquences : la première, c'est qu'en Artois la veuve ne prenait pas de douaire coutumier sur les héritages dont elle avait la moitié à titre de communauté, la seconde; c'est que le douaire coutumier s'étendait sur tous les héritages dont le mari avait la propriété pendant le mariage, s'il n'y avait pas d'enfant d'un premier lit. La veuve commune ne pouvait pas non plus demander son douaire coutumier sur les conquêts donnés sans fraude durant le mariage à des étrangers. Une sentence du Conseil d'Artois du 9 avril 1696, avait décidé que la donation consentie par un mari à son neveu, qui lui servait de commis, n'était pas faite en fraude de la communauté.

Après l'appréhension du douaire, il s'agissait d'établir les droits de chacun. A cet effet la veuve faisait elle-même les *cayers*, c'est-à-dire les lots, et en laissait le choix à l'héritier (178) : c'est une dérogation à l'ancienne règle du droit coutumier qui veut que l'héritier le plus âgé fasse les lots, et que le puîné choisisse. Pour que la veuve jouisse du bénéfice de l'article 178, on exige qu'elle fasse appréhension par mise de fait. Si la douairière était mineure, le partage se faisait en justice. Dans tous les cas, les frais étaient à la charge de la veuve seule, car c'était son douaire qui le rendait nécessaire. L'usage voulait que l'on nommât un tuteur spécial pour présider à ce partage.

Si le mari avait laissé plusieurs maisons tenues en fief, c'était aussi à l'héritier qu'il appartenait de choisir d'abord. Après le choix de l'héritier, la veuve pouvait choisir une maison (a) pour y demeurer pendant sa vie

---

(a) Mabille (V. *Douairière)* décide que la douairière doit faire procéder à ses frais à la visite des lieux qu'elle désire habiter. L'héritier ne peut être tenu de supporter ces frais.

(179). Mais si le défunt n'avait laissé qu'une maison en
fief, l'héritier devait, à son choix, ou céder l'habitation
pour moitié à la douairière, ou lui faire construire une
maison, ou lui procurer une demeure en fief suffisante
suivant son état (180). La femme, comme tout usufruitier, était tenue d'entretenir la maison qui lui servait
d'habitation : cet entretien est limité par la Coutume *au
pel, latte, clôture et couverture* (a). « Ces réparations, dit
« Maillart, sont celles qui mettent à l'abri, à couvert de
« la pluie et de l'ardeur du soleil. »

La veuve ne perdait pas son douaire quand elle convolait en d'autres noces (177). Dans les pays de droit
coutumier, la veuve pouvait même se remarier dans l'année de deuil ; ce n'était que dans les pays de droit écrit
qu'existait la prohibition qui est passée dans nos codes.
Au reste, il y avait des Coutumes locales en Artois
où le douaire coutumier s'éteignait par le second mariage. Le douaire ne passait jamais aux enfants.

Nous venons d'examiner toutes les dispositions que l'on
trouve dans la Coutume relativement au douaire légal.
Quant au douaire conventionnel, appelé aussi *covenanché*,
on comprend qu'il dépendait entièrement des stipulations.
Tout ce qui n'était pas défendu était permis en cette matière, comme dans toutes les conventions en général. Pourtant le douaire préfix excessif avait été réduit au coutumier par arrêt du Parlement du 3 août 1722. Il consistait
le plus communément dans une somme d'argent, ou dans

(a) Le *pel* était le plaçage ou enduit qui, avec les montants, servent
de clôture aux batiments en bois : les *lattes* étaient les verges ou cloi-
sonnements qui se trouvent au milieu des clôtures.

la jouissance de quelques héritages certains, afin d'éviter toutes contestations ou estimations au moment de son ouverture. Ainsi, le douaire préfix était à proprement parler tous les gains de survie, tels que reprise de la dot mobiliaire de la femme, préciput, etc. C'est ce qui résulte d'un placard du 29 juillet 1566, portant interprétation de l'article 166. Ce placard ne fut rendu qu'après une enquête par turbe, qui eut lieu à Arras le 9 mai 1564, en vertu d'un arrêt du Conseil privé de Bruxelles, du 24 décembre 1563. Dans cette enquête, on entendit les avocats les plus accrédités du barreau d'Arras à cette époque: c'étaient Guislain Pisson, Nicolas Gosson, Jean Couronnel, Pasquier Comes, Jean le Mièvre et Jacques du Bois. Il parait que ce placard avait été sollicité par les réclamations pressantes des Etats d'Artois, alarmés d'un arrêt du grand conseil de Malines, qui avait déclaré la dot d'une veuve privilégiée sur les biens de son mari, conformément au droit romain. Cette ingérance d'un corps quasi politique dans les matières judiciaires est certainement très-remarquable : ce qui ne l'est pas moins, c'est l'aversion que les pays de Coutume éprouvaient pour les empiètements du droit écrit. Mentionnons encore un placard du 4 octobre 1640, qui décidé que les créanciers d'un marchand sont préférés au douaire préfix de la femme.

D'après différents actes de notoriété du Conseil d'Artois, notamment des 6 mai 1581 et 8 novembre suivant, il avait été décidé que le mari n'a jamais droit de douaire ni d'usufruit, après la mort de sa femme, et que le douaire coutumier des femmes ne pouvait pas s'exercer sur les rentes. De même, le douaire coutumier ou préfix n'était point en Artois propre aux enfants, et le douaire préfix n'avait point de privilége.

CHAPITRE XXI.

VENTE.

La matière si importante de la vente est une de celles que la Coutume a traitées le plus sommairement. C'est à peine si l'on trouve quelques dispositions qui y soient relatives dans le titre IVe intitulé : *De la nature des héritages acquestez soyent féodaux ou cottiers.* Le premier article de ce titre (133) pose en principe le droit absolu de vente pour les acquêts et conquêts seulement (*a*). Quant aux biens patrimoniaux, nous avons vu, en expliquant l'article 76, combien de précautions le législateur avait prises pour en rendre l'aliénation plus difficile. Cette distinction fondamentale a été suffisamment expliquée; nous n'y reviendrons pas (*b*).

Il y avait anciennement, comme de nos jours, certaines choses qui ne pouvaient être vendues ni achetées; mais ces prohibitions étaient bien plus étendues qu'au-

---

(*a*) Il faut y joindre les meubles.

(*b*) Quand on prend des marchandises chez un marchand, la convention du prix est censée faite au même instant, et quand il n'y a pas eu effectivement de convention, on présume que celui qui a pris les marchandises a voulu s'en rapporter à la foi du marchand. (Arrêt du Conseil d'Artois, 2 mai 1748.)

jourd'hui, et avaient un caractère particulier qu'il convient de remarquer. Ainsi, un placard de Charles-Quint, du 1er juin 1536, défend de faire une vente *à un français de nation*, à peine de nullité. Par des placards des 24 janvier 1540, 2 février 1576 et 18 septembre 1599, Charles-Quint, Philippe II et l'archiduc Albert défendent le transport des chevaux et juments à l'étranger. Plus tard ce transport fut toléré, en payant quatre livres par cheval, cinquante sols par poulain non tétant, et trente sols par poulain tétant. Mais par un placard du 8 août 1632, Philippe IV prohibe de nouveau ce transport, à peine de forfaiture. Un placard du 5 décembre 1561, renouvelé le 18 décembre 1624, défend également de vendre aux étrangers corselets, harnais et toutes sortes d'armes et munitions de guerre. A cette occasion, Desmazures rapporte qu'un nommé Vasseur, ayant dénoncé un armurier d'Arras comme ayant vendu des armes aux Français, et l'accusation ayant été reconnue fausse, Vasseur fut condamné au dernier supplice par la corde, et un témoin suborné par lui fut battu et fustigé de verges dans tous les lieux et carrefours de la ville d'Arras.

Un placard du 5 juin 1616, défend de transporter hors des Pays-Bas *aucunes laines ou lin cru et non filé ni aussi filé par grande ou petite quantité.* Il était également interdit d'exporter le houblon, l'alun et le blé. On voit combien l'économie politique de cette époque était éloignée de la liberté commerciale. Ce n'est pas tout : un placard de 1543 interdisait la vente du blé et autres grains en tout autre lieu que sur les marchés publics, à peine de confiscation, d'une amende de la valeur du grain vendu et de correction arbitraire. On ne permettait au proprié-

taire que la vente de ses blés propres dans sa maison,
mais à petite mesure, et aux particuliers pour leur provision. Enfin, les placards des 13 mai 1593 et 8 mars
1597, ordonnaient *de ne vendre savon, sinon de bonne et*
pure huile, soit étrangère ou non, et de ne vendre papier,
sinon qu'il fût bien corpsé et non falsifié. Ainsi, les préoccupations du gouvernement s'étendaient à toutes choses :
dans l'intention, bien louable sans doute, de préserver les
gouvernés de la fraude, on les assujettissait aux mesures
les plus arbitraires (*a*).

Comme conséquence du contrat de vente, l'action de
réméré s'était introduite en Artois ainsi qu'ailleurs. Cette
action si décevante pour les vendeurs n'a le plus souvent
servi qu'à les mieux dépouiller. La jurisprudence ancienne avait encore renchéri sur ces dangers, car en
général, toutes ses faveurs étaient pour l'acheteur. Ainsi
le moindre manquement dans l'exécution des conventions suffisait pour priver le vendeur de la faculté de
rémérer. Pourtant, à défaut de stipulation positive, on
avait décidé que cette faculté n'était pas prescriptible, et
pouvait toujours être exercée. Ainsi, l'échevinage de
Béthune avait permis, le 30 juillet 1630, au curé et aux
marguilliers de l'église Saint-Vaast, contre Jean Carpen-

(*a*) Le bailli d'Arras ou son lieutenant ne pouvait permettre de faire
aucune vente de biens meubles ou autrement à cri public Le droit en
appartenait aux échevins seuls. Mais les sergens du bailli ou lieutenant avaient le droit de percevoir douze deniers sur chacune de ces
ventes. (Arrêt du grand Conseil de Malines de janvier 1572, entre les
échevins d'Arras et le lieutenant du bailli de cette ville.)

tier, argentier, d'user du rachat, au profit de l'église, après quarante années (a).

On appliquait en Artois la loi 2 au Code *de resolutione venditionis*. Ainsi la vente était résolue quand il y avait lésion de plus de moitié du juste prix. La résolution s'opérait aussi bien au bénéfice de l'acheteur que du vendeur (b).

Sect. Iʳᵉ. *Appréhension et mise de fait.* — En Artois la vente, ainsi que toute acquisition de droits réels, n'était point parfaite par la seule volonté des parties ; il fallait

(a) Un édit de l'empereur Charles-Quint, du 12 novembre 1520, défend aux gens de main morte d'acquérir des immeubles. A cette date l'Artois n'appartenait pas encore à l'Espagne, et la prohibition ne devint légale dans ce pays que par l'enregistrement qui se fit de l'édit le 15 avril 1526. Depuis lors, il a toujours été de règle en Artois que les gens de main morte ne pouvaient y acquérir des immeubles qu'en vertu de lettres-patentes du roi. Ainsi, les abbés et religieux de Saint-Vaast, ayant acquis sous un nom emprunté en 1720, une portion de terre, le procureur général du Conseil d'Artois, sur son réquisitoire, leur fit ordonner de vider les lieux. De même, les abbés et religieux d'Eaucourt ayant fait l'acquisition d'une petite seigneurie au village de Courcelles, ne purent en prendre possession qu'après avoir obtenu des lettres-patentes spéciales. Le Conseil d'Artois se montra toujours fort sévère à cet égard. En effet, l'édit du mois d'août 1749 ayant paru présenter quelque doute, il y eut des représentations faites par le Conseil d'Artois le 22 novembre 1749, et le roi obtempéra à ces représentations par sa déclaration du 30 janvier 1761.

(b) Il y avait plusieurs règlements du Conseil d'Artois en date des 27 septembre 1664, 7 février 1681 et 2 juin 1745, concernant les ventes par décret, les criées et adjudications. Une ordonnance du Conseil d'Artois du 14 février 1663, portait que ceux qui requièrent la remise de la vente d'un immeuble doivent s'engager à entretenir la dernière enchère.

encore y joindre la tradition (71) (a), qui avait lieu par *appréhension* ou par *mise de fait*. L'appréhension était la prise de possession réelle et actuelle d'un immeuble, du consentement du seigneur immédiat, ou lui dûment appelé. Voici comment elle s'exerçait : celui qui aliénait son immeuble se transportait lui-même, ou par procureur, devant le bailli ou le lieutenant de chaque seigneurie de la situation ; là, en présence de deux hommes de loi, c'est-à-dire de deux échevins ou de deux hommes de fief ou cottiers, il se dépouillait de la propriété réelle des immeubles dépendant de cette seigneurie. Cet abandon s'opérait au moyen d'un bâton que l'aliénant remettait entre les mains du bailli ou du lieutenant ; c'était ce qu'on appelait la dessaisine. Dès que cette formalité était accomplie, le bailli ou le lieutenant donnait le bâton à l'acquéreur ou à son mandataire spécial ; c'était la saisine. Il devait être dressé acte du tout. La minute originale était signée par les hommes de fief ou cottiers, et par le bailli ou autre conjureur, et était déposée au greffe. Il est facile de reconnaître dans les formalités que nous venons d'énumérer les usages de la tradition romaine (b).

L'aliénation ainsi opérée se nommait *rapport d'héritage* ; elle ne pouvait être expédiée que dans un jour ouvrable, parce que ce n'était point un acte de juridiction volon-

(a) Un acte de notoriété du 30 décembre 1697, délivré par le Conseil d'Artois, et suivi par presque toutes les juridictions inférieures, a attesté que les donataires en avancement d'hoirie, même par contrat de mariage, n'acquéraient en propriété les choses données que par le relief, la mise de fait ou la main assise ; sans quoi cette propriété restait dans le domaine du donateur.

(b) Ces formalités s'appelaient aussi *vest* et *dévest*.

taire, mais un jugement requérant discussion en la cour du seigneur. Un placard du 15 octobre 1584, défend aux baillis, lieutenants et autres gens de loi de l'Artois de décerner exécutoires, ni recevoir ou donner saisine ou dessaisine sur minute des contrats non grossoyés et scellés (a), à peine de dix livres d'amende, pour la première contravention, et par chaque contrat, et pour la deuxième, de la privation de leurs charges.

Il faut remarquer que la Coutume locale de l'échevinage d'Arras était en opposition avec l'article 71 de la Coutume générale, car elle porte, article 41, que *tous contracts d'héritages passez et recognus pardevant eschevins sont, par la dicte recognoissance seule, réalisez, et ceulx au prouffict desquels ils sont faicts, tenuz et réputez saisis desdicts héritages vendus, donnez et eschangez.* Quand on opérait la saisine et la dessaisine d'un bien féodal, il suffisait de se transporter sur la principale pièce de terre, et d'y remplir une seule fois les formalités qui viennent d'être indiquées. Mais s'il s'agissait de rotures, il fallait recommencer ces formalités autant de fois qu'il y avait de pièces de terres, parce que l'une ne dépendait pas de l'autre.

Dans la plupart des pays de Coutume, les frais de

(a) Le 29 mars 1670, le Conseil d'Artois fit défense de mettre à exécution aucun acte non signé ni scellé. Un arrêt du Conseil d'Etat du 10 novembre 1699 défendait au fermier des droits du petit sceau de prendre aucun droit de scel, ni d'en faire aucunes fonctions dans la Province d'Artois. Un autre arrêt du Conseil d'Etat du 17 février 1699, déchargeait les bailliages d'Artois de l'établissement des offices de Conseillers gardes scel, et maintenait les grands baillis dans le droit et la possession de sceller tous jugements, actes et commissions.

vente étaient à la charge de l'acquéreur. Néanmoins, en Artois les ventes, même judiciaires, n'étaient jamais réputées faites *francs deniers au vendeur*, à moins de convention contraire. C'est ce qui avait été attesté par le Conseil d'Artois, les 20 mai 1681 et 24 novembre 1688. L'article 1593, Code Napoléon, a suivi sur ce point la pratique générale des Coutumes.

Dans les acquisitions d'héritages cottiers ou de main ferme, quoique la femme n'ait pas été présente à la saisine, *ne mis la main au baston*, dit la Coutume, elle n'en acquérait pas moins comme son mari (136).

La mise de fait était une espèce de saisie réelle qui dépouillait le propriétaire jusqu'à concurrence des causes qui y donnaient lieu. Mais le dépouillement n'entraînait pas pour cela l'exécution immédiate, et les choses pouvaient demeurer en l'état tant qu'une expropriation forcée ait été provoquée. C'était donc une espèce d'expectative qui ressemblait beaucoup à l'hypothèque. *Elle devait procéder d'une justice de seigneur, ou autre souveraine et compétente* (71); d'où l'on concluait qu'il ne suffisait pas que la justice qui décernait la commission de mise de fait fût souveraine, c'est-à-dire supérieure, il fallait encore qu'elle fût compétente. Ainsi, la commission de mise de fait obtenue *directement* du Parlement de Paris n'aurait pas été exécutoire en Artois, parce que le Parlement de Paris n'était pas compétent pour juger en première instance. Mais il en aurait été autrement si la commission de mise de fait avait été obtenue du Parlement en appel. Il fallait, en outre, que la mise de fait *fût bonne et décrétée de droit*, c'est-à-dire suivie d'une sentence déclarant que l'impétrant avait droit et raison de se mettre de fait en possession de l'héritage. Enfin, la commission de mise de fait devait être signée du greffier et scellée du sceau ordinaire de la juridiction.

Le décret de mise de fait avait toujours un effet rétroactif au jour de l'exploitation d'icelle, sans considérer le temps des assignations pour' la voir décréter, pourvu que les assignations eussent été données dans l'année de la commission. (Acte de notoriété du 30 juin 1728.) Un autre acte de notoriété du 7 novembre 1718, déclare que les procureurs du Conseil d'Artois sont responsables des causes sur mise de fait qu'ils laissent tomber en interruption. Mais le procureur qui succédait à un autre ne pouvait entretenir la mise de fait sur le rôle comme son prédécesseur, sans un mandat spécial, parce que *morte aut recessu mandatorii finitur mandatum*. La mise de fait s'accordait au Conseil d'Artois pour un billet sous seing privé. On avait agité, dans chaque chambre de ce Conseil, la question de savoir si on pouvait exploiter mise de fait sur les offices. La raison de douter était qu'en cette Province les offices étaient meubles; mais on se prononça pour l'affirmative, parce qu'en Artois les mises de fait avaient lieu même sur des rentes volantes, et que d'ailleurs les offices pouvaient être mis en saisie réelle. (Décision du 9 février 1753.) La mise de fait sur un office de notaire inféodé se faisait, suivant l'usage au parquet du Conseil d'Artois; il en était de même des offices d'huissier de ce tribunal.

En Artois, les mises de fait ne se décrétaient pas sur le champ, afin d'éviter les droits seigneuriaux posés par la Coutume; mais elles s'entretenaient chaque année sur le rôle qui était au greffe, c'est-à-dire que le procureur du demandeur en mise de fait présentait, une fois par an, la cause sur le rôle pour éviter l'interruption qui serait arrivée irrémissiblement si l'année s'était écoulée depuis la dernière présentation sans une présentation nouvelle. Le procureur chargé d'entretenir une mise de fait en devenait garant, s'il oubliait de se présenter une fois dans l'année : « aussi, dit Mabille, presque tous nos « procureurs se présentent plutôt deux fois qu'une : il y « en a même qui se présentent trois fois. » Il est vrai qu'ils se faisaient payer par les parties chaque présentation : à ce compte on devait leur savoir gré de ne pas se présenter encore plus souvent. On voit que les mises de fait étaient pour les procureurs ce qu'on appelle vulgairement du pain sur la planche : il ne faut donc pas regretter qu'elles n'existent plus aujourd'hui, et que le sort des propriétés ne restent plus ainsi à la merci des créanciers.

SECT. IIe. *Eviction.* — *Garantie.* — *Action rédhibitoire.* — Dans toute vente, comme dans tout contrat à titre onéreux, l'équité exige qu'il y ait garantie en cas d'éviction (*a*). Cette garantie existait en Artois quoique la Coutume n'en parle pas. L'usage permettait à l'acheteur évincé ou menacé de l'être de *sommer le vendeur en garant.* Cette action était poursuivie pardevant le juge de l'éviction, sans que le vendeur pût demander à être ren-

(a) Quand des fiefs avaient été vendus comme coteries il y avait lieu à la résolution de la vente. (Arrêt du Conseil d'Artois du 5 janvier 1756.) Cette résolution était aussi encourue en cas de lésion de plus de moitié. La preuve de la lésion devait se faire par visite et estimation d'experts. (Arrêt du Conseil d'Artois du 20 décembre 1754.)

voyé devant le juge de son domicile : c'est ce qui avait été fréquemment décidé par le Conseil d'Artois (*a*).

De la garantie à l'action rédhibitoire il n'y a qu'un pas; aussi cette action était elle appliquée généralement. D'après la Coutume particulière de la ville d'Arras pour les ventes de chevaux et de bestiaux, le vendeur devait la garantie de tous les vices dont ils étaient atteints au jour de la vente. Cette garantie durait quatorze jours et quatorze nuits (*b*). L'action était portée devant le juge du domicile du vendeur, ou du lieu du contrat. Pendant le procès, l'animal était mis en fourrière ; quelquefois même le juge ordonnait qu'il fût vendu, et confiait l'argent à l'une ou à l'autre des parties, à charge de donner caution : c'est ce qui avait été jugé à l'échevinage d'Arras, et confirmé au Conseil d'Artois le 1er septembre 1629.

Sect. 3e. *Déclaration de command.* — La Coutume admettait le command ; elle en parle dans les articles 192 et 193. Le command pouvait être déclaré *par l'acheteur et dernier renchérisseur d'héritage vendu par décret*, c'est-à-dire sur procédure de saisie immobilière. Quand cette déclaration avait eu lieu, le command était autorisé à se faire ensaisiner des héritages vendus, sans devoir au seigneur d'autres droits *que ceulx à quoi peut monter la*

(*a*) Quiconque paie entièrement des ouvriers qu'il a employés, approuve leur ouvrage, et n'a plus d'action pour se plaindre des défauts de cet ouvrage. Ainsi jugé au Conseil d'Artois le 27 septembre 1751.

(*b*) Règlement fait le 4 juin 1677 par les mayeur et échevins. Il y avait en outre différentes ordonnances et règlements du Conseil d'Artois concernant la vente des bestiaux et le privilége des vendeurs. Voir notamment ceux des 22 décembre 1662, 17 mars 1663 et 22 décembre 1668.

demeure par décret. On nommait ainsi l'adjudication, parce que l'héritage demeurait au dernier enchérisseur ; ces mots vente, adjudication et demeure étaient donc synonymes, quand il s'agissait de saisie réelle.

Deux conséquences résultaient de l'article 192 : d'abord le décret n'ensaisinait pas l'adjudicataire, puisqu'il fallait en outre que celui-ci opérât la saisine par devant le seigneur ; ensuite l'adjudicataire n'avait pas besoin de se faire ensaisiner par celui sur qui l'héritage avait été vendu, puisque le décret valait dessaisine. Le délai dans leque ll'adjudicataire devait demander la saisine au seigneur n'étant pas fixé par la Coutume, on en concluait qu'il n'était pas soumis au délai de quarante jour généralement adopté dans le nord de la France. Mais si le seigneur voulait faire expliquer l'adjudicataire, il pouvait faire saisir l'héritage *faute d'homme.* La consignation devait avoir lieu promptement : dans la pratique le juge exigeait qu'elle se fît dans la huitaine, et au plus tard dans la quinzaine. Cette exigence résultait du placard du 8 juillet 1531, qui voulait que le command fût *recevable,* c'est-à-dire réputé généralement admissible. Il suffisait donc, pour la décharge de l'adjudicataire, que celui pour qui il avait enchéri fût une personne domiciliée et connue.

En Artois, il n'était pas nécessaire que l'adjudicataire fût un procureur, car la déclaration du 3 septembre 1551, n'avait pas été registrée dans cette province. Un exemple assez curieux de command se trouve dans les lettres du 16 avril 1357, par lesquelles Blanche, fille de Philippe-le-Long, religieuse à Longchamp, donne la terre féodale et censive qu'elle possède à Quiéry, en Artois, à deux autres religieuses de la même communauté, pour en jouir par elles et la survivante d'elles *par leur certain command*. Ce don fut confirmé par la comtesse Marguerite, le 22 avril 1358, et par le comte Louis, le 8 juin 1358.

L'article 193 veut que le command soit gratuit, sans quoi *il seroit deuz doubles droiz seignouriaulx* « Pour ce « que lors semble, dit Bauduin, que ladite déclaration « est quelque cession ou nouvelle vendition d'un droit « jà acquis. » Au reste, quand le command avait été déclaré et accepté, il demeurait tellement subrogé au droit de l'adjudicataire que celui-ci ne pouvait plus être recherché pour les droits seigneuriaux ou autrement. (Acte de notoriété du Conseil d'Artois du 19 mars 1727.)

CHAPITRE XXII.

LOUAGE.

La matière du louage était complètement omise dans la Coutume, et n'était réglée que par les usages locaux. Il est vrai que cette lacune était généralement regrettée, et que plusieurs fois on s'était appliqué à la combler. C'est dans ce but que Brunel proposa tout un titre supplémentaire dans son projet de réforme de la Coutume d'Artois (*a*). Mais ces tentatives n'avaient point abouti, et

(*a*) Quoique ces propositions n'aient point reçu force de loi, il est bon de les connaître pour apprécier les vœux du pays sur ce point. La

la jurisprudence seule servait de règle. Toutefois les grands principes relatifs aux obligations du bailleur et du preneur étaient universellement appliqués. Ces principes empruntés au droit romain sont assez connus pour n'avoir pas besoin d'être rappelés. Il vaut mieux examiner quelques cas particuliers qui peuvent présenter de l'intérêt.

D'abord il était défendu aux fermiers et occupeurs par les ordonnances du Conseil d'Artois des 25 mars 1670 et 15 mars 1671, de retenir les biens des propriétaires sans leur consentement. Un règlement du Conseil d'Artois du 21 mars 1757, interdisait aux notaires de recevoir un bail s'il n'était pas signé du bailleur

tacite reconduction ne devait pas avoir lieu, si le congé avait été donné avant la Chandeleur. Les fermages en grains étaient fixés d'après l'estimation au jour de l'échéance. Le fermier pouvait retenir sur le prix du fermage le montant des ouvrages nécessaires que le propriétaire n'aurait pas voulu effectuer. Les meubles garnissant les maisons devaient être la garantie de la location; mais pour les terres, le propriétaire n'avait de privilége que sur les récoltes. La jouissance du fermier était limitée ainsi qu'il suit : pour les baux de neuf ans, trois dépouilles de blé, trois dépouilles d'avoine et trois jachères. Le propriétaire avait toujours le droit de reprendre les maisons de ville quand il voulait les habiter ; il n'était tenu qu'à donner congé au locataire trois mois à l'avance et à lui payer une indemnité, cette disposition s'appuyait sur la jurisprudence du Conseil d'Artois (voir notamment un arrêt du Conseil d'Artois du 23 avril 1753). L'acheteur n'était pas obligé de respecter les baux ; mais les successeurs aux bénéfices en étaient tenus. Le mari ne pouvait louer les maisons de ville appartenant à sa femme que pour six ans : quant aux biens ruraux il avait le droit de faire des baux de neuf années. (Brunel. *Projets proposés pour la réformation des Coutumes d'Artois*, tit. XV).

et du preneur (a). Aussi tenait-on généralement que l'usage répandu en Artois de ne faire signer les baux que par le preneur était vicieux, et que ces baux ne devaient donner aucune action contre le bailleur à moins d'exécution de sa part. C'était l'avis de Brunel, ainsi que de Maillart. Ce dernier auteur étendait même cette décision aux ventes. Le Conseil d'Artois avait délibéré le 14 mars 1550 « pour l'avenir quand quelqu'un se ferait « mettre de fait en aucuns héritages pour en jouir à « titre de bail et cense, et que la partie se laisserait cou- « ler en 'plusieurs défauts, que pour être dûment con- « tumace, on procédera au décret de telle mise de fait, « en déférant le serment du demandeur, si tel bail est « de son fait, sans le régler en preuve de son inten- « tion ». Citons encore une décision remarquable du Conseil d'Artois, du 23 août 1718 suivie de lettres patentes du 27 avril 1722, qui fait injonction aux principaux habitants de chaque localité de veiller à la conservation des biens occupés par les fermiers (b).

L'acheteur n'était pas tenu d'entretenir les baux à ferme faits par le vendeur (ainsi jugé au Conseil d'Artois le 17 juillet 1750) ; mais le fils donataire du père, avec rétention d'usufruit, en était tenu. C'est ce qui avait été

(a) Il y avait pourtant un arrêt contraire du 14 juin 1757. Mabille, t. I, p. 9.

(b) Les maisons et logements des curés étaient, en Artois, à la charge des habitants ou paroissiens (Actes de notoriété des 28 mars 1682 et 30 septembre 1684). Le Conseil d'Artois avait aussi pour habitude de mettre à la charge des communautés d'habitans les réparations aux maisons des vicaires (Arrêt du 21 janvier 1748).

décidé au Conseil d'Artois le 29 novembre 1596 (a). Un père fermier ne pouvait pas non plus céder à son fils son droit de bail, sans le consentement du propriétaire, aux peines portées par les lettres patentes du 27 août 1719. (Arrêt du Conseil d'Artois, du 11 mai 1751). Il était également défendu aux notaires de recevoir de pareilles cessions. La douairière était obligée de respecter les baux faits par son mari, tandis que l'héritier de ce même mari, propriétaire du fonds du douaire, n'était pas tenu d'observer ceux qu'elle avait faits. Le propriétaire qu'on appelait *bridé* pouvait passer des baux de neuf années, parce qu'il a plus de droit que le simple usufruitier, c'est ce qui avait été décidé au Conseil d'Artois et à l'échevinage d'Arras. Quant aux successeurs aux simples bénéfices, ils n'étaient pas tenus des baux passés par leurs prédécesseurs, mais ceux qui étaient consentis par les prélats ecclésiastiques, en leur qualité, obligeaient leurs successeurs (b).

La tacite reconduction était observée en Artois, néanmoins on décidait qu'elle n'avait pas lieu quand le propriétaire avait fait un acte quelconque manifestant l'intention contraire. Ainsi, il suffisait, pour empêcher la

(a) Il avait été également jugé dans un procès célèbre qui eut lieu au Conseil d'Artois, à l'occasion du mariage de la fille du maréchal de Noailles avec le comte de la Mark, que le donataire en avancement d'hoirie était tenu d'exécuter le bail fait par son père (arrêt du 13 août 1749.

(b) Le Conseil d'Artois décidait, que le fermier ne pouvait céder et transporter le bail courant sans le gré du propriétaire. (Arrêts du 25 mars et 25 novembre 1724), l'art. 1717 Code Nap. a adopté un système contraire,

tacite reconduction qu'il y eût un bail consenti à une
autre personne, quand même l'ancien fermier n'en aurait
pas eu connaissance. Le Conseil d'Artois s'était prononcé
en ce sens dans une affaire intéressant les religieux de
St.-Eloi. Il avait aussi été jugé au Conseil d'Artois, le
2 août 1757, qu'un fermier, jouissant sans bail, et hors
le temps de la tacite reconduction, était tenu d'abandonner les terres, quoique la sommation de se désister n'eût
été faite qu'après le jet de la semence. Au reste, la tacite
reconduction n'était admise que pour trois ans. On estimait que le locataire d'une maison commune à plusieurs, qui y reste après son bail expiré, ne peut pas
refuser de payer le plein loyer, sous prétexte que depuis
un certain temps il n'a plus occupé qu'une partie de
cette maison. La question s'était présentée au Conseil
d'Artois, le 11 décembre 1749, entre le prince de Mo-
dène, abbé commandataire d'Anchin et le sieur Desla-
viers, avocat, locataire du refuge d'Anchin (a).

Anciennement les rendages se payaient le plus souvent
en grains. Ce mode de paiement entraînait des difficultés dont les auteurs et la jurisprudence s'étaient préoccupés. On pensait que le preneur devait payer en grains
dans les termes convenus, mais il était tenu de fournir
l'estimation au plus haut prix de l'année. On décidait aussi
que les registres des fermiers ou des propriétaires ne
pouvaient faire foi du paiement des fermages. (Arrêt du

(a) Il était généralement admis que le fermier peut demander l'exécution d'une promesse de bail. On poussa ce principe si loin qu'on
autorisa le fermier à faire preuve de la promesse, même au moyen
d'une simple note laissée par le propriétaire.

Conseil d'Artois, du 31 octobre 1757). Pourtant il avait été jugé, le 6 novembre 1753, qu'un fermier, qui renonce aux inductions de ses quittances, peut obliger le propriétaire à déposer son livre-journal, pour en tirer la preuve de la libération. Il faut faire observer que la preuve testimoniale n'était jamais admise en cas de contestation sur le paiement des fermages. Par arrêt du Conseil d'Artois, du 25 mai 1695, rendu entre les religieuses d'Etrun et le sieur de Duisans, il avait été jugé que, quand les redevances sont *quérables*, le créancier devait les aller prendre au plus tard quinze jours après l'échéance, sinon le débiteur était quitte en payant la prisée. Quant à celles qui sont *portables*, on devait les payer en nature, jusqu'à la récolte suivante, après quoi il fallait se contenter de la prisée au jour de l'échéance. Le Conseil d'Artois l'avait décidé ainsi, le 11 décembre 1722, entre le sieur Albert Le Boucq, Ecuyer, demeurant à Sailly, et messire Charles-Joseph-Eugène de Tournay d'Assignies, chevalier, comte d'Oisy. Toutes les rentes foncières étaient à la charge du fermier, qu'elles eussent été exprimées dans les baux ou non. Un fermier n'aurait jamais pu les retenir sous prétexte que son bail ne portait pas qu'elles seraient acquittées par lui. (Arrêt du Conseil d'Artois du 6 mai 1761).

Le fermier pouvait demander une diminution et même quittance de son fermage pour faute de récolte survenue par stérilité, inclémence du ciel ou force majeure. Un édit du roi d'Espagne, du 21 octobre 1587, établit ce droit, tant pour les baux à ferme que pour ceux des maisons. Le Conseil d'Artois avait fait sur cet objet des règlements en date des 6 juillet 1665 et 29 juillet 1670.

Ces règlements portent que pour obtenir remise ou modération de fermage, il faut que le locataire fasse citer le propriétaire pardevant les officiers de justice, et qu'ensuite il soit procédé à la constatation des dommages, au moyen d'une expertise. L'invasion des ennemis était aussi une cause de diminution ou de remise. Si l'histoire n'attestait les malheurs causés en Artois par la guerre de la succession d'Espagne, la déclaration du Roi du 11 juin 1709 fournirait sur ce point de précieux renseignements. D'après cette déclaration les fermiers sont exemptés du paiement en grains pendant deux années « parce « que dit-elle, il sera impossible de récolter durant cet « espace de temps ». Un arrêt du Conseil fixe même une espèce de *maximum* pour l'évaluation des grains à fournir pendant la guerre en paiement des fermages, et défend aux propriétaires de réclamer davantage. Non-seulement les ennemis de l'Etat, mais encore les ennemis particuliers du propriétaire pouvaient être pour le fermier une cause de réclamation d'indemnité. C'est ainsi qu'à l'audience du 6 mai 1750 le Conseil d'Artois décida que le sieur Desmazures devait répondre de la conduite que tenait le sieur Duval, son beau-frère, à l'égard des fermiers qui exploitaient ses terres de Coing.

L'incendie survenu aux récoltes engrangées donnait également lieu à une diminution de fermage. C'est ce qui avait été jugé à la gouvernance d'Arras en 1625. Il était de jurisprudence au Conseil d'Artois que l'incendie est toujours censé arriver par la faute et par la négligence du locataire ou fermier, et que c'est à lui à justifier du contraire, et à prouver que le feu n'est arrivé que par des cas fortuits ne dépendant pas de lui. (Arrêt du

25 janvier 1753.) On a même jugé que le locataire d'un moulin, qui n'était pas tenu de l'habiter, était responsable de l'incendie. (Arrêt du 27 juin 1759.) On voit que le Conseil d'Artois admettait, en cette matière, les mêmes principes que l'article 1723 du Code Napoléon, principes qui ne sont pourtant pas à l'abri de la critique. Au reste, tous les auteurs s'accordaient pour reconnaître que si le fermier prenait à sa charge toute perte de fruits advenant par cas fortuit, cette convention devait recevoir son effet. Pourtant il ne paraît pas qu'une pareille clause soit devenue de style, comme elle l'est à peu près aujourd'hui. Il est probable que la fréquence de son application engageait les fermiers à y regarder à deux fois avant de la souscrire.

Il était défendu de dessoler, à moins qu'on n'y fût spécialement autorisé par son bail. Un fermier fut condamné de ce chef à des dommages-intérêts, quoiqu'il prétendît s'excuser sur ce que l'usage du lieu permettait le dessolement. (Arrêt du Conseil d'Artois du 11 octobre 1757.) En principe, les fumiers n'appartenaient pas au fermier, mais au propriétaire (Sentence de la gouvernance d'Arras du 22 décembre 1736); c'est pour cela qu'on ne permettait pas qu'il en fût distrait la moindre portion au préjudice du fonds. Néanmoins, on admettait que le fermier pouvait emporter ceux qui étaient dans la cour de la ferme à l'expiration du bail, si à son entrée le propriétaire avait consenti à ce qu'il achetât les fumiers de l'ancien fermier. (Arrêt du Conseil d'Artois du 10 avril 1747). Pour avoir droit à des dommages-intérêts pour fait de défaut de fumure, il fallait se pourvoir contre le fermier, avant qu'il eût quitté l'exploitation. (Arrêt du Conseil d'Artois du 25 janvier 1760.)

Le propriétaire devait faire toutes les réparations nécessaires (a), sinon le preneur avait droit de retenir sur
le prix de location, la somme nécessaire pour les effectuer, et de plus des dommages-intérêts (b). On admettait aussi que tous les meubles garnissant une maison
ou une ferme répondaient des loyers. Aussi le Conseil
d'Artois avait jugé, le 30 avril 1763, que le locataire est
obligé de mettre dans une maison, même de campagne,
des meubles et effets suffisants pour la sûreté d'une année de location. La Coutume particulière de la ville
d'Arras voulait même que *les louages des maisons, soit
qu'il y ait obligation ou non, soient exécutoires pour un
an sur les biens trouvés ès-dites maisons.* C'était, comme
le fait très-bien observer Desmazures, un privilége singulier de pouvoir exécuter, sans obligation, instrument
ou sentence. Aussi, la nouvelle rédaction de la Coutume

(a) Le propriétaire d'une ferme qui s'aperçoit que son fermier né-
glige de faire les réparations locatives, peut demander, en quelque
temps que ce soit, pendant la durée du bail, la visite des bâtiments ;
mais s'il la demande avant l'expiration du bail, il doit avancer les
frais. (Arrêt du Conseil d'Artois du 30 avril 1748.) Pour que le fermier
fût responsable, il fallait un procès-verbal d'état des lieux à l'entrée et
à la sortie de jouissance. (Arrêt du Conseil d'Artois du 25 janvier
1754.)

(b) Quant aux réparations que le propriétaire aurait été en droit de
réclamer du locataire, le Conseil d'Artois avait décidé que ces réparations ne pouvaient plus être exigées quand on avait reçu et accepté les
clefs de la maison sans aucune réserve. Un autre arrêt du Conseil
d'Artois du 15 mars 1758 jugeait que le propriétaire d'une maison
voisine de celle qui est à bâtir doit la faire étayer, sinon l'occupeur
peut demander la résiliation du bail.

d'Arras, article 26, avait réduit le privilége du propriétaire à la simple saisie-gagerie, telle qu'elle est indiquée dans la Coutume de Paris. Depuis lors, quand le propriétaire voulait faire vendre les meubles de son locataire, il devait en obtenir l'autorisation de justice. (Arrêt du Conseil d'Artois du 10 mars 1747.)

Lorsqu'il y avait stipulation de pot-de-vin, il était acquis au bailleur, pourvu que la résiliation du bail ne provint pas de sa faute. Au cas de vente, l'acheteur ne pouvait prétendre quoi que ce fût du pot-de-vin touché antérieurement par le vendeur. (Arrêt du Conseil d'Artois du 20 décembre 1758.) Mais si le fermier était évincé par le nouvel acquéreur, ce que nous avons dit que celui-ci avait toujours droit de faire, il pouvait réclamer des dommages-intérêts, qui étaient ordinairement fixés par le Conseil d'Artois au quart des fermages restant à courir, et au quart du pot-de-vin payé. L'article 1746 Code Napoléon a fixé l'indemnité au tiers des fermages. Lorsque la résiliation intervenait du consentement des parties, le pot-de-vin n'était dû qu'à proportion de la durée de jouissance. Le Conseil d'Artois s'était prononcé en ce sens le 5 juin 1637. Il avait aussi jugé, le 31 juillet 1691, que les pots-de-vin, en matière de baux, font partie du rendage de chaque année, soit pour la restitution au fermier, en cas de non jouissance, soit pour le partage entre héritiers viagers ou usufruitiers, à proportion de leurs droits de jouissance. Cette jurisprudence pourrait peut-être prêter matière à la critique ; mais une décision aussi fondée en droit qu'en équité était celle qui rejetait la clause par laquelle le fermier se soumettait à la résiliation du bail, au cas de non paiement de deux années de fermage, sans qu'il fût besoin d'aucune mise en demeure. On pensait avec raison qu'une telle stipulation doit toujours être tenue comme comminatoire et non comme résolutoire de fait.

Quelques auteurs avaient prétendu que les baux excédant neuf années étaient soumis aux droits seigneuriaux. Maillart soutenait cette doctrine ; mais Brunel la réfute victorieusement, en s'armant de l'article 47 de la Coutume, qui dit que *pour arrentements ne sont deus aucuns droits seigneuriaux*. Si un bail à rente perpétuelle était affranchi de ces droits, à bien plus forte raison devait-il en être ainsi d'un simple bail à ferme, quelle qu'en fût la durée.

Les baux des biens d'église étaient régis par quelques dispositions particulières qu'il est bon de connaître. D'après l'article 35 du placard du 1er juin 1587 relatif au synode provincial de Cambrai, on ne pouvait donner ces biens à ferme qu'après trois proclamations ou attaches de bulletins ès lieux accoutumés (a). Un acte de notoriété du Conseil d'Artois du 1er septembre 1673 obligeait les abbés et abbesses réguliers d'entretenir les baux faits par leurs prédécesseurs, pourvu que ces baux n'eussent pas été passés par anticipation, et plus de trois ans avant l'expiration du bail précédent.

Un règlement du Conseil d'Artois de 1670, approuvé par arrêt du Conseil d'Etat du 15 mars 1671, défend aux anciens fermiers de molester ceux qui les remplacent,

(a) Le Conseil d'Artois avait décidé dans son audience du 17 juillet 1755, que cette règle n'était plus applicable, et qu'une seule proclamation et affiche suffisait.

et de chercher à se perpétuer dans leurs baux. Antérieurement à ce règlement, on avait déjà été obligé de réprimer cet abus par des peines sévères. Ainsi, le 16 juillet 1667, le Conseil d'Artois avait condamné un fermier de Foncquevillers, coupable de violences contre ceux qui avaient repris son bail, à l'amende honorable avec torche au parquet du Conseil, et à quinze ans de galères, comme perturbateur du repos public. Des lettres-patentes du Roi du 27 avril 1719, pour l'exécution de l'arrêt du Conseil d'Etat du 23 août 1718, attribuaient au Conseil d'Artois toute juridiction et connaissance des procès criminels pour fait d'incendie, assassinat, et autres excès commis au sujet de dépossession de baux des terres appartenant à des particuliers en Artois, avec défense aux anciens fermiers d'exploiter lesdites terres sans bail. Cette législation peut donner une idée de ce qu'était à cette époque dans cette Province *le droit de marché ou mauvais gré*, qui n'existe plus aujourd'hui que dans quelques cantons de ce pays, d'où il tend même de plus en plus à disparaître.

Plaçons, comme le Code Napoléon, à la suite du louage des biens ce qui est relatif au louage d'ouvrage. Sur ce point, le Conseil d'Artois faisait par anticipation l'application de l'article 1781 qui nous régit aujourd'hui, et qui a suscité tant de réclamations. Ainsi il avait décidé, par arrêt du 2 juin 1728, que quand de deux artisans l'un travaille sous la dépendance de l'autre, et qu'il survient des difficultés au sujet des salaires, l'affirmation doit être déférée à celui qui commande, parceque l'autre est à considérer comme un serviteur. (Arrêt du Conseil d'Artois du 11 septembre 1723.) Les domestiques n'avaient, *en France*, qu'un an pour réclamer leurs salaires ; mais, *en Artois*, ils en avaient deux, en vertu d'un placard du 4 octobre 1540. Il était de principe que les maîtres étaient crus sur leur serment pour tout ce qui concernait le paiement des gages de leurs serviteurs, mais non pour ceux des autres personnes qui ne demeuraient pas chez eux, et qu'ils ne tenaient pas à leur table. (Arrêt du Conseil d'Artois du 2 octobre 1748.)

CHAPITRE XXIII.

SOCIÉTÉ.

Quoique le contrat de société fût peu usité en Artois il y était cependant connu (*a*). Les auteurs parlent même de la société commerciale ; mais on comprend que sur ce point ils en sont presque aux éléments. Ce qu'ils disent de la société en général n'est pour ainsi dire que la répétition des principes romains. Ainsi ils reconnaissent que le contrat de société résulte du mutuel consentement des parties, qu'il donne lieu à l'action directe, et qu'il prend fin par la mort des associés, par leur volonté,

(*a*) On voulait que la société fût prouvée par écrit. Cette exigence s'induisait de l'ordonnance de Moulins, et plus particulièrement de l'article 1, titre IV de l'ordonnance de 1673, connue sous le nom d'ordonnance du commerce. Il est vrai que cette ordonnance n'avait pas été enregistrée en Artois ; mais, dit Mabille, ce n'est pas une raison pour ne pas prendre ce qu'elle a de bon.

par la perte de la chose et par l'écoulement du temps fixé. Ils défendent toute société léonine, et veulent par conséquent que les parts de gain et de perte soient proportionnées à la mise ou au travail de chacun. Du reste ils admettent que la plus grande liberté doit être laissée aux associés pour le règlement de leurs conventions.

Dans les sociétés commerciales, on voulait que les livres et papiers de la société restassent toujours entre les mains du gérant. On décidait même, d'après ce principe, que le gérant ne pouvait jamais alléguer qu'il n'avait pas de livre journal ou qu'il l'avait perdu. On reconnaissait aussi que, dans les comptes, les erreurs étaient toujours réparables : c'est ce qui avait été jugé à la gouvernance de Béthune, le 31 octobre 1620 par infirmation d'une sentence échevinale de cette ville, entre Florent Hulleu, appelant, contre Thomas Lejosne, bourgeois et marchand.

Il paraît qu'on connaissait très-anciennement en Artois une sorte de société qui y est encore en usage aujourd'hui ; c'est celle pour le commerce des bestiaux. Cette société donnait lieu à de fréquentes contestations, car les marchands de bestiaux ne passaient pas pour des modèles de probité. Entr'autres questions examinées à ce sujet par les auteurs, on avait agité celle de savoir au risque de qui devait être la perte de l'animal mort entre les mains de l'un des associés. Plusieurs arrêts du Conseil d'Artois décident que cette perte droit être supportée en commun.

Le commerce des tulipes donnait aussi lieu à des spéculations importantes, « au point, dit Desmazures, que « plusieurs se seraient appauvris de leur patrimoine

« pour composer jardins de semblables fleurs. » Ce
commerce a souvent fait l'objet de sociétés commerciales
dont les contestations ont retenti jusque dans les tribunaux. Qu'on dise après cela que la culture des fleurs
rend les hommes plus doux et plus paisibles !

CHAPITRE XXIV.

DÉPOT ET SÉQUESTRE.

Ces matières étaient presqu'entièrement régies, dans
l'ancien droit de l'Artois, par les principes de la législation romaine. Ainsi on y voyait un contrat de bonne foi
qui obligeait à toutes les conséquences de ces sortes de
contrats. Le dépositaire ne pouvait profiter des choses
déposées; il devait les rendre telles qu'il les avait reçues.
Un placard des archiducs Albert et Isabelle, du 25 juin
1600, ordonnait aux dépositaires et gardiens de rendre
les mêmes deniers consignés et déposés sans y toucher.
Il paraît néanmoins que cette prescription n'était pas observée partout, et que, notamment dans la châtellenie
de Lille, le dépositaire pouvait user des deniers déposés,
à condition de remettre pareille somme.

Dans un temps où il n'existait pas de caisse des dépôts
et consignations, on avait déjà été frappé des inconvénients qu'il y avait à laisser des dépôts judiciaires entre
les mains des greffiers des sièges et juridictions. Aussi
conseillait-on généralement aux juges de faire tous les

deux ou trois mois l'inspection des registres et caisses
de leurs greffiers, pour s'assurer s'ils n'abusaient pas des
dépôts qui leur étaient confiés. Mais il est probable que
cette sage précaution n'était pas très-bien observée, car
on avait proposé de faire verser les dépôts judiciaires
dans les Monts-de-piété, qui étaient à peu près les seuls
établissements de crédit public à cette époque. Cette
utile mesure rencontrait pourtant un obstacle dans la
vénalité des charges de greffier : alors comme aujour-
d'hui, on faisait remarquer qu'il n'était pas possible d'enlever à un titulaire d'office une branche importante de
produit, sans lui accorder une indemnité.

Les cas de perte du dépôt étaient soumis aux règles
du droit romain ; c'est pourquoi on décidait que le dépositaire n'était tenu de la chose perdue que quand il y
avait *forte coulpe*. Si la chose lui avait été dérobée, il
était déchargé de toute répétition. La responsabilité des
hôteliers avait été résolue par une distinction plus équitable que le système adopté par le Code Napoléon. Si
l'hôtelier était un homme bien famé le juge ne devait
pas se contenter du serment du dépositaire, ce dernier
était en outre obligé à faire preuve de l'importance des
objets perdus.

Le séquestre était généralement défendu en droit, les
tribunaux pouvaient seulement l'autoriser dans certains
cas, comme moyen préservatoire. Ainsi Desmazures veut
que le juge n'y ait recours que dans les circonstances
suivantes : « Premièrement il convient apercevoir som-
« mairement du deu, secondement que le débiteur,
« depuis le contrat, ait détérioré sa condition, tierce-
« ment qu'icelle détérioration ou insolvence survenue

« est fort notable » (a). Un placard du 15 juillet 1570 défend aux juges d'être séquestres.

CHAPITRE XXV.

PRÊT.

Chez nos dévôts aïeux le prêt à intérêts abhorré était souvent confondu avec l'usure. Pourtant quelques esprits éclairés, parmi lesquels on ne sera pas étonné de compter Bauduin (b), réclamaient contre la sévérité du droit canonique qui tarissait ainsi une des sources les plus fécondes du crédit. Mais ces protestations étaient peu écoutées, et généralement les· tribunaux ne donnaient d'action que pour la répétition pure et simple du prêt tel qu'il avait été fait. A grand peine les docteurs avaient-

---

(a) Desmazures, tome III, tit. 26, § 13.

(b) Il est curieux de voir comment Bauduin cherche à concilier la théologie avec les idées nouvelles : « Notre Seigneur Jésus-Christ, « dit-il, suivant la loi naturelle, ne veut point que l'on se puisse en- « richir par injure ou dommage fait à autrui ; et partant comme il est « défendu d'exiger l'usure qui n'est deue, ainsi bien a permis d'exi- « ger, suppléer et demander l'intérest, du moins si avant que le deb- « teur en est cause et le peult bien payer. Dont appert que nos rentes « par lettres peuvent être licites, si elles n'excèdent les métes de là « charité et ne sont à la foule ou oppression d'aultrui, mais plustôt.à « son aide et prouffit, aussi ne contiennent quelque gain déraison- « nable, ains seulement la justice et récompense de l'intérest, lequel « se doibt estimer selon les affaires et circonstances des personnes. » Bauduin, note 4 sur l'art. 63 de la Coutume.

ils admis que le débiteur pouvait se libérer en une autre forme et espèce de monnaie, mais à condition qu'elle serait de même matière. Ainsi quand un débiteur recevait des écus de France, il pouvait rendre des écus hongrois, mais non pas en monnaie de cuivre. Si la monnaie avait subi quelque altération, ce qui arrivait fréquemment à cette époque, on devait rendre la valeur au jour du contrat. Un placard du 25 juin 1601 l'ordonnait ainsi.

La crainte de l'usure était poussée si loin qu'on ne permettait même pas dans une obligation de fixer, à titre de peine, une somme plus forte que l'intérêt. C'est ce qui avait été décidé par arrêt du Parlement de Paris, rapporté par Papon, liv. XII. L'édit du mois de juin 1766, qui fixe l'intérêt de l'argent au denier vingt-cinq, a été enregistré au Conseil d'Artois le 4 août suivant. « Ce n'est que depuis ce jour, dit Mabille, que l'intérêt « au denier vingt a cessé de pouvoir être stipulé dans « le ressort. » De plus, par le jugement d'enregistrement il a été dit : « Attendu que le contrôle n'a pas lieu en « cette province, les porteurs d'écrits sous seing privé « avec intérêt plus fort que le denier vingt-cinq, anté- « rieur à la publication de l'édit devront, en place de « contrôle, les faire viser par notaire » (a). Citons encore comme document rétrospectif, un placard de Charles-Quint donné à Bruxelles le 4 octobre 1540. Il portait que « nuls marchands hantans et fréquentants ces pays « ne pourront donner argent à frais et gains plus haut « qu'à raison du denier douze pour cent pour un an et

(a) Il y avait aussi un acte de notoriété du 15 novembre 1673 relatif au taux de l'intérêt.

« au-dessous, selon le gain que vraisemblablement ils
« pourraient faire, emploiant ledit argent en marchan-
« dise, en déclarant tous contrats et obligations par les-
« quels on prendrait plus grand gain que dit usuraires,
« et comme tels, nuls et de nulle valeur. » Pendant longtemps il a été également défendu à d'autres qu'aux marchands, de mettre de l'argent dans le commerce afin
d'en tirer profit, à peine de confiscation des fonds et
« d'estre réputez usuriers publics et comme tels punis
« et corrigez. » On sait combien ces mesures furent peu
efficaces pour réprimer l'usure, mais elles devaient
l'être beaucoup pour paralyser le commerce (a).

Un mot des intérêts judiciaires. Le Conseil d'Artois
avait décidé le 28 novembre 1750 qu'ils ne couraient pas
de plein droit, et qu'il fallait les demander. Quant aux
sommes portant intérêts d'elles-mêmes, les paiements que
le débiteur en faisait devaient s'imputer d'abord sur les
intérêts et le surplus sur le principal. (Arrêt du Conseil
d'Artois du 16 juin 1748). C'est l'application de la loi 5

(a) Le commerce tient bien peu de place dans les préoccupations
des législateurs artésiens. Ils avaient pourtant pris quelques dispositions relativement aux faillites qui étaient le plus souvent confondues
avec la banqueroute. (Voir les placards et ordonnances des 7 octobre
et 4 juin 1540). Un placard du 20 octobre 1541 admettait, comme de
nos jours, le débiteur malheureux, à faire cession de ses biens : les
lettres de cession devaient être adressées au Conseil d'Artois. La déconfiture était aussi connue dans cette province. On décidait qu'il n'y
avait de véritable déconfiture que quand elle était ouverte en justice : jusque-là tout ce qui se faisait avec un débiteur était valablement fait, et n'était point censé frauduleux (Arrêt du Conseil d'Artois,
du 27 juillet 1748).

§ dernier, au Digeste *de solutione*. L'article 1254, Code Napoléon, a adopté les mêmes principes.

A la matière du prêt peuvent se rattacher quelques notions que nous trouvons dans les auteurs et la jurisprudence relativement à la lettre de change. Si la lettre de change n'était pas acquittée dans le temps marqué, elle dégénérait en simple obligation, et perdait les privilèges dont elle jouissait (*a*). C'étaient les échevinages qui jugeaient les contestations concernant les lettres de change, partout où il n'existait pas de magistrats consulaires. Mais ce qu'il y avait de bien remarquable, c'est que l'ordonnance du commerce de 1673, qui fixe à cinq ans la péremption de la lettre de change, n'ayant pas été enregistrée en Artois, on y décidait forcément qu'il n'y avait que la prescription ordinaire de trente ans qui fût applicable en cette matière. En vain tous les auteurs, et notamment Mabille, faisaient-ils remarquer que la faveur du commerce exigeait que l'on introduisît en Artois la prescription de cinq ans et celle de trois ans portées dans le titre 5 de l'ordonnance ; une simple question d'enregistrement mettait cette province hors de la loi commune, au grand détriment de ses intérêts. Quant au protêt, on tenait qu'il devait être fait ou renouvelé le dernier jour de l'échéance, sinon le porteur n'avait pas de recours contre le tireur.

(*a*) Il avait été décidé le 6 août 1670, au Conseil d'Artois, que les mots *pour acquit* mis au dos d'une lettre de change ne sont pas censés rendre le porteur propriétaire de cette lettre de change. Cette décision était appuyée d'un avis qui avait été demandé aux directeurs et syndics de la Chambre de commerce d'Arras.

CHAPITRE XXVI.

RENTES.

On distinguait deux sortes de rentes, les rentes foncières et les rentes constituées à prix d'argent. Les premières ne pouvaient jamais être rachetées, parce qu'on.
pensait qu'elles tenaient lieu de l'immeuble lui-même (a).
Quant aux secondes, originairement elles n'étaient
pas non plus rachetables, mais elles avaient fini par
le devenir, en sorte que la faculté de rachat était
toujours présumée exister dans ces sortes de constitutions. Cette faculté s'exerçait même quand les rentes
avaient été créées en grains, pourvu qu'on pût estimer
le prix de création (b). Si ce prix ne pouvait être estimé,
les rentes en grains étaient rachetables au denier seize,
à raison de l'évaluation sur le pied de trois années
avant et trois années après la création. Les rentes dues
aux lieux pieux, créées dans le temps où les rentes
constituées à prix d'argent étaient irrachetables, avaient
été déclarées non rachetables, en faveur et pour sûreté
des fondations. Néanmoins les rentes d'aumônes pou-

(a) Néanmoins il avait été permis aux mayeur et échevins de la ville
d'Arras de reprendre et racheter les rentes foncières héritières ou viagères, et généralement toutes autres actions vendues sur la ville
d'Arras. (Lettres-patentes de Philippe II, du 13 juillet 1586.)

(b) Le placard provisoire du 5 mai 1557, devenu définitif par celui
du 5 mai 1571, défendait formellement la faculté de rachat dans ce
cas, mais cette prohibition était tombée en désuétude.

vaient toujours être rachetées au *denier fort*, c'est-à-dire au denier trente.

Il est assez difficile de déterminer l'époque exacte où les rentes constituées à prix d'argent devinrent rachetables en Artois. Ce qui est certain, c'est que cette faculté est reconnue dans le placard de 1571 ; c'est pourquoi en 1574 un jurisconsulte célèbre, Warnesius, consulté sur la question de rachat perpétuel, répondait qu'une rente créée en 1440, avec faculté de rachat pendant douze ans (*a*), pouvait être rachetée cent vingt-deux ans après qu'on avait laissé passer ce terme. Au reste, la faculté de racheter n'était reconnue qu'au débiteur ; le créancier ne pouvait jamais obliger à racheter, même en faveur de l'église : c'est ce qu'avait décidé un arrêt du Parlement de Paris du 4 septembre 1705, confirmatif d'une sentence rendue au Conseil d'Artois du 14 juillet 1703 sur une affaire venant de Dunkerque.

Les rentes non rachetables étaient viagères ou perpétuelles. Les premières cessaient à la mort du créancier ; mais les secondes passaient aux héritiers et ayant cause de celui-ci. Parmi les rentes non rachetables viagères, on plaçait les pensions à vie créées, ou pour soulte de partage, ou par contrat, ou par disposition de dernière volonté. On y comprenait aussi les rentes constituées pour douaire préfix ou pour rachat de douaire coutumier, et

(*a*) Quelquefois on stipulait que la rente ne pourrait être rachetée que pendant un certain temps, après quoi elle devenait irrachetable. C'est pour cette raison que, dans la charte donnée par le roi Louis XI en 1481 aux habitants d'Arras, l'article 55 prorogeait pendant cinq ans la faculté de racheter les rentes, et ce par grâce spéciale.

généralement toutes les rentes viagères non constituées
à prix d'argent.

Autrefois le taux des rentes dépendait en Artois des
conventions, car l'édit de décembre 1665 n'y avait pas
été registré (a). Mais depuis l'édit de juin 1725, le produit de l'argent ayant été fixé à cinq pour cent, tant pour
les rentes que pour les intérêts, cette mesure atteignit
l'Artois, comme les autres Provinces. Jusque-là, les intérêts des créances dûes, à raison de la vente des fonds
ou de la restitution des fruits avaient été réglés au denier
trente : c'est ce qui avait été jugé au Parlement de Paris
le 7 avril 1723. Il avait aussi été décidé au Conseil d'Artois, le 23 décembre 1747, que celui qui a reconnu une
rente constituée n'est pas obligé d'en passer d'autres
reconnaissances pendant sa vie, et qu'il ne peut jamais
invoquer la prescription.

Pour les rentes, il n'y avait jamais lieu à modération
à cause de cas fortuits, comme pour les fermages, « car,
« comme le fait observer Desmazures, le canon d'arren-
« tement se paie par reconnaissance de la propriété di-
« recte et non pour le respect des fruits. » Mais les évènements politiques ne donnaient que trop de dé-
mentis à ces principes. Ainsi, par règlement du 27 juillet
1661, il avait été décidé que réduction et diminution
seraient faites à toute personne de la moitié des arrérages des rentes constituées, qui étaient échues au

(a) En 1691 les rentes héritières au denier quatorze n'étaient pas
considérées en Artois comme usuraires. (Acte de notoriété du 7 mai
1691.)

1er avril 1660, jour de la publication de la paix. C'était l'application à l'Artois des vers de Boileau :

. . . . Pâle comme un rentier,
A l'aspect d'un arrêt qui retranche un quartier.

Il avait aussi été reconnu que le preneur en arrente-ment ne peut jamais agir en garantie contre le bailleur, sous prétexte qu'il est troublé, parce qu'il a la voïe du déguerpissement. (Arrêt du Conseil d'Artois du 16 juin 1649.) La prescription de cinq ans n'avait jamais lieu dans la Province pour arrérages de rentes. (Acte de no-tsriété des 15 février 1676, 18 juillet 1679, 29 juillet 1680, 29 avril 1684, 26 juillet 1686, 24 avril 1691, 28 janvier 1692, 16 juillet 1720.) Mais la prescription à l'effet de se libérer atteignait en Artois toutes les rentes foncières « parceque, dit Mabille, elles n'y font point « partie de la hauteur de la seigneurie. Ce qui diffère « des maximes de France qui tiennent pour imprescrip-« tibles les rentes foncières qu'elles appellent *cens*. La « raison de cette différence est simple : en France les « rotures ou les censives, c'est-à-dire les terres sujettes « au cens, n'ont point d'autres marques qui caractéri-« sent et prouvent la seigneurie que le cens; elles ne « doivent ni relief, ni déclaration. Au lieu qu'en Artois « les rotures ou censives connues sous le nom de cotte-« ries payent le relief et sont assujetties à la déclaration, « marques caractéristiques de la seigneurie, et qui par « leur imprescriptibilité autorisent la prescriptibilité des « rentes foncières. » (Coutume d'Artois, article 31.)
Il s'était souvent élevé des difficultés au sujet de la

propriété des titres de rentes. Dans un procès entre l'abbaye de Saint-Vaast et M. Lesergeant d'Hendecourt, le Conseil d'Artois avait jugé, le 15 novembre 1766, sur les conclusions conformes de M. Foacier de Ruzé, avocat-général, que les titres de rentes sont communs entre l'arrentateur et l'arrentataire, parce que l'arrentateur n'ayant abandonné à l'arrantataire que le domaine utile, et conservant toujours une espèce de directe sur le fonds par la rente qu'il percevait, devait être assimilé au seigneur dont tous les biens sont communs avec son vassal.

CHAPITRE XXVII.

CAUTIONNEMENT.

Le cautionnement était plus pratiqué autrefois que de nos jours. Tandis que nous répugnons le plus souvent à nous porter cautions, nos pères paraissent l'avoir fait sans hésitation. Avait-on plus de confiance les uns dans les autres alors qu'aujourd'hui ? Cette confiance était-elle justifiée par plus de bonne foi? Le cautionnement est-il remplacé actuellement par des garanties plus fortes? Toutes ces explications sont admissibles. Ce qu'il y a de certain, c'est que les jurisconsultes anciens se sont longuement étendus sur cette matière d'où l'on peut conclure qu'elle était d'un intérêt général (a).

(a) Quand des obligés solidaires s'étaient engagés à donner caution pour sûreté de leur obligation, il suffisait que l'un d'eux la donnât,

On distinguait deux espèces de cautionnement, le cautionnement *volontaire* et le cautionnement *nécessaire.* Le premier était en général abandonné à la volonté des parties, le second s'exerçait dans les cas prévus par la loi. Ainsi le style du Conseil d'Artois ordonnait à *tout demandeur forain* de fournir caution pour le paiement des frais. On décidait même qu'un étranger devenu bourgeois, pendant le cours de l'instance, n'était pas dispensé de la caution *judicatum solvi.* (Arrêt du Conseil d'Artois du 7 avril 1747.) Devienne. *V. Cautionnement.*

La caution devait être solvable, et de plus *de facile convention et abord judiciaire,* c'est-à-dire qu'on pût aisément l'attraire en justice (*a*). Ainsi, les soldats obligés à de fréquents changements de résidence, les fils de famille, les étudiants, les femmes n'étaient point en général reçus comme cautions. Les moines et les religieux profés ne pouvaient pas non plus l'être. Le cautionnement fourni pour une certaine cause, ou pour une certaine personne, ne passait pas à une autre cause ou à une autre personne. On avait vivement débattu la question de savoir si le cautionnement s'étendait aux intérêts qui couraient contre le débiteur principal, mis en demeure d'exécuter

---

leur obligation ne pouvant être divisée par rapport au créancier. Arrêt du Conseil d'Artois du 22 avril 1747. Devienne. *V. Cautionnement.*

(*a*) La caution devait être domiciliée ou avoir des biens dans la Province. Arrêt du Conseil d'Artois du 8 février 1748. Celui qui n'avait que des meubles n'était pas admis comme caution, mais on recevait celui qui n'avait que des lettres de rentes. (Arrêt du 19 mars 1750.)

Le Conseil d'Artois décidait que les avocats et procureurs pouvaient être cautions de leurs clients. (Arrêt du 10 janvier 1739.)

son obligation, il parait que la négative avait fini par prévaloir.

Le bénéfice de discussion était généralement admis en faveur de la caution ; mais cette exception devait être proposée *in limine litis* (a) Au reste, il était loisible de renoncer à ce bénéfice; (b) mais il fallait que la renonciation fût expresse et spéciale : on suivait sur ce point la Novelle 136. Le bénéfice de division était aussi reconnu. Dans le cas où il y avait plusieurs cautions solidaires pour le tout, si l'une avait été obligée de payer, elle avait son recours contre les autres. Mais on exigeait pour cela que le paiement eut été forcé et non volontaire. Pourtant au cas de paiement volontaire, il y avait des auteurs qui ne refusaient pas le recours. Si l'époque de l'exigibilité du paiement avait été prorogée par le créancier, on décidait que les cautions n'étaient pas déchargées pour cela; c'est ce qui avait été jugé à la Châtellenie de Lille le 1er décembre 1570. Néanmoins, cette obligation ne pouvait lier indéfiniment les cautions; aussi quand la prorogation accordée au débiteur principal leur paraissait trop longue, elles avaient la faculté de s'adres-

(a) La caution poursuivie par le créancier et qui exige la discussion doit indiquer des biens libres appartenant au principal obligé qui puissent suffire à la créance. (Arrêt du 26 février 1763).

(b) Dans le cas de caution solidaire, il fallait que la renonciation au bénéfice de division et de discussion fût formellement exprimée. Si la caution n'avait pas renoncé à ce bénéfice, elle pouvait toujours être discutée avant le débiteur principal. Les poursuites exercées contre l'héritier du principal obligé arrêtaient la prescription, même à l'égard de l'héritier de la caution solidaire. Arrêt du Conseil d'Artois du 27 février 1762.

ser aux tribunaux pour obtenir leur libération, le Parlement de Flandre s'était prononcé en ce sens. La sentence obtenue contre le débiteur principal pouvait être exécutée dès l'abord contre la caution, c'était l'opinion d'Escobar, et devant cette autorité tout devait s'incliner : aussi le Conseil d'Artois avait-il adopté cette doctrine fort rigoureuse dans une affaire plaidée en 1629.

Mais ce qui mérite surtout de fixer l'attention en cette matière, ce sont les règles du cautionnement criminel. Sur ce point, non seulement il était ordonné au juge d'admettre caution, toutes les fois qu'il ne s'agissait que d'une condamnation pécuniaire, mais même dans toutes les accusations qui n'étaient pas capitales, on pouvait toujours obtenir la liberté sous caution. Les art. 28 et 29 du placard de Philippe II, du 9 juillet 1540, sont ainsi conçus : « Comme s'ensuit que si les prisonniers » requièrent pendant l'instruction de leur procès eslar- « gissement de leurs personnes, conviendra en préalable « ouïr la partie, et soit qu'elle y consente ou le débat, « les juges ordonnant sur ce, regarderont sur ce qui « leur sera apparu du procès, déterminer si lesdits pri- « sonniers devront être détenus ès-prisons publiques « fermez, ou s'ils seront confiés à la garde de quelque « officier ou ministre de justice, ou tenir leur logis, ou « d'estre relaschez ou eslargiz de prison, extraits sous « caution fidéjussoire, ou à leur caution juratoire, qui se « doit estimer selon la qualité des personnes et cir- « constances des crimes et délits. » On croit rêver en voyant l'*habeas corpus* connu et pratiqué sous le gouvernement de Philippe II.

La caution juratoire avait lieu pour gages de domesti-

ques, ainsi que pour des legs modiques faits à des serviteurs. Une ordonnance du roi d'Espagne, du 2 janvier 1583, dispensait même de la caution les appelants
pauvres, et voulait que dans ce cas on se contentât de la
caution juratoire.

CHAPITRE XXVIII.

MANDAT.

Les questions de mandat étaient résolues par les principes généraux de droit. On distinguait en conséquence
plusieurs sortes de mandats; par exemple, le mandat
volontaire, le mandat forcé, le mandat gratuit et le mandat salarié. On reconnaissait que le mandat ne se présumait pas, et qu'il devait être prouvé par celui qui l'invoquait. On décidait aussi que c'était une convention de
droit strict, et que par conséquent il devait être renfermé
dans les termes exprès qui y avaient été énoncés. Sur ce
point un procès célèbre s'était élevé devant l'échevinage
d'Arras en 1591, et avait donné lieu à une consultation
délibérée le 16 août 1593 par les plus célèbres docteurs
de l'Université de Douai. Voici de quoi il s'agissait. Un
marchand d'Arras avait donné commission à un marchand
d'Anvers de lui faire certains envois, mais à condition
que les chemins seraient sûrs. Les marchandises ayant
été expédiées furent pillées sur le grand chemin d'Anvers. Le marchand d'Arras refusa de payer, et l'échevi-

nage lui donna raison, parce que la condition essentielle du mandat n'avait point été remplie.

Nous retrouvons encore ici Escobar. Il paraît qu'il avait longuement examiné la matière du mandat, et de nombreuses solutions avaient été le fruit de ses méditations. Parmi les questions qu'il traite, nous en citerons une qui ne manque pas d'intérêt. Une personne a eu mandat de toucher des rentes, elle les a reçues avant le terme, puis elle est devenue insolvable, on se demande si le débiteur qui a payé, lorsqu'il ne devait pas, peut être inquiété par le mandant. Suivant son habitude, Escobar distingue : si le mandataire était *receveur absolu*, le débiteur a pu valablement se libérer, mais s'il n'était qu'un *simple receveur*, le débiteur ne devait pas s'acquitter entre ses mains avant l'époque fixée.

Le pouvoir de vendre emportait celui de toucher le prix, conformément à la doctrine de Barthole; mais il ne comprenait pas celui de donner crédit pour le paiement. La procuration devait, comme aujourd'hui, être insérée à la suite de l'acte de vente (a).

Les préposés des maisons de commerce, qu'on appelait *facteurs*, étaient divisés en deux catégories : *facteurs tacites*, c'est-à-dire faisant le commerce sous les yeux du patron, et *facteurs exprès*, c'est-à-dire ayant reçu mandat formel de commission. Les premiers obligeaient le patron pour le tout, tant qu'ils n'étaient pas révoqués, les

(a) Minutes de procurations doivent rester jointes aux actes pour lesquelles elles sont données, ou du moins elles doivent se trouver dans le dépôt où sont ces actes. (Arrêt du Conseil d'Artois du 18 janvier 1752.)

seconds ne l'obligeaient que dans les termes du mandat.

On décidait que le mandat s'étendait aussi aux actes criminels : ainsi celui qui aurait donné mandat de commettre un crime devait être puni des mêmes peines que celui qui l'avait commis. Mais si on avait donné mandat de battre quelqu'un, et que le battu fût mort sous les coups, les docteurs étaient fort embarrassés pour savoir si le mandant devait être puni du dernier supplice. La question s'était présentée devant l'audience de Cambrai en 1633, et avait exercé la plume des plus célèbres avocats du Conseil d'Artois. Jean · Eloy, bourgeois de Cambrai, avait payé trois soldats pour frapper et insulter Claude Resteau, un autre bourgeois de la même ville. Il paraît que les soldats avaient fait les choses en conscience, car Claude Resteau avait été tué sur place. Quoique *le mandat eût été excédé*, Jean Eloy n'en fut pas moins condamné au dernier supplice par la corde.

CHAPITRE XXIX.

TRANSACTIONS.

Cette matière a été longuement étudiée par les auteurs qui ont écrit sur l'ancien droit de l'Artois : nous nous bornerons à indiquer les points principaux de leurs décisions. Il était à peu près généralement admis qu'on pouvait transiger sur un procès non encore jugé, mais que toute transaction intervenue après sentence ou arrêt était nulle : c'était pousser un peu loin le respect de la chose jugée. On reconnaissait aux transactions la même efficacité qu'aux jugements définitifs. La découverte d'une pièce inconnue, lors de la transaction, ne la faisait point annuler, à moins que cette pièce n'eût été soustraite par dol. On pouvait transiger sur toute espèce d'actes non connus, excepté sur les testaments et les dispositions de dernière volonté. Il n'était pas permis non plus de transiger sur les pensions alimentaires laissées par testament, à moins d'obtenir l'autorisation de justice (a). Quand un procès était terminé par une transaction, on présumait que la transaction avait porté sur le tout : ainsi les dépens entraient dans la transaction à moins qu'il eût été fait réserve expresse de ce chef. Il y avait plus de doute pour savoir si la transaction pouvait être rescindée pour cause de lésion de plus de moitié ; mais l'opinion dominante était en faveur de la négative : c'est ce qui avait été jugé au Conseil d'Artois le 22 octobre 1627, entre Thomas et Martin Dubuisson, demandeurs, contre Jean Bourgeois, notaire royal. Quand il y avait lésion de plus des deux tiers, la nullité ne faisait plus de doute, ainsi que l'avait décidé le bailliage d'Hesdin, en 1620, au profit de Gilles Baniet, Procureur au Conseil d'Artois. Au reste, le fait d'une transaction pouvait toujours être prouvé quelle que fût l'importance du procès, quoique l'art. 19 de l'édit perpétuel défendît la preuve testimoniale pour plus de trois cents florins : cette question avait été décidée à la Gouvernance d'Arras, le 24 septembre 1632.

(a) Il n'y avait pas non plus de transactions possibles sur les bénéfices ecclésiastiques.

En matière criminelle, la transaction était permise pour toute espèce de fait punissable, excepté pour le faux et l'adultère. Cette règle avait même été formulée dans ces vers :

Sanguinis in pœnis, nisi mœchus, transigit omnis ;
In reliquis semper liceat, nisi crimine falsi.

De tels principes auraient pu arrêter le cours de la vindicte publique; aussi finit-on par limiter la transaction aux réparations civiles.

CHAPITRE XXX.

CONTRAINTE PAR CORPS.

La contrainte par corps, ou *arrêt au corps*, n'est autre chose, suivant Desmazures « que le saisissement et appré-
« hension de la personne trouvée ès-metz de l'échevi-
« nage par l'officier de justice, à la requeste de son cré-
« diteur, pour avoir paiement de son deubt, qui est pré-
« senté à la justice, pour être ouïe sommairement en
« ses deffences contre la demande de son créditeur, et
« le fait advenant que la chose requiert plus ample con-
« naissance de cause, les parties sont renvoiées sur le
« rolle, et cependant l'arrêté obtient main levée à bonne
« et seurre caution qu'il doit bailler, et à faute de ce
« faire il demeurera prisonnier jusqu'en définitif. » (a)

(a) Desmazures, liv. V, tit. XIII, § 3.

Cette définition un peu longue et un peu confuse donne pourtant une idée exacte de toutes les phases par lesquelles passait autrefois la procédure de la contrainte par corps : on voit qu'elle différait peu de ce qu'elle est aujourd'hui (a).

Cette voie de rigueur ne pouvait être exercée qu'en vertu d'une condamnation ou d'une obligation privilégiée. Hébert (b) dit qu'on ne pouvait contraindre par corps un bourgeois de la ville d'Arras; mais ce privilège ne s'appliquait pas en matière d'impôts, car un acte de notoriété du Conseil d'Artois, du 8 juin 1706 reconnaît que les contraintes par corps s'exercent dans tout le ressort pour le recouvrement des deniers royaux, deniers d'octrois, impôts, assises, deniers des Etats et des villes.

Au reste, si les habitants d'Arras s'étaient soustraits à la loi de la contrainte par corps, ils l'avaient étendue autant qu'ils avaient pu aux étrangers. Chez eux, comme dans la plupart des villes des Pays-Bas, ayant justice échevinale réglée, il était permis d'exercer le droit d'arrêt contre tous les *forains*, et même de *forain à forain* : c'est ce qu'on appelait *arrêter à la loi privilégiée*. Ce privilège est reconnu formellement dans la charte de Louis VIII de 1211, et reproduit dans celle de Louis XI de juillet 1481. Dans quelques villes de l'Artois on pouvait même arrêter sans titre, sauf à liquider ensuite. On en vint à arrêter les corps morts jusqu'à paiement ou cau-

---

(a) Il y avait lieu à contrainte par corps contre ceux qui vendoient un bien hypothéqué comme en étant déchargé. (Arrêt du Conseil d'Artois du 8 juin 1706.)

(b) Commentaire sur l'art. 19.

tion. Ainsi le comte Lamoral II d'Egmont étant décédé le 23 mars 1617, dans la ville de Bruges, en une hôtellerie, l'hôtelier fit arrêter son corps, afin d'avoir paiement de ce qui lui était dû.

Pour paralyser l'effet de la contrainte par corps, les tribunaux n'avaient qu'une ressource, c'était d'accorder des *asseurances* ou *sauvegardes* (a) Il y avait d'ailleurs des cas où la contrainte par corps était légalement suspendue. Ainsi elle ne devait pas être exercée pendant les jours de fêtes solennelles (b), et l'on sait qu'elles étaient nombreuses. On n'avait pas le droit d'arrêter un bourgeois sur les remparts de la ville ou en autre lieu, *pendant qu'il faisait garde.* Il en était de même des membres du Conseil d'Artois, et autres juges et officiers royaux qui sont obligés, dit Hébert, par les « devoirs de leurs charges « d'assister tous les jours en personne au jugement des « procès, au service du droict du public, dont l'intérêt « est préférable à celui du particulier. » Par lettres patentes de l'empereur Maximilien, données en 1495, la ville d'Arras jouissait en outre du privilége *de franche foire,* « en vertu duquel tous les débiteurs sont francs et « peuvent librement converser, excepté les fugitifs et « bannis de la ville, et pour debtes contractées durant « la foire. »

(a) A Arras, on ne pouvait exercer le droit d'arrêt pendant la franchise de la Sainte-Chandelle, qui s'ouvrait le 28 septembre, et durait neuf jours.

(b) Par jugement rendu le 27 octobre 1753, le Conseil d'Artois décida qu'un débiteur détenu en prison par ses créanciers ne pouvait obtenir d'être transporté dans les prisons du juge d'appel, sous prétexte d'être plus à portée de consulter et se défendre.

Desmazures (a) décide que celui qui fait échapper une personne contrainte par corps est non-seulement passible de peines criminelles, mais même est responsable de la dette. Au reste l'arrêt au corps sur un simple livre journal était nul; il fallait qu'il eût lieu par écrou : c'est ce qu'avait décidé le Conseil d'Artois, à l'audience du 14 octobre 1754. Il fallait aussi que la personne contrainte par corps fût conduite dans la prison, et non déposée dans un lieu quelconque au gré des huissiers. Ainsi le Conseil d'Artois avait déclaré nulle une contrainte par corps, parce que l'individu arrêté avait été consigné dans un cabaret : des dommages-intérêts avaient même été adjugés de ce chef, par arrêt du 26 avril 1755. Terminons en faisant remarquer que la méthode de la *recommandation* des débiteurs incarcérés était connue et pratiquée en Artois.

CHAPITRE XXXI.

MORT-GAGE.

Le droit de mort-gage était, comme le droit d'aubaine, prohibé par la Coutume (39). *Le mort-gage*, dit Maillart, *est celui qui ne s'acquitte pas de ses issues*, c'est-à-dire que les fruits n'y sont pas imputés sur le principal de la somme pour sûreté de laquelle l'engagement a été donné, mais qu'ils sont gagnés irrévocablement par le créancier

(a) Desmazures, t. II, liv. 26.

engagiste (*a*). Quelque impérieux que fût l'article 39, il était souvent éludé dans l'ancien droit. Ainsi une bulle de Grégoire IX, de l'année 1227, permettait le mort-gage à l'abbaye de Saint-Bertin. Le pays de l'Alleu l'admettait, et à Arras même il était toléré en fraude de la Coutume locale, qui défendait de créer des rentes sur les maisons. Voici comment on procédait : on vendait la maison avec faculté de rachat, puis on la reprenait à loyer, moyennant une somme par an qui était précisément l'intérêt de l'argent prêté.

La charte de Louis XI, du mois de juillet 1481, reconnaît aux mineurs le droit de donner de l'argent à *maine*. C'était une espèce de mort-gage, par lequel le mineur retirait à sa majorité un fond ayant produit annuellement des intérêts.

CHAPITRE XXXII.

HYPOTHÈQUES.

Le régime hypothécaire ancien, emprunté au dernier état du droit romain, est celui que presque toutes les Coutumes ont adopté : celle d'Artois s'est conformée à l'usage général (*b*). Elle traite de cet important sujet dans

---

(*a*) On l'appelait *mort-gage* parce que l'objet engagé est regardé comme mort pour le débiteur, et ne produit aucun profit pour sa libération.

(*b*) Les hypothèques n'ont lieu en Artois qu'en observant les voies

le titre II ; mais après avoir posé les principes dans les articles 74 et 75, elle les applique surtout aux droits seigneuriaux qui en dérivent : c'est ce qui fait la matière des articles 68, 69 et 70. Puis, il faut se reporter au titre IX, articles 188, 190 et 191, pour trouver ce qui a rapport au droit de vente. Enfin, c'est dans les articles 166 et 167 que sont comprises les dispositions relatives à l'hypothèque légale de la femme. Voilà tout ce qui compose la théorie des hypothèques dans le droit coutumier de l'Artois.

Pour acquérir hypothèque sur les biens situés dans l'ancienne province d'Artois, il fallait recourir à la formalité de la main mise (75) (*a*). Cette formalité s'opérait de la manière suivante : le créancier obtenait une commission du juge, en vertu de cette commission, un sergent *asseoit* la main du seigneur immédiat et du seigneur médiat, si les héritages étaient situés dans différentes justices mouvantes d'un même seigneur, ou enfin la main du roi, comme souverain de l'Artois, et il assignait le débiteur et le seigneur pour consentir ou contredire la main assise, et pour voir dire et ordonner qu'il la tiendra (*b*).

ordonnées par la Coutume Voir actes de notoriété du Conseil d'Artois des 4 mars et 14 juillet 1673, 3 juillet 1677, 23 janvier 1679, 14 octobre 1682, 11 juillet 1684, 7 décembre 1685, 1er janvier et 22 avril 1686, 4 février 1689, 20 juin 1690, 30 décembre 1697.

(*a*) Hypothèque est valable sur un bien patrimonial pour rentes constituées sans l'observation des trois voies ordonnées par la Coutume pour l'aliénation (Actes de notoriété du Conseil d'Artois du 16 octobre 1684 et 31 janvier 1697.)

(*b*) Ces formalités paraissaient si incommodes que, dans le cahier présenté au roi, en 1674, les Etats d'Artois en avaient réclamé la sup-

Si la main mise n'était pas suivie de procédure pendant un an, elle ne produisait pas d'effet (*a*).

Lorsqu'une hypothèque était créée ou assise sur un fief, le seigneur, qui ne perdait jamais son droit, avait *le quind denier* (*b*) *de la somme principale de la constitution de la rente* pour laquelle l'immeuble avait été engagé (68). Si l'héritage ainsi grevé était ensuite vendu, le quind n'était plus dû que pour le restant (69) : l'équité voulait en effet qu'on ne payât pas deux fois. Si une hypothèque était donnée pour sûreté d'une créance autre qu'une rente, le seigneur n'était pas tenu de l'accorder pour un temps excédant vingt années, et dans ce cas il ne pouvait percevoir aucuns droits seigneuriaux (70). La raison pour laquelle on ne pouvait hypothéquer sans autorisation du seigneur, se tire de ce qu'anciennement cette autorisation était nécessaire pour aliéner. Un arrêt du Parlement du 17 mai 1719, confirmatif d'une sentence du Conseil d'Artois du 11 avril 1715, a déclaré nulle une mise de fait, faute d'avoir été continuée avec le seigneur : le procureur, qui avait été cause de cette nullité, fut condamné à des dommages-intérêts. Quoique les articles 68 et suivants

pression. Ils demandaient aussi la réduction des droits seigneuriaux pour l'acquisition des hypothèques, et l'inscription, au moyen de l'enregistrement des contrats dans certains bureaux, ce qui n'est autre que le système actuel de conservation. Cette demande si sage fut renvoyée à l'examen de Bérulle du Coudrai, alors intendant, et il n'y fut pas donné suite.

(*a*) Maillart, note 141 et suiv. sur l'article 75.

(*b*) Ce quind denier pour les hypothèques des fiefs avait été concédé aux seigneurs, parce que la vente des fiefs y donnait lieu, et que l'hypothèque a toujours été assimilée à la vente.

ne parlent que des fiefs, Bauduin n'hésite pas à les appliquer aux terres cottières; Maillart est d'un avis différent.

Les frais d'hypothèque étaient à la charge du débiteur, suivant une pratique constante en Artois, dit Desmazures (tome III, tit. xxi, § 9). Mais ces frais avancés par le créancier ne jouissaient pas du bénéfice de préférence ; ils se remboursaient au marc le franc comme les autres créances (a), et n'étaient jamais restituables avant le remboursement du capital de la rente. (Arrêt du Conseil d'Artois du 13 juin 1749.)

Un procès célèbre sur l'interprétation des articles 74 et 75 de la Coutume, jugé au Conseil d'Artois le 25 septembre 1696, et au Parlement de Paris le 10 août 1703, avait donné lieu à une déclaration de Louis XV du 16 mars 1732, registrée le 17 avril 1722. Cette déclaration est ainsi conçue : « Nous plaît que les articles 74 et 75 « de la Coutume générale d'Artois, concernant les obli- « gations personnelles et les voies d'acquérir hypothè- « que, soient observés et exécutés. Ordonnons pareille- « ment que les sentences, promesses, rentes constituées « à prix d'argent, et toutes autres obligations person- « nelles qui ont été ci-devant passées, et qui le seront à « l'avenir, hypothéquées ou non, auront leur entière « exécution entre les héritiers des biens patrimoniaux « situés en Artois, encore que l'une des trois voies mar-

(a) Le 30 avril 1756 le Conseil d'Artois avait jugé qu'un créancier hypothécaire ne peut empêcher d'abattre les arbres qui se trouvent dans les manoirs hypothéqués, c'est ce qui avait aussi été décidé en faveur de M. le comte de Rache, qui voulait faire abattre des arbres en sa terre hypothéquée.

« quées par l'article 76 de ladite Coutume n'y ait été, et
« n'y soit observée, lequel article 76 continue d'être
« exécuté pour les ventes, charges réelles et autres alié-
« nations des propres matrimoniaux. »

Le principal effet de l'hypothèque est le droit de
suite (a). L'article 188 de la Coutume donne aux créanciers hypothécaires qui ont fait décréter leur mise de
fait, le droit d'obliger les propriétaires, possesseurs ou
détenteurs des héritages hypothéqués à les payer intégralement sans aucune discussion du principal obligé. Il
était reconnu alors, comme à présent, que le premier
créancier hypothécaire en date avait toujours la préférence sur les autres ; mais il y avait cela de particulier
que le décret se retrotait, c'est-à-dire qu'il avait un effet
rétroactif au jour de l'exploit. Ainsi le rang des hypothèques dépendait de la date de l'exploit, comme il dépend aujourd'hui de celle de l'inscription (b).

L'article 188 porte que les possesseurs d'immeubles
hypothéqués sont submis aux effets de l'hypothèque tant
qu'ils ne seront occupeurs. De ces termes on avait conclu,
bien à tort selon nous, que le fermier était tenu de l'hypothèque, parce qu'il était occupeur. C'était évidemment
abuser d'un mot : occupeur était mis pour détenteur,
et on profitait de cette confusion pour donner à l'article
une extension qu'il ne comportait pas. Néanmoins la

(a) Meubles n'ont pas de suite par hypothèque. Ordonnances du
Conseil d'Artois du 22 octobre 1662 et 22 décembre 1668.

(b) On décidait que l'hypothèque peut être prise après la mort du
débiteur qui a constitué la rente, les procurations pour acquérir l'hypothèque subsistant malgré cette mort. (Arrêt du Conseil d'Artois, du
5 juin 1751.)

jurisprudence s'était formellement prononcée en ce sens. Un arrêt du Parlement de Paris, du 22 août 1701, avait déclaré valable la procédure faite contre un fermier de biens affectés à une rente, et un acte de notoriété du Conseil d'Artois du 15 février 1676 reconnaît que les créanciers de rentes hypothéquées s'adressent valablement aux *occupeurs* des biens affectés. Voici comment Mabille s'exprime sur cette délicate question : « En France, « le fermier ou locataire n'est point tenu de l'action hy- « pothécaire, mais en Artois, l'on tient que le créancier « hypothécaire a son action directe contre le fermier ou « locataire, sous cette modification toutefois que le « fermier ne pourra jamais être tenu au-delà de ses fer- « mages ou loyers. » Il faut dire que pour corriger autant que possible la rigueur de cette interprétation, on avait permis aux fermiers ou locataires de retenir sur leurs fermages ou loyers non-seulement les frais par eux exposés, mais encore les dépens auxquels ils pouvaient être condamnés vis-à-vis du créancier hypothécaire. Cette modification était passée en règle par suite de l'arrêt du 27 juillet 1716, rendu en faveur des héritiers du comte d'Egmont, et on l'avait introduite dans les nouvelles Coutumes du Bailliage de St-Omer, article 23, celles de la ville de St-Omer et du Bailliage d'Aire, article 44.

La créance privilégiée par excellence était celle du seigneur : c'est ce qui résulte de l'article 191 de la Coutume portant que les rentes seigneuriales et droits seigneuriaux doivent être payés de préférence à toute

créance hypothécaire ou autre (a). Quant aux hypothèques
légales, la Coutume ne mentionne que celle de la
veuve (b). Cette hypothèque existait du jour de la bénédiction nuptiale sur les biens du mari, pour sûreté du
douaire coutumier seulement, en quelles que mains que
ces biens passaient à moins que la femme eût donné consentement à leur aliénation (166). Outre cette hypothèque
légale, on reconnaissait, en Artois, le privilége du fisc
sur les biens des comptables (Edit perpétuel de 1611,
art. 14), et celui du vendeur. De plus, les Etats d'Artois
et la ville d'Arras avaient hypothèque tacite sur les biens
de leurs fermiers, receveurs, collecteurs et des cautions (c). Enfin un placard du 30 octobre 1570 affecte

(a) Il avait été arrêté dans l'assemblée des chambres du Conseil
d'Artois, le 14 mars 1763 que les deniers royaux, ou ayant privilége
de deniers royaux, les rentes foncières des seigneurs et les droits seigneuriaux doivent passer dans les distributions de deniers par préférence, même aux frais de saisie, d'adjudication et de distribution.

(b) Il n'y avait pas d'hypothèque en Artois pour la dot des femmes
(voir Mabille vᵒ hypothèque, et acte de notoriété du 7 décembre 1685).
Mais il avait été jugé le 27 juillet 1736 que celui qui avait avancé
l'argent nécessaire pour payer la dot d'une religieuse avait privilége
sur les biens à vendre pour fournir cette dot.

(c) Un certificat des Etats d'Artois, du 30 juillet 1708 atteste que
cette hypothèque leur appartient. Le même privilége a été accordé à la
ville d'Arras, par placard du 16 août 1616, confirmé par la réponse du
roi au cahier de la ville d'Arras du 28 août 1640. Le maniement des
deniers royaux affectait aussi les biens des comptables, en quelque
mains qu'ils passent, et le privilége de préférence s'étendait jusqu'aux
commis trésoriers des receveurs de ces deniers. Ces questions avaient
été traitées dans une lettre du 22 novembre 1752 de M. Paulmy, mi-
nistre-secrétaire d'Etat, à M. Bataille, procureur-général du Conseil
d'Artois. Cette lettre avait été écrite au sujet d'un procès célèbre que

par privilège les offices des notaires, huissiers et sergens aux malversations par eux commises. D'un autre placard du 8 juillet 1531, on induisait que le curateur à la succession vacante ne pouvait hypothéquer les héritages : le Conseil d'Artois l'avait déclaré par un acte de notoriété du 24 novembre 1682. Une sentence de ce même Conseil, du 11 août 1700, décide que les offices de judicature en Artois sont susceptibles d'hypothèque.

En hypothèque spéciale de somme exigible ou de rente, dit Maillart, note 20 sur l'article 188 *n'échet discussion* ; mais la discussion pouvait avoir lieu en matière de garantie. Au reste la discussion n'était autorisée qu'à condition d'indiquer *à une seule fois* les biens appartenant au débiteur qui pouvaient servir au paiement, et de fournir les frais à mesure qu'ils étaient nécessaires. On n'était pas obligé de discuter les biens situés hors du royaume. Les princes et les gens de qualité étaient soumis à la discussion, comme les autres individus, « parce que, dit Maillart, ils sont sujets du roi, et la « justice est rendue contre eux, de même que contre « tout particulier. » (a)

L'hypothèque judiciaire n'existait pas en Artois. Les contrats notariés n'y conféraient pas non plus l'hypothèque, contrairement, à ce qui se pratiquait en beaucoup d'autres pays de Coutume. Les termes de l'art. 74

M. Donjon de St-Martin, commis du trésorier-général des fortifications à St-Omer, soutint à l'occasion de son agent, le sieur Herbout, tombé en faillite.

(a) Hypothèque ne s'exerçait pas, contre le curateur aux biens vacants. (Acte de notoriété du Conseil d'Artois du 14 octobre 1682.)

sont formels à cet égard : *sentences, promesses, testaments et généralement toutes les obligations personnelles ne engendrent ypothèque.* On saisit les différences et les analogies du système hypothécaire de nos aïeux et du nôtre. Comme chez eux, les contrats notariés et les testaments n'engendrent pas aujourd'hui d'hypothèque ; mais les jugements y donnent lieu, et beaucoup de bons esprits le regrettent. C'est l'article 54 de l'ordonnance de Moulins de 1566 qui a introduit d'une manière définitive l'hypothèque judiciaire dans le droit français, et l'Artois put s'y soustraire, par ce que, à la date de l'ordonnance de Moulins, l'Artois ne faisait pas partie de la France (a). Un arrêt du Parlement de Paris du 19 août 1690 avait reconnu ce principe.

De ce que l'authenticité de l'acte ne créait pas l'hypothèque, on concluait qu'en Artois l'hypothèque *ne se restreignait pas* de plein droit à la portion échue à l'héritier, mais qu'elle continuait à subsister pour le tout. Un arrêt du Parlement du 3 février 1699 consacre cette doctrine. De même, sous la Coutume d'Artois, comme sous le Code Napoléon, les tiers détenteurs n'étaient tenus qu'hypothécairement, ils ne devaient rien personnellement : on ne pouvait que leur dire, payez ou déguerpissez *solve vel cede* (b). C'est pour cela qu'il n'était

(a) Les hypothèques qui avaient été prises sous l'autorité du Conseil d'Artois, séant à St-Omer et la Gouvernance d'Arras séant à Douai, sur les fonds et héritages qui étaient alors sous la domination du roi, à cause de ses conquêtes, n'étaient point valables. (Acte de notoriété du Conseil d'Artois du 13 juin 1679.)

(b) On tenait jadis, comme aujourd'hui, que quoiqu'un créancier hypothécaire eût agi contre plusieurs détenteurs, il ne se privait pas

pas permis de saisir réellement sur le débiteur originaire quand le fonds était possédé par un tiers détenteur et que si le tiers détenteur déguerpissait, il ne devait les fruits que depuis la contestation formée.

Le stellionat était connu en Artois : on considérait comme stellionataire celui qui vendait des biens hypothéqués, en les faisant passer pour libres de toutes charges. (Arrêt du Conseil d'Artois, du 5 janvier 1754). On y pratiquait aussi la purge des ventes : en effet l'article 36 de l'Edit perpétuel de 1611 permet « au « moyennant de lettres de purge, et en consignant le « prix, de libérer les biens patrimoniaux achetés, de « toute charge antérieure à la vente. » Il fallait appeler à cri public tous ceux qui pouvaient prétendre quelque droit sur ces biens, et procéder ensuite à l'entérinement des lettres (a).

CHAPITRE XXXIII.

PRESCRIPTION.

Une ancienne Coutume de la ville d'Arras porte, arti-

---

pour cela de la faculté de faire acquitter la dette entière par un seul d'entre eux (Mabille v° hypothèque). Mais le tiers détenteur assigné en déclaration d'hypothèque avait action contre les autres tiers détenteurs pour la contribution. (Arrêt du Conseil d'Artois du 25 janvier 1754).

(a) L'opposition pour rentes foncières dûes par les biens saisis était inutile, le décret ne les purgeant point. (Acte de notoriété du Conseil d'Artois du 27 février 1696.

cle 55, « quiconque jouit et possède ou demeure paisible
« d'aucun héritage, droit réel, personnel, corporel ou
« incorporel paisiblement par l'espace de vingt ans con-
« tinuels et ensuivant l'un l'autre, à titre ou sans titre,
« entre personnes âgées et non privilégiées, entre ab-
« sens trente ans, et contre l'Eglise quarante ; tel pos-
« sesseur acquiert le droit de la chose par prescription,
« en telle façon qu'après ledit temps expiré, aucun n'est
« recevable d'en faire poursuite, action et demande
« contre tel possesseur. » Ces dispositions se retrouvent
dans les articles 72 et 73 de la Coutume. Ces articles,
placés au titre II⁰ y sont confondus avec ceux relatifs aux
différentes manières d'acquérir des droits réels sur les
héritages patrimoniaux. Ainsi, la Coutume, comme le
droit romain, admettait différentes prescriptions, il y en
avait de vingt, de trente et de quarante ans : nous allons
les examiner successivement.

Les prescriptions de vingt ans avaient lieu entre parties
présentes et majeures de vingt-cinq ans. Cette prescription était très-ancienne en Artois : la Coutume en fut
attestée comme notoire, dans une enquête par turbe
faite à Arras le 10 mars 1491, par un conseiller au Parlement et un adjoint, avocat à la même Cour, à l'occasion de la châtellenie d'Oisy. Pour l'exercer, il fallait que
la jouissance eût été paisible, avec ou sans titre. Il en
était de même des prescriptions de trente et de quarante
ans. Ainsi, à la différence du Code Napoléon, articles
2265 et 2266, la bonne foi n'était pas nécessaire pour
prescrire par vingt ans. Cette prescription n'avait lieu
qu'entre présents. Ces mots étaient loin d'avoir la signification que nous leur attribuons aujourd'hui ; ils dési-

gnaient seulement les personnes demeurant sous le ressort ancien du Conseil d'Artois : c'est ce qu'avait attesté
un acte de notoriété du 30 décembre 1697. L'action de
la dot était prescriptible par vingt ans; l'échevinage
d'Arras l'avait jugé ainsi, et sa sentence avait été confirmée au Conseil d'Artois, le 4 décembre 1691 : de
quoi acte de notoriété avait été tenu à la Gouvernance,
le 25 janvier 1692, ainsi que par les avocats au Conseil
d'Artois le 3 juin 1692 (a). Entre absents, il fallait
trente années pour arriver à la prescription.

Les règles qui viennent d'être indiquées s'appliquaient
aussi bien à la prescription libératoire qu'à la prescription acquisitive. Ainsi, après vingt et trente ans, un
débiteur qui n'avait point été inquiété ni assigné, prescrivait sa dette (72). Au reste, il n'y avait point en Artois
de prescription moindre de vingt ans (b) pour les immeubles et pour les actions réelles ou personnelles. La
prescription n'était accomplie que quand le dernier jour
était achevé (73) (c).

La prescription de quarante ans s'appliquait contre
l'Église, les gens de main morte et le roi (72, 194). C'était
un privilège exorbitant; mais il parait qu'on avait voulu

(a) Au reste, la dot était présumée payée par la mention faite au
contrat, quoiqu'il n'y eût pas de quittance.

(b) La disposition de l'article 15 de l'ordonnance du 4 décembre 1540
pour la prescription de dix ans, n'était pas suivie en Artois. (Arrêt du
Conseil d'Artois du 2 janvier 1758)

(c) Il a été jugé le 21 janvier 1766, au Conseil d'Artois que l'anno-
tation de paiement couchée *dans un temps non suspect* sur un livre journal de la main de l'auteur du créancier, créancier lui-même, depuis
décédé, suffit pour arrêter toute allégation de prescription.

aller-plus loin encore, et que l'Eglise prétendait qu'on ne devait prescrire contre elle que par cent ans. Les jurisconsultes s'élevaient avec force contre cette prétention : « Car, dit Bauduin, le droit civil ne cognoist prescription de plus long temps, et ce que l'on dict qu'il « a excepté l'Eglise romaine, et lui a octroyé que contre « elle il n'y aurait prescription que de cent ans n'est « véritable ni approuvé, comme plus amplement pobrions « déduire, si besoin estoit. » Le privilége de l'Eglise s'étendait à toutes les communautés séculières et régulières, tels qu'hôpitaux, maladreries, ordres militaires, etc. Les communautés des villes et villages jouissaient aussi de cette faveur. On décidait même que si le prélat qui avait commencé à laisser prescrire les biens de son église, était mauvais administrateur, la prescription ne commençait à courir que du jour de son décès. Il n'y avait donc qu'à prouver la mauvaise administration : ce n'était pas très-respectueux pour le prélat, mais c'était très-utile pour l'Eglise (a).

Quoi qu'en dise la Coutume, on appliquait en Artois des prescriptions moindres de vingt ans, mais on les appelait fins de non recevoir. Ainsi, la rescision pour cause de lésion devait être exercée dans les dix ans. D'après une résolution des Etats d'Artois, du 15 décembre 1701, les fermiers des impôts et des centièmes ne pouvaient rien réclamer après trois ans, depuis et y compris l'année de leur ferme, ce qui bornait leur ac-

(a) Voir sur les prescriptions coutumières: Actes de notoriété du Conseil d'Artois 13 juillet 1679, 29 juillet 1680, 4 février 1681, 11 avril 1681, 2 juin 1683, 26 juillet 1687, 28 juillet 1692, 30 décembre 1697, 16 juillet 1720.

tion à deux années. Les avocats, procureurs, médecins, chirurgiens, apothicaires, clercs, notaires, secrétaires, domestiques et ouvriers n'avaient que deux ans pour réclamer leurs honoraires et salaires, ainsi qu'il avait été réglé par nn placard du 4 octobre 1540. C'est pourquoi on disait d'un mauvais payeur : *c'est un homme qui paie du placard* (a). Le Parlement de Paris, suivant sur ce point le droit romain, refusa toujours aux avocats l'action en paiement de leurs honoraires : c'est ainsi qu'un arrêt célèbre, rendu le 7 septembre 1737, avait repoussé la demande en pension de quatre cents livres qu'un avocat avait formée contre un grand seigneur. Le Conseil d'Artois se montrait moins jaloux de la dignité des avocats, car il leur accordait sentence pour se faire payer de leurs honoraires.

On décidait généralement, non pas que la guerre interrompt la prescription, mais que la prescription *dort et est assoupie* pendant la guerre. C'était une distinction bien subtile et inventée probablement pour satisfaire les

(a) D'après ce placard, le prix des marchandises vendues ne pouvait être réclamé après deux ans; mais cette prescription ne s'appliquait pas de marchand à marchand, « à cause de la bonne foi qui doit régner « entre eux, dit Mabille, autrement ce serait ôter l'âme du commerce. » Le Conseil d'Artois l'avait décidé ainsi le 27 février 1750. Il avait aussi été jugé que le brasseur, qui ne vend que par tonneaux, est du nombre des marchands en gros, et que la prescription biennale ne peut lui être appliquée. (Arrêt du 30 janvier 1756.) Au reste, on reconnaissait que cette prescription ne courait pas du moment de chaque livraison, mais que la continuation des fournitures pouvait l'interrompre. (Arrêt du 15 juin 1758, rendu en faveur d'un tailleur de Bapaume, à qui on refusait de payer toutes les fournitures qui remontaient à plus de deux ans.)

scrupules des jurisconsultes, car dans la pratique il n'y avait aucune différence entre l'interruption et le sommeil de la prescription (a).

L'absence pour le service du roi n'interrompait pas la prescription, parce que dans ce cas on pouvait obtenir des lettres d'Etat, qui tenaient toutes les affaires en surséance. Celui donc qui n'avait pas usé de ce moyen, était présumé avoir voulu rester dans le droit commun. Les personnes que le respect empêche d'agir étaient tenues pour *privilégiées* : ainsi un fils contre son père ou sa mère, une femme contre son mari.

On pensait que la prescription ne pouvait être opposée par le tiers détenteur d'un bien d'Artois hypothéqué au douaire coutumier ; si ce n'est depuis le jour du décès du mari, car avant ce temps il était incertain s'il y aurait lieu au douaire ou non, et par conséquent la douairière ne pouvait agir (b).

CHAPITRE XXXIV.

PRESCRIPTION SEIGNEURIALE

Les articles 30 et 31 de la Coutume traitent des pres-

(a) Il avait été décidé que des saisies non dénoncées n'interrompent pas la prescription, non plus qu'un appel incident d'une juridiction indépendante et étrangère. Pour qu'il y eût interruption de prescription, il fallait que les significations eussent été faites au véritable domicile. (Arrêt du Conseil d'Artois du 10 février 1751.)

(b) Maillart, note 14 sur l'art. 173.

criptions entre le seigneur et le vassal. Le seigneur, qui avait réuni à sa table l'héritage de son vassal, ne pouvait jamais le prescrire quelque prolongée qu'eût été la jouissance. Le vassal avait toujours la faculté de rentrer dans son héritage en acquittant les droits et devoirs pour défaut desquels la saisie avait eu lieu. De son côté, le vassal ne pouvait en aucun cas, prescrire contre son seigneur pour tout ce qui concernait *la haulteur de la justice et seigneurie* ; il ne prescrivait *qu'en ce qui touche rentes, redevances ou servitudes.*

La prohibition de prescrire contre la hauteur de la justice et seigneurie devait s'entendre également de l'obligation de desservir les plaids en la cour du seigneur, ainsi que du ressort à cette justice, de la foi et hommage du serment, de l'aveu, du dénombrement, et des déclarations, parce que ce sont tous droits révérentiels attachés essentiellement au fief dominant. Mais les rentes seigneuriales et les censives ne faisaient pas partie de ces droits ; aussi voyait-on souvent en Artois des dénombrements et des déclarations qui en affranchissaient les biens roturiers. Des arrêts du Conseil d'Artois des 3 novembre 1687 et 22 juin 1698, ainsi que du Parlement de Paris du 27 avril 1714 avaient consacré ce principe.

Bauduin pense que le seigneur, qui ne peut prescrire par dix et vingt ans, peut le faire par temps immémorial, par exemple, par cent ans, « attendu, dit-il, que telle prescription a droit de constitution. » Au reste il n'était pas défendu au seigneur d'acquérir par la prescription coutumière la propriété de l'héritage qui est dans sa mouvance, s'il en était mis en possession à tout autre titre que celui du seigneur. Le vassal à qui la prescription était interdite à l'égard de son seigneur, pouvait prescrire contre son co-vassal. De même deux seigneurs pouvaient prescrire l'un contre l'autre l'entière seigneurie directe (a).

(a) Les officiers du seigneur, tels que le juge de la seigneurie et le procureur fiscal, ne pouvaient jamais prescrire contre lui. (Lacroix de Frémenville. (*Pratique universelle des terriers*, tome I, page 607).

TROISIÈME PARTIE.

PROCÉDURE CIVILE.

Pour avoir une idée complète des institutions judiciaires de l'Artois, il reste à voir comment la procédure fonctionnait devant les diverses juridictions de cette province. On sait combien les sièges de justice étaient nombreux dans l'ancienne France, et quelle confusion existait dans leurs attributions : c'était un des grands vices de l'organisation judiciaire d'alors. Aussi Loyseau disait-il « que celui qui est aujourd'hui juge d'un village, est « demain greffier d'un autre, après-demain procureur « du seigneur dans un autre, puis sergent en un autre « et encore en un autre il postule pour parties. Et ainsi « vivant ensemble et s'entraidant ils se renvoient la « pelote, ou pour mieux dire la bourse de l'un à l'autre, « comme larrons en foire. »

Ces abus existaient aussi en Artois ; mais ils y étaient tempérés par la bonne rédaction des édits et règlements sur la procédure. Emanant de l'autorité immédiate de l'empereur Charles-Quint, dont les conseils étaient composés des légistes les plus habiles de l'époque, ces édits et règlements sont surtout remarquables par la clarté avec laquelle ils sont rédigés. Sous ce rapport ils l'emportent de beaucoup sur la Coutume, et dénotent un esprit d'ordre et de classification bien plus avancé. C'est que la Coutume était l'œuvre du temps et des mœurs, et qu'il avait fallu la prendre à peu près telle qu'on la trouvait, tandis que la procédure ayant été composée de toute pièce et pour ainsi dire d'un seul jet, on avait pu la faire comme on voulait l'avoir.

En Artois, les règles de procédure étaient principalement contenues dans les actes suivants du pouvoir législatif. Ordonnance du 23 juin 1530 touchant le pouvoir, instruction et juridiction de la chambre du Conseil d'Artois; ordonnance du 10 juillet 1531 contenant règlement pour la juridiction du Conseil d'Artois; ordonnance des 10 juillet et 8 décembre 1531 contenant l'explication et l'interprétation de quelques articles de l'ordonnance de l'institution du Conseil d'Artois, ordonnances, styles et usages de la chambre du Conseil provincial d'Artois, du 8 avril 1531; ordonnances et styles de la Gouvernance d'Arras du 8 avril 1546; ordonnances styles et usages de procéder au siège de l'échevinage d'Arras du 21 avril 1500. Ces différents actes ont été depuis profondément modifiés par l'ordonnance de 1667 (a); mais cette ordon-

---

(a) Il faut y joindre de nombreux règlements faits par le Conseil d'Artois sur la procédure civile. Les principaux de ces règlements sont des 14 mars 1598, 10 janvier 1602, 3 mars 1633, 9 juin 1639, 11 mars 1650, 7 mai 1658, 2 décembre 1666, 19 mai 1668, 29 mars 1686, 22 décembre 1668, 22 juin 1695 2 novembre 1700, 13 février 1713, 29 novembre 1740, 15 novembre 1742, 29 juillet 1751, 24 mars 1764.

nance elle-même a laissé subsister toutes les dispositions
qui n'étaient pas inconciliables avec le nouveau régime
qu'elle introduisait, en sorte que jusqu'à la Révolution,
ces actes, émanés des rois d'Espagne, ont continué à être
la loi principale du pays. Nous essaierons de les faire
connaître après avoir examiné l'organisation des tribunaux chargés de les appliquer.

CHAPITRE I.

ORGANISATION JUDICIAIRE.

Lorsque la France fit la conquête de l'Artois, elle laissa
subsister dans ce pays tout l'ancien système de juridiction. La capitulation d'Arras de 1640 stipule de la manière la plus formelle le maintien du Conseil d'Artois et
de tous les autres tribunaux qui en dépendaient. Rien
ne fut donc changé alors, si ce n'est qu'il y eut deux
Conseils d'Artois, l'un résidant à Arras pour les pays
d'endeçà, l'autre résidant à St-Omer pour les pays *d'au-
delà*. Celui d'Arras relevait naturellement du Parlement
de Paris, tandis que celui de St-Omer continua à reconnaître la suprématie du grand Conseil de Malines. Plus
tard, lorsque Louis XIV eut annexé l'Artois tout entier
à la couronne, le Conseil d'Artois de St-Omer disparut, et
l'unité de juridiction, qui avait toujours subsisté dans
ce pays, depuis les temps de Charles-Quint, recommença
à être en honneur. Ainsi, avant comme après la conquête
française, les choses restèrent dans le même état sous

le rapport judiciaire, et cet état s'est prolongé jusqu'à la Révolution, en sorte que Bultel, qui écrivait au milieu du siècle dernier, pouvait dire qu'en Artois tout était encore espagnol (a),

Il est vrai que le système des tribunaux des Pays-Bas, différait peu de celui de la France. Là aussi, se faisait remarquer cette multitude de justices locales qui rendait si difficile la bonne application de la loi. C'étaient d'abord les gouvernances, les bailliages et les sénéchaussées qui répondaient à peu près à nos tribunaux d'arrondissement, mais qui étaient si répandus qu'on en trouvait même dans des localités telles que Bucquoy ou Avesnes-le-Comte. C'étaient ensuite les châtellenies, qui n'avaient été dans l'origine que des tribunaux criminels, mais qui ne tardèrent pas à avoir des juridictions aussi étendues que les bailliages et les sénéchaussées (b). C'étaient enfin ces petits ressorts féodaux qui faisaient pour ainsi dire de chaque village un siége de justice dépendant du seigneur et jugeant la plupart du temps avec une parfaite ignorance du droit.

(a) Cette distinction s'est toujours perpétuée. Nous trouvons en effet fréquemment dans les monuments de la jurisprudence artésienne cette locution *en France*, par opposition à celle-ci *en Artois*.

(b) Ces juridictions étaient dites royales, parce que les officiers en étaient nommés par le roi, tandis que dans les bailliages féodaux les officiers recevaient leurs commissions des seigneurs. Aussi les baillis des siéges royaux s'appelaient ils plus généralement grands baillis. Pourtant quoiqu'ils fussent des officiers royaux, le Conseil d'Artois a toujours prétendu qu'ils ne l'étaient pas au même titre que ceux des autres bailliages de la France, et que par conséquent leurs attributions devaient être moins étendues. C'est ce qui fit le sujet de longues contestations dont nous parlerons tout à l'heure.

De plus, toutes les villes importantes avaient leurs échevinages formant des tribunaux qui, pour être composés de magistrats municipaux, n'en avaient pas moins les attributions les plus étendues. Car, il faut bien le remarquer, chacune de ces juridictions inférieures n'était pas, comme de nos jours, circonscrite par des limites de compétence qui les empêchaient de toucher à des intérêts trop élevés. Toutes les questions de justice civile et criminelle étaient abandonnées à leur appréciation, en sorte qu'un simple bailli, avec ses hommes de fief, tout au plus obligés de prendre l'avis de quelques jurisconsultes, pouvait prononcer des arrêts de mort ou décider de la fortune et de l'honneur des citoyens.

Pour remédier aux abus d'autorité qu'un pareil régime devait nécessairement entraîner, il n'y avait dans toute la la province qu'un pouvoir régulateur et supérieur, c'était le Conseil d'Artois. Ce Conseil faisait à peu près en Artois l'office de notre cour de cassation. Toutes les décisions judiciaires, quelque importantes ou quelque minimes qu'elles fussent, pouvaient lui être déférées, et il les révisait du haut de son autorité. Aussi fut-il le seul élément d'ordre dans ce désordre universel, et doit-on lui savoir le plus grand gré de n'avoir pas, pendant le cours de plus de deux siècles, laissé compromettre entre ses mains le principe salutaire de l'unité de la justice.

Nous allons essayer de donner une idée de cette organisation si multiple, en parlant d'abord avec une certaine étendue du Conseil d'Artois, et ensuite en faisant connaître par quelques indications les nombreuses juridictions qui en dépendaient. Nos documents bien entendu ne peuvent descendre jusqu'aux justices seigneuriales, elles étaient tellement nombreuses qu'il n'y aurait que de la monotonie à les passer en revue. D'ailleurs, en parlant des droits féodaux, nous avons déjà examiné les principaux rouages de ce mécanisme si compliqué et si défectueux.

CHAPITRE II

CONSEIL D'ARTOIS.

Le traité de Cambrai, du 5 août 1529, ayant séparé l'Artois de la France, l'empereur Charles-Quint voulut jouir de tous les priviléges que cette séparation lui assurait. Un de ses premiers soins fut en conséquence d'établir dans la province d'Artois une juridiction dépendante de lui seul : c'est l'objet de l'ordonnance du 12 mai 1530 *touchant l'institution de la chambre du Conseil provincial estably au pays et comté d'Artois.* Une autre ordonnance composa le Conseil d'Artois de la manière suivante : le gouverneur de la province, un président, deux chevaliers, et six autres conseillers lettrés et gradués, un avocat fiscal et un procureur général, un chapelain, un greffier et un receveur des exploits. Le nouveau Conseil fut installé le 28 juin 1530 (*a*).

La compétence du Conseil d'Artois avait été primitive-

(*a*) Un édit de juin 1687 créa une seconde chambre au Conseil d'Artois. Il y eut alors seize conseillers. La deuxième chambre n'eut de président qu'en 1693 : à la même époque on créa deux substituts.

ment réglée par les placards de Charles-Quint des 12 mai
et 5 juillet 1530 et 8 juillet 1531. En vertu de ces placards, le Conseil d'Artois connaissait en première instance
de toutes les matières et actions personnelles, et en
appel de tous jugements rendus, tant au civil qu'au criminel, par les juges inférieurs de la province. Il statuait
en dernier ressort et par arrêt, sur les affaires de grand
criminel (a); celles concernant l'altération des monnaies
ou la fabrication de fausse monnaie, et sur quelques cas
privilégiés à l'égard des ecclésiastiques. Ainsi le Conseil
d'Artois était le seul et unique tribunal souverain en matière criminelle dans toute l'étendue de la province (b).
Par un privilége assez singulier, sa juridiction s'étendait jusque sur la ville de Dunkerque, où il avait le droit
de faire exécuter ses arrêts criminels, quoiqu'il y existât
une amirauté (c).

Les *committimus*, ce grand abus du pouvoir royal, ne
pouvaient jamais entraver le cours de la justice en Artois :
il existe à cet égard des actes de notoriété des 28 février
1683 et 25 octobre 1686. Un arrêt notable du Parlement
de Paris du 2 juin 1764, rendu après une correspondance
fort intéressante entre MM. Joly de Fleury et Briois,

(a) Malgré quelques contestations, le Conseil d'Artois a toujours
passé pour une cour souveraine. Le 25 octobre 1758 les officiers de
ce Conseil furent autorisés à porter la robe rouge dans les cérémonies.

(b) Le Conseil d'Artois, juge souverain en matière criminelle, connaissait par arrêt des taxes et liquidation de frais en cette matière à
quelque somme que ces frais pussent monter. (Arrêt du 5 novembre
1764).

(c) Un arrêt du 21 mars 1769 avait établi ce droit de la manière la
plus formelle.

reconnaît également au Conseil d'Artois le droit de juger tous attroupements, tumultes, injures et menaces faites à un officier public, comme aussi de prononcer à la charge d'une communauté d'habitants des amendes envers le roi et des sauvegardes. Le Conseil d'Artois était même reconnu comme ayant l'interprétation des lois obscures : un placard du 29 juillet 1566 constate que c'est à lui et non au souverain qu'il faut s'adresser pour obtenir cette interprétation (a).

Le Conseil d'Artois prononçait en dernier ressort sur les affaires civiles jusqu'à deux mille livres en principal ou quatre-vingts livres de rentes, outre les dépens, et restitutions de fruits relatifs à ces affaires, à quelle que somme ou valeur qu'ils montassent. Il pouvait ordonner l'exécution provisionnelle de ses jugements, à la charge de donner caution, pourvu que l'affaire n'excédât pas quatre mille livres en principal, ou cent soixante livres de rentes. Il avait le droit de faire exécuter, nonobstant appel, ses jugements interlocutoires réparables en définitif, ceux rendus en matière de complainte sommaire et provisoire, et même les jugements définitifs en matière réelle, s'ils n'excédaient pas cinq cents livres en capital ou trente livres de rentes. Enfin il jugeait en dernier ressort les affaires relatives à la noblesse et à ses priviléges. Quant au premier ressort, sa compétence était illimitée. On appelait, comme nous l'avons dit, du Conseil d'Artois au grand Conseil de Malines, jusqu'en 1640, et ensuite au

(a) Il avait été fait application de ce principe, notamment pour l'interprétation de l'article 166 de la Coutume concernant le douaire préfix.

Parlement de Paris (a). En fait de motifs d'arrêts, le Conseil d'Artois n'était même tenu de déférer à aucunes autres injonctions qu'à celles de M. le chancelier : c'est ce qui avait été reconnu dans une lettre de M. de Lamoignon, du 29 avril 1751 à M. Bataille, procureur général au Conseil d'Artois (b).

Les relations des bailliages de la province avec le Conseil d'Artois furent l'objet d'une contestation qui dura plus de trente ans, et qui ne fut réglée que par les arrêts du Conseil d'Etat des 25 mai 1726 et 13 décembre 1728. Ces arrêts maintiennent les officiers des bailliages dans la qualité d'officiers royaux, mais ils leur défendent de connaître des cas royaux (c). Ils donnent au Conseil d'Artois le droit d'entériner seul les lettres de grâce, de rémission et de pardon, et les autres lettres pour les crimes commis dans les bailliages, de connaître en pre-

(a) Tous ceux qui étaient déclarés avoir mal appelé devaient être condamnés à vingt livres tournois d'amende. Mais ce qu'il y a de remarquable, c'est que dans le cas où le Conseil reconnaissait que les premiers juges avaient fait une fausse application de la loi, il devait aussi les condamner à une amende de vingt livres.

(b) Un autre privilége dont le Conseil d'Artois se montra toujours très-jaloux, ce fut celui de ne voir jamais ses jugements provisionnels entravés par les défenses du Parlement. La lutte paraît avoir été assez vive à cet égard ; mais le Conseil d'Artois fit respecter énergiquement ses droits, notamment par les arrêts du 1er juin et 4 octobre 1724, 17 novembre 1725 et 16 novembre 1726.

(c) Voir le père Ignace. Chapitre des juridictions. Dans le partage des attributions entre le Conseil d'Artois et les bailliages, on avait laissé à ceux-ci le droit d'examiner et recevoir les chirurgiens du plat-pays, même de juger les contestations dans lesquelles ces chirurgiens sont parties. On peut douter que les bailliages fussent des juges bien compétents en pareille matière.

mière instance de toutes les causes des bénéficiers et des communautés de fondation royale ou qui avaient obtenu des lettres de garde, même d'apposer les scellés, lors du décès des évêques, des abbés, et des titulaires des autres bénéfices qui étaient à la nomination du roi (*a*), de juger aussi en première instance toutes les affaires provenant de l'exécution des contrats pour lesquels les habitants de l'Artois auraient accepté pour juge le Conseil provincial, d'accorder des mises de fait, quand il en serait requis par les parties, d'enregistrer toutes les lettres patentes émanées du grand sceau, enfin de recevoir et d'installer tous les officiers des bailliages. De plus, on lui reconnut le droit de juger en dernier ressort toutes les affaires dont la connaissance appartenait à la cour des aides, dont les baillis étaient en possession de connaître en Artois.

Telle fut la solution de ce grand procès qui paraît avoir vivement passionné les esprits, du moins si l'on en juge par les volumineux mémoires qui furent produits de part et d'autre. Il est curieux de connaître les arguments que les défenseurs des prérogatives du Conseil d'Artois faisaient valoir pour soutenir que ce Conseil est le seul juge royal de la province, et que les bailliages ne sont que des juridictions domaniales et seigneuriales. « Il est vrai, disaient-ils, que depuis que le comté d'Ar-

(*a*) L'hôpital St-Jean-en-Lestrée de la ville d'Arras prétendait avoir ses causes commises directement au Conseil d'Artois, parce que deux de ses administrateurs étaient toujours le premier président et le procureur-général du Conseil d'Artois : cette prétention fut repoussée par la raison que cet hôpital n'était pas de fondation royale, mais de celle des comtes d'Artois.

« tois s'est trouvé dans la main du souverain, les offi-
« ciers des bailliages ont toujours eu leurs commissions,
« et ont encore des provisions du souverain, et que par
« lettres patentes du 4 juin 1726, ils ont été maintenus
« dans la qualité d'officiers royaux ; mais la propriété du
« comté d'Artois, en se trouvant unie à la souveraineté,
« n'a rien changé à l'essence des bailliages, ils sont
« toujours demeurés avec la même espèce de juridic-
« tion. Cela est si certain que, par le placard de Charles-
« Quint, du 23 juin 1530, il est expressément dit que les
« gouverneurs, *baillis* et autres juges du pays ne pour-
« ront avoir ou prétendre aucune juridiction autre ou
« plus ample que celle qu'ils avaient avant la guerre
« commencée en 1521. Le Conseil d'Artois de son côté a
« été maintenu dans la juridiction qui lui avait été donnée
« par son érection, toutes les autres juridictions ont
« aussi été conservées dans les mêmes droits dont elles
« avaient toujours joui. Il ne s'est par conséquent fait
« aucun changement dans l'ordre des juridictions de la
« province, et les bailliages n'ont point encore reçu alors
« d'accroissement nouveau. Au contraire, pour éviter que
« les officiers des bailliages ne puissent jamais augmen-
« ter leurs droits, sous prétexte que les lettres patentes
« de 1726 leur donnent le titre d'officiers royaux, il y est
« dit qu'ils ne pourront connaitre des cas royaux et pri-
« vilégiés, et elles rappellent en même temps les ordon-
« nances concernant l'institution du Conseil d'Artois.
« Ainsi les bailliages de l'Artois sont encore aujourd'hui
« les mêmes qu'ils étaient anciennement, leurs juridic-
« tions ne sont point différentes de ce qu'elles étaient
« au temps que les comtes d'Artois n'étaient pas souve-

« rains. Les bailliages n'ont par conséquent ni les droits
« des mêmes bailliages de France, ni même ceux des
« Prévôtés et autres juridictions simplement royales. »
(Mabille. *V. Sauvegarde*.) Nous avons donné *in extenso*
ce long plaidoyer, parce que l'on peut en tirer une idée
assez exacte des relations qui avaient fini par s'établir
entre les bailliages et le Conseil d'Artois : on voit par là
en quoi ces relations différaient du reste de la France.

Passons maintenant aux attributions non judiciaires du
Conseil d'Artois. Et d'abord, quant à l'enregistrement
direct, le Conseil d'Artois fit des efforts continuels pour
l'obtenir, mais malgré de fréquents exemples de lettres-
patentes, édits, ordonnances et même de lois politiques
qui lui furent adressés directement (*a*), on reconnaissait
généralement en droit qu'il ne devait enregistrer qu'après
le Parlement de Paris. Au reste, si le Conseil d'Artois
n'avait pu se faire accorder ce droit d'enregistrement
direct, si précieux dans l'ancien régime, personne ne lui
contestait le droit de règlement qui lui donnait un véritable pouvoir législatif, surtout en fait d'administration.
Comme preuve, il suffit de rappeler les arrêts de règlement sur les chemins des 1er juin 1680, 19 mars 1722,
14 août 1756, et 18 janvier 1778, les règlements sur les
fours à pannes de 1779 et sur les brasseries du 6 avril

(*a*) Ainsi les traités de Madrid, de Trèves, de Crespy, de Cateau-
Cambrésis et de Vervins furent vérifiés et enregistrés au Conseil d'Artois. Il en avait été de même du traité d'Aix-la-Chapelle du 2 mai 1668
et de celui de Nimègue du 17 septembre 1678. Pour soutenir les prétentions à l'enregistrement direct, le Conseil d'Artois avait défendu à
tout juge de son ressort de faire aucun enregistrement en matières
publiques qui n'eût pas eu lieu préalablement devant lui.

1733, ceux sur les presbytères des 13 juillet 1757 et 19
janvier 1781, ceux sur les animaux nuisibles et les épi-
zooties des 4 juillet 1764 et 15 septembre 1770, sur la
morve 30 octobre 1777, la déclaration pour la reconstruction de la tour de l'abbaye de Saint-Vaast du 20 janvier 1731, le règlement pour la répression de la mendicité du 7 octobre 1768 et tant d'autres.

Il ne faut pas non plus passer sous silence les conflits
d'autorité que le Conseil d'Artois eut si souvent à soutenir avec les autres corps constitués. Ainsi, un débat sérieux s'éleva entre lui et les Etats d'Artois au sujet de
ses priviléges. Voici à quelle occasion : le 12 juillet 1746,
les Etats d'Artois ayant obtenu un arrêt du Conseil d'Etat
à l'effet de soumettre aux impositions tous les officiers
de justice de là Province, prétendirent, dans l'assemblée
du mois de novembre 1748, que cet arrêt était applicable
aux membres du Conseil d'Artois. Le Conseil résista, et
produisit de volumineux mémoires à l'assemblée des
Etats. Ceux-ci en prirent connaissance et chargèrent un
député du tiers de proposer au Conseil d'Artois d'envoyer
chez le premier Président des délégués pour conférer sur
cette affaire avec ceux des Etats. Cette première entrevue
n'ayant point amené de résultat, on se réunit de nouveau dans la salle des délibérations des Etats, et après
examen approfondi, on reconnut que le Conseil d'Artois
devait être affranchi de toute taxe et imposition (a). Ce
qu'il y a de plus curieux dans le conflit, c'est qu'à cha-

(a) Les veuves des Présidents et Conseillers jouissaient de l'exemption des impôts et des autres priviléges dont leurs maris avaient joui
de leur vivant. (Acte de notoriété du 14 juin 1758.)

que instant toutes les négociations étaient sur le point
d'échouer pour de misérables questions d'étiquette, telle
que celle de savoir si les délégués des Etats devaient se
transporter dans le local du Conseil ou ceux du Conseil
dans la Chambre des Etats.

Il y eut aussi des débats sérieux pour décider si les
affaires dans lesquelles les Etats étaient partie devaient
être déférées au Conseil d'Artois. Sur ce point, le Conseil
finit par faire reconnaitre ses droits, et la prétention des
Etats de n'être jugés que par le Roi et le Conseil d'Etat
fut complètement écartée. C'est ainsi que le Conseil d'Artois décida, le 20 février 1716, les contestations survenues
entre les Etats et les cabaretiers en gros et les brasseurs
de Béthune, et que, le 3 octobre 1686, il prit un règlement pour aplanir les difficultés suscitées par les Etats
aux lieutenant et greffier du bailliage de Bapaume.

Un conflit de juridiction s'était également élevé entre
la Connétablie et le Conseil d'Artois, qui maintint ses
prérogatives par différents arrêts que nous allons rapporter. D'abord, celui du 15 avril 1768, déclare que les
lieutenants des maréchaux de France ne peuvent exercer
aucunes fonctions en Artois. Un autre arrêt du 13 mai
1756 va même jusqu'à annuler un jugement de la
Connétablie, comme attentatoire à l'autorité du Conseil
d'Artois, ainsi qu'aux lois et constitutions de la Province.
Enfin, l'un des jours du carnaval, trois soldats étant
venus à Saint-Pol, et y *ayant fait rébellion*, la connétablie
voulut évoquer l'affaire ; mais le 31 mars 1756, le Conseil d'Artois rendit un arrêt qui défendait à tout huissier
ou sergent de lui prêter main forte.

L'édit du 30 mars 1693 déclara héréditaires les offices

du Conseil d'Artois. Jusque-là les nominations étaient faites par le Roi, sur une liste de trois noms présentés par le Conseil. Le même édit établissait la vénalité des charges (a). Celle de premier Président fut vendue soixante-quinze mille livres (b), celle de second Président trente mille (c), les offices de Chevalier d'honneur furent payés douze mille livres, ceux de Conseiller treize mille cinq cents. La charge d'avocat général fut fixée à quinze mille livres, et celle de Procureur général à vingt mille. Le Conseiller garde scel fut taxé à deux mille livres (d). A

(a) La vénalité des charges menaçait d'altérer la magistrature en introduisant dans les tribunaux des personnes d'une incapacité notoire. Le Conseil d'Artois s'en émut, et le 27 juillet 1693, il écrivit au chancelier Bouchardot pour lui demander qu'il fût établi des conditions d'aptitude pour l'entrée dans la magistrature. Le 6 août suivant, le Chancelier répondit en ces termes : « Vous pouvez faire entendre « que si ceux qui sont pourvus ont fait la fonction d'avocat un temps « assez considérable avec la satisfaction du public, ils doivent être « reçus sans examen, et prêter seulement le serment ; et s'il se pré-« sente quelqu'un n'ayant fait la fonction d'avocat que peu de temps, « on doit l'examiner, mais non pourtant à la rigueur. A l'égard de « ceux qui n'ont pas fait la fonction d'avocat, il est bon de les exa-« miner pour voir s'ils sont capables d'exercer les charges ; mais il faut « aussi que ce soit avec modération, afin de faciliter le débit des « charges nouvelles, pour le bien du service du Roi. »

(b) Le 17 novembre 1752, M. de Briois, avocat général, remplaça M Palissot de Warluzel comme premier Président, en payant quatre-vingt-treize mille livres au fils mineur du défunt.

(c) En avril 1766 cet office fut fixé à quarante mille livres.

(d) Jusqu'à l'année 1693, il y eut en Artois un garde du scel et du contre scel. A cette époque, une chancellerie fut établie près du Conseil d'Artois. Cette Chambre de chancellerie était composée d'un Conseiller garde des sceaux, de trois Conseillers, d'un secrétaire, d'un

côté de ces chiffres il est curieux de placer ceux des appointements, à dater de l'institution du Conseil jusqu'au règne de Louis XIV. Primitivement le Président recevait annuellement six cent soixante-treize livres, chacun des six Conseillers et les deux fiscaux deux cent quatre-vingt-douze livres. Philippe IV y ajouta une gratification annuelle de huit cents livres, qui était partagée entre les magistrats. En 1660, Louis XIV fixa le traitement du Président à seize cents livres, celui des Conseillers et des fiscaux à sept cent cinquante livres, et celui du garde scel à deux cents livres. Ces traitements étaient certainement fort modestes ; mais il faut remarquer que le déplorable abus des *épices* les élevait considérablement. Lorsque le chancelier Maupeou remplaça, en 1771, le Conseil provincial d'Artois par un Conseil supérieur (*a*),

---

chauffe cire et d'un trésorier. Les tarifs du sceau de la Chancellerie furent réglés par les arrêts du Conseil d'Etat des 10 août 1694, 31 décembre 1744 et l'arrêté du 16 janvier 1728. Il est dit dans l'arrêt du 10 août 1694, que les sentences qui seront scellées en ladite chancellerie, ensemble les commissions pour mains assises, mains mises et exécutions des contrats, comme aussi les autres lettres et commissions pour affaires purement civiles seront intitulées : *les gens tenans le Conseil provincial de l'Artois*, et qu'à l'égard des jugements et lettres criminelles ou autres qui seront scellées sur les matières de la compétence dudit Conseil, en dernier ressort, l'intitulé en sera fait *au nom de S. M.*, et la signature du secrétaire *par le Conseil*, purement et simplement. On voit dans le préambule de cet arrêt que les droits du scel et contre scel du Conseil d'Artois étaient autrefois, d'après l'ordonnance du 8 juillet 1531, réglés sur le pied *du quart des droits* que prenait le greffier du Conseil d'Artois en conséquence du tarif existant.

(*a*) On sait que le système Maupeou, qui n'était à peu près que l'organisation judiciaire actuelle, ne fut pas de longue durée, et qu'à l'avè-

les traitements furent établis de la manière suivante : premier Président six mille livres, Vice-président quatre mille, Conseiller deux mille, Avocat général trois mille, Procureur général quatre mille, Substitut mille. En même temps, il fut fait défense expresse de prendre aucun droit pour vacation, épices ou autrement (a).

Le *Président* avait le droit de convoquer le Conseil, et de proposer les sujets de discussion. Il donnait son avis le dernier, à moins que le gouverneur fût présent à la séance ; les conseillers ne pouvaient opiner dans les affaires qui les intéressaient eux ou leurs parents. Le secret des délibérations était ordonné, à peine de parjure et de privation de fonctions. Le Conseil d'Artois tenait ses séances dans le lieu dit la Cour-le-Comte (b). Les membres du Conseil étaient tenus à résidence à peine de suppression de leurs gages et de leurs états. « Ils « devaient se trouver au Conseil jour pour jour, le temps

nement de Louis XVI, les Parlements furent rétablis avec toute leur indépendance, et aussi avec tous leurs abus.

(a) En 1774, l'office de premier président fut liquidé à quatre-vingt-dix-huit mille livres, celui de second président à trente-huit mille cinq cents livres, celui d'avocat général à vingt-quatre mille cent livres, et celui de procureur général à vingt-huit mille livres (Notes historiques relatives aux offices et aux officiers du Conseil provincial d'Artois, Douai 1843).

(b) Jusqu'à l'institution du Conseil Provincial, la Cour-le-Comte avait été la juridiction la plus élevée de la province : c'est là que les affaires étaient portées en dernier ressort, sauf appel au Parlement de Paris. Quand l'Artois passa sous la domination de Louis XI, des prévôtés royales, et notamment celle de Beauquène, remplacèrent la Cour-le-Comte. C'est ainsi que presque tous les procès de la province vinrent aboutir, pendant un temps dans un petit siège de la Picardie.

« et aux heures qui s'ensuivent : à savoir le matin, de-
« puis Pâques jusqu'au premier jour d'octobre, de sept
« heures jusques à dix heures devant midy, et depuis le
« premier jour d'octobre, de huit heures jusques à onze
« heures, et pour le plus tard, avant et incontinent après
« la fin de la messe, qui se célèbre par chacun jour du
« Conseil par le chapelain de la chapelle de ladite Cour-
« le-Comte, et après midy en tous temps, se trouveront
« audit Conseil dès trois heures jusques à cinq. De ce
« exceptés les jours de jeûnes, èsquels ils ne visiteront
« le Conseil après midy, sauf au caresme. » Ces prescriptions sont à remarquer comme traits de mœurs :
elles témoignent aussi du zèle que nos anciens magistrats
apportaient dans l'exercice de leurs fonctions.

Les affaires étaient réparties de la manière suivante :
les lundis il y avait audience, à la première chambre,
pour les appellations verbales, les mardis pour les simples demandes et défenses, les jeudis pour les demandes
et défenses et les causes d'appellations communiquées.
La seconde chambre s'occupait les mercredis des appellations verbales, les vendredis des simples demandes, les
samedis des demandes, défenses et causes d'appellations
communiquées. Pour les causes communiquées, la communication était reçue chez l'avocat-général les lundis
et mercredis à deux heures de l'après-midi. Des lettres
patentes du 3 mars 1779 apportèrent quelques modifications à cet ordre de choses. Les deux présidents et les
seize conseillers devaient se réunir en une seule chambre
pour juger les affaires, de manière à être décidées en
dernier ressort et par arrêt. Les audiences de ces affaires
devaient se tenir les jeudis et vendredis, depuis huit

heures et demie du matin jusqu'à midi, savoir les jeudis pour celles qui exigeaient les conclusions du ministère public, et les vendredis pour les autres. Dans le reste des affaires les audiences avaient lieu les mercredis à la première chambre, et les samedis à la seconde : savoir pour celles où l'intervention du ministère public n'était pas nécessaire, depuis huit heures et demie jusqu'à dix heures, et pour celles où elle était nécessaire, depuis dix heures et demie jusqu'à midi. Le premier président devait distribuer les procès par écrit aux conseillers des deux chambres les lundis à trois heures. Nul conseiller ne pouvait s'absenter sans en prévenir le président de sa chambre, et sans en informer aussi le premier président. Des lettres-patentes de Louis XVI, du 15 avril 1788, ordonnèrent que les audiences seraient tenues au moins par sept juges ayant voix. Un des substituts de l'avocat-général ou du procureur-général devait y assister. Les conseillers étaient de service six mois avec le premier président, et six mois avec le second : le semestre commençait le 11 novembre, et finissait le 11 mars.

Les vacances avaient été ainsi réglées : depuis l'avant-veille de Noël jusqu'au lendemain des Rois; depuis le dimanche de la Quinquagésime jusqu'au lendemain des Cendres; depuis le dimanche des Rameaux jusqu'au lundi de Quasimodo; depuis l'avant-veille de la Pentecôte jusqu'au lundi après le St-Sacrement, et enfin depuis le premier août jusqu'au premier septembre. Il y avait des audiences de vacations quand il était nécessaire. Le 17 septembre 1696, Louis XIV donna une déclaration concernant les vacations du Conseil d'Artois.

Dès-lors elles eurent lieu depuis l'avant-veille de la Pentecôte jusqu'au lundi après la Fête-Dieu, et depuis le 16 août jusqu'au 2 octobre. Les chambres ne devaient pas non plus s'assembler les lundis et mardis gras, ni le mercredi des Cendres ; depuis le mercredi saint jusqu'au lendemain des fêtes de Pâques ; le 25 avril, jour de St-Marc ; le 29 mai, fête de la Translation de St-Nicolas ; le 11 juin, fête de St-Barnabé ; le 18 du même mois, fête St-Yves ; le jeudi de l'octave de la Fête-Dieu ; le 22 juillet, fête de Ste-Marie-Madeleine ; le 2 novembre, commémoration des Trépassés ; le 25 du même mois, fête de Ste-Catherine ; le 1er décembre, fête de St-Éloi ; le 6 du même mois, fête de St-Nicolas ; enfin toutes les fêtes d'apôtres et autres, qui étaient observées. Les lettres-patentes de Louis XVI, du 15 avril 1788, dont nous avons déjà parlé, changèrent le temps des vacances à cause de la moisson : elles commencèrent le 25 août et, finirent le 5 novembre. Trois audiences devaient être tenues pendant vacations, le 15 septembre, le 1er et le 15 octobre. Les officiers rassemblés pour tenir une de ces trois audiences pouvaient procéder le même jour, et les jours suivants, s'il était nécessaire, à l'examen et au jugement de tous les procès criminels prêts à recevoir une solution.

Le président était chargé de la désignation des conseillers rapporteurs, dont il taxait le salaire et les épices. Le montant de cette taxe se partageait en deux parts égales : le rapporteur en prenait la moitié, et l'autre se divisait entre le président et les conseillers, de manière que le président prît autant que deux conseillers. Les mêmes proportions étaient observées *pour tous les autres profits et émoluments advenant en la chambre du Conseil.*

Une disposition remarquable est celle qui défendait à tout étranger au conseil (a) d'y siéger pour quelque cause que ce fût. Mais, comme dans ces temps de confusion administrative et judiciaire, l'exception suivait presque toujours la règle, il avait été décidé que, quand un membre du conseil privé, ou du grand conseil de l'empereur, se trouverait dans la ville d'Arras ou dans tout autre lieu de la résidence d'Artois, *il y aurait entrée, si aller y veut, et voix et opinion.* Le président du conseil pouvait même requérir son assistance dans les cas difficiles, et elle ne devait pas être refusée.

Les lettres de jussion étaient prohibées en principe; pourtant, si elles étaient réitérées, le conseil était tenu d'y obtempérer. Ainsi la justice devait s'incliner devant une double sommation de l'autorité souveraine. Ce qui valait mieux, c'était la disposition qui mettait les nobles sur le même pied que les autres citoyens, et qui permettait au président du Conseil d'Artois de les mander devant lui, lorsqu'ils *se vanteraient de vouloir procéder contre aucuns par voye de fait, menaces ou défiance.* Le président devait *leur interdire l'œuvre de fait sur le hart, ou autre telle grosse peine qu'il verra au cas appartenir.*

La question des incompatibilités était réglée ainsi qu'il suit : les pères, fils ou gendres, frères, beaux-frères, oncles, neveux et cousins-germains ne pouvaient être en-

(a) Quant aux étrangers à la province, ils étaient soigneusement exclus de toutes les charges de judicature. Sous le gouvernement des Archiducs, les États d'Artois firent sur ce point de nombreuses remontrances, notamment à l'égard des Brabançons.

semble membres du Conseil d'Artois. Il était défendu aux présidents et conseillers d'*avoir offices, gages ny pensions de prélats, gens d'église, seigneurs, vassaux, villes, communautés, ny d'autres quelconques sujets, estans du ressort du Conseil, à peine de privation de leurs estats.*

L'organisation du ministère public mérite de fixer l'attention. Il se composait, ainsi que l'a très-bien expliqué un savant membre de l'Académie d'Arras (*a*), de deux fonctionnaires très-distincts, l'*Avocat général* et le *Procureur général.* Le premier était véritablement l'organe du Ministère public, le second en était le bras. Tous les deux au reste représentaient l'autorité du souverain, *ils étaient tenus de garder, soutenir et deffendre la souveraineté, hauteur, seigneurie, domaine et autres droits de l'Empereur au comté d'Artois.* Le Procureur général ou son substitut (*b*) était chargé de faire toutes les informations au sujet des crimes et délits commis dans la Province sans, toutefois entreprendre sur les juridictions des Gouverneurs, Baillis et Echevins des villes. Il remettait à l'avocat général le rôle des affaires dans lesquelles celui-ci devait porter la parole, comme partie principale, ou comme partie jointe (*c*). *L'avocat général était tenu de*

(*a*) M Laroche. Rapport sur le concours d'histoire de 1857. *(Mémoires de l'Académie d'Arras).*

(*b*) Un arrêt du Conseil d'Etat du 9 décembre 1704 règle les fonctions des substituts adjoints du Conseil d'Artois. Un des deux substituts adjoints pouvait assister à toutes enquêtes civiles, mais non aux interrogatoires criminels.

(*c*) Le Procureur général avait la garde des registres aux placards. Ces registres étaient au nombre de huit. Depuis 1640 il n'en avait plus été tenu de particulier. (Acte de notoriété du Conseil d'Artois du 10 janvier 1709.)

plaidoyer et soutenir les causes et procez dudit Procureur général, et d'aussi faire et fournir toutes escritures, avertissemens et mémoires qu'il convenait faire esdits procez, selon les instructions que luy baillera le dit Procureur général. Ce ministère public en partie double devait présenter bien des occasions de conflit; il a été heureusement supprimé dans nos institutions modernes.

Quant au greffier, ses fonctions principales consistaient à tenir un registre de toutes les décisions définitives ou interlocutoires émanées du Conseil d'Artois, et à en délivrer des expéditions aux parties intéressées (a). Il devait avoir un nombre assez considérable de clercs pour les besoins du service. Ces clercs faisaient serment de *non révéler le secret de la cour, à peine arbitraire.* Le greffier assurait à ses clercs un salaire tel *qu'ils n'ayent occasion d'aucune chose exiger des parties pour leur despesches, ce qu'ils ne pourront demander, exiger ou prendre à peine arbitraire* (b).

C'était un sujet de contestation entre le Conseil d'Artois et son greffier de savoir si celui-ci pouvait *commettre* ses fonctions. Un arrêt du Conseil d'Etat lui reconnaissait ce droit, mais le Conseil d'Artois s'y opposait en disant

---

(a) Le greffier en chef du Conseil d'Artois devait transcrire ou faire transcrire sur un registre le *dictum* des jugements et arrêts rendus en ce tribunal. (Ordonnance du 23 juin 1530. Lettre du chancelier Maupeou du 26 octobre 1769.) Mais cette transcription n'était exigée que pour les jugements définitifs ou interlocutoires, et non pour les jugements et arrêts d'audience. (Autre lettre du chancelier Maupeou au Conseil d'Artois du 2 janvier 1770.)

(b) Le tarif du greffe du Conseil d'Artois avait été établi par un règlement de ce Conseil du 20 octobre 1693.

que devant les cours supérieures, l'exercice des greffes ne pouvait être séparé de l'office. (Voir Loiseau, *Traité des offices*, liv. 2, chap. VII, n° 7 (a).

Pour être admis à plaider devant le Conseil d'Artois, il fallait être *avocat* (b). Nul ne pouvait exercer cette profession *s'il n'était licencié en une Université famée, en l'un des droits, et reçu à serment* : ces conditions sont encore à peu près les mêmes depuis deux siècles. D'assez nombreuses obligations étaient imposées aux avocats. Ils devaient tous être présents les jours d'audience, pour entendre la fixation de leurs causes. Il leur était enjoint *de ne pas sortir de leurs places, ne deviser les uns aux autres, ne faire collation avec procureurs, ne partir durant les plaids.* Il paraît que les avocats d'autrefois étaient enclins à la prolixité, car recommandation leur était faite *d'être briefs en plaidoyers, escritures ou*

(a) Le Conseil d'Artois avait fait de nombreux règlemens sur les greffiers des diverses juridictions de la Province. Voir entr'autres ceux des 18 mars 1606, 30 juillet 1678, 23 octobre 1680, 17 novembre 1685, 13 janvier 1690, 2 avril 1691, 4 juillet 1694. Il paraît que ces greffiers n'étaient que trop disposés à s'écarter du respect qu'ils doivent aux magistrats qu'ils sont chargés d'assister. C'est ainsi que le Conseil d'Artois fut obligé de sévir, le 11 janvier 1748, contre le greffier du bailliage de St-Omer, pour avoir traité irrévérencieusement dans ses écritures le lieutenant général de ce bailliage.

(b) Le Conseil d'Artois avait fait plusieurs règlements concernant les avocats. Voici les principaux : 20 décembre 1731, 19 novembre 1662, 7 juillet 1681, 8 août 1712. Il y avait un arrêté du 19 septembre 1762 au sujet des avocats. Une lettre de l'infante Isabelle du 26 décembre 1622, et les ordonnances, statuts et stile du grand Conseil de Malines décidèrent que les conseillers et officiers fiscaux des Conseils ne pouvaient faire profession d'avocats, même en causes commencées avant leur nomination.

mémoires, sans répéter ne proposer choses superflues (a).
Les avocats avaient seuls le droit de plaider ; ce droit
n'appartenait pas aux procureurs (*b*). Ils devaient se présenter à l'audience, prêts à défendre les causes qui leur
étaient confiées, et *ne pouvaient partir que leurs affaires
ne fussent expédiées.* Les écritures et mémoires se faisaient par les avocats qui avaient plaidé les causes, et
étaient signées par eux (*c*). Ces écritures devaient être
mises sur bon papier, et couvertes de parchemin. *Et
seront escrites en bonnes lettres et bien lisibles, les colla-
tionneront avant de les signer, tellement qu'elles soient
correctes, et qu'entre chacun article y ait bonne distance et
espace pour y mettre les responses.* Ces détails qui paraissent puérils, ont pourtant plus d'importance qu'on
ne le croirait ; le législateur moderne, dont on. peut
dire trop souvent, comme du préteur antique : *de mini-
mis non curat*, a été obligé de prescrire des règles à peu
près identiques pour les exploits d'huissiers.

Les *procureurs* (*d*) dont la réputation, on le sait,
n'était pas à l'abri de tout soupçon, faisaient aussi l'objet

---

(a) Un règlement du Conseil d'État de Bruxelles, du 28 janvier
1608, défendait aux avocats et procureurs de consulter et travailler
dans les auberges ou tavernes, excepté quand la partie y avait pris
son logement.

(*b*) Avocats et procureurs ne doivent paraître au grand Conseil ni
ès-conseils provinciaux, même pardevant commissaires des dites cours,
qu'en robes longues (Ordonnance du Conseil de Malines, du 21 juin
1591).

(c) Les factures, mémoires, etc., ne pouvaient être imprimés s'ils
n'étaient pas signés d'un avocat ou d'un procureur.

(*d*) Il y avait un règlement du Conseil d'Artois du 13 décembre
1666, concernant les procureurs.

de nombreuses mesures de précaution. Ainsi ils ne pouvaient être admis, s'ils n'étaient *trouvés idoines,* et reçus à serment par la cour (a). Quand ils étaient à l'audience, ils devaient *avoir devant eux leurs registres, afin de savoir l'état de leurs causes (b), sans demander au greffier ny à leurs clercs qu'est à faire de icelles, ou autres semblables mots.* Ils étaient tenus d'instruire les avocats des faits qu'ils avaient à proposer, de manière à ce que les affaires ne restassent jamais en souffrance. Ils ne pouvaient faire aucune convention avec leurs clients (c). Un jugement du Conseil d'Artois du 14 avril 1731 a déclaré nulle et illicite une convention de cette nature, et a ordonné que les frais et salaires dûs au procureur par la partie, demeureraient acquis à la communauté des procureurs, pour être distribués aux panvres de la dite communauté. Il leur était également défendu de faire aucun pacte avec les huissiers pour certaines sommes à payer annuellement, ou de toute autre manière, à peine d'amende : une ordonnance du Conseil de Malines avait fixé cette amende à cinquante florins. Ils ne devaient

(a) Un règlement du Conseil d'Artois avait ordonné qu'ils ne seraient reçus à serment qu'à l'âge de vingt-quatre ans : ce règlement est du 3 septembre 1543 (Desmazures, tit. 43).

(b) Outre ce registre, il leur était enjoint d'en tenir un autre, où étaient indiquées les sommes remises par les parties, sinon ils étaient non recevables dans leurs demandes de salaires (Arrêt du Conseil d'Artois du 17 août 1754). Voir aussi nouveau Maillart, page 566.

(c) On n'admettait pas facilement le désaveu d'un procureur par son client. En l'audience du 10 juillet 1759, un nommé Louis Morel fut condamné, par forme de dommages-intérêts, en une somme de cinquante livres envers le procureur Gilles, pour l'avoir désavoué témérairement.

signifier aucune écriture, si elle n'était signée par un avocat, et il leur était interdit d'empiéter en quoi que ce fût sur les attributions de ceux-ci. Ils devaient aussi avoir soin de faire lever au greffe les actes et expéditions dans les huit jours, sinon le greffier avait sur eux exécution à leurs dépens. Enfin il leur était recommandé, comme aux avocats, *de se tenir chacun en leur place, et sans vaquer dans la salle et parquet, de ne partir sans le congé du président, et tiendront silence entendant à l'expédition des causes, sans pouvoir faire durant les dits plaids aucune collation les uns avec les autres (a).*

La police générale de l'audience était d'ailleurs fort sévère. Chacun devait s'y tenir en silence, *sans vaquer ne promener, ni en quelque manière que ce soit rompre, empescher ou troubler l'ordre.* Tous ceux *qui avaient à besogner à la dite Chambre,* devaient parler convenablement, et *éviter toute querelle ou paroles aigres et mordantes.* De même les avocats et procureurs étaient invités à s'abstenir de toute expression offensante, *à peril de punition arbitraire.* Cette précaution n'est pas encore superflue de nos jours, puisque l'article 90 du Code de Procédure a dû prévoir cette éventualité; seulement la punition arbitraire n'est plus autorisée.

Les ordonnances de 1530 et 1531 avaient étendu leur attention jusque sur les *huissiers.* Ces officiers étaient tenus de faire toutes les significations dont ils étaient

(a) Le 10 juin 1687, un arrêt du Conseil d'État réduisit de soixante-cinq à quarante le nombre des procureurs au Conseil d'Artois. Ces chiffres prouvent que les procès ne manquaient pas devant cette juridiction,

chargés (a), à peine de dix sols d'amende, et de dommages-intérêts envers les parties, et *s'ils estoient coutumiers
ce faire, seront soumis à l'arbitrage de la cour.* Il leur était
expressément défendu de rien exiger de ceux contre lesquels ils instrumentaient ; on leur recommandait aussi
de diminuer les frais autant que possible, et de
les proportionner à l'importance des affaires (b). Ils ne
devaient jamais garder chez eux les devoirs qu'on leur
donnait à signifier, sous prétexte qu'ils n'étaient pas
payés de leurs salaires (Arrêt du Conseil d'Artois du 26
octobre 1747). Il avait aussi été jugé qu'un huissier est
responsable des exécutions qu'il ne fait pas dans l'année
de la convention obtenue, et qu'il ne doit pas les différer
sans un ordre écrit de la partie (Arrêt du 20 avril 1748.)
Il était également défendu aux huissiers de traiter à forfait avec les clients pour leurs salaires (Arrêt du 5 mai
1750.) Enfin on exigeait que l'huissier chargé d'une exécution, remît les actes, pièces et exploits qu'il avait entre
les mains à la partie dont il tenait son mandat : l'huissier

(a) Jugé le 14 mai 1753 au Conseil d'Artois que ceux qui font exécuter des débiteurs ne sont point responsbles du faux qu'un huissier commet dans ses exploits, ni de la soustraction des moubles et
effets des débiteurs.

(b) Un huissier du Conseil d'Artois, à la résidence de La Bassée,
ayant été convaincu d'avoir fait, dans une exécution de meubles et
effets, dont il était chargé, un grand nombre de transports et significations de ventes de meubles inutiles et vexatoires, dans la vue de mul-
tiplier les frais, qu'il fit monter à cent soixante livres et plus, quand
l'objet de l'exécution n'était que d'une importance de cent cinquante
livres, fut, par arrêt du Conseil du 8 avril 1758, interdit pendant
quatre ans de l'office d'huissier, et de toutes les autres fonctions publiques.

pouvait même y être contraint par corps. Mais si on exerçait contre les huissiers une surveillance aussi étendue, on voulait qu'ils fussent respectés dans l'exercice de leurs fonctions. Ainsi un arrêt du Conseil d'Artois du 23 février 1764, décida que différents individus de la commune de Billy-Berclau seraient bannis pendant dix ans de la Province, et condamnés en soixante-dix livres d'amende, pour avoir maltraité et *excédé* un huissier et ses records procédant à une exécution (*a*).

Toutes les fois que les huissiers avaient pratiqué une saisie mobilière, il leur était expressément défendu de garder par devers eux les meubles saisis : ils étaient tenus de les faire vendre *en dedans sept jours et sept nuits, en la plus proche ville*, et d'en remettre les deniers au poursuivant, à moins d'opposition. Les choses ne vont plus aussi vite en matière de saisie : il est vrai que les intérêts des parties étaient bien peu sauvegardés par le système de l'ordonnance. Les huissiers ou sergents avaient la régie des biens saisis réellement (Acte de notoriété, n° 1:) L'huissier qui avait procédé à une vente de meubles et effets, ne pouvait se dispenser de représenter à la partie saisie le procès-verbal de vente, afin qu'elle pût se rendre compte de l'emploi des deniers. (Arrêt du Conseil d'Artois du 11 octobre 1756.) Quant aux immeubles vendus par autorité de justice, l'huissier était

---

(*a*) L'ordonnance de 1678 (tit. X, art. 6), porte que les procès-verbaux des huissiers et sergents servent d'information *sans répétition*, c'est-à-dire sans qu'il soit besoin de les entendre. L'ordonnance de juillet 1681 voulait en outre que les procès-verbaux des commis et gardes fussent crus jusqu'à inscription de faux. Voir à ce sujet les notes de Maillart sur l'art. 13 de la Coutume.

tenu d'en consigner le prix toutes les fois qu'il y avait
entre ses mains des oppositions à la délivrance des
deniers. (Arrêt du Conseil d'Artois du 17 juillet 1750.)
L'huissier qui avait exécuté, quand il y avait plusieurs
créanciers opposans, était aussi tenu de consigner sur le
champ au dépôt des consignations. (Arrêt du 26 mars
1757.)

Les huissiers étaient obligés de demeurer *és lieux de
leurs résidences* (a). Ils étaient soumis à la juridiction immédiate du Conseil d'Artois en matière disciplinaire (b).
A cette fin, lors de la première audience, *après Pasques
et août,* tous les huissiers ordinaires et extraordinaires
devaient se présenter devant le Conseil, et là, *après avoir
déposé leurs bâtons sur le bureau,* ils étaient appelés par
le greffier à tour de rôle, et répondaient aux plaintes
qu'ils pouvaient avoir encourues, à raison de leurs fonctions. Le Conseil prononçait sur le mérite de ces plaintes ;
il avait le droit de retenir les bâtons des délinquants
pendant un temps plus ou moins long, et même d'infliger telle punition qu'il jugeait convenable.

Les huissiers remplissaient aussi un service d'honneur
auprès du Conseil. Ainsi ils étaient tenus, ou du moins
les deux derniers d'entre eux, « de se garnir de leurs

(a) Le signe distinctif de leurs fonctions était un petit bâton à
bout d'argent, sur lequel étaient gravées les armes du Conseil d'Artois;
ils devaient toujours porter ce bâton quand *ils faisaient aucuns adjour-
nements, exécutions ou autres exploits.*

(b) Aucun huissier ou sergent ne devait faire de signification au
Procureur général du Conseil d'Artois, en sa qualité, sans lui en avoir
demandé la permission. (Lettre du chancelier Lamoignon à M. Bataille,
en date du 10 avril 1760.)

« bâtons chacun jour au matin, et après midy aux heu-
« res désignées, et eux transporter au logis du Président
« ou autre lieu où il sera lors, pour le convoyer, et aller
« devant luy jusqu'à la chambre du Conseil, et de de-
« meurer et séjourner devant l'huys d'icelle chambre,
« sans en partir, pour faire et accomplir tout ce qui sera
« ordonné par lesdis Président et gens, et semblablement
« ramener ledit Président à l'issue du Conseil à son logis.
« Et hors heures dudit Conseil, toutes et quantes fois
« il plaira audit Président ou à celui qui tiendra son lieu,
« seront tenus lesdits huissiers venir à l'hôtel du Prési-
« dent ou de celuy qui tiendra son lieu, et faire et ac-
« complir entièrement tout ce qui leur sera ordonné, à
« peine de correction arbitraire (a). »

La plupart des dispositions que nous venons de faire
connaître sont tirées de ce qu'on appelait *le stile du
Conseil d'Artois*. Suivant Desmazures, « le stile est l'ordre
et la manière de procéder en jugement. « La Coutume,
« dit cet auteur, est introduite par la volonté du peuple,
« au contraire le stile est fait par la volonté du juge. »
L'article 4 de l'Edit perpétuel de 1611 ordonnait à tous
juges subalternes, qui ont leur stile homologué, de se

____

(a) Les principaux règlements du Conseil d'Artois concernant les
huissiers sont des 28 décembre 1531, 8 novembre 1532, 27 avril 1542,
29 octobre 1587, 23 février 1583, 7 mai 1595, 5 septembre 1600, 18
mars 1606, 29 mars 1621, 23 mars 1638, 22 juin 1644, 16 avril 1647,
4 novembre 1649, 26 septembre et 29 novembre 1664, 10 février 1665,
17 mai 1668, 10 février 1669, 29 mars 1679, 2 septembre 1681, 15
décembre 1684, 23 décembre 1704, 15 décembre 1749. Il y avait en
outre un tarif des droits du premier huissier du Conseil d'Artois qui
était, par sa place même, crieur aux adjudications.

régler selon les termes de ce stile. Quant à ceux qui n'en avaient pas, il était prescrit aux juges supérieurs de leur envoyer celui dont ils usaient. Mais il parait que cette prescription avait été fort mal observée, car plusieurs bailliages inférieurs, tels que ceux de Bapaume et d'Hesdin, qui n'avaient pas de stile homologué, n'avaient pourtant pas adopté celui du Conseil d'Artois, ce qui donnait lieu à une foule de contestations.

Nous avons présenté l'analyse de la législation sur laquelle reposait l'organisation du Conseil d'Artois. Cette grande institution dura plus de deux siècles, et rendit au pays d'immenses services. Mais elle succomba, comme tout le vieux système judiciaire de la France, dans le naufrage de 89. L'article 14 du décret de l'Assemblée constituante des 6 et 7 septembre 1790 en ordonna la suppression. Le Conseil d'Artois tint ses dernières audiences le samedi 13 septembre 1790. D'après les dispositions du même décret, les officiers municipaux de la ville d'Arras durent se rendre ensemble au Palais et, après avoir fait fermer les portes des salles, greffe, archives, et autres dépôts de papiers et minutes, y faire apposer en leur présence les scellés par le commis greffier (a).

(a) Dès le 3 novembre 1789, l'Assemblée constituante avait décrété qu'en attendant l'époque peu éloignée où elle s'occuperait de la nouvelle organisation judiciaire, le Conseil provincial d'Artois resterait *en vacances,* et ses chambres de vacations continueraient leurs fonctions et connaîtraient de toutes les causes, instances et procès. Singulière manière de congédier des magistrats, en leur donnant des vacances perpétuelles !

Liste des premiers et seconds présidents au Conseil d'Artois :

PREMIERS PRÉSIDENTS.

1 CAULIER (Jean), nommé le 20 juin 1530, mort le 13 janvier 1531.

2 HANGOUART (Guillaume), nommé le 4 mai 1531, mort en février 1546.

3 DE MARTIGNY (Louis), nommé le 5 mai 1547, mort le 1er mars 1553.

4 DE REBREVIETTES (Jacques), nommé en juin 1654, mort le 10 décembre 1554.

5 ASSET (Pierre), nommé en février 1555, mort le 20 novembre 1580.

6 RICHARDOT (Jean), nommé le 16 janvier 1582, mort le 3 septembre 1609.

7 DE FRANCE (Jérôme), nommé le 31 juillet 1585, mort le 11 juillet 1605.

8 DE FRANCE (Raymond), nommé le 1er octobre 1605, mort le 24 octobre 1628.

9 DENIS (Antoine), nommé le 1er octobre 1622, mort le 19 janvier 1624.

10 DU GROSPRÉ (Jean), nommé le 6 février 1624, mort le 25 mars 1634.

11 LAURIN (Charles), nommé en novembre 1636, mort en 1646.

12 LE BAILLI D'INGHEN (Jean), nommé le 18 septembre 1638.

13 DE MÉLIAN, nommé le 20 septembre 1640.

14 DE DURAND (Germain), nommé le 19 février 1641.

15 LE MAISTRE (Louis), nommé le 26 septembre 1641.

16 LE VAYER (René), nommé le 8 janvier 1642.

17 BRETHE DE CLERMONT, nommé le 14 août 1646.

18 SCARRON (André), nommé le 11 juillet 1661, mort le 15 décembre 1684.

19 SCARRON (Jean), nommé le 20 octobre 1680.

20 DE PRÉFONTAINE (Agnan), nommé le 16 décembre 1685, mort le 5 juillet 1687.

21 LE MERCHIER (Antoine), nommé le 24 juillet 1687, mort en 1703.

22 PALISOT D'ATHIES (Philippe-François), nommé le 5 mai 1703, mort le 11 mars 1708.

23 PALISOT (François-Ignace), fils du précédent, nommé le 7 septembre 1707, mort le 4 mars 1718.

24 PALISOT D'INCOURT (Ambroise-Alexandre), frère du précédent, nommé le 19 mai 1718, mort le 18 avril 1746.

25 PALISOT DE WARLUSEL (Louis-François), fils du précédent, nommé le 15 juin 1743, mort le 16 octobre 1752.

26 BRIOIS (François-Joseph), nommé le 22 décembre 1752, mort le 17 juin 1793.

27 BRIOIS DE BEAUMETZ (Rose-Albert), fils du précédent, nommé le 17 janvier 1776, mort en 1809.

PRÉSIDENTS DE LA SECONDE CHAMBRE.

1 HOURDEQUIN (Philippe), nommé le 10 septembre 1694, mort le 7 juillet 1703.

2 HOURDEQUIN (Philippe - François), fils du précédent, nommé le 9 août 1705, mort le 29 juillet 1728.

3 BULTEL (Albert), nommé le 16 décembre 1728, mort le 21 décembre 1758.

4 MABILLE (Jean-François), nommé le 23 mars 1759, mort 18 décembre 1770,

5 DE MADRE (Joseph-François), nommé le 25 septembre 1776 (*).

(*) Pour les noms des conseillers, avocats généraux et procureurs généraux, voir notes historiques relatives aux offices et officiers du Conseil provincial d'Artois. Douai, Deregnaucourt, imprimeur-libraire (1843).

CHAPITRE III.

JURIDICTIONS SECONDAIRES.

Ainsi que nous l'avons vu, toutes les juridictions de la province ressortissaient du Conseil d'Artois (a). L'élection (b) et les maitrises des eaux et forêts (c), quoique

(a) Acte de notoriété du Conseil d'Artois du 15 mai 1724.

(b) L'élection provinciale d'Artois avait, privativement à tous les autres juges, la connaissance en principal et en première instance, de toutes les causes et contestations réelles et personnelles, civiles et criminelles en fait et en matière d'aides, impositions, fermes et octrois des états, villes et autres lieux de la province, ressort et enclavements. Comme tribunal jugeant en matière de contributions, elle ressemblait un peu à nos Conseils de préfecture ; mais elle en différait en ce que sa compétence s'étendait à toute sorte de contributions, tandis que celle des Conseils de préfecture est limitée aux contributions directes.

L'élection prononçait aussi, comme nous l'avons déjà dit, en matière de noblesse ; mais sur ce point il y avait appel au Conseil d'Artois, qui jugeait souverainement et en dernier ressort.

L'élection se composait d'un président, de six conseillers, d'un procureur du roi et d'un greffier.

Les élus avaient une haute position dans l'administration provinciale. Dorine, dans le *Tartuffe*, faisant à Marianne le tableau de la haute société de province, lui dit :

D'abord chez le beau monde on vous fera venir.
Vous irez visiter, pour votre bien venue,
Madame la baillive, ou madame l'élue.

L'élection d'Arras eut en 1744 un procès important avec le ma-

juridictions royales, n'étaient même pas complétement
affranchies de son autorité. En vertu de cette suprématie, le Conseil d'Artois prenait des mesures qui
touchaient par tous les points au domaine législatif. C'est
ainsi que le 30 juillet 1669, il défendait, par une ordonnance, à tous les officiers de justice du ressort, de posséder et exercer aucune charge de bailli, lieutenant et
autres, dans des juridictions qui leur étaient infé-

gistrat, au sujet de ses attributions. Ce procès fut jugé par arrêt du
Conseil du 26 octobre 1744. Il est dit dans les lettres patentes du
16 novembre suivant, qui rendent cet arrêt exécutoire : « Par les
« présentes, nous maintenons nos officiers de l'élection d'Artois dans
« les droits et possession de connaître en première instance des con-
« testations nées et à naître, tant à l occasion des centièmes, fermes,
« octrois et autres impositions ordinaires et extraordinaires, pour le
« paiement du don gratuit, et autres dépenses dont les États sont
« chargés pour notre service, qu'au sujet de la perception des octrois
« qui se lèvent dans nos villes, bourgs et autres lieux de la dite pro-
« vince, pour leurs besoins, le paiement de leurs dettes et autres
« causes, sauf l'appel en notre dit Conseil d'Artois; voulons que les
« adjudications des fermes et octrois, ainsi que les réceptions de
« cautions, pour raison des dites adjudications, continuent d'ê re faites
« en la manière accoutumée, sans néanmoins que les contestations
» qui pourront survenir au sujet des dites adjudications et réceptions
« de cautions puissent être portées ailleurs que devant nos dits
« officiers de l'élection ; maintenons pareillement nos dits officiers de
« l'élection dans le droit et possession de connaître du fait de no-
» blesse, conformément aux placards.

(c) La maitrise des eaux et forêts connaissait, en première instance,
de tout ce qui concernait les eaux et forêts du domaine du roi ; seulement l'appel était porté au Conseil d'Artois. Il y avait en Artois
quatre maîtrises des eaux et forêts, à Arras, à Saint-Omer, à Hesdin,
et au bourg de Tournehem.

rieures (*a*), disposition certainement très-sage, mais qui n'aurait rien perdu à être édictée par le pouvoir souverain. Mais ce qu'il y a de plus remarquable, c'est que le Conseil d'Artois ne se bornait pas à imposer des règlements aux magistrats de l'ordre judiciaire, il étendait aussi son autorité sur les magistrats de l'ordre administratif. Sous prétexte de veiller à l'intérêt public, il avait fini par attirer presque exclusivement à lui tout ce que nous appelons aujourd'hui la tutelle administrative. Ainsi les communautés d'habitants ne pouvaient adjuger des ouvrages sans son autorisation. Elles ne pouvaient également faire assiettes d'impôt sans déclaration, non plus qu'exiger des cotisations qui n'avaient pas été rendues exécutoires. (Arrêt du 31 décembre 1761 (*b*). Il devait être justifié au procureur général du Conseil d'Artois de l'adjudication des terres à bail, de la vente des arbres, des salaires et vacations des gens de loi, enfin de toutes les dettes passives contractées par les communautés d'habitants. (Arrêt du 9 mars 1767). Ces communautés ne pouvaient s'assembler qu'avec l'agrément de l'autorité publique, et par convocation spéciale des officiers ou gens de loi. Au cas de

(*a*) Les juges inférieurs pouvaient, en Artois, commettre des substituts en cas d'absence, maladie, et autres empêchements. Les substituts des procureurs du roi, ès-bailliages, avaient le droit de postuler en qualité de procureurs, en leurs siéges (Arrêt du Conseil d'Artois du 6 novembre 1704).

(*b*) On peut citer comme preuve de l'ingérence du Conseil d'Artois dans l'administration, un règlement des 15 et 19 janvier 1587, empêchant les marchés publics de grains dans une certaine limite hors de la ville d'Arras.

refus de ceux-ci, il fallait recourir au juge supérieur immédiat (a) Arrêt du 15 janvier 1763. (Enfin, autorisation préalable était nécessaire aux communautés, pour plaider (Déclarations du roi de 1663, 1667, et 1703). Il est facile de comprendre par quelle gradation le Conseil d'Artois était parvenu à cette absorption presque complète des pouvoirs judiciaires et administratifs de la province. Comme juge suprême, il tenait pour ainsi dire dans sa main tous les sièges inférieurs, et ces sièges inférieurs disposaient de l'administration en même temps qu'ils rendaient la justice.

Nous allons passer en revue les différentes juridictions secondaires de l'Artois (b), en les prenant par localité plutôt que par ordre d'importance. Malgré leur diversité, on verra qu'elles peuvent se ramener à deux catégories bien tranchées, les bailliages (c) et les éche-

---

(a) Quand l'assemblée avait été convoquée dans les formes, les résolutions faisaient loi pour tous : les opposents n'avaient que le droit de faire insérer leurs dires dans le procès-verbal (Arrêt du Conseil d'Artois du 30 mai 1750).

(b) Des règlements du Conseil d'Artois concernaient les sergents de ces diverses juridictions. Ces règlements sont en date des 28 juin 1644, 2 septembre 1651, 8 juillet 1652, 24 novembre 1664, 15 novembre 1666, 17 mai 1663. Les sergents des seigneurs avaient l'âge compétent pour exploiter à vingt ans. Lettre du chancelier d'Aguesseau, du 3 mai 1728.

(c) Il y avait incompatibilité entre les fonctions d'officiers des bailliages, sénéchaussées et toutes autres justices royales, et celles des *subdélégués* des commissaires départis, même des gouverneurs et commandants en chef des provinces. Ces subdélégués pourraient être comparés à nos sous-préfets.

Les bailliages de la province furent déchargés, par l'arrêt du Conseil

vinages (a) : aux premiers se rattachent les sénéchaussées,
les châtellenies et les prévotés, aux seconds tout ce système
de tribunaux de police munipale, tels que la *vingtaine*

d'État du 17 février 1699, de l'exécution de l'édit de création des
conseillers gardes-scels. C'était le grand bailli, et en son absence le lieutenant général, qui en étaient gardiens. En leur absence, c'était le
plus ancien officier de chaque siège (Acte de notoriété du Conseil
d'Artois du 9 juillet 1709).

Les lieutenants généraux des bailliages de l'Artois devaient se
qualifier dans les jugements de lieutenant-général du grand bailli de
tel endroit, et non pas seulement lieutenant-général au bailliage de ..
(Arrêt contradictoire du Conseil d'État du 11 août 1723).

Il y avait aussi un arrêt du Conseil d'État du 6 juillet 1724 qui
obligeait les bailliages de l'Artois à faire sceller leurs sentences du
sceau de Sa Majesté, conformément à une déclaration du 22 septembre 1722.

(a) Les échevinages connaissaient en première instance, à l'égard des
bourgeois, des faits de *guet et de garde*, sans appel aux Conseils provinciaux ; mais les Conseils provinciaux connaissaient de ces faits en
première instance à l'égard de leurs suppôts. Dans presque toutes
les villes de l'Artois, les échevins faisaient fonction de juges consulaires. Quand ils jugeaient à ce titre, ils pouvaient ordonner l'exécution provisionnelle de leurs jugements à caution (Arrêt du Conseil
d'Artois du 3 février 1756). L'échevinage avait la police générale
et universelle vis-à-vis même des mouvances des seigneurs (Mabile,
v° *Échevinage*).

Un arrêt du Conseil d'Artois du 14 février 1729, enjoint aux
mayeurs et échevins d'Arras, et à tous autres, de faire registrer, dans le
mois, les lettres d'octrois qu'ils peuvent obtenir; sinon leur fait défense
de s'en servir et d'en demander l'imposition, dont au cas ils demeureraient responsables en leurs noms, privés, pour ce qui doit revenir
au roi.

à Arras, et les *jurés pour la communauté* à Saint-Omer (a).

Gouvernance ou bailliage d'Arras. — Le personnel de ce siège se composait du grand bailli des ville et gouvernance d'Arras, d'un lieutenant général, d'un lieutenant particulier, d'un avocat du roi, d'un procureur du roi et d'un greffier. Le grand bailli n'était que *conjurateur*; en son absence, c'était le lieutenant général qui remplissait cette fonction. Quant au lieutenant général et aux autres officiers, ils ne pouvaient faire les fonctions de juges *qu'en la seule qualité d'hommes de fief.* Aussi quand ils n'avaient pas chacun en propriété un fief relevant du château d'Arras, dont ils avaient fait foi et hommage, ils étaient obligés *d'en desservir un par commission* d'un autre propriétaire *reconnu à homme* (b). Quand il n'y avait pas d'hommes de fief suffisants parmi les officiers permanents pour rendre les jugements, on était obligé d'évoquer d'autres hommes de fief à tour de rôle, de quinzaine en quinzaine (c).

La compétence de la gouvernance d'Arras s'étendait sur les causes civiles et criminelles intentées à la conjure du gouverneur et de son lieutenant. Elle recevait

(a) Juge n'a point de juridiction hors de son territoire, dit Mabille, v" *Juge*; il ne peut recevoir de serment hors d'icelui.

(b) Voir les coutumes générales et locales de l'Artois, les placards ou déclarations de 1570 et 1594, et les arrêts de règlement du 17 novembre 1653 et 2 novembre 1700.

(c) La gouvernance d'Arras consistait en trois cent quatorze villages et hameaux, outre trente-sept de la gouvernance d'Oisy et vingt-sept d'Aubigny la Marche, qui dépendaient aussi de celle d'Arras. (*Délices des Pays-Bas*, t. III. page 89.)

aussi la saisine et la dessaisine des terres et héritages qui étaient dans sa mouvance (a). Exerçant sa juridiction comme *cour féodale du comte d'Artois*, elle ne connaissait en principe que des *cas de haute justice;* mais, par une attribution spéciale, elle jugeait avec le concours d'avocats nommés juges, et du lieutenant de la maréchaussée, de tous les cas dont la maréchaussée était reconnue compétente (b). Au reste, « la gouvernance ou « bailliage d'Arras avait peu d'exercice dans la ville, dit « Bultel, car cet exercice se borne seulement à quelques « fiefs y situés, tenus du château d'Arras ; le fort de sa « juridiction et de son ressort est en dehors de la ville, « sur toutes les terres tenues du château d'Arras, en « fiefs et arrière-fiefs. »

La gouvernance d'Arras avait sous elle la gouvernance et advouerie de Béthune, la comté et sénéchaussée de St-Pol, la châtellenie d'Oisy, les baronnies d'Havrincourt, Houdain, Oisy, Barly-Fosseux, et le bailliage de Lillers. De plus, elle possédait dans la ville deux juridictions seigneuriales, *le pouvoir* ou *fief de Chaulnes,* appartenant

(a) Une lettre du chancelier Maupeou à M[rs] les officiers de la gouvernance d'Arras du 9 novembre 1769, détermine les fonctions que devait exercer le bailliage, et les épices, vacations et commissions de ce siège.

(b) Il paraît que les rapports étaient quelquefois assez tendus entre la gouvernance d'Arras et le Conseil d'Artois, car nous trouvons un arrêt du Conseil d'Etat du 4 août 1770, qui casse et annulle une sentence de la gouvernance d'Arras, comme contraire au respect dû par le dit siège au Conseil d'Artois, à la subordination des tribunaux et à l'ordre des juridictions.

à l'abbaye du Mont-Saint-Eloy, et *le pouvoir* ou *fief de Séchelles*, venant de la maison de Melun (*a*).

Echevinage d'Arras. — Si la juridiction de la gouvernance était peu étendue dans l'intérieur de la ville d'Arras, il n'en était pas de même de l'échevinage. Ce siège avait profité de tous les démembrements qu'avait subis la justice de l'abbaye de St-Vaast, or on sait que la majeure partie de la ville était sous la seigneurie de cette riche et puissante abbaye (*b*). Ces démembrements sont curieux à suivre. Lors de l'érection de la ville d'Arras en commune, l'abbaye de Saint-Vaast perdit la juridiction sur tous les fonds roturiers, qui prirent la qualification *d'héritages d'échevinage*, et devinrent, de même que les occupeurs, *justiciables des juges de la commune.* L'abbaye perdit ensuite *l'exercice de la police* sur ces fonds : cet exercice fut déféré à l'échevinage. Il ne lui restait plus que la connaissance des matières réelles sur tous les héritages roturiers de sa mouvance, et celle des causes réelles, personnelles et de police dans les héritages tenus en fief de la crosse abbatiale; mais au commencement du XVIIIe siècle, un concordat intervenu entre elle et l'échevinage, ne lui laissa pour exercer sa juridiction, que *le clos de l'abbaye*, et quelques autres endroits circonscrits par des bornes soigneusement posées par experts.

(*a*) Ce fief appartenait, pendant le XVIIIe siècle, au prince de Rohan-Soubise, héritier de la maison de Melun.

(*b*) Guiman, religieux de St-Vaast qui, vers 1170, écrivait le *Cartulaire de l'Abbaye*, dit avec une certaine complaisance, que la ville d'Arras est bâtie en entier sur le fonds de St-Vaast, et que dans toute sa circonscription, rien ne peut être construit sans le consentement de l'abbé, si ce n'est dans le quartier de l'Estrée, *Stratæ*, partie qui appartient à l'évêque.

La juridiction échevinale d'Arras était sujette au ressort immédiat du Conseil d'Artois. Elle était composée d'un mayeur électif (a), et exerçant à vie, de douze échevins se renouvelant chaque année; savoir: quatre nobles, quatre avocats ou autres gradués, et quatre roturiers ou marchands en gros (b). La veille de la Toussaint, le gouverneur désignait quatre échevins, les anciens échevins en désignaient quatre autres, et ces huit échevins en choisissaient quatre parmi ceux de l'année précédente. On ne pouvait être échevin plus de deux années consécutives (c). Outre ces treize officiers électifs, il y avait six assesseurs, un conseiller pensionnaire, un procureur du roi syndic, un argentier ou receveur général de la ville, un greffier civil, et un greffier criminel, trois com-

(a) Les élections pour la nomination des mayeurs et échevins avaient lieu par l'assemblée des notables. Le Conseil d'Artois a toujours répugné, on ne sait trop pourquoi, à ce que ses membres fissent partie de ces assemblées. Ainsi M. Enlart de Grandval ayant été élu notable de la ville d'Arras le 4 juillet 1765, et ayant reçu une invitation à assister à l'assemblée qui devait être tenue le jour d'après, le Conseil d'Artois se réunit le 5 juillet 1765, et prit la décision suivante : « La cour, les chambres assemblées, déclare la nomination du « conseiller Enlart, en qualité de notable de cette ville et cité, nulle « et contraire aux droits et prééminences de ce Conseil, et à sa qua- « lité de cour supérieure. En conséquence, tous actes, procès-verbaux « et convocations concernant la dite nomination demeureront annulés « à cet égard. »

(b) Quelquefois il n'y avait que deux nobles, mais alors il y avait six gradués.

(c) Beaux-frères, cousins-germains, gendres et autres plus proches parents ne peuvent être ensemble dans l'échevinage d'Arras, soit comme mayeur ou comme échevins. Charte de Louis VIII de 1211, confirmée par lettres de Robert d'Artois données à Paris en 1223.

mis au greffe civil, un au criminel, et plusieurs autres suppôts.

En fait de police, le grand bailli ou gouverneur d'Arras était à la tête de l'échevinage, pour tout ce qui concernait les statuts ou ordonnances (a). D'après les anciennes constitutions de la Province, c'est lui qui faisait les fonctions de *partie publique* dans les affaires criminelles ; le procureur du roi syndic ne pouvait que le remplacer, en cas d'absence ou de légitime empêchement. Le 30 avril 1728, il intervint entre le magistrat d'Arras et le grand bailli de cette ville une transaction sur plusieurs points de contestations qui les divisaient. Il fut décidé notamment que le grand bailli serait obligé de faire exécuter les règlemens de police pris par le magistrat, mais qu'il aurait le droit de siéger avec les échevins dans toute instance de police et tout procès criminel. Le grand bailli devait être consulté sur les mesures concernant la *bourse commune des pauvres*. Il pouvait chaque année *faire un bourgeois* gratis, comme les échevins. Une médaille dut être remise au grand bailli et à son greffier, pour être portée dans les cérémonies, ainsi que le faisaient le maire et les échevins. Voir les *Registres mémoriaux de la ville d'Arras*, volume XXI, page 180. Il y avait aussi

(a) Des conflits de juridiction s'élevaient continuellement entre la gouvernance et l'échevinage. Un des plus curieux est celui qui eut lieu pour savoir si c'était au grand bailli ou aux échevins qu'il appartenait de punir d'une amende des archers d'une confrérie qui ne s'étaient pas rendus à une procession.

En ce qui concerne les processions, on avait décidé que quand le bailli ou le lieutenant général y assistait, le mayeur ou un échevin avait le droit de se placer à leur gauche.

un châtelain auprès de l'échevinage; c'était l'homme de fief né de la gouvernance d'Arras.

L'échevinage tenait deux tribunaux, les *grands plaids*, qui avaient leurs séances tous les lundis, dans la salle échevinale, pour les matières personnelles et réelles, et les *petits plaids* (a), où se jugeaient, par deux échevins seulement, et sans ministère de procureur, les affaires inférieures à quatre livres. Le vendredi, l'échevinage avait encore audience pour prononcer sur les actions d'injures et les réclamations en matière de contributions municipales. Il existait à l'échevinage d'Arras une habitude fort louable, c'était la prohibition de se pourvoir autrement que, *par simple évocation*, c'est-à-dire par assignation directe, lorsque l'importance du procès n'excédait pas trente livres. Cette pratique, qui est celle de nos justices de paix, devait éviter bien des frais dont l'ancienne procédure n'était que trop prodigue. L'échevinage d'Arras avait aussi le privilége de l'exécution provisionnelle à caution, pour sommes inférieures à cent florins, et même à deux cents florins, quand il s'agissait de ferme ou de police. (Ordonnance du 15 octobre 1619.)

Les échevins avaient droit de haute, moyenne et basse justice en matière criminelle. Ils n'étaient même pas obligés de motiver leurs sentences; c'était d'eux qu'on pouvait dire qu'ils condamnaient sans phrase. Ils pouvaient aussi connaître des crimes d'adultère, hérésies et usure ; mais il paraît que ce droit n'avait jamais été exercé, et que l'officialité poursuivait toujours ces crimes sans réclamations de la part du magistrat d'Arras. En

(a) Ils avaient été établis par lettres du mois de janvier 1742.

revanche, un autre privilége dont l'échevinage se montra toujours fort jaloux, c'était celui de rappeler les bourgeois qui avaient commis ailleurs quelque délit, et de les juger à l'exclusion de tous autres.

Les relations de l'échevinage avec le gouverneur étaient réglées de la manière suivante : le gouverneur avait mission d'appréhender les malfaiteurs dans la ville d'Arras ; mais il ne pouvait exercer ce droit à l'égard des bourgeois que dans le cas de flagrant délit, ou après une information préparatoire faite par les échevins (a). Il était également interdit au gouverneur de juger les bourgeois d'Arras au criminel : le jugement devait avoir lieu par le Conseil échevinal, sur les conclusions du lieutenant du gouverneur. Après la sentence, le condamné était remis entre les mains du Prévôt, qui procédait à l'exécution, en présence des échevins. Le lieutenant du gouverneur ne pouvait pas non plus faire pratiquer une vente au cri public ; ce privilége n'appartenait qu'aux échevins (b). D'autre part, il était formellement interdit à l'échevinage de faire aucun édit ou ordonnance, ce droit étant réservé à la gouvernance (c).

Echevinage de la cité d'Arras. — Jusqu'à l'édit de réunion de 1749, la cité d'Arras eut un tribunal échevinal composé d'un prévôt, d'un lieutenant, de sept échevins, d'un procureur fiscal et d'un greffier, qui étaient tous à

(a) Ordonnance du duc de Bourgogne du 7 décembre 1456. Voir sur ce sujet Desmazures, liv. VII, tit. 1, n° 8.

(b) Les sergents du gouverneur percevaient une somme de douze deniers par chaque vente.

(c) Les échevins n'avaient pas le droit *de sonner trompettes pour lever des soldats*, sans l'autorisation du gouverneur.

la nomination de l'évêque. Les sept échevins se renouvelaient chaque année, les autres officiers étaient nommés à vie. Cet échevinage connaissait, dans les lieux de sa dépendance, des cas de haute justice et de police. Il ressortissait immédiatement du siège épiscopal (a).

Bailliage de Saint-Omer. — Ce bailliage, dont la juridiction s'étendait plutôt au dehors de la ville qu'au dedans, siégeait en qualité de juridiction domaniale et de cour féodale, comme la gouvernance d'Arras. Ses officiers étaient munis de provisions du roi, ce qui leur donnait le titre d'officiers royaux ; mais ils ne pouvaient juger s'ils n'étaient pas hommes de fief. Le personnel se composait d'un grand bailli, qui était conjurateur et chef de la ville, d'un lieutenant-général, de cinq conseillers, qui étaient juges, en qualité d'hommes de fief, d'un procureur du roi et d'un greffier.

Le bailliage de Saint-Omer ne connaissait que des cas de haute justice : la connaissance de tous les cas royaux lui était expressément interdite. Il avait dans son ressort les châtellenies de Tournehem, Audruicq, Eperlecques, le marquisat de Renty, les comtés d'Arques, Senenghem, Fauquembergues et Sainte-Aldegonde, la baronie de Noircarme (b). De plus il avait la connais-

(a) Cet échevinage différait de celui des autres villes en ce qu'il n'avait pas le maniement des deniers publics. Ce maniement était réservé *au corps des trois états de la cité.* Ce corps était composé d'un député de l'évêque, comme seigneur temporel de la cité, d'un député du chapitre d'Arras, représentant l'ordre du clergé, et d'un député de l'échevinage, pour le tiers état. On voit qu'on avait cherché à reproduire dans cette organisation celle des États d'Artois.

(b) Un arrêt du Conseil d'Artois du 28 juin 1757 décide que les

sance de tous les fiefs situés dans la ville de Saint-Omer, tenus directement du château de cette ville, comme aussi il avait le ressort immédiat du siége *des Vierschaires (a)*, pour ce qui concernait les seigneuries viscomtières et foncières, ayant leur chef-lieu ou des mouvances féodales dans l'étendue de la ville ou de la banlieue. Les biens de l'abbaye de Saint-Bertin, situés dans le bailliage de Saint-Omer, étaient sujets à ce bailliage ; quant à ceux qui étaient situés dans la ville, ils dépendaient de l'échevinage. Le ressort immédiat du bailliage de Saint-Omer était au Conseil d'Artois.

Il avait été reconnu au Conseil d'Artois que les officiers du bailliage de Saint-Omer pouvaient faire la visite des chemins, à l'exclusion des officiers de l'évêché de Saint-Omer, sur les biens dépendant de cet évêché. L'affaire n'avait été jugée que par provision, parce que, d'après les principes, provision était toujours due aux

villages de Recques, Vroglandt et Saint-Omer-Capel ressortissent du bailliage de Saint-Omer. Anciennement Calais, Guînes et Ardres appartenaient également à ce bailliage. Le pays de Langle, éclipsé de là châtellenie de Bourbourg, y avait aussi son ressort.

(a) Le siège des Vierschaires était composé d'officiers de seigneurs viscomtiers ou fonciers, tenus du roi à cause de son château de Saint-Omer, ayant domaines ou mouvances dans la ville et banlieue de Saint-Omer. Il connaissait *des arrêts à la loi privilégiée*, c'est-à-dire des arrêts ou captures de personnes pour dettes et créances, des scellés et inventaires *ès-maisons mortuaires*, dans la ville et banlieue. Il était composé d'*Amans* ou *Baillis*, désignés par les seigneurs, et d'échevins nommés par les mayeur et échevins de Saint-Omer : les amans étaient au nombre de six, et les échevins de dix. S'il s'agissait d'affaires au sujet d'un fief ou d'une mouvance féodale, l'appel se portait au bailliage ; s'il s'agissait d'affaires au sujet des fonds roturiers ou des héritages d'échevinage, la doléance se portait à l'échevinage.

réclamations des officiers des bailliages. Un procès célèbre avait soulevé la question de savoir si l'appel du bailliage de Saint-Omer pouvait être porté directement au Parlement de Paris, en omettant de passer par la filière du Conseil d'Artois, et le Parlement avait reconnu, par arrêt de règlement du 20 avril 1756, que la juridiction intermédiaire ne devait pas être laissée de côté. Ainsi, par respect pour les formes, les parties étaient obligées à deux appels au lieu d'un.

Le bailliage de Saint-Omer eut, en 1756, une contestation avec le chapitre de Notre-Dame, pour l'entrée du chœur. Cette contestation fut terminée par arrêt du Conseil d'Artois du 12 mai 1757, qui ordonne au chapitre de laisser entrer les officiers du bailliage dans le chœur, par la principale porte, les deux battants ouverts, et d'y faire préparer pour eux les banquettes accoutumées. Cette affaire eut cela de particulier, qu'elle fut plaidée par Me de Robespierre, pour les officiers du bailliage : c'était le père du fameux conventionnel. Dans une autre circonstance, le bailliage de Saint-Omer sut également, et plus utilement, revendiquer ses droits. Le 17 octobre 1748, le comte de Beaufort, âgé de vingt ans, avait été reçu en la charge de grand bailli de Saint-Omer ; mais, comme il était dit dans ses lettres de dispense d'âge et provisions, qu'il ne pourrait avoir voix délibérative avant vingt-cinq ans, on fit observer que si on le recevait purement et simplement, il pourrait profiter de cette circonstance pour avoir, à vingt-cinq ans, voix délibérative, sans être gradué. On eut donc soin d'insérer dans son arrêt de réception, ces mots : « A charge tou- « tefois qu'il ne pourrait avoir voix délibérative, après

« vingt-cinq ans, qu'en se conformant aux ordonnances
» concernant les études de droit. »

Echevinage de Saint-Omer. — Cet échevinage avait à
peu près la même juridiction que celui d'Arras, par rapport aux habitants et aux héritages de la ville et banlieue
tenus en échevinage. Il se composait d'un mayeur, d'un
lieutenant du mayeur, de dix échevins, tous électifs, de
deux conseillers pensionnaires, d'un procureur du roi
syndic, d'un petit bailli, qui faisait fonctions de partie
publique ou criminelle, d'un greffier civil et criminel,
d'un greffier de police et d'un argentier. Ils étaient électifs comme les échevins, mais ils étaient possesseurs de
leurs commissions à vie. Il y avait, outre cela, un ordre
d'échevins, jurés au Conseil, au nombre de sept, qui
étaient aussi électifs, et servaient à temps. L'échevinage
de Saint-Omer était sujet au ressort immédiat du Conseil
d'Artois. Avant l'institution de ce Conseil, les jugements
criminels s'exécutaient à St-Omer, sans appel : les échevins ayant prétendu être maintenus dans ce privilége,
leur prétention fut repoussée par arrêt du 16 juillet 1637.

Bailliage d'Aire. — Il se composait d'un grand bailli
ou gouverneur, d'un lieutenant-général, d'un avocat du
roi, d'un procureur du roi, et d'un greffier qui tenaient
leurs provisions du roi ; ils jugeaient avec les hommes
de fief. De ce bailliage étaient mouvans la vicomté
d'Aire, la principauté de Robecque, les villages de Saint-
Quentin, Blessy, Rincq et Mametz. Son ressort immédiat
était au Conseil d'Artois. Comme les bailliages dont nous
avons déjà parlé, il avait pleine juridiction pour les cas
de haute justice seulement (a).

(a) Les officiers du bailliage d'Aire ont été, après la réduction de

Outre le bailliage, il existait à Aire une juridiction
féodale de privilége, c'était la justice temporelle du
chapitre de Saint-Pierre. Cette juridiction jouissait de la
prérogative et des attributs de fondation royale, et ressortissait en droiture du Conseil d'Artois. Elle était composée d'un bailli général, de deux hommes de fief, d'un
procureur général et d'un greffier (a).

Echevinage d'Aire. — L'échevinage d'Aire (b) exerçait
sa juridiction sur le même pied que ceux d'Arras, Béthune
et Saint-Omer ; il ressortissait, comme celui de Béthune,

leur ville, en 1676, mandés au Conseil d'Artois pour y prêter serment
(Acte de notoriété, n° 38).

(a) Un règlement du Conseil d'Artois du 14 mai 1707, entre le
grand Bailli d'Aire, le lieutenant-général du même siége, joint à lui
d'une part, et les autres hommes de fief et gradués du même siége,
d'autre part, contient des détails intéressants sur la tenue de ce bailliage. Il y est dit que tous procès doivent être jugés à la conjure du
grand bailli, ou, en son absence, à celle du lieutenant-général, sans
pouvoir, audit cas, prétendre aucune rétribution. Tous les officiers du
bailliage devaient s'assembler à la Chambre du Conseil les jeudis et
samedis de chaque semaine, depuis huit heures jusqu'à dix heures du
matin, et l'après-midi depuis trois heures jusqu'à cinq heures. Le
grand bailli avait le droit de nommer les commissaires, et de distribuer
les procès. Il devait assister à l'audience et aux cérémonies publiques
en manteau noir et *sans canne*. Les rapporteurs ne pouvaient exiger
que dix sols lorsqu'une partie voulait retirer les pièces d'un procès.
Les épices devaient être partagées dans les matières civiles, en cinq
parts, savoir : une pour le grand bailli, et les quatre autres pour les
trois juges, le rapporteur en ayant deux ; et, dans les affaires criminelles, en sept parts, à distribuer dans la proportion qui vient d'être
indiquée. Le grand bailli avait toujours droit à sa part, quoiqu'il fût
absent de la ville.

(b) L'échevinage de la ville d'Aire existait en vertu d'une charte de
Philippe, comte de Flandre, de 1158.

du bailliage, et non du Conseil d'Artois. Il était composé d'un mayeur, d'un lieutenant du mayeur, de dix échevins électifs, se renouvelant chaque année, d'un conseiller pensionnaire, d'un procureur du roi syndic, d'un greffier civil et criminel, et d'un argentier, aussi électif, mais exerçant à vie. Il y avait, en outre, un châtelain héréditaire, et, sous lui, un lieutenant-châtelain, et un châtelain viscomtier, qui exerçaient leurs fonctions à ce siège (a).

Un jugement souverain rendu contradictoirement au Conseil d'Artois, le 24 novembre 1589, entre le bailliage et l'échevinage d'Aire, portait règlement sur les droits respectifs de ces deux juridictions. Ce règlement fut motivé par le renvoi que le roi d'Espagne, alors souverain des Pays-Bas, avait adressé au Conseil d'Artois.

Gouvernance et advouerie de Béthune. — C'était un fief tenu et mouvant du château d'Arras ; c'est pour cela que sa juridiction ne ressortissait pas en droiture du Conseil d'Artois, mais elle était sujette au ressort immédiat de la gouvernance d'Arras. Néanmoins la gouvernance de Béthune était comptée au nombre des grands bailliages de l'Artois. Elle se trouvait, quant à la juridiction, exactement sur le même pied que la gouvernance d'Arras et le bailliage de Saint-Omer. Elle se composait d'un gouverneur ou grand bailli, qui était en même temps à la tête

---

(a) Le 9 janvier 1768, Philibert Loy et Philippe Dauchy, notaires à Aire, furent mandés au pied du Conseil d'Artois, pour y rendre compte de leur conduite, parce qu'ils avaient sommé les échevins d'Aire d'exécuter une loi non enregistrée à la cour, et par arrêt du 26 janvier 1768, ils furent condamnés solidairement à une amende de dix livres, pour le pain des prisonniers

de l'échevinage, d'un lieutenant-général, d'un conseiller, d'un procureur du roi, qui était le même que celui qui faisait les fonctions à l'échevinage, et d'un greffier, tous avec provisions du roi, et de plus d'hommes de fief, mouvant immédiatement de la gouvernance.

Echevinage de Béthune. — Il était composé du grand bailli, qui en était le chef, ainsi que nous venons de le dire, de dix échevins se renouvelant chaque année, le jour des Innocens, d'un prévôt, et de deux mayeurs nommés par les grands baillis et échevins, pour l'exercice de la petite police, d'un procureur du roi, syndic, d'un greffier civil et criminel et d'un argentier ou receveur. Le procureur du roi était celui de la gouvernance, le greffier et l'argentier étaient électifs, et servaient à vie. On appelait de l'échevinage à la gouvernance (*a*).

Bailliage d'Hesdin. — Ce bailliage était fort étendu ; il avait la judicature à la conjure du gouverneur ou de son lieutenant. Il se composait d'un gouverneur ou grand bailli, qui était aussi le chef de la ville, d'un lieutenant-général, d'un avocat du roi, d'un procureur du roi et d'un greffier. Ces officiers avaient, comme ceux des autres bailliages, des provisions du roi, et faisaient, comme eux, les fonctions de juges, avec les hommes de fief mouvant immédiatement du bailliage. Son ressort direct était au Conseil d'Artois (*b*).

(*a*) Par arrêt de la cour du 18 novembre 1723, il avait été fait défense expresse aux échevins de Béthune de prendre connaissance des fermes, ce droit appartenant à l'élection seule.

(*b*) Le Conseil d'Artois avait fait un règlement le 17 novembre 1670, touchant l'administration de la justice au bailliage d'Hesdin.

Echevinage d'Hesdin. — Cet échevinage était sur le même pied que ceux des villes que nous venons de mentionner (*a*); mais il ressortissait immédiatement du bailliage, comme ceux de Béthune et d'Aire. Il était composé d'un mayeur, et de sept échevins électifs, se renouvelant chaque année, le jour de la Saint-Jean, d'un procureur du roi syndic, d'un greffier et d'un argentier, officiers permanents et à vie. Sa juridiction était la même que celle des villes précédentes; il ressortissait immédiatement du bailliage (*b*).

Bailliage de Lens. — C'était un des plus grands de l'Artois : il exerçait la juridiction domaniale et féodale,

(*c*) L'échevinage d'Hesdin avait été constitué par une charte de Philippe-Auguste, de 1207, et par une autre de 1215, de Louis, son fils aîné, depuis Louis VIII.

(*a*) Le 15 août 1752, jour de l'Assomption, le mayeur de la ville d'Hesdin, M. Prévôt de Saint-Hilaire, fit convoquer les échevins, afin de se trouver en manteau et avec leurs chaînes, à l'église paroissiale de cette ville, qui était en même temps collégiale. Ils devaient assister en corps à la procession du vœu de Louis XIII. Les échevins s'étant rendus individuellement à l'église, quelques-uns s'introduisirent dans le chœur, quoique la place de l'échevinage fut marquée dans la nef, où un banc lui avait été préparé. Le bedeau du chapitre s'en étant aperçu, expulsa les échevins, et ferma sur eux la porte du chœur. Après la cérémonie, les mayeur et échevins discutèrent sur ce qu'ils regardaient comme une insulte à leur dignité, et firent arrêter le bedeau, encore revêtu de sa robe, et porteur de sa masse. De là, plainte du chapitre au Conseil d'Artois, et procès qui dura trois ans. Enfin, il fut décidé, le 20 février 1775, que les échevins avaient eu tort de se faire justice à eux-mêmes, et on les condamna solidairement à cinquante livres de dommages-intérêts envers le chapitre. Ce qu'il y a de plus curieux, c'est que pendant toutes ces contestations, on avait complètement perdu de vue le malheureux bedeau, et qu'il était resté en prison.

comme les autres bailliages de la province, tant sur les fiefs situés en la ville et banlieue, que sur tout ce qui était de sa dépendance au dehors de la ville. Il avait son ressort immédiat au Conseil d'Artois. Pendant longtemps ce bailliage ne jouissait plus du droit de haute justice; mais au XVIIᵉ siècle, le roi le lui rendit sur les villages de Courrière, Dourges, Noyelles-Godault, Courcelles, Violaisnes et Neufchapelle. Il se composait d'un grand bailli, qui était aussi chef de la ville, d'un lieutenant-général, d'un procureur du roi, et d'un greffier ayant provisions de Sa Majesté, et faisant le service sur le pied des officiers permanents des autres bailliages ; ils ne pouvaient faire les fonctions de juges qu'en qualité d'hommes de fief (a).

Echevinage de Lens. — Il était composé d'un mayeur, de quatre échevins électifs, se renouvelant tous les ans, d'un procureur syndic par provision du roi, d'un greffier et d'un argentier électifs, et servant à vie, et d'un prévôt royal, aussi électif, et se renouvelant comme les échevins. Il exerçait la même juridiction que les échevinages des autres villes de l'Artois, et il était, comme ceux d'Arras et de St-Omer, immédiatement sujet au ressort du Conseil d'Artois.

Bailliage de Bapaume. — Il était composé d'un grand bailli, qui était chef de la ville, d'un lieutenant général,

---

(a) Par jugement du Conseil d'Artois du 2 février 1734, le grand bailli de Lens a été maintenu dans le droit de présider et de tenir le bâton aux adjudications, « à quel effet, dit le jugement, les affiches « seront intitulées de son nom et de celui des mayeurs et échevins. » Il a aussi été maintenu dans le droit et possession d'allumer, avec le mayeur, les feux de joie qui se faisaient dans la ville.

d'un procureur du roi et d'un greffier ayant provision du roi, et servant sur le même pied que les autres officiers des bailliages dont nous venons de parler, et de plus des hommes de fief. Ce bailliage exerçait la juridiction domaniale et féodale, comme les autres ci-dessus ; mais il n'avait droit de haute justice que sur Metz-en-Couture, Courcelles-le-Comte, Croisilles et Morval. Il était sujet immédiatement au ressort du Conseil d'Artois (a).

Echevinage de Bapaume. — Il exerçait sa juridiction comme ceux des autres villes, mais son ressort immédiat était au bailliage. Il se composait d'un mayeur, de sept échevins électifs, et se renouvelant tous les ans (b), d'un procureur du roi, d'un greffier et d'un argentier électifs, et exerçant à vie jusqu'en 1609. Il jugeait en première instance toutes les actions personnelles et réelles des bourgeois de Bapaume. Ce droit lui fut retiré par sentence du conseil d'Artois, et attribué au bailliage seul ; mais en 1633 il intervint une transaction, par l'intermédiaire de plusieurs avocats du Conseil d'Artois, sur les limites respectives des juridictions du bailliage et de l'échevinage, et depuis lors, l'échevinage de Bapaume put

(a) Il y a une ordonnance du Conseil d'Artois du 1er octobre 1661, qui veut qu'à l'avenir il y ait, au bailliage de Bapaume, un registre reposant au greffe, où les sergents qui auront fait des mains assises, seront tenus de l'indiquer, ainsi que les jours et heures de ces opérations, à peine de nullité.

(b) Un jugement du Conseil d'Artois du 22 mars 1760 fait défense aux échevins de Bapaume de prendre la qualité de seigneurs fonciers de cette ville.

recommencer à connaître des procès entre bourgeois, mais seulement pour la ville et les faubourgs (a).

Bailliage d'Avesnes-le-Comte. — Il y avait dans ce bourg un bailliage royal composé d'un gouverneur et capitaine général, lequel nommait un lieutenant, un procureur fiscal et un greffier pour y administrer la justice avec les hommes de fief du château d'Avesnes. La gouvernance d'Arras prétendait avoir ressort immédiat sur cette juridiction, comme sur la gouvernance de Bapaume, mais le Conseil d'Artois n'a jamais reconnu cette prétention, et a maintenu ses droits sur le bailliage d'Avesnes.

Nous venons d'indiquer tous les grands bailliages de l'Artois, car il faut bien remarquer que cette dénomination ne s'appliquait qu'à ceux d'Arras, St-Omer, Béthune, Aire, Lens, Bapaume, Hesdin et Avesnes-le-Comte. C'étaient autant de chefs-lieux de domaine du roi en Artois, où s'exerçaient la *juridiction domaniale et cour féodale suzeraine*, conformément aux coutumes et aux anciennes constitutions du pays, par des officiers créés à la fin du XVIIe siècle, à titre d'hérédité. Quant aux autres bailliages, ils ne jouissaient pas de la même qualification, et par conséquent avaient un degré d'importance beaucoup moindre.

Comté et sénéchaussée de St-Pol. — Il avait dans son ressort le bailliage de Pernes, les vicomtés de Frévent, Fruges, Orville, Heuchin, les comtés de Bailleul et de Croix, le marquisat de Lisbourg et les baronies de Rol-

(a) Ce concordat est du 10 septembre 1763. Il fixe les limites territoriales de la juridiction du bailliage et de l'échevinage, et pour plus de sûreté, il contient une carte figurative de chaque juridiction.

lencourt et de Monchy-Cayeux. C'était une juridiction féodale supérieure, elle avait le même exercice que les autres grands bailliages de l'Artois, mais elle ressortissait immédiatement de la gouvernance d'Arras. Elle était composée d'un sénéchal, d'un lieutenant général, d'un lieutenant particulier, d'un procureur fiscal, et d'un greffier. Tous ces officiers ne tenaient leurs commissions que du comte de St-Pol.

Echevinage de St-Pol. — Il avait le même exercice que ceux des grandes villes, mais il ressortissait de la sénéchaussée. Il se composait d'un mayeur, de huit échevins, d'un procureur syndic, d'un greffier et d'un argentier (*a*).

Baillliage de Pernes. — Il comprenait les villages d'Amerval, Pressy, Florenghem, La Cauchie et quelques autres. L'échevinage de Pernes ressortissait de la sénéchaussée de St-Pol. Il se composait d'un mayeur, de six échevins se renouvelant chaque année, d'un procureur pour office et d'un greffier (*b*).

Baillliage d'Aubigny. — Ce bailliage ressortissait de la gouvernance d'Arras, et en dernier lieu du Conseil d'Artois. L'échevinage de Pas était composé de deux mayeurs perpétuels et de sept échevins nommés chaque année par la châtellenie d'Aubigny.

Baillliage de Lillers. — Ce bailliage était la juridiction féodale et supérieure de cette terre, il avait le même exercice que les bailliages que nous venons de citer,

(*a*) Il existe une charte de confirmation de commune accordée à St-Pol en 1227 par Hugues de Châtillon, petit-fils de Gaucher de Châtillon.

(*b*) Au siècle dernier, c'était le marquis de Wignacourt, de l'ancienne maison de ce nom, qui était propriétaire de la châtellenie de Pernes.

mais son ressort immédiat était à la gouvernance d'Arras. Il se composait d'un grand bailli, qui était aussi le chef de la ville, d'un lieutenant bailli, d'un procureur fiscal et d'un greffier ; ces officiers tenaient leurs commissions du propriétaire de cette terre, et quand il en était besoin, on évoquait des hommes de fief. Il y avait encore dans cette ville une autre juridiction féodale, c'était celle du chapitre. Lillers n'avait pas d'échevinage, mais il s'y tenait des plaids devant lesquels se faisaient les rapports d'héritages.

Bailliage de Bucquoy. — Il ressortissait de la gouvernance d'Arras. Il n'y avait pas d'échevinage à Bucquoy.

Bailliage de Chocques. — Il était composé des hommes de fief relevant immédiatement du château de Chocques. L'échevinage était composé de huit échevins, son ressort était au bailliage de Chocques.

Bailliage de Beuvry. — Il avait la même juridiction que les bailliages de Chocques et de Bucquoy, et ressortissait comme eux de la gouvernance d'Arras. L'échevinage de Beuvry se composait de six membres, il ressortissait du bailliage.

Bailliage de la baronie d'Havrincourt. — Il ressortissait également de la gouvernance d'Arras.

Châtellenie d'Oisy. — Elle dépendait de la Gouvernance d'Arras, et était composée d'un bailli, d'un lieutenant et d'hommes de fief. Par arrêt du 5 novembre 1768, il fut fait défense au bailli de la justice d'Oisy de prendre la qualification de grand bailli, attendu qu'Oisy n'était qu'une châtellenie, décorée postérieurement du titre de comté.

Châtellenie d'Houdain. — C'était un fief mouvant de la gouvernance d'Arras. Houdain avait un échevinage composé d'un prévôt et de neuf échevins à la nomination du châtelain. Son ressort était à la châtellenie.

Châtellenie de Frévent. — Elle dépendait de la sénéchaussée de St-Pol.

Châtellenie de Créquy. — Ressortissait également de la sénéchaussée de St-Pol.

Châtellenie de Lisbourg. — Il en était de même de cette châtellenie.

Châtellenie de Langle. — Le corps de justice s'y composait d'un bailli et de francs hommes commis par le comte d'Artois. Le pays de Langle avait aussi un échevinage se renouvelant chaque année, et connaissant de toutes actions personnelles, arrêts et deshéritances cottiers. Il y existait aussi un tribunal des *vierschaires*, comme à St-Omer. Ce tribunal était composé de huit membres nommés chaque année par les commissaires du comte, et connaissait de tous cas et crimes d'injures, délits, maléfices et faits énormes, sauf les cas privilégiés (a).

Châtellenie d'Heuchin. — Dépendait du comté de St-Pol. Dans cette châtellenie, le village de Palfart avait un échevinage dont le ressort était à la châtellenie.

Châtellenie de Pas. — Ressortissait de la sénéchaussée de St-Pol. L'échevinage de Pas était composé d'un mayeur et d'échevins nommés chaque année par quarante habitants de Pas qui jouissaient de ce privilége.

Châtellenie d'Orville. — Elle dépendait aussi de la sénéchaussée de St-Pol. Orville avait un échevinage dont le ressort était à la châtellenie.

(a) Le pays de Langle avait des coutumes particulières décrétées le 28 juin 1586

Châtellenie de Tournehem. — Cette châtellenie appartenait au roi, et ressortissait du bailliage de St-Omer. Il y avait à Tournehem un mayeur et six échevins nommés chaque année par le châtelain.

Châtellenie d'Eperlecque. — Ressortissait du bailliage de St-Omer.

Châtellenie de Beaurainville. — Son ressort était à la sénéchaussée de St-Pol.

Principauté d'Epinoy. — La justice y était administrée par des pairs et hommes de fief du château d'Epinoy : elle ressortissait du Conseil d'Artois. L'échevinage se composait de sept personnes, son ressort était devant les pairs et hommes de fief de la principauté.

Marquisat de Renty. — Ressortissait de la châtellenie de Tournehem.

Comté de Fauquembergue. — Ressortissait du bailliage de St-Omer.

Comté de Bailleul. — Ressortissait de la sénéchaussée de St-Pol.

Comté de Blangy-en-Ternois. — Il avait droit de haute justice, et ressortissait directement du Conseil d'Artois.

Baronie d'Inchy. — Son ressort était à la gouvernance d'Arras. Inchy avait son échevinage ressortissant de la baronie ; il se composait d'un mayeur et de sept échevins renouvelés tous les quatorze mois.

Baronie de Rollencourt. — Ressortissait de la sénéchaussée de St-Pol.

Pays de Bredenarde. — Il appartenait au roi. Chaque paroisse de ce pays choisissait deux personnes ; tous ces délégués formaient un corps de loi qui siégeait à Audruicq. Ce corps de loi avait pleine juridiction : on appelait de ses décisions pardevant les baillis et francs hommes du château d'Audruicq, et de là au bailliage de Saint-Omer. Le Conseil d'Artois avait fait, le 23 avril 1695, un règlement entre les grand bailli, maire et échevins d'Audruicq et Bredenarde d'une part, et le procureur du roi des mêmes bailliages d'autre part.

Pays de Lalleu. — Il faisait partie du domaine de l'église et abbaye de Saint-Vaast : à ce titre il ressortissait du siège de Saint-Vaast, et de là du Conseil d'Artois. La loi du pays était composée de dix échevins présidés par le Prévôt : ils avaient l'administration de la haute justice. Le siège de la juridiction était à Sailly-sur-la-Lys.

Justice administrative. — Les intendants n'avaient pas juridiction contentieuse, à moins qu'elle ne leur fût attribuée par le roi. Le contrôleur général, dans une lettre du 16 septembre 1724, adressée à M. de Chauvelin, intendant de Picardie et d'Artois, dit à ce sujet qu'il est plus naturel que la connaissance des ordonnances de police (c'est ainsi qu'on appelait les affaires administratives) soient portées au Conseil d'Artois (*a*), où tous les règlements sont enregistrés, que devant les intendants. Pourtant la disposition de l'article 2 du titre VIII, de la première partie du règlement du Conseil d'Etat porte que *les ordonnances ou jugements des intendants seront exécutés par provision, nonobstant l'appel*. Mais cette prérogative n'existait plus pour les ordonnances et jugements con-

(*a*) Le Conseil d'Artois se trouvant ainsi chargé de juger fréquemment des matières contentieuses avait fait, à la date du 17 novembre 1691, un véritable règlement sur la justice administrative dans son ressort.

tradictoires, sur l'appel desquels la compétence administrative n'était pas contestée ; car toutes les fois qu'on prétendait en appel que la décision avait été *incompétemment rendue*, le Conseil d'état ordonnait que les choses demeureraient en état. (Arrêt du Conseil du 7 juin 1723).

Juridiction ecclésiastique (a). — Les rapports de la juridiction ecclésiastique avec le pouvoir laïque, avaient donné lieu en Artois, comme ailleurs, à de nombreux conflits. Les rois d'Espagne eux-mêmes admettaient *la voie de recours*, contre les atteintes de l'autorité ecclésiastique aux droits de leur couronne, ainsi qu'aux attributions de leur justice temporelle et de celle de leurs conseils. C'est, à peu de chose près, l'appel comme d'abus, qui s'est toujours pratiqué en France, et qui a suscité tant de réclamations de la part du clergé. La connaissance par cette voie n'appartenait pas à toute sorte de juges ; elle était réservée aux cours et aux juridictions supérieures. Le recours se poursuivait par le procureur général, *sans avoir égard à aucune transaction*. Les ecclésiastiques avaient aussi entre eux la voie du recours.

Le recours avait pour effet de faire juger la question principale, s'il était impossible de découvrir autrement la violence ou l'oppression contre laquelle s'élevait la

---

(a) Sur la juridiction ecclésiastique, voir les placards du 4 novembre 1540, 18 décembre 1542, 28 novembre 1544, 20 décembre 1595 et aussi le placard sur le synode provincial de Cambrai. Le Conseil d'Artois a enregistré les édits et déclarations des mois d'avril 1695, 29 mars 1696 et 30 juillet 1700 qui touchent à ces matières délicates.

partie plaignante. Quand le recours était fondé sur l'incompétence du juge ecclésiastique, ce juge était tenu d'y déférer immédiatement. S'il passait outre, il était pris *une exécution en chancellerie* pour évoquer le procès, et s'il paraissait, par les pièces produites qu'il y avait eu *entreprise*, on prononçait la saisie du temporel. Le recours s'introduisait dans les cours de justice, par de simples requêtes signifiées aux évêques et aux juges d'église. Les pièces justificatives de la violence ou de l'entreprise devaient être jointes à la requête, et il était jugé sur la réponse des intimés.

C'est ainsi que les choses se passaient dans les causes de moindre importance ; mais quand l'affaire réclamait une plus sérieuse attention, elle s'introduisait dans les formes prescrites par l'édit de Philippe II, de 1561 (a). Si le juge ecclésiastique ne s'arrêtait pas devant la sentence rendue sur le recours, toutes les procédures ultérieures par lui ordonnées, étaient cassées comme attentatoires. S'il s'agissait de bulles ou rescrits de Rome, non-seulement la sentence de recours les frappaient d'inefficacité, mais celui qui aurait essayé de les mettre à exécution pouvait être atteint dans son temporel s'il était bénéficier, et s'il était laïque, il encourait de fortes amendes et même le bannissement.

Plusieurs exemples prouvent jusqu'à quel point l'autorité judiciaire en général, et le Conseil d'Artois en

(a) Les édits de Charles-Quint, de 1523 et 1525 et de Philippe II, de 1548 et 1550, ont commis les tribunaux supérieurs pour examiner les bulles et rescrits de Rome, et en suspendre l'exécution au cas où il s'y trouverait des choses contraires aux droits du souverain, à ceux de ses peuples et aux libertés du pays.

particulier, savaient s'opposer aux empiètements ecclésiastiques dans cet ancien régime qui reposait pourtant en entier sur le trône et sur l'autel. Un Sr Nicolas Mullet, curé d'Oppy, ayant été déclaré atteint et convaincu par l'officialité d'Arras, d'avoir contrevenu de la manière la plus grave aux devoirs de son ministère, fut condamné le 16 avril 1746, à la perte de sa cure, et à tous les frais et dépens du procès. Il interjeta appel comme d'abus au Parlement de Paris, et il triompha par la raison qu'aucune partie civile ne s'étant présentée au procès, l'officialité n'avait pu condamner aux frais et mises de justice. En vain l'évêque d'Arras, Monseigneur Baglion de la Salle, invoqua l'usage constant du diocèse, et fut soutenu par l'avocat général Joly de Fleury, le Parlement resta inébranlable sur la question de droit.

Une autre fois, plusieurs curés du diocèse d'Arras s'étant refusés à l'exécution de la disposition du synode d'Arras de 1687, qui prescrivait à tous les curés, et à tous ceux qui sont chargés sous eux de la conduite des âmes, de faire de temps en temps une retraite de huit ou quinze jours dans un séminaire, crurent devoir s'adresser au Conseil d'Artois pour être dispensés de se soumettre à cette règle, pourtant toute de discipline, et le Conseil d'Artois fit droit à leur réclamation. Ainsi, avant la Révolution, les prêtres avaient, contre les décisions de leurs supérieurs, des voies de recours dont il ne leur est plus permis d'user aujourd'hui, et les Parlements conservaient la haute main sur toutes les juridictions ecclésiastiques, au moyen de l'appel comme d'abus.

L'article 16 de l'édit de 1695, confirme l'autorité des évêques dans leurs visites. Mais en Artois, où cet édit

n'a jamais été enregistré, attendu la surséance que le roi
en a prononcée, les évêques se trouvaient sous l'empire
des édits de 1587 et 1608, qui leur défendaient de rien
insérer dans leurs ordonnances, de contraire aux droits
du souverain et à ceux des sujets. Ils pouvaient en conséquence faire des ordonnances sur les choses purement
spirituelles et les sacrements, mais il leur était interdit
de disposer en aucune manière des revenus des fabriques,
chapelles, hôpitaux ou autres lieux de charité(a), comme
aussi de faire aucun statut ou règlement touchant la di-
rection des hôpitaux. Les biens des pauvres, appelés *pau-
vretés*, étaient administrés exclusivement par des personnes laïques. (Edit de Charles-Quint de 1522) (b).

Les comptes des fabriques se rendaient, dans les
Pays-Bas, aux magistrats et marguilliers dans les villes,
et à la campagne, aux seigneurs et à leurs officiers. Les
évêques avaient seulement le droit d'envoyer des délégués, pour assister à la reddition de ces comptes, pourvu
que cela n'engageât les fabriques dans aucuns frais.
Quant aux maîtres et maîtresses d'école, le concours des
deux autorités civiles et ecclésiastiques était nécessaire
pour leur établissement. Les écolâtres des cathédrales

(a) Des lettres des archiducs d'Autriche, gouverneurs des Pays-
Bas, du 15 juillet 1605, déclarent qu'il n'appartient pas aux évêques
de connaître de l'exécution des fondations. D'autres lettres des Archiducs au Conseil de Brabant, du 15 janvier 1609, portent qu'il n'est
rien attribué aux évêques pour la surintendance des hôpitaux.

(b) En 1681, Louis XIV permit aux archevêques et évêques des
Pays-Bas autrichiens le libre exercice de leurs juridictions dans les
parties de leurs diocèses situés sous la domination française, sans être
tenus d'y établir des officiaux français.

jugeaient dans les villes de la doctrine et de la religion des candidats, et les magistrats, qui avaient seuls le droit de les commettre et de les nommer, examinaient leur capacité, et informaient sur leurs mœurs. Les curés faisaient à cet égard, dans les campagnes, le même office que les écolâtres, et les seigneurs y avaient les mêmes droits que les magistrats (a).

Enfin, il n'était jamais permis aux juges d'église d'user de censures contre les juges séculiers pour les contraindre à seconder l'exécution de leurs sentences. En cas de refus, ils devaient s'adresser aux juges supérieurs (Edits des rois d'Espagne de 1531, article 19 ; de 1535, article 11, et de 1540, article 75). « Ceux qui ont voulu, dit Ma-« bille, mettre dans les Pays-Bas les sentences des juges « d'église et les jugements des évêques à exécution, ont « toujours été condamnés par emprisonnement de révo-« quer tout ce qu'ils ont fait au préjudice du bras sé-« culier (b).

C'est en vertu de ces principes si chers aux parlementaires d'autrefois, que le Conseil d'Artois a toujours revendiqué l'inspection de toutes les mesures administratives et judiciaires prises par l'autorité ecclésiastique. Il

(a) La permission de travailler les fêtes et dimanches devait être donnée, de l'avis du curé, par le bailli et le lieutenant du siège. (Arrêt du Conseil d'Artois du 24 novembre 1688).

(b) Voir un mémoire intitulé : *Remontrances faites à S. M. par ses sujets des pays conquis, sur l'édit de 1695.* Ce mémoire a été imprimé à Paris, en 1700, chez la veuve d'Etienne Chardon. Voir également l'édit du 3 septembre 1701, qui a sursis pour l'Artois à l'exécution de l'édit de 1695. Ces deux documents montrent combien ce pays, pourtant si religieux, redoutait les envahissements du clergé.

.s'immisçait même jusque dans les affaires intérieures des communautés religieuses. Ainsi un refus de sacrement et une inhumation précipitée ayant eu lieu dans l'abbaye de Blangy-en-Ternois, à l'égard d'un prêtre qui y subissait une peine canonique, le Conseil d'Artois prit, le 10 octobre 1754, une décision par laquelle il chargeait le lieutenant général de la sénéchaussée de St-Pol de l'information. M. Bataille, procureur général, ayant cru devoir en référer au chancelier et à M. d'Argenson, ministre de la guerre, qui avait dans son département les affaires de l'Artois, il lui fut répondu que le roi approuvait ce qui avait été fait. Mais tandis que le Conseil d'Artois se montrait aussi sévère à l'égard du clergé, il défendait énergiquement la religion, et il déclarait, par un acte de notoriété du 23 octobre 1728, que la religion catholique, apostolique et romaine était seule professée dans la Province.

Si maintenant nous examinons les attributions des différents sièges de justice ecclésiastique existant en Artois, nous reconnaîtrons facilement que ces attributions allaient sans cesse en s'amoindrissant. Au siècle dernier voici ce qu'il en restait :

La salle épiscopale d'Arras. - C'était une juridiction supérieure féodale et de privilége. Elle était composée de deux hommes de fief gradués, d'un procureur fiscal et d'un greffier. Quand il était nécessaire d'avoir un plus grand nombre de juges, on évoquait autant d'hommes de fief tenus de la crosse épiscopale qu'il convenait. Ce siège avait le même exercice de juridiction que les bailliages et autres cours féodales de l'Artois, et il ressortissait, comme la plupart d'entre eux, immédiatement du Conseil d'Artois.

Chapitre d'Arras. — Le chapitre d'Arras, qui jouissait du privilége de fondation et d'amortissement royal, et qui ne dépendait pas de l'évêque, avait deux ordres de juridictions : la première s'étendait aux causes des chanoines et suppôts du chapitre, elle était composée de deux commissaires du chapitre, d'un promoteur et d'un secrétaire ; la seconde s'appliquait aux vassaux et tenanciers du chapitre en première instance, ou par appel des juridictions féodales établies dans les principaux fiefs, elle était exercée par le prévôt, chef du chapitre, conjurateur au civil, par un sous-prévôt gradué, conjurateur au criminel, par deux hommes de fief gradués, qui en évoquaient d'autres au besoin, par un procureur fiscal et un greffier. Ces deux tribunaux ne connaissaient que des cas de la haute justice, et ils ressortissaient du Conseil d'Artois, savoir le premier pour les causes civiles temporelles (*a*), et le second à tous égards.

L'officialité d'Arras. — C'était le tribunal de l'évêque jugeant les causes ecclésiastiques. Il siégeait dans le palais épiscopal, et était composé d'un official (*b*), d'un promoteur et d'un greffier. Son ressort était à l'archevêché de Cambrai (*c*).

(*a*) Pour les affaires spirituelles il ressortissait du métropolitain de Cambrai.

(*b*) Official ne peut publier monitoires obtenus en cour de Rome, sans la permission du juge. Ordonnance du Conseil d'Artois du 28 juin 1678.

(*c*) Les officialités ne pouvaient ordonner l'exécution provisoire d leurs jugements, que jusqu'à la somme de vingt-cinq livres.

Le siége abbatial de St-Vaast. — Il s'appelait aussi le siège supérieur et du ressort de l'abbaye royale de Saint-Vaast d'Arras. C'était une juridiction seigneuriale et de privilége, à cause de l'amortissement royal et absolu. Nous avons vu combien sa juridiction avait été réduite par l'échevinage. Elle se composait d'un religieux de l'abbaye, ayant titre de grand prévôt, et étant chef et conjurateur au civil, d'un grand bailli, conjurateur au criminel, de quatre hommes de fief gradués, d'un procureur fiscal et d'un greffier. Ses jugements civils et criminels étaient intitulés en son nom. Son ressort immédiat était au Conseil d'Artois.

L'abbaye de St-Vaast, qui était soumise directement au St-Siège, avait en outre une juridiction ecclésiastique, tant sur ses membres, que sur quelques autres prêtres habitués des paroisses de son patronat. Cette juridiction se composait d'un promoteur et d'un greffier; le grand prieur en était l'official né. Le promoteur se prenait ordinairement parmi les prêtres habitués de la paroisse de la Madeleine. En cas d'appel, les affaires étaient portées devant le métropolitain de Cambrai, comme pour le chapitre d'Arras (a).

(a) On trouve, dans les *Mémoriaux de la ville d'Arras*, volume 21, page 422, la mention suivante, au sujet d'un huissier de l'abbaye de Saint-Vaast, qui avait signifié une requête en ville sans la permission de Messieurs du Magistrat. L'an 1745, le 16 août, au greffe du magistrat de la ville d'Arras, pardevant nous, Jean-François-Dominique Crépel, rentier, et Alexandre-Xavier Harduin, avocat, tous deux échevins semainiers de la ville d'Arras, est comparu Marc-Antoine Dufey; sergeant de l'abbaye de Saint-Vaast d'Arras, y demeurant, lequel a déclaré que, ça a été induement, mal à propos, sans droit ni qualité

La salle épiscopale de St-Omer. — C'était une juridiction féodale. Elle était composée d'un grand bailli, de deux hommes de fief gradués, d'un procureur fiscal et d'un greffier.

La salle décanale de St-Omer. — Était aussi une juridiction féodale. Elle se composait d'un grand bailli, de deux échevins, d'un procureur fiscal et d'un greffier.

Outre cette juridiction, le chapitre de St-Omer en avait une autre féodale dans la banlieue ; on l'appelait la juridiction de *l'Est-Lannoy et Hallembrone.* Elle était composée du grand bailli du chapitre, de quatre échevins, d'un procureur fiscal et d'un argentier.

Les juridictions de l'évêque et du chapitre de St-Omer ressortissaient du Conseil d'Artois, comme celles de l'évêque et du chapitre d'Arras.

L'évêque de St-Omer avait aussi la juridiction ecclésiastique qui ressortissait du métropolitain de Cambrai. Elle était composée d'un official, d'un promoteur et d'un greffier. Elle s'étendait à tout le diocèse, à l'exception du chapitre de St-Omer et de ses suppôts qui, suivant l'ancien usage, avaient une juridiction particulière composée d'un juge, d'un promoteur et d'un greffier.

Nous avons terminé ce long examen de toutes les juri-

qu'il a signifié le 29 juillet dernier, sans en avoir au préalable obtenu la permission de Messieurs du Magistrat d'Arras, une requête répondue au siège abbatial dudit Saint-Vaast, de la part dudit sieur Ballion, prêtre habitué de l'église paroissiale de Sainte-Marie-Madeleine de cette ville, aux marguilliers de la dite église, reconnaissant que mesdits Sieurs du Magistrat d'Arras, ayant toute justice en cette ville, il ne peut y faire aucun exploit, sans en avoir obtenu une permission, et a signé avec nous...

dictions secondaires de l'Artois. En présence d'une telle multitude de tribunaux s'enchevêtrant les uns dans les autres, on peut se demander comment les justiciables faisaient pour s'y reconnaître (a). Nous ne nous chargeons pas de résoudre la question ; il nous suffira de dire qu'aujourd'hui cinq tribunaux d'arrondissement, et une trentaine de justice de paix, remplacent ce déluge de sièges judiciaires, et il ne paraît pas que la justice reste en souffrance.

CHAPITRE IV.

ASSIGNATIONS

Dans l'ancien, comme dans le nouveau droit, les instances se sont toujours entamées au moyen d'assignations. Mais tandis que de nos jours chacun est libre d'assigner comme il lui plaît, à ses risques et périls, autrefois l'assignation ne se donnait qu'en vertu de commission ou mandement du juge. Au reste, en Artois, cette commission n'avait pas besoin *d'être libellée du fait dont il était question* (b). L'assignation pouvait être rem-

(a) « Le principe que la *mouvance détermine le ressort* a fait subsister « en Artois, dit Bultel, la multiplicité des degrés de juridiction, quel- « qu'onéreuse qu'elle soit à ceux qui se trouvent dans l'obligation de « plaider, et qui n'ont pas un privilége spécial, qui puisse leur pro- « curer la faculté d'abréger ce grand nombre de degrés de justice. »

(b) C'est une dérogation notable à l'article 16 de l'ordonnance de 1529.

placée par la faculté qu'avaient les parties *de se présenter par acceptation*. Les délais d'ajournement étaient les suivants : pour les nobles *ou demeurans ès-fiefs*, huit jours francs ; *pour les autres demeurans hors fiefs*, cinq jours. En général aucune assignation ne devait excéder quinze jours. Le stil du Conseil permettait d'abréger ces délais dans certains cas déterminés. Si le jour assigné était férié, l'assignation était continuée au premier jour *plaidable* (*a*).

L'assignation devait être donnée à la personne ou à son vrai domicile. Le tribunal compétent était, comme les principes l'indiquent, celui du domicile du défendeur (*b*). Si l'assignation était remise au domicile, et non à la personne même, on voulait qu'elle fût laissée entre les mains *d'une personne d'âge suffisant pour en faire le rapport à la partie ajournée*. Une sentence de l'échevinage d'Aire, de 1633, avait annulé une assignation donnée à une femme dans la rue, et non pas au domicile de son mari. La présence de témoins n'était pas néces-

---

(*a*) Une matière fort épineuse était celle *des décharges d'assignations*. On trouvait par là un moyen commode de soustraire les justiciables aux juges. Le 22 juillet 1748, le Conseil d'Artois avait pris, en assemblée générale, la résolution de ne plus accorder aucune décharge d'assignation aux habitants de l'Artois, qui se trouveraient attaqués pardevant des juges étrangers. Mais on citait également beaucoup de résolutions contraires, car malgré les arrêts de règlement, rien n'était plus variable que l'ancienne jurisprudence.

(*b*) C'est pour cette raison qu'un conseiller au Conseil d'Artois fut obligé d'assigner son défendeur devant le bailliage de Béthune, et non devant le Conseil d'Artois, quoiqu'il prétendît qu'en vertu de son titre, il ne pouvait être obligé de plaider devant une autre juridiction (Arrêt du 9 août 1757).

saire pour la remise de l'ajournement. Cette formalité
n'était requise que dans le cas de complaintes, nouvel-
letés, simples saisies maintenues, mises de fait, main
assise, exécutoires personnelles et reliefs d'appel. Dans
ces cas, l'exploit d'ajournement devait être déposé en
présence de deux témoins, à peine de nullité, huit sols
d'amende contre l'huissier, et dommages-intérêts des
parties (a). Il était enjoint aux huissiers de remettre
leurs exploits à ceux qui les avaient fait faire, *en dedans
midy précédant l'assignation, afin que les parties et leurs
procureurs se puissent régler pour faire leurs présenta-
tions* (b).

Un usage particulier à l'Artois était *l'ajournement à
cri public*. Il avait lieu en vertu de l'autorisation expresse
du Conseil d'Artois, à l'égard des personnes absentes de
la province. Muni de cette autorisation, l'huissier se rendait à *la Bretèque* la plus proche du domicile présumé
de l'ajourné, et là, en présence de deux témoins, le citait
à comparaître. Il y avait sur cette matière une ordonnance du Conseil d'Artois du 18 avril 1550 qui, à cause
des nombreux abus que ce mode de citation avait engen-
drés, prescrivait aux huissiers d'avertir de l'ajourne-

(a) L'assistance des témoins n'est plus requise aujourd'hui pour
aucune espèce d'assignation. Il faut croire que les huissiers inspirent
plus de confiance qu'autrefois ; il est vrai que les témoins ne doivent
jamais en inspirer beaucoup.

(b) Quand des parties demeuraient sous différentes juridictions qui
ne dépendaient pas toutes du Conseil d'Artois, on ne pouvait les
attraire en ce tribunal sans lettres d'attribution de juridiction (Arrêt
du 18 juillet 1750) : d'où cette conséquence que dans la même affaire
les uns étaient jugés par un tribunal, et les autres par un autre.

ment *les parents, amis, procureurs, facteurs ou entremetteurs des ajournés absents.* On n'y met plus tant de précaution aujourd'hui : on se borne à assigner les absents au parquet du procureur impérial (Art. 69, n° 9, Code de proc.) Il est vrai qu'ils sont rarement avertis.

L'ajournement fait un jour de fête était nul ; on poussait même si loin la rigueur à cet égard, que l'on y comprenait toutes les fêtes particulières de la paroisse de l'ajourné : il ne devait pas être facile de trouver *un jour compétent*, comme on disait alors, pour assigner.

Dans les affaires privilégiées et requérant célérité, il était permis d'attraire, à bref délai, la partie à l'audience, en vertu d'une ordonnance du Conseil, obtenue sur requête. Pour toutes les autres affaires, le Conseil d'Artois avait défendu expressément, par ordonnance du 15 mars 1606, de présenter requête, comme aussi d'attraire devant lui une partie qui ne serait pas sous sa juridiction, à peine de vingt sols d'amende, pour la première fois, et d'amende arbitraire pour la seconde.

Un arrêt du Conseil d'Artois, du mois de juillet 1755, entre l'abbaye d'Anchin d'une part, et le marquis d'Aoust d'autre part, décide qu'une abbaye ne pouvait plaider sans son abbé, même commandataire.

On ne saurait mieux clore la matière des ajournements, qu'en indiquant le principe célèbre que les jurisconsultes de l'Artois répètent tous avec orgueil : évocations n'ont pas lieu en Artois ; habitants ne peuvent être traduits en première instance hors de la Province. Et à cette occasion, ils citent les lettres-patentes de Philippe-le-Bel de 1298, déclaration du même roi de 1313, lettres de Philippe de Valois de 1328 et 1332, de Charles VI de 1394, charte de Louis II de 1481, ordonnance de Charles-Quint de 1548, et la capitulation d'Arras du 12 août 1640.

CHAPITRE V.

INSTRUCTION.

Il y a peu de chose à dire sur l'instruction des affaires civiles (*a*). Ce sont des détails de procédure qui ne présentent pas un grand intérêt aujourd'hui. Il suffira de donner sur ce point quelques aperçus. Chaque lundi précédant l'audience, les parties ou leurs procureurs devaient faire mettre leurs affaires au rôle (*b*) Aussitôt la mise au rôle, les procureurs remettaient les dossiers aux avocats, *pour être instruits à plaider*. En outre, le lundi matin, les procureurs pouvaient se présenter au greffe pour faire enre-

(*a*) Les ordonnances ou règlements du Conseil d'Artois concernant les plaids et audiences sont des 14 mars 1650, 7 mai 1658, 6 juillet 1660, 7 février 1662, 29 mars et 8 juillet 1686, 16 novembre 1700, 22 février 1702, 27 mars 1727, 29 juillet 1751. L'ordonnance du Conseil d'Artois du 8 juillet 1686, prescrivait aux officiers des sièges de justice de la Province de tenir audience deux fois la semaine. L'ordonnance du 27 mars 1727 obligeait les juges des sièges inférieurs à parapher le plumitif ou feuille d'audience dans le jour

(*b*) La première chambre du Conseil d'Artois avait décidé que les devoirs faits par un juge dans un lieu hors de sa juridiction ne sont pas nuls, quand le juge compétent ne réclame pas, mais le procureur général avait fait ses réserves contre cette singulière jurisprudence, et on citait plusieurs décisions contraires.

gistrer les causes déjà anciennes qu'ils voulaient faire appeler; mais cette faculté ne leur était accordée qu'une seule fois. Ensuite, les causes ne devaient être mises en état que par ordonnance de la cour. Les affaires ainsi enregistrées, étaient appelées par le greffier à tour de rôle, *sans pouvoir avancer l'une sur l'autre.*

Lorsque la cause était *contestée* (nous dirions aujourd'hui lorsqu'elle était liée), les parties ne pouvaient plus proposer aucune exception déclinatoire ou dilatoire. La prescription était interrompue, et le procureur ne devait plus être révoqué, si ce n'est pour certaines causes déterminées. Chez nous, les effets ne sont plus les mêmes: la prescription est interrompue, par une simple mise en demeure, mais les exceptions peuvent être proposées jusqu'aux plaidoieries.

Un moyen d'instruction fréquemment employé était l'interrogatoire sur faits et articles. Le Conseil d'Artois avait l'habitude de l'autoriser, même avant la contestation en cause, c'est-à-dire avant les défenses fournies ; cet usage soulevait les réclamations des praticiens, car, disait-on, l'interrogatoire est inutile là où il n'y a pas de contestation. Lorsqu'une personne interrogée sur faits et articles refusait de répondre, se fondant sur ce que le juge était incompétemment saisi, au lieu de passer outre, on devait renvoyer l'incident à l'audience. (Arrêt du Conseil d'Artois du 14 juin 1755.

Lorsque les affaires étaient arrivées à l'audience, le demandeur formait sa demande et posait ses conclusions ; le défendeur proposait ses défenses. Le demandeur et le défendeur répliquaient chacun à leur tour, mais les

débats ne devaient pas se prolonger au delà (a). C'est
en effet autant qu'il en faut aux magistrats pour bien
connaître une affaire : la pratique ordinaire des tribunaux n'en permet pas davantage de nos jours, quoique
la loi n'ait pas cru devoir en faire une prescription,
comme autrefois.

Après les plaidoyers, venait l'intruction écrite (b). Elle
tenait une place bien plus importante dans les anciennes
habitudes de la procédure que dans les nôtres. Elle se
produisait par écritures, mémoires ou avertissements :
ces diverses pièces étaient reçues au greffe. Les parties
pouvaient y faire des additions; mais il leur était défendu d'y poser des faits nouveaux, à moins que ces faits
n'eussent été connus que depuis les écritures. Une ordonnance du Conseil d'Artois du 18 mars 1606 était relative à cet objet. Les mémoires devaient être signés des
avocats. Il était interdit aux procureurs de les signer,
à peine de soixante sols d'amende, pour fausses écritures. De nos jours, les écritures sont souvent faites
par les avocats, mais elles sont signées par les avoués.
C'est un privilége dont les avocats se sont toujours montrés fort jaloux.

Après l'instruction orale et écrite, les pièces des pro-

(a) En la châtellenie de Lille, Douai et Orchies, ainsi que dans le
Cambrésis, les parties étaient admises à tripliquer, quadrupliquer et
même quintupliquer. « Ce qui se devrait réformer, dit Desmazures,
« pour n'estre le plus souvent que redites, et n'apporter que longueur,
« confusion et frais aux parties. »

(b) Un règlement du Conseil d'Artois du 2 décembre 1666, concernait la signification, communication et inspection des pièces dont on
fait usage dans une procédure.

cès étaient déposées au greffe, pour mettre les magistrats à même d'en prendre connaissance (a). Ce dépôt devait être fait par les procureurs, dans les quinze jours qui suivaient la pose des conclusions, *sinon il était fait droit sur ce qui sera trouvé estre mis et produit à court* (b). Les pièces devaient contenir les procurations originales ou copies dûment collationnées, savoir : du côté du demandeur, *sa venue en court, l'acte de ramené à faict, réplique et dispositif contenant comment les dites pièces sont réglées à escrire, soit par forme de mémoire, escriture et conclusion en droit* ; du côté du défendeur, *l'acte de deffense.* Ces détails sont bons à connaître, parcequ'ils montrent quelles étaient les pièces essentielles d'une procédure d'autrefois (c).

Avant de juger, le Conseil d'Artois avait l'habitude de

(a) L'avis des auteurs et de la jurisprudence était que tout titre doit être *provisionné,* jusqu'à ce qu'il soit déclaré faux ; mais que toute copie collationnée, même par notaires, ne fait pas nécessairement foi. (Mabille, v° *Titres*).

(b) Un des moyens d'instruction les plus utiles a toujours été l'expertise, quoique le stil n'en parle pas. Le Conseil d'Artois en ordonnait fréquemment. Un arrêt de règlement du 28 juin 1752, fait défense à tous experts de tenir procès-verbaux des contestations, indications et observations des parties, sauf à les relater dans leurs rapports.

(c) Les livres, journaux et papiers domestiques tenaient jadis une place bien plus considérable parmi les moyens d'instruction qu'aujourd'hui. Comme à présent, ils faisaient foi entre marchands ; mais de plus ils avaient presque toujours force probante entre les parties. Ainsi il avait été jugé le 28 février 1741, qu'un berger était responsable de la perte arrivée dans ses troupeaux, cette perte étant évaluée d'après les indications d'un livre journal représenté par le maître.

renvoyer l'examen de l'affaire à un rapporteur, « le de-
« voir duquel, dit Desmazures, est de dûment visiter et
« examiner s'il n'y a aucunes pièces soustraites, suivant
« les inventaires des parties, et de faire un recueil bien
« exact des principaux faicts du procès. » Ordinairement
on évitait de faire connaître aux parties le nom du rapporteur, *afin qu'elles ne taschent à le corrompre, ou pour
éviter à grande importunité.* Mais il est probable que le
secret n'était pas toujours très-bien gardé, et que les
Beaumarchais de l'Artois trouvaient quelquefois moyen
de pénétrer chez les Goëzman du Conseil. Le rapporteur
était, autant que possible, un autre conseiller que celui
qui avait tenu les enquêtes, afin que plus de personnes
fussent instruites de l'affaire : c'est une bonne tradition
qu'on devrait encore observer. Habituellement le rapporteur donnait le premier son avis, quand la cause
était mise en délibéré.

La péremption d'instance était encourue par disconti-
nuation de poursuites pendant une année (a) : le code
de procédure en exige trois (397). Chaque partie pouvait
forcer son adversaire à faire élection de domicile en
Artois, et de plus le demandeur, qui demeurait hors de
la circonscription du comté, était tenu de fournir une
sorte de caution *judicatum solvi.* Dans ces temps de dé-
centralisation politique et judiciaire, les habitants de

(a) Cette péremption avait été établie par le placard du 8 juillet
1521. Elle s'appliquait tant que la cause n'était pas instruite. Quand
elle l'était, on pouvait toujours la reprendre, sauf les règles de la
prescription. C'est ce qui avait été attesté par un acte de notoriété du
29 octobre 1678.

provinces différentes se regardaient comme des étrangers et se traitaient comme tels.

Quand il y avait intervention d'un tiers au procès, on distinguait si c'était *ad adjuvandum* ou *ad excludendum*. Au premier cas, l'intervenant poursuivait la cause en l'état où elle se trouvait, au second, il reprenait l'affaire pour son compte ; mais il était obligé d'accepter tous les actes de procédure qui avaient été faits par celui dont il tenait la place. C'est ce qui avait été jugé à l'échevinage d'Hesdin, en juin 1635.

Une ordonnance du Conseil d'Artois du 10 septembre 1551, décidait que, quand une communication de pièces était réclamée, elle devait avoir lieu dans la huitaine de la mise en demeure, et l'autre partie était tenue de faire sa communication dans la huitaine suivante, à peine du rejet des pièces (a). Cette pénalité semble bien sévère : elle pouvait faire dépendre le sort d'un procès d'une omission, ou d'un retard. Notre Code de Procédure y a substitué avec raison le rejet de la taxe.

D'après une ordonnance du Conseil d'Artois du 12 février 1544, les offres et contre offres faites pendant un procès dans les mémoires ou écritures devaient être relevées dans un acte spécial par celui qui voulait s'en servir. On admettait qu'elles étaient indivisibles, qu'on ne pouvait en prendre une partie et en rejeter le reste.

(a) On peut prendre inspection d'une pièce déposée à cet effet chez un notaire, assisté de telle personne que l'on trouve convenir, sans qu'il soit nécessaire que cette personne soit un avocat ou un procureur, car la communication de cette pièce est une chose pour ainsi dire extrajudiciaire. (Arrêt du Conseil d'Artois, du 19 janvier 1752, rendu après consultation de toutes les Chambres).

Elles ne devaient pas être faites par les procureurs en cause, sans mandat spécial, à peine de désaveu, ainsi qu'il avait été jugé au Conseil d'Artois le 8 mars 1590. Quand on était assigné pour une somme plus forte que celle qui était réellement due, il fallait faire offre de ce qu'on devait : c'était une pratique généralement reçue en Artois.

CHAPITRE VI.

DÉFAUTS.

Le Conseil d'Artois avait établi un système de procédure assez bizarre en cette matière. Il ne fallait pas moins de quatre défauts pour arriver au jugement. Par le premier, le défendeur se trouvait privé de la possibilité de proposer aucun déclinatoire, par le second, il perdait le bénéfice des exceptions dilatoires, par le troisième, il était déchu du droit de présenter des défenses, et enfin par le quatrième, il était condamné (a). Ce système ne ressemble guère aux défauts *contre parti* et *contre avoué* de notre Code de Procédure ; mais ce qui s'en rapproche davantage, c'est l'obligation imposée au juge d'examiner encore l'affaire, même après les quatre défauts. A cet effet, il devait se faire remettre les pièces, *avec un bref intendit*, signé du procureur ou de l'avocat,

(a) Il paraît que ces formalités n'étaient applicables que devant le Conseil d'Artois : devant les juridictions inférieures, le mode de procéder était beaucoup plus simple.

et, si la prétention ne lui paraissait pas fondée, il pouvait l'écarter. Cette règle est fort sage en principe, mais autrefois, comme aujourd'hui, il est probable qu'elle était presque toujours éludée dans la pratique.

Lorsque le demandeur était mis en défaut avant d'avoir proposé ses défenses, le défendeur obtenait *congé de cour* : c'est ce que nous appelons encore aujourd'hui *défaut congé*. Quand on faisait défaut sur un ajournement à fin de prêter serment, on devait être réajourné ; si on ne comparaissait pas sur ce second ajournement, le serment était référé au demandeur et, après prestation, les conclusions lui étaient adjugées. Dans les actions en complainte, c'était l'huissier du demandeur qui donnait défaut, lorsque le défendeur ne se présentait pas sur les lieux litigieux au jour indiqué ; mais s'il se présentait devant le juge, son opposition était reçue, *en rétablissant par signe, en la manière comme il eût peu faire pardevant l'huissier* (a).

Lorsqu'il s'agissait de *rendre compte de quelque entremise, dont on aurait eu charge par le Conseil ou un huissier exécuteur*, le défaut donnait lieu, comme d'ordinaire, à un réajournement, et à une condamnation après second défaut. Mais si après le premier défaut, *l'ajourné s'absentoit et se rendoit fugitif ou latitant*, on décernait contre lui commission de saisissement de ses biens et, à

(a) Un arrêt du Conseil d'Artois du 9 novembre 1743, pris toutes chambres réunies, portait que la demande de conversion d'appel en opposition, ne serait reçue que quand, après la huitaine à compter du jour de la signification du jugement, il y aurait quelques devoirs faits en exécution dudit jugement. Quand il n'y avait pas de devoirs faits, on ne pouvait recevoir la demande, même dans les dix ans.

défaut de biens, on l'incarcérait, jusqu'à ce qu'il eût fourni caution. On voit que le Conseil d'Artois employait des mesures énergiques pour l'exécution de ses ordres.

L'ajournement sur reprise d'instance, donnait aussi lieu à deux défauts, après lesquels l'instance était tenue pour reprise, et ensuite, si le défendeur ajourné continuait à ne pas comparaître, le procès suivait son cours ordinaire, de sorte que, dans ce cas, ce n'étaient plus quatre défauts, mais six qui étaient nécessaires pour parvenir à une solution définitive.

S'il y avait ajournement devant commissaires *pour respondre par crédit vel non*, c'est-à-dire au cas d'interrogatoire sur faits et articles, *les articles étoient tenus pour confessés*, quand deux ajournements n'amenaient pas de comparution. D'un autre côté, si une des parties faisait quelque requête, ou demandait quelque provision, et, qu'au jour indiqué pour y répondre, l'autre partie faisait défaut, la cour pouvait passer outre immédiatement : c'est une légère exception à la règle des deux ajournements.

En cas d'appel, on distinguait si c'était sur jugements préparatoires ou sur jugements définitifs. Pour ces derniers, on procédait dans la forme ordinaire, c'est-à-dire au moyen de quatre défauts, pour les autres, après le premier défaut, le défaillant était condamné aux dépens, et après le second, la sentence était prononcée sur le vu des pièces.

En matière criminelle, celui qui avait été élargi sous caution, et qui ne se présentait pas au jour indiqué, était condamné *ès peines indictes*, et, ajoute l'ordonnance, *sera la peine décrétée et exécutoire contre la caution sans au-*

tres procédures et sentences. Nous aimons à croire qu'il
ne s'agit ici que de peines pécuniaires. Quant à ceux qui
faisaient purger leur contumace, ils devaient obtenir
deux défauts avant d'être relevés de la condamnation,
mais après le premier défaut, la cour prononçait l'élargissement sous caution, ou même en prenant telles mesures qu'elle jugeait convenable.

On admettait, du reste, plusieurs causes qui empêchaient de comparaître. C'était particulièrement la maladie, la captivité, la peste, l'ajournement en lieu non
sûr. Dans ces cas, celui qui ne pouvait se présenter, devait requérir ce que les praticiens du Conseil d'Artois
appelaient un *ixoine* ou *enscing*.

CHAPITRE VII.

EXCEPTIONS.

La procédure artésienne reconnaissait trois espèces
d'exceptions : déclinatoires, dilatoires et péremptoires.
Les exceptions déclinatoires tendaient à soustraire le défendeur à la juridiction devant laquelle il était attrait,
les exceptions dilatoires remettaient, différaient le jugement du procès, les exceptions péremptoires anéantis-
saient à la fois l'action et l'obligation.

La principale, et presque la seule exception déclinatoire, était l'incompétence. L'incompétence était de trois
espèces : 1° incompétence pour raison de cause spiri-
tuelle pardevant un juge laïque, ou pour raison de cause
réelle et personnelle pardevant un juge ecclésiastique ;

2° incompétence à raison du lieu, la règle *actor sequitur forum rei* étant observée alors comme aujourd'hui; 3° incompétence à raison des personnes : par exemple, si un écolier était cité devant d'autres juges que ceux de l'Université. C'était une question de savoir, si en matière de déclinatoire, on pouvait s'abstenir de comparaître devant le juge incompétent. Les auteurs pensaient qu'il était plus convenable au défendeur de proposer le déclinatoire; mais ils décidaient aussi que si l'incompétence n'était pas douteuse, il était inutile d'obtempérer à l'ajournement.

Les exceptions dilatoires étaient de trois sortes : 1° à raison des personnes : par exemple, les incapables plaidant sans autorisation; 2° à raison de la forme, comme si un ajournement avait été donné sans témoins; 3° à raison de la litispendance, quand un procès était déjà engagé devant un autre tribunal (*a*). Il y avait certains tribunaux, principalement dans les Pays-Bas, qui refusaient toute action judiciaire à celui qui était excommunié, tant qu'il restait dans cet état. C'était un nouveau genre d'exception dilatoire, mais il faut reconnaître que le Conseil d'Artois ne l'a jamais admise (*b*)

(*a*) Il y avait aussi exception pour communication de titres. Le Conseil d'Artois avait jugé que c'est une exception dilatoire, qui doit être proposée *in limine litis* (Arrêt du 5 février 1750). A la suite d'un procès très-important, il y avait eu un arrêt de règlement du 16 novembre 1748, qui déterminait toutes les règles à suivre pour les communications de titres produits dans l'instruction de la cause.

(*b*) Toute exception dilatoire, dit Mabille, doit être proposée avant la contestation en cause, autrement on pourrait éloigner la décision des affaires autant qu'on voudrait.

Les exceptions péremptoires étaient de véritables fins de non recevoir, par lesquelles on détruisait la demande. Elles étaient divisées en *péremptoires d'instance*, et *péremptoires de cause*. Les premières comprenaient les actions possessoires et les restitutions en entier, les secondes étaient invoquées principalement dans les cas de dol, et autres de même genre. C'étaient donc plutôt des moyens au fond que des exceptions ; c'est pour cela qu'elles n'étaient pas comprises dans les déchéances qu'entraînaient successivement les défauts (a).

CHAPITRE VIII.

ENQUÊTES.

L'édit perpétuel de 1611 interdit de faire preuve par témoins de faits excédant trois cents livres (Art. 19). Cet édit a apporté une innovation importante à la manière

(a) Le faux incident peut aussi être considéré comme une exception. Il existait à cet égard une jurisprudence assez singulière au Conseil d'Artois. Celui qui faisait obstinément usage d'une pièce fausse, dans un procès, était pour ce fait condamné à une amende, sans préjudice des poursuites criminelles qu'il pouvait encourir. (Arrêt du 16 janvier 1755). On s'était même demandé si cette amende ne devait pas emporter note d'infamie, mais ce point n'avait pas été résolu. Pour s'éclairer sur ces sujets délicats, M. Bataille, procureur-général au Conseil d'Artois, avait écrit à un ancien greffier du parlement de Paris. C'est la preuve du scrupule qu'apportaient nos pères dans la décision des affaires.

dont les enquêtes se pratiquaient en Artois (a). Jusqu'à sa promulgation, l'enquête n'était connue que du juge qui ne la communiquait pas aux parties. Il est inutile de faire ressortir tous les abus que devait entraîner cette procédure *inquisitoriale*. L'art. 10 de l'édit perpétuel changea cet état de choses dans tous les Pays-Bas; il consacra *la publication des enquêtes*, c'est-à-dire le droit pour les parties de connaître les noms des témoins. Quand l'enquête avait été publiée, il n'était plus permis d'y rien ajouter, par conséquent on ne pouvait plus faire entendre de nouveaux témoins sur les mêmes faits.

Cette règle recevait pourtant quelques exceptions : premièrement, quand, malgré la publication des enquêtes, une partie n'en avait pas eu connaissance ; secondement, quand le commissaire enquêteur avait omis d'interroger les témoins sur certains faits ; troisièmement, en matière de mariage, quand il s'agissait de constater la connaissance du lieu sacramentel; quatrièmement, quand on invoquait la corruption des témoins, leur infamie, ou leur inhabilité; cinquièmement, dans les questions de vérification de coutume notoire, ainsi que de notoriété de certains faits (b); sixièmement, en cas de perte des enquêtes ; septièmement, si, après la publication, le défendeur proposait une exception tirée de la force

(a) Touchant les formes anciennes des enquêtes, voir acte de notoriété du Conseil d'Artois du 15 novembre 1680, et celui du 12 mars 1681.

(b) C'est ce qu'avait admis le Conseil d'Artois, le 7 novembre 1626, pour une appréciation de signature, et le 31 juillet 1628, pour un constatation de coutume locale.

jugée ; huitièmement, lorsqu'après enquête sur un procès sommaire, il y avait enquête sur un procès ordinaire ; neuvièmement enfin, lorsque les parties étaient d'accord tacitement ou expressément, de renoncer à la règle commune (a). On tenait que l'enquête doit être indivisible à la différence de l'information. (Mabile, v° enquête.)

Après la publication, les parties présentaient, au moyen *d'un volume*, les reproches et contredits qu'elles entendaient invoquer contre les témoins. Les principales causes de reproches étaient la parenté, l'intérêt dans l'affaire, l'inimitié, la domesticité, le parjure et les condamnations criminelles. En matière civile, les ascendants et descendants pouvaient être forcés de déposer contre leurs parents ; mais il en était autrement en matière criminelle. Les collatéraux et les alliés pouvaient être témoins : pourtant on tenait pour suspect le témoignage du frère. Les impubères ne pouvaient servir de témoins en matière civile. (Arrêt du 26 octobre 1748.) L'inimitié n'était une cause de reproche que quand elle était capitale ou qu'elle était fondée sur un procès comprenant tous les biens ou la plus grande partie des biens. Les domestiques n'étaient pas reçus comme témoins, quand ils déposaient en faveur de leurs maîtres. On étendait même assez loin cette dénomination de domestiques, car on y comprenait les ouvriers travaillant à la journée, ce qui

(a) Quoique l'ordonnance de 1667, tit. 22, art. 37, permit, dans le cas où l'enquête serait déclarée nulle, de faire ouïr de nouveau les mêmes témoins, l'opinion générale, en Artois, était que l'on ne pouvait faire transcrire dans la nouvelle enquête la déposition d'un témoin décédé dans l'intervalle (Mabille v° enquête).

n'existe plus aujourd'hui. Mais on se montrait beaucoup plus accommodant lorsque celui qui recevait un salaire tenait par lui-même un rang élevé dans la société, par exemple, si c'était un gentilhomme, un chapelain ou un secrétaire d'un grand seigneur. Les avocats et les procureurs ne pouvaient être témoins contre ceux qui leur avaient confié leurs affaires (a). Le vassal pouvait déposer pour son seigneur, « parce que, dit Desmazures, « ledit seigneur n'a autre commandement sur son vas- « sal, sinon en tant qu'il lui est obligé en *droits et devoirs* « *féodaux.* » « Mais, continue Desmazures, si le seigneur « estoit haut à la main, coustumier d'intimider ses sub- « jects, le témoignage du vassal pourrait être tenu pour « suspect, comme vicié par la crainte. »

L'infamie résultait de condamnations pour crime de lèze-majesté divine et humaine, adultère, homicide, usure, larcin, inceste et autres. Certaines personnes étaient aussi réputées infâmes, à part toute condamnation, par exemple les excommuniés, les juifs, les bouffons, les comédiens : on y joignait les hermaphrodites, les hanteurs et souteneurs de mauvaises maisons. Au reste, en ce qui concerne les témoins infâmes, la prudence du Conseil d'Artois avait depuis longtemps devancé nos mœurs modernes. Ces sortes de témoins étaient entendus dans les affaires criminelles, sauf à avoir tel égard que de raison à leurs dépositions. Les prêtres et les religieux ne pouvaient se dispenser de témoigner en justice. La pauvreté

(a) Il avait été décidé qu'un commissaire qui avait procédé à une enquête faite par une partie, ne pouvait servir de témoin dans celle de l'autre, car il serait juge et personne privée sur les mêmes faits. (Arrêt du Conseil d'Artois du 4 septembre 1747).

n'était pas une cause de reproche, mais la mendicité en était une. Les courtiers ou entremetteurs d'affaires ne devaient déposer que du consentement des parties. L'associé était reprochable dans son témoignage sur faits dépendant de l'association. Les banqueroutiers étaient tenus pour infâmes, par conséquent leurs dépositions ne devaient pas être reçues en justice. Enfin on décidait que les témoignages par ouï dire, vacillants, obscurs, confus, étaient nécessairement écartés. Aujourd'hui on laisse au juge l'appréciation de pareils témoignages, mais on ne les écarte pas (a).

Le témoignage *singulier* n'était pas admis, du moins en principe. C'était la conséquence de cette vieille maxime *testis unus testis nullus,* qui avait eu tant d'empire, et qui en mérite si peu. Le serment était exigé des témoins. Les religieux le prêtaient suivant leurs vœux, et après avoir reçu la permission de leur supérieur, de sorte qu'il dépendait souvent d'un abbé d'interrompre le cours de la justice. Quand les témoins demeuraient dans des lieux éloignés, on pouvait nommer différents commissaires pour les entendre : ainsi l'avait décidé le Conseil d'Artois le 13 août 1757. Les délais de l'enquête ne couraient pas pendant les vacances. Au reste, il y avait,

(a) Le juge ou commissaire devait quelquefois se transporter chez le témoin pour recevoir sa déposition : 1° si le témoin était malade; 2° s'il avait légitime empêchement ; 3° si la qualité des parties le requérait. Sur ce dernier point, on avait examiné si l'évêque d'Arras était tenu de comparaître devant le Conseil d'Artois, et un arrêt du 28 novembre 1577 avait décidé que, s'il était cité comme témoin, il n'y était point tenu, mais que s'il devait être *ouï en ses réponses catégoriques,* il était obligé de se présenter en personne.

en matière d'enquête, comme dans toute la procédure ancienne, bien des abus. En voici un signalé par Mabille, v. *Enquête*. « Il existe en Artois, dit-il, un usage
« abusif touchant les enquêtes, qui est, que celui qui
« veut faire une contre-enquête, attend que l'enquête
« du plus diligent soit faite, et comme l'on tient dans
« cette province que le juge n'est obligé de faire l'en-
« quête dans le délai fatal prononcé par l'article 2, tit.
« 22 de l'ordonnance de 1667, qu'il peut donner son
« ordonnance particulière à plus long jour, quoiqu'il
« faille cependant que la partie prenne cette ordonnance
« particulière dans le délai, on tombe dans un autre
« abus, qui est que l'on peut prendre, de la part de celui
« qui veut faire la contre enquête, l'ordonnance du com-
« missaire, tant que l'enquête du plus diligent dure. »

CHAPITRE. IX.

JUGEMENTS.

Les auteurs distinguaient quatre sortes de jugements: interlocutoires, définitifs, de commandement, et de nullité. Les jugements interlocutoires étaient réellement ce que nous appelons les jugements préparatoires. Le jugement de commandement était celui qui, sur la confession complète et sans condition d'une partie, la condamnait à payer. Le jugement de mulcte infligeait une peine pécuniaire au plaideur qui, dans un procès, était convaincu d'employer la malice et la mauvaise foi pour gagner sa cause, ou trainer l'affaire en longueur. Dans ce cas, l'article 9 de l'édit perpétuel de 1611, se référant au placard du 31 août 1586, autorisait le juge à prononcer telle amende qu'il jugeait à propos. La procédure moderne a, avec raison, répudié cette pratique; elle laisse aux parties la faculté de demander des dommages-intérêts, si les faits leur causent quelque préjudice (a).

On admettait sans difficulté cette règle de droit que la sentence doit être conforme au libellé des conclusions; aussi en Artois, proscrivait-on sévèrement l'habitude dangereuse de statuer *ultra petita* ou sur choses *non petita*. Des principes très-sages avaient prévalu quant à la manière de rédiger la sentence. Desmazures dit à cet égard que la sentence doit être adaptée au négoce (*negotium*), et le négoce à la sentence. On reconnaissait au juge le droit d'interpréter non-seulement sa sentence, mais aussi celle de son prédécesseur. Pourtant on limitait ce droit au cas où les termes de la sentence seraient obscurs; car s'il s'agissait de réviser ou de changer la sentence elle-même, on n'admettait que les voies de droit. Même circonscrit dans ces limites, le droit d'interprétation pouvait avoir de grands dangers, et le principe moderne qui dessaisit entièrement le juge, du mo-

(a) Il y avait un règlement du Conseil d'Artois du 29 mars 1670 concernant les exécutoires de dépens. Une ordonnance du Conseil d'Artois du 27 novembre 1716, voulait que les liquidations de dépens prononcées par les juges ne fussent jamais laissées en blanc, à peine de nullité, dépens et dommages-intérêts des parties contre les greffiers qui auraient délivré les expéditions.

ment où la sentence est prononcée, paraît préférable à tous égards (a).

Les jugements devaient, avant tout, être conformes à la Coutume d'Artois ou aux Coutumes des diverses localités dans lesquelles les procès avaient lieu (b). Mais comme la multiplicité des seigneuries avait créé une infinité de juridictions champêtres exercées par des hommes de fief ou des échevins cottiers, on avait craint avec raison, que ces magistrats d'occasion n'apportassent pas, dans l'exercice de la justice, toutes les lumières désirables : aussi, on avait obligé les juges subalternes à ne prononcer qu'après avoir pris l'avis d'avocats et de jurisconsultes (c), et on exigeait que leurs jugements fussent motivés. Cette dernière condition n'était pas imposée aux bailliages des villes, parce qu'on supposait que

(a) Les officiers du Conseil d'Artois pouvaient juger les causes et procès dans lesquels leurs pères ou leurs enfants avaient plaidé ou travaillé. Lettre du chancelier de Pontchartrain du 22 novembre 1712, à M. Palissot de Warluzel, premier président du Conseil d'Artois. Il est dit dans cette lettre qu'il n'existe pas d'ordonnance défendant aux officiers de juger de pareilles causes, et qu'il y en a plusieurs exemples au Parlement de Paris.

(b) Les arrêts du Conseil d'Artois ne pouvaient être imprimés sans sa permission. Quant aux arrêts de règlement, et tous ceux intéressant l'ordre et la discipline publics, ils étaient imprimés à la diligence du procureur général.

(c) On s'était demandé si les gradués ou avocats, dont les juges seigneuriaux prenaient l'avis pour les jugements définitifs en matière criminelle, devaient assister aux derniers interrogatoires. Le chancelier d'Aguesseau, consulté sur ce point, par M. Bataille, procureur général, s'était prononcé pour l'affirmative, le 31 décembre 1736 ; mais la pratique ordinaire du Conseil d'Artois était contraire à cette décision pourtant bien rationnelle.

la justice y était rendue par des gens instruits. On peut conclure de là qu'en principe le juge n'était pas tenu de motiver sa sentence : il valait donc mieux, sous ce rapport, être jugé à la campagne qu'à la ville ; on y savait au moins pourquoi on était condamné.

L'exécution des jugements peut aussi fournir matière à quelques observations (a). La sentence pure et simple était exécutoire immédiatement (b), ce qui sans doute devait s'entendre avec quelque tempérament, car, on ne doit pas supposer qu'il fût permis de procéder à l'exécution sans notification et sans aucun délai moral (c). Une pratique particulière à l'Artois, voulait que les sentences fussent exécutées dans l'année où elles avaient été rendues. Après l'année, il fallait, pour exécuter, se pourvoir d'une commission exécutoriale, à laquelle la partie condamnée pouvait former opposition : c'était donc un nouveau procès à entamer et à soutenir (d).

(a) Jugé au Conseil d'Artois le 31 décembre 1751, qu'une exécution faite dans le délai de vingt-quatre heures, qu'on avait donné par le commandement pour payer, était nulle.

(b) L'exécution des arrêts et jugements des cours intéressant l'autorité du roi, main forte devait être prêtée par les commandants de place, lorsqu'ils en étaient requis par les juges. Lettre de M. Leblanc, secrétaire d'Etat, à M. le procureur général du Conseil d'Artois, du 29 juin 1720.

(c) Le créancier saisissant ne peut pas obliger l'huissier qui a fait la vente des meubles et fruits saisis, et qui a des oppositions entre les mains, de lui remettre l'adjudication, à moins que les créanciers opposants y consentent. (Arrêt du Conseil d'Artois du 2 septembre 1748).

(d) Un acte de notoriété du Conseil d'Artois reconnait que commissions exécutoires s'expédient tant pour les arrérages de rentes que pour les intérêts adjugés. Il y avait, au sujet des commissions exécutoires, un règlement du 23 février 1588.

Les jugements obtenus dans une autre Province ne pouvaient être exécutés en Artois, sans. avoir été revêtus de la formule exécutoire rendue par le juge du domicile de la partie condamnée. C'était toujours l'application du système qui traitait les Provinces comme des pays étrangers. L'exécution ne devait avoir lieu que sur les biens du condamné, et non contre les tiers détenteurs, à moins que leur possession ne fût entachée de fraude. La chose jugée n'était applicable qu'à celui contre lequel le jugement avait été rendu : c'est pour cela que la sentence obtenue contre le vassal ne pouvait pas être mise à exécution contre le seigneur féodal.

La liquidation d'une sentence présentait des difficultés qu'il est bon de signaler. L'huissier exécuteur prenait un *intendit* de la partie gagnante ; la partie perdante y répondait par un *responsif*. Ensuite, chacun faisait preuve pardevant tel huissier dont on tombait d'accord, et qui s'adjoignait un confrère. Ce tribunal au petit-pied entendait les parties, et prononçait la sentence. On décidait même que ces sortes de sentences, appelées *liquidatoires*, étaient exécutoires sans caution, quand elles n'excédaient pas la somme pour laquelle la sentence principale l'aurait été, parce que les sergents d'une juridiction étant l'émanation de cette juridiction, devaient avoir autant de pouvoir qu'elle. C'est ce qui avait été jugé en faveur du siège de St-Vaast, en matière de restitution de fruits (a). D'après les ordonnances du Conseil d'Artois,

---

(a) Pour les fruits, l'article 23 de l'édit perpétuel voulait que l'estimation en fût faite, non d'après une valeur arbitraire, mais suivant le cours moyen des marchés : c'est encore la règle aujourd'hui.

les sentences au sujet d'aliments et taxes de dépens s'exécutaient nonobstant appel. Cette question avait été décidée au Conseil d'Artois les 19 mai et 30 juillet 1635, dans une affaire de douaire, au profit de la dame de Wismes contre le sieur de Villers. Les dépens d'une sentence exécutoire nonobstant appel se recouvraient aussi malgré l'appel, parce que l'accessoire doit suivre le principal : le Conseil d'Artois l'avait décidé ainsi le 18 octobre 1606 (a).

Les exécutions provisionnelles, qui s'obtenaient si facilement autrefois, avaient donné lieu à bien des difficultés. En Artois, on suivait à cet égard l'édit de Henri II du mois de Janvier 1551, le règlement du Parlement de Paris du 29 janvier 1658 et l'ordonnance de 1667, tit. 17, concernant les matières sommaires. De plus, les points suivants avaient été résolus par le Conseil d'Artois. L'appel d'excès de taxe de dépens n'arrête pas l'exécution provisionnelle, (Arrêt du 4 juillet 1747.) L'exécution provisionnelle a toujours lieu pour sommes n'excédant pas cinq cents livres, (Arrêt du 7 février 1705.) Les jugements que les fermiers des impôts obtiennent de l'élection, doivent l'exécution provisionnellement. (Arrêt du 5 août 1750.) Les nullités qu'on oppose contre une procédure, ne peuvent faire surseoir à l'exécution provisionnelle. (Arrêt du 22 mars 1756). Exécution provisionnelle a lieu quand il s'agit d'occupation de maison et d'exploitation de ferme. (Arrêt du 12 février 1751). L'exécution

---

(a) Le Parlement ne peut donner des arrêts de défenses contre les exécutions provisionnelles, (Arrêts du Conseil d'Etat du 27 février 1663, 24 novembre 1682 et 9 septembre 1720.)

provisionnelle ne peut s'accorder pour les rentes seigneuriales, mais bien pour toutes les autres. (Arrêt du 2
juillet 1753).

On induisait très-facilement l'adhésion aux jugements.
Ainsi il avait été décidé au Conseil d'Artois, le 3 avril
1754, que la signification d'un jugement faite à procureur,
jointe à la communication des titres, emportait acquies-
cement formel, et empêchait l'appel. De même, on tenait que le consentement donné à la moindre portion
d'un jugement, sans aucune réserve, emportait acquies-
cement pour le tout. (Arrêt du Conseil d'Artois du 3 avril
1751).

CHAPITRE X.

APPEL.

L'appel était de pratique générale en France ; l'Artois paraît l'avoir adopté dès la plus haute antiquité. Là,
comme partout ailleurs, il n'avait lieu qu'à la charge
par l'appelant de payer une amende dite de *fol appel*,
s'il venait à succomber. Ce vieil usage s'est perpétué
dans notre code de procédure, et c'est, selon nous,
bien à tort, car la crainte de l'amende n'a jamais empêché un plaideur d'appeler. Le droit canon n'imposait
pas cette amende ; il renvoyait l'appelant téméraire à la
condamnation de sa conscience et à celle de ses juges.
L'amende était de vingt livres, quand on appelait au conseil d'Artois, et de soixante sols parisis, quand l'appel
était porté devant une juridiction inférieure. L'appel

devant le Conseil de Malines entrainait pour l'appelant qui succombait, une amende de soixante livres. L'appelant était obligé de donner caution pour l'amende : la caution était reçue par l'huissier, qui devait en faire mention dans son acte d'appel, à peine d'être lui-même responsable de l'amende, dans le cas où l'appelant serait insolvable (a).

D'après les ordonnances du Conseil d'Artois, les délais d'appel étaient très-restreints. Quand on était présent, on devait appeler immédiatement; quand on était absent on avait trois jours et trois nuits pour appeler et faire intimer l'appel. Plus tard, ces délais furent un peu plus étendus : qu'on fût présent ou absent, on eut sept jours et sept nuits pour interjeter l'appel. Dans les quarante jours qui suivaient l'appel, on était tenu de le relever, et de faire exécuter son relief, à peine de péremption. Au grand Conseil de Malines, on avait dix jours pour appeler, et six semaines pour introduire l'appel (b).

Les lettres d'inhibition étaient, sous l'ancienne jurisprudence, un véritable fléau judiciaire; elles ne profitaient généralement qu'aux plus puissants, ou aux plus recommandés : elles empêchaient les faibles de mettre

(a) On ne saurait s'empêcher de remarquer combien les huissiers d'autrefois remplissaient, dans les procédures, plus de missions importantes que ceux de nos jours. Nous aimons à croire que ces derniers ne méritent pas moins de confiance, mais il faut reconnaître qu'on ne leur en accorde pas autant.

(b) Des lettres closes du mois d'octobre 1615, accordaient au Conseil d'Artois le privilège de passer outre à l'exécution, quand on appelait d'un défaut.

à exécution les sentences qu'ils avaient obtenues, et permettaient, pour ainsi dire, aux juges d'appel d'éterniser les procès. Sous ce rapport, le Conseil d'Artois n'était pas avancé sur les autres cours souveraines. Pourtant il avait admis de nombreux empêchements au droit d'arrêter l'exécution provisoire des jugements. Ainsi, lorsqu'on appelait de quelque statut ou ordonnance concernant la police d'une ville ou de l'État, les juges d'appel ne pouvaient jamais accorder des lettres d'inhibition : c'est ce qui avait été jugé le 13 novembre 1625. Pour obtenir *relief d'appel avec clause de non attenter*, il fallait qu'il y eût *attentat* commencé, et qu'on signalât les faits d'*attentat* dans la requête présentée à la commission du relief. Tous les consaux de Flandre et d'Artois avaient obtenu que leurs jugements interlocutoires fussent exécutés nonobstant appel. En vain le grand Conseil de Malines avait-il prétendu méconnaître ce privilége, le conseil privé des archiducs n'avait cessé de le faire respecter. Il faut pourtant remarquer que différentes juridictions de l'Artois étaient investies du droit de mettre leurs sentences à exécution jusqu'à une certaine somme et que, quoiqu'il en eût, le Conseil d'Artois fut toujours obligé de s'incliner devant ce privilége (a).

(a) Le tableau suivant indique les limites de l'exécution provisoire pour chaque tribunal de la province.

Echevinage d'Arras jusqu'à cent livres (Patentes du 4 mai 1601, celles du 1er juillet 1542 se bornaient à cinquante livres.

Echevinage de Saint-Omer, cent florins (Patentes du 10 mai 1592).

Gouvernance d'Arras, cent florins.

Bailliage de Saint-Omer, cent florins (Patentes du 2 mai 1603.)

Echevinage d'Aire, trente florins (Lettres du 19 novembre 1591).

L'appelant devait faire *relever* son appel dans le délai de quarante jours : s'il ne l'avait pas fait, l'intimé l'ajournait pardevant le juge d'appel pour voir déclarer *l'appel péri et désert, et la sentence sortir son effet.* Il était permis d'appeler des actes faits par le ministère des huissiers, ces actes ne donnant pas lieu, comme aujourd'hui, à des nullités de procédure, mais étant considérés comme de véritables décisions judiciaires qui ne pouvaient être annulées que par la voie de l'appel. C'était devant le juge près duquel instrumentait l'huissier que l'appel était porté, mais la déclaration d'appel n'interrompait pas les poursuites : le juge seul pouvait donner des lettres d'inhibition à cet effet. Si le juge re-

Bailliage d'Aire, cinquante florins en matière personnelle seulement.

Bailliage d'Hesdin, cent florins.

Echevinage d'Hesdin, cent florins.

Bailliage de Lens, cent florins.

Echevinage de Lens, cinquante florins.

Bailliage de Bapaume, cent florins.

Echevinage de Bapaume, cinquante florins.

Gouvernance de Béthune, cent florins (Patentes du 9 décembre 1618).

Echevinage de Béthune, cent florins (Sentences sur mandement des 9 mars et 3 décembre 1588).

Sénéchaussée de Saint-Pol, cent florins.

Siège de Saint-Vaast, trente-cinq florins.

L'Echevinage de Saint-Pol n'avait pas obtenu de droit semblable, non plus que Lillers et Pernes.

En présence de cette diversité de traitement, on est heureux de trouver dans les articles 458, 459 et 460 du Code de Procédure une règle fixe et invariable qui coupe court à toute incertitude et à tout privilège.

connaissait que la réclamation de l'appelant était fondée, l'huissier était condamné à l'amende du *fol exploit*.

Dans l'appel, on devait avoir grand soin de ne jamais
négliger l'ordre des juridictions; on ne pouvait donc
saisir un juge supérieur qu'autant que le degré inférieur
était épuisé. Ainsi, une sentence rendue par le bailliage
de Bapaume, n'aurait pu être déférée directement au
Parlement de Paris : il fallait que le Conseil d'Artois eût
préalablement décidé. On comprend à combien d'appels
cette règle donnait lieu, dans un pays où les juridictions
étaient si multipliées : on a compté qu'un procès pouvait
venir jusqu'à cinq fois en appel (*a*).

L'appel pouvait être interjeté, même un jour de dimanche et de fête : on insinuait et on notifiait aussi ces
jours-là. Les commissions de relief d'appel pouvaient
aussi être obtenues du juge supérieur; mais si la commission de relief contenait des *commandements de non
attenter ou de réparer*, ils ne devaient être exécutés que
les jours ordinaires : c'est ce qui avait été résolu pour une
appellation formée le jour de Saint-Étienne, par les échevins de Bapaume, en 1635.

Sur le principe de déchéance du droit d'appel, il s'élevait quelques difficultés qui avaient donné lieu à diverses
solutions. Ainsi, on admettait que, quoique l'acquiesce-
ment accordé au jugement emportât en général renon-

(*a*) En vain les auteurs avaient-ils essayé de faire prévaloir le principe qu'il ne devait pas y avoir plus de trois appels dans une même
affaire : la magistrature s'était toujours élevée contre cette limitation.
Admettre cette règle, disait-on, c'était éluder l'autorité souveraine
des cours de justice C'est toujours avec de pareils raisonnements que
les abus se sont perpétués.

ciation au droit d'appeler, pourtant si l'appel était interjeté par une partie, l'autre pouvait être relevée de l'approbation tacite. De même l'appel, en ce cas, n'interrompait pas toujours l'exécution du jugement : l'intimé qui
avait acquiescé, pouvait néanmoins obtenir la permission
de continuer les poursuites. On en trouve un exemple
dans une décision du grand Conseil de Malines, rendue
le 4 février 1630, au sujet d'une sentence du Conseil
d'Artois. D'ailleurs, l'appellation du chef de nullité, sans
appel au fond, n'était pas admise : c'est ce qu'avait jugé
le Conseil d'Artois, par arrêt du 16 septembre 1748.

Une singulière pratique existait en cette matière, c'était
celle *de la commutation de l'appellation en opposition* : elle
avait lieu, quand une des parties reconnaissait qu'elle ne
pouvait soutenir son appel, *ex üsdem causis*. Dans ce
cas, cette partie obtenait requête civile et, son appellation ayant été ainsi mise à néant sans dépens, l'instance
recommençait sur de *nouveaux frais* : c'était un moyen
commode de ne jamais finir un procès. Il paraît que
cette manière de procéder était très-usitée au Conseil
d'Artois, c'est Desmazures qui le dit (a). D'après une
autre habitude des tribunaux de l'Artois, on suivait, dans
la procédure d'appel, le même mode d'instruction que
dans l'instance précédente. Ainsi, quand l'affaire avait
été jugée sommairement, l'appel devait aussi être sommaire. Au reste, le Conseil d'Artois proscrivait sévèrement l'abus qui existait dans bien d'autres tribunaux,

(a) Néanmoins, on refusait la conversion de l'appel en opposition à la
partie qui avait laissé faire des procédures en conséquence d'un jugement : c'est ce qui avait été décidé au Conseil d'Artois le 23 avril
1767.

parmi lesquels on peut citer le Parlement de Paris, et qui consistait à interjeter un nouvel appel, quand le premier avait été abandonné. (Arrêt du 5 juin 1763).

Nous devons dire ici un mot du déni de justice. Ce fait si répréhensible n'entraînait, en Artois, que l'appel. Tout au plus pouvait-on citer de rechef devant la juridiction supérieure le magistrat qui refusait de juger, afin de lui faire ordonner d'administrer la justice dans un certain délai (a), Ainsi, les juges paresseux ou malintentionnés en étaient quittes à bon marché dans cette province.

CHAPITRE XI.

ARBITRAGE.

Le droit ancien de l'Artois reconnaissait l'arbitrage, et l'appliquait même assez fréquemment. Comme notre droit moderne, il posait en principe que l'arbitrage ne pouvait s'établir que par un compromis (b). Il distinguait aussi deux sortes d'arbitres, ceux de droit et ceux d'équité. Ces derniers étaient appelés amiables compositeurs ou *arbitrateurs*, et dispensés des règles du droit.

(a) C'est ce qu'avait obtenu le comte de La Tour, contre le lieutenant du bailliage de Saint-Omer. (Arrêt du Conseil d'Artois du 9 juin 1747.

(b) Il y avait certaines choses sur lesquelles il était défendu de compromettre : par exemple, le mariage, les questions d'état, les affaires criminelles, etc.

Pour savoir si les parties avaient entendu remettre la décision de leur procès à des arbitres ou à des arbitrateurs, on examinait si elles avaient voulu suivre toutes les involutions de la procédure ou être jugées sommairement et sans formalités : au premier cas, on voyait un arbitrage de droit ; au second, un arbitrage d'équité. Mais il y avait cela de particulier que, dans le doute, on décidait que les parties s'étaient prononcées pour l'arbitrage d'équité : ce serait le contraire aujourd'hui. Une autre différence entre les anciens usages de l'Artois. en matière d'arbitrage et les règles du Code de Procédure, c'est que les parties ne pouvaient jamais renoncer à l'appel : la clause d'un compromis qui frappait d'une pénalité celui qui aurait appelé de la sentence était même considérée comme non écrite.

Tout le monde pouvait être arbitre. Desmazures dit qu'on devait être appelé à remplir ces fonctions, sans distinction de condition ou de qualité, « si comme évêques, « abbés, princes, religieux, voires même les men- « diants. » Pourtant on demandait que les arbitres fussent *de bonne famée et âgés suffisamment* pour connaître la cause. Les laïques ne devaient jamais être arbitres dans les causes spirituelles. Quant aux femmes, on décidait qu'elles pouvaient être arbitres d'équité, mais non de droit. Les juges ordinaires étaient fréquemment choisis pour arbitres.

Les arbitres n'avaient pas plénitude de juridiction, en ce sens qu'ils n'avaient pas qualité pour admettre des demandes de reconvention, adjuger des provisions, punir les faux témoins. Ils ne pouvaient pas non plus rendre leur sentence exécutoire ; ils étaient obligés pour cela de s'adresser aux tribunaux. A l'exemple des juges ordinaires, ils ne pouvaient rien changer à leur sentence, quand une fois elle était rendue ; mais on leur reconnaissait le droit d'interpréter leurs décisions. Les arbitres qui avaient accepté l'arbitrage ne devaient plus s'en départir jusqu'à ce que le procès fût jugé : si les arbitres ne remplissaient pas leur mission, ils pouvaient y être forcés par les tribunaux, sur la plainte des parties. On décidait même que, quand il y avait plusieurs arbitres, si l'un refusait de juger, les autres avaient le droit de passer outre.

CHAPITRE XII.

SAISIES.

L'article 190 de la coutume contient pour ainsi dire tout le résumé de la procédure en matière d'expropriation immobilière. Quand un débiteur ne voulait pas payer ses dettes, autrefois, comme aujourd'hui, le créancier ayant l'exécution parée pouvait saisir les immeubles à défaut de meubles (a). Puis il devait les mettre en vente pardevant la justice. et en poursuivre l'adjudication. C'est ce qu'on appelait *saisie réelle, criées et adjudications par décret.* L'article 190 dit que, *quand les*

(a) Des actes de notoriété du Conseil-d'Artois, des 21 et 29 avril 1684, 25 mai 1688 et 24 avril 1691, reconnaissent que le créancier n'est pas obligé, pour la conservation de ses droits, de faire opposition lors des criées, qu'il lui suffit de venir à la distribution.

*héritages chargez de hypothèques de sommes ont été criez
et subhastez, le dernier enchérisseur* demeure propriétaire,
quand le prix n'est souffise pour fournir aux hypothèques.
Il faut remarquer *l'expression subhastez* : c'est une réminiscence du domaine quiritaire des Romains, et de la
hasta qui en est le symbole. Dans les habitudes moins
guerrières des peuples modernes, la paisible bougie a
remplacé la lance, et c'est à *l'extinction des feux* qu'ont
lieu les ventes d'immeubles par autorité de justice. Au
reste, ces ventes sont encore *criées*; mais aujourd'hui
c'est à l'audience du tribunal, jadis c'était à la porte de
la paroisse, à la Bretéque du marché, ou à l'auditoire de
la juridiction *(a).*

Maillard n'énumère pas moins de vingt formalités à
remplir dans la procédure de saisie immobilière : il
serait fastidieux de les indiquer ici ; nous ne ferons sur
ce point qu'une seule réflexion, c'est qu'une telle multitude de formalités devait engendrer bien des nullités,
et par conséquent être une mine d'or pour les hommes
d'affaires.

La déclaration du 3 octobre 1708, qui défend de porter
les décrets des biens situés en Artois ailleurs que pardevant les juges de cette province, ne doit s'entendre
que des juges de priviléges et des juges ordinaires des
autres provinces : c'est ainsi qu'un sieur Boniface, grand
bailli de Bapaume, ayant demandé que la saisie de ses
biens, faite pour être décrétée au Parlement, fût déclarée

(a) Quant aux droits seigneuriaux, ils se prenaient sur le prix des
biens vendus par décret (Actes de notoriété des 20 mai 1681, et 24
novembre 1688.

nulle, M. de Chauvelin, avocat général, prit des conclusions contraires, et le Parlement débouta le sieur Boniface de sa demande, par arrêt du 16 avril 1712.

Les saisies exécutions avaient donné lieu à quelques décisions du Conseil d'Artois qu'il importe de faire connaître. On avait jugé, le 4 février 1757, que cette disposition de l'article 14, titre 33 de l'ordonnance de 1667 : *il sera laissé aux personnes saisies un lit*, ne doit s'entendre que du bois de lit, de la paillasse, d'une paire de draps et des couvertures ; le surplus de la garniture, comme les rideaux, et autres choses qui ne sont pas essentiellement nécessaires au lit, n'y sont pas comprises. De même, on tenait sévèrement la main à ce que les objets saisis fussent vendus au plus prochain marché, à moins d'impossibilité absolue (Arrêt du Conseil d'Artois du 7 août 1751.)

Autrefois il n'y avait pas en Artois de commissaires aux saisies réelles. En vertu d'un placard du 8 juillet 1531, les huissiers qui avaient fait la saisie, devaient établir un commissaire, ou plutôt, comme ils étaient responsables, ils s'adjugaient à eux-mêmes ces fonctions, ainsi que le constate un acte de notoriété du 2 août 1672 : c'était plus prudent et plus lucratif. Un édit du mois de juillet 1689 retira cette faculté aux huissiers, et établit des commissaires aux saisies dans les justices royales. Il avait été décidé que le commissaire aux saisies réelles ne pouvait exiger le droit de consignation, lorsque la nullité de la saisie avait été prononcée (Arrêt du Conseil d'Artois du 4 mars 1763). Le Conseil d'Artois avait fait aussi de nombreux règlements sur les saisies de meubles, entr'autres celui du 5 mai 1595, qui est le plus important. Les saisies de grains avaient également été l'objet de différents règlements, tels que ceux des 29 octobre 1587 et 5 mars 1595.

Les questions de saisies arrêts avaient été fréquemment déférées aux tribunaux. Il était interdit de faire des saisies arrêts, ou même de simples défenses de se dégarnir des deniers, si ce n'est en vertu de permission du juge, à moins que ce ne fût en conséquence d'un titre exécutoire. (Arrêt du Conseil d'Artois du 8 juillet 1761). Quand une saisie arrêt avait été pratiquée par plusieurs créanciers, on exigeait que la dénonciation n'eût lieu que par un seul d'entre eux : c'était ordinairement le plus ancien procureur qui était chargé de ce soin. (Arrêt du Conseil d'Artois du 23 février 1763). Une saisie arrêt pratiquée à Dunkerque, par des Anglais sur d'autres Anglais, avait suscité une difficulté de droit international assez curieuse. En vertu de la bulle d'or de Charles-le-Quint, un Brabançon ne pouvait saisir arrêter sur un autre Brabançon hors du Brabant ; on se demandait si cette disposition s'étendait à tous les étrangers. Le Conseil d'Artois a résolu la question négativement le 21 mai 1756.

CHAPITRE XIII.

ACTIONS POSSESSOIRES.

Les actions possessoires étaient d'un usage fréquent en

Artois (*a*). On les divisait, comme aujourd'hui, en complainte et en réintégrande. Elles ne s'appliquaient jamais qu'aux immeubles : l'interdit romain *utrubi* n'était point admis. Pour les meubles, il n'y avait, comme dans le droit moderne, d'autre voie que la revendication. Néanmoins la règle : *en fait de meubles, possession vaut titre*, souffrait dans la pratique des modifications importantes. Ainsi, d'après le stil de l'échevinage d'Arras, *celui qui reconnaissait son cheval ou autres meubles ès mains d'autrui*, pouvait, sur le champ, le faire saisir par un sergent du lieu, sans commission du juge, sauf à remettre l'objet ainsi saisi en bonne et sûre garde, et à signifier la revendication dans le délai de huit jours.

Quant aux immeubles, la possession en était débattue par voie de complainte, en cas de simple trouble, et par la réintégrande, en cas d'éviction violente (*b*). La complainte devait être intentée dans l'année du trouble : elle se poursuivait, ou devant le juge supérieur de la province, ou devant les bailliages ou gouvernances. Nous avons beaucoup simplifié cette procédure en la confiant anx juges de paix. Le sergent ou huissier prenait commission du juge, il faisait sommation au défendeur de cesser le trouble, et lui assignait un jour

(*a*) Le Conseil d'Artois maintenait d'une manière rigoureuse, la distinction entre le pétitoire et le possessoire. Ainsi, il avait jugé le 13 décembre 1758, que quand une contestation sur le possessoire n'était pas entièrement finie, il n'y avait pas lieu de juger au pétitoire.

(*b*) Quand on ne peut discerner de quel côté se trouve la possession, elle est toujours censée être du côté de celui qui a le dernier titre de propriété en sa faveur. (Arrêt du Conseil d'Artois du 13 décembre 1748).

pour se trouver sur les lieux litigieux. Là, il renouvelait verbalement l'injonction : si le défendeur n'y obtempérait pas, il remettait à l'huissier un bâton ou une pierre, symbole de la lutte qu'il prétendait engager plus tard ; l'huissier dressait procès-verbal, en présence de deux témoins, et renvoyait les parties devant le juge. Pour la réintégrande, les parties venaient directement devant le juge sans descente sur les lieux. Le demandeur obtenait la mise en possession en prouvant deux choses : 1° qu'il avait été dépossédé par violence ; 2° qu'il possédait depuis un an l'immeuble, objet de la contestation. Le fermier ou le colon ne pouvait intenter l'action en complainte, mais l'usufruiter le pouvait.

Les actes qui donnaient naissance à la complainte étaient, en général, d'avoir coupé les arbres, cueilli les fruits ou troublé les ouvriers dans leurs travaux. Mais les dégats causés par les bestiaux, sans la volonté du maître, ne produisaient jamais qu'une action en dommages-intérêts. En outre, on recourait quelquefois au prince lui-même en matière de complainte ; c'était quand il y avait péril en la demeure. On présentait alors requête et, en vertu de lettres patentes, tout huissier à ce requis devait faire cesser le trouble, et mettre l'immeuble sous le séquestre : l'intervention de l'huissier ne s'arrêtait que devant la preuve fournie d'une possession de plus de trois années. Mais il parait que le Conseil d'Artois n'accepta pas sans résistance cette immixtion de l'autorité souveraine dans les affaires judiciaires. En effet, nous trouvons une ordonnance du 20 juin 1634, qui renvoie au grand Conseil une contestation de ce genre, avec cette mention, d'ailleurs fort juste, *qu'une*

*parcille manière de procéder devait être un remède moins
prompt qu'un rétablissement provisionnel.* Pour éviter la
multiplicité des actions en complainte, une ordonnance
du Conseil d'Artois du 11 décembre 1598, défendait aux
praticiens d'intenter diverses complaintes, quand il y
avait plusieurs auteurs d'un même trouble.

Au reste, alors comme aujourd'hui, on proclamait ce
grand principe que le possessoire et le pétitoire ne pouvaient jamais être cumulés. La règle *spoliatus antè omnia
restituendus* s'appliquait aussi sans difficulté dans la
réintégrande, et l'exception de propriété n'aurait jamais
empêché la restitution préalable de la spoliation. On
admettait en outre que la réintegrande pouvait être
exercée par un fermier ou un simple détenteur contre le
propriétaire : c'est ce qui avait été jugé au Conseil
d'Artois, contre un sieur de Recourt, au profit de son
fermier. On avait aussi décidé que l'action en complainte
ne pouvait avoir lieu contre celui qui passe dans le champ
d'autrui avec son chariot chargé de fumier pour le répandre dans son champ, auquel aucun chemin n'abor-
dait, ce fait ne devant entraîner qu'une action en dommages-intérêts. (Arrêt du 29 décembre 1758). La complainte ne pouvait non plus être intentée à l'occasion
d'un bâtiment commencé, et qu'on prétendait être sur
le terrain d'autrui : dans ce cas il fallait se pourvoir au
pétitoire. (Arrêt du 2 mars 1750, (Mabille, v° *Complainte*).

QUATRIÈME PARTIE.

LÉGISLATION CRIMINELLE DE L'ARTOIS.

1re section.

Instruction criminelle.

La législation criminelle de la France, avant 89, était un véritable chaos. Chacune des nombreuses juridictions qui se partageaient le territoire avait sa manière de procéder. Les parlements eux-mêmes ne présentaient sur ce point, comme sur tant d'autres, aucune espèce d'homogénéité : corps indépendants et qui n'avaient point au-dessus d'eux une puissance régulatrice, ils condamnaient selon leur bon plaisir. L'ordonnance de 1670 avait, il est vrai, cherché à apporter un peu d'ordre dans ce désordre; mais cette ordonnance était bien imparfaite, et pour en donner une idée, il suffira de savoir que Pussort, qui en fut un des principaux rédacteurs, la justifiait en disant qu'avec elle, on pouvait comme auparavant, faire juger et exécuter un homme dans les vingt-quatre heures. Ainsi il est permis d'avancer que, jusqu'à la Révolution, le caprice fit presque tout seul la loi pénale.

Pour ajouter à ce mal, la multiplicité des juridictions rendait encore le terrain plus embarrassé. En effet les justices seigneuriales, les officialités, les bailliages, les présidiaux, les sénéchaussées, les conseils provinciaux et les parlements créaient un véritable dédale dans lequel il était à peu près impossible de se reconnaître. Chacun tirant à soi, les questions de compétence étaient des plus nombreuses et des plus obscures, et ces différents tribunaux partant de points de vue souvent contraires avaient fini par établir autour d'eux l'arbitraire organisé. Enfin, la culpabilité des faits n'étant pas mieux définie que les pénalités à infliger, on ne savait véritablement plus ce qui était punissable ou non, en sorte que si Pascal a pu dire : erreur au midi, vérité au nord, on pouvait avec plus de raison dire de notre ancien système pénal : indulgence dans un lieu, sévérité dans un autre.

L'Artois, sous ce rapport, n'était pas mieux partagé que les autres provinces (a), peut-être même l'incertitude y était-elle encore plus grande, par suite des vicissitudes politiques qui y étaient survenues. L'administration espagnole y avait laissé des lois qui ne concordaient que très-difficilement avec les idées françaises, et chaque jour les juges se trouvaient empêchés entre des règles édictées par des placards de Charles-Quint où de Philippe II et des prescriptions empruntées aux ordonnances de Louis XIV ou de Louis XV. L'ordonnance de 1670, qui y avait été registrée, était loin de pourvoir à tout, et dans son silence il fallait perpétuellement avoir

(a) Les règlements du Conseil d'Artois sur la procédure criminelle, sont en date des 15 décembre 1666, 13 janvier 1686 et 30 juin 1688.

recours à la législation antérieure et aux lumières de la raison. De là, une jurisprudence incertaine qui dégénérait le plus souvent en appréciations spéciales, et qui ne finit que très-tardivement par se fondre dans les habitudes générales. C'est cette pratique des anciens tribunaux de l'Artois que nous allons essayer d'analyser, en montrant ce qu'elle emprunta au droit romain, aux coutumes locales, aux traditions espagnoles et aux lois françaises.

À côté, et peut-être au dessus de l'ordonnance de 1670, toute l'instruction criminelle reposait en Artois sur l'édit de Philippe II du 9 juillet 1570. Cet édit disposait, dans son article 30, que *par tous officiers (a), à peine de privation d'offices et autres punitions extraordinaires, à l'instant qu'un crime ou délict sera perpétré et venu à leur cognoissance, soit par forme de doléance de partie ou par dénonciation, le délinquant soit appréhendé, s'il se trouve en présent meffaict, sinon qu'information soit bien et dûment prinsse, et icelle venue (s'il en appert du moings par demy preuve ou véhémente suspicion), le délinquant soit constitué prisonnier ou adjourné à comparoir en personne, selon que la matière sera disposée et la qualité de l'accusé, et jointement les biens annotez et saisis.* Tout d'abord nous remarquerons avec plaisir que le Conseil d'Artois avait admis un tempérament important à cette règle trop sévère. Ainsi il ne voulait pas qu'on pût procéder par voie d'emprisonnement en la personne de qui que ce fût,

(a) Les cours pouvaient commettre le juge royal le plus prochain, dans le cas de négligence des officiers des seigneurs à poursuivre les crimes.

à moins qu'il y eût eu information préalable ordonnée par la cour, ou que le coupable eût été pris en flagrant délit. Il poussait même si loin le respect de la lberté individuelle, qu'il accordait une action en dommages-intérêts contre tout officier de justice qui procédait à un emprisonnement préventif sans ordonnance de prise de corps. C'est ce qui avait été décidé le 19 mars 1623, sur l'appel interjeté par Jean de Longastre, contre Mᵉ Charles Prévost, lieutenant du bailliage de Bapaume. Le Conseil d'Artois fit plus encore : il reconnut qu'un inculpé pouvait demander des dommages-intérêts à tout procureur général de province ou à tout procureur particulier de quelque siège que ce fût, pour poursuites intentées sans plainte, dénonciation ou clameur publique. Il permettait aussi de s'attaquer aux juges qui auraient décrété un ajournement personnel ou prise de corps par passion et animosité. Cette responsabilité du juge et du ministère public est bien loin de nos habitudes modernes.

L'article 21 de la déclaration du roi du 5 février 1731 enjoignait à tous juges du lieu du délit, royaux ou autres, de procéder à l'information aussitôt qu'ils auraient eu connaissance des crimes, à la charge d'en avertir incessamment les baillis et sénéchaux royaux dans le ressort desquels ils exerçaient leur juridiction (a). En Artois, cette règle était mitigée par l'art. 29 de l'édit perpétuel de 1611. *Afin*, dit cet article, *que l'in-*

(a) La règle générale en pareille matière était que tout juge a compétence pour informer et pour décréter, sauf, après information parachevée et décrétée, à renvoyer les coupables à leurs juges s'il y échet. Mais cette règle n'était appliquée qu'au cas où le ministère public

nocent ne soit injustement travaillé, il était défendu à tous officiers de procéder à l'appréhension des personnes ayant domicile fixe, si ce n'est dans les trois cas suivants: « *savoir qu'elles soient trouvées en présent méfait, et que les juges aient décrété prise de corps ou ajournement personnel sur les informations préparatoires par eux vues, ou bien par accusation, et à l'instance de partie formée ès lieux où elle est reçue.* C'est en se fondant sur ces principes que le Conseil d'Artois a ordonné, au mois de septembre 1637, l'élargissement d'un jeune homme nommé Jean Buquart, qui avait été saisi pour larcin par la justice de Montgobert en Douvrin.

CHAPITRE Iᵉʳ.

FLAGRANT DÉLIT.

Le flagrant délit donnant le droit incontestable d'appréhender l'inculpé, il avait fallu définir ce qu'on entendait par ce mot. Les auteurs admettaient qu'il y avait flagrant délit quand le délinquant « était pris en fait et perpétration de son méfait », ou bien lorsque fuyant « à la voix et cri du peuple », l'officier l'avait poursuivi sans l'abandonner. C'est encore, à peu de chose près, la théorie de

agissait d'office: si les poursuites étaient exercées sur la plainte des parties civiles, les informations ne pouvaient avoir lieu que par le juge compétent. (Arrêt du Conseil d'Artois du 9 novembre 1747.)

notre droit pénal. L'ordonnance criminelle du 5 juillet 1570, permettait à tous officiers de justice, au cas de flagrant délit, de suivre et appréhender les malfaiteurs en toutes juridictions et terroirs, pour les ramener au lieu du délit ; mais avant de les transporter, il fallait les représenter à l'officier du lieu, et l'avertir de la cause de l'arrestation. Celui-ci ne pouvait s'opposer au transport, à moins qu'il y eût un motif notable de refus, et, dans ce cas il devait obtenir l'autorisation du roi ou du Conseil provincial.

CHAPITRE II.

MINISTÈRE PUBLIC.

L'institution salutaire du ministère public était connue et établie en Artois de temps immémorial. Le procureur général du Conseil d'Artois, ainsi que les procureurs particuliers des bailliages, châtellenies, sénéchaussées et hautes justices, y étaient chargés de la poursuite des crimes. La justice viscomtière était poursuivie par les procureurs viscomtiers, suivant l'étendue de la juridiction. Chacun de ces officiers était tenu d'accuser devant les juges de son siège ceux contre lesquels s'élevaient de graves soupçons. Il y avait pourtant cette pratique singulière que le procureur général ne pouvait poursuivre d'office que les homicides et les contraventions aux placards : pour les autres méfaits, il lui était interdit d'informer sans ordonnance sur la plainte à lui faite, ou sur notoriété publique (a). On citait même un magistrat qui avait été réprimandé pour avoir informé sans une plainte préalable, contre un père ayant commis un inceste avec sa fille : les coupables furent absous le 9 novembre 1560. « Ce qui est fondé, dit Desmazures, en ce que sy, de plain « sault et abruptement, estoit permis d'informer, selon « leur bon plaisir, ce seroit les auctoriser à troubler in- « duement le repos et tranquilité d'aultruy. » Cette singulière coutume qui défendait à un procurenr général ce qui était permis à un magistrat subalterne a été définitivement abolie par l'ordonnance de 1670 qui prescrit dans son article 19 : *à tous procureurs du roi, procureurs fiscaux et autres parties publiques de poursuivre exactement tous ceux qui sont prévenus de crimes capitaux, et auxquels il échet peine afflictive, nonobstant toutes transactions et cessions de droits faites par les parties* (b).

Dans le dernier état du droit criminel, voici, d'après Jousse (c), comment on pouvait résumer les devoirs du

(a) Par arrêt du 30 juillet 1723, il avait été enjoint à l'échevinage de la ville d'Aire d'exprimer à l'avenir dans les décrets d'ajournement personnel qu'il rendait, les titres d'accusation, aux peines portées par la déclaration du roi de décembre 1680. Quand il y avait plusieurs titres d'accusation, il fallait aussi que les accusés fussent décrétés sur le tout, et quand après un décret il survenait encore de nouveaux titres d'accusation, on exigeait un nouveau décret à peine de nullité. (Arrêt du Conseil d'Artois du 6 septembre 1755).

(b) Le ministère des avocats et procureurs du roi dans les bailliages était indivisible, de manière que, dans une procédure criminelle, l'avocat du roi ne pouvait faire, sous aucun prétexte, les fonctions de juge, lorsque le procureur général faisait celles de partie publique. (Lettres des chanceliers d'Aguesseau et Lamoignon à M. Bataille).

(c) *Traité de la justice criminelle*, partie II, titre I, nos 666 et suiv.

ministère public (c). Il ne devait pas se désister des poursuites intentées, à moins qu'elles eussent été reconnues
mal fondées. Défense lui était faite de transiger sur les
faits à poursuivre. Il était obligé de tenir un registre des
dénonciations. (Ordonnance de 1670, tit. III, art. 67.) Il
examinait les requêtes, informations et interrogations,
et y donnait des conclusions. (Ordonnance de Blois, art.
157.) Il lui était aussi recommandé de faire diligence
dans la poursuite des procès, et de veiller à ce qu'ils fussent jugés promptement. (Ordonnance de 1535, chap. II,
art. 3.) Il devait surtout prendre garde à ce que le secret
des informations ne fût jamais divulgué. (Ordonnance
de 1670, tit. VI, art. 15.) Tous décrets et jugements
étaient rendus sur ses conclusions. (Ordonnance de 1670,
tit. X, art. 1 et 22.) C'est lui qui était en outre chargé de
faire exécuter promptement et exactement les décisions
des juges, (Ordonnance de juillet 1493, art. 86. Ordonnance de 1535, chap. II, art. 21.) et d'opérer le recouvrement des confiscations adjugées au roi ou aux seigneurs. Il était prescrit aux officiers du ministère public
de veiller à la sûreté des prisons de leurs sièges, ainsi
qu'à celles des justices seigneuriales de leur ressort. Ils
devaient surtout éviter d'y faire languir trop longtemps
les accusés ; c'est pourquoi l'ordonnance de 1670 (tit. II,
art. 15), leur recommande de faire juger les compétences
des accusés dans les trois jours. Ils étaient chargés, conjointement avec les parties civiles, de faire entendre les

(c) Partie publique doit être entendue dans les matières concernant
l'église, le roi, le public, la police, les mineurs. (Arrêt du Conseil d'Artois, du 5 mai 1754)

témoins (ordonnance de 1670, tit. VI, art. 1). Ils pouvaient aussi remettre aux juges des mémoires, mais il leur était défendu d'assister à l'instruction des procès criminels (ordonnance du mois d'août 1539, art. 157): dissemblance remarquable avec le droit moderne, où toute l'instruction se fait sur les réquisitions du ministère public.

Les procureurs du roi étaient tenus en outre d'envoyer aux procureurs généraux de leur ressort une note de tous les décrets de prise de corps décernés dans leurs siéges, aussitôt qu'ils avaient été rendus(a); ils devaient aussi instruire diligemment les procureurs généraux des cours où ils ressortissaient, de tous les jugements rendus (b). Enfin, ils étaient tenus de visiter les prisons, toutes les semaines, pour y recevoir les plaintes des prisonniers : coutume excellente, et qui n'aurait jamais dûe être abandonnée (c).

Nous avons vu que les officiers du ministère public,

(a) Les parties publiques des siéges de justice de la Province doivent avertir M. le procureur général du Conseil d'Artois des crimes qui se commettent dans l'étendue de leurs juridictions, dans la huitaine. (Arrêt du Conseil d'Artois du 7 avril 1672.)

(b) Les procédures faites par les juges du ressort ne peuvent être refusées au procureur général, quand il les demande; mais il ne doit exiger que des copies collationnées ou des expéditions des minutes. Lettre du chancelier Lamoignon du 30 juillet 1760, à M. Bataille, procureur général au Conseil d'Artois.

(c) Les procureurs du roi des bailliages de l'Artois étaient examinés au Conseil provincial, ainsi que les avocats du roi de ces mêmes siéges. « Pourtant, dit Mabille, depuis quelque temps, on a dispensé de l'examen certains avocats du roi des bailliages. Il est à souhaiter que les choses rentrent à cet égard dans la règle commune. »

qui intentaient mal à propos des poursuites, pouvaient être personnellement responsables; mais il faut ajouter que, dans la pratique, les dommages-intérêts ne s'obtenaient pas facilement de ce chef, et que les dépens mêmes n'étaient mis à leur charge qu'autant qu'on prouvait qns les poursuites avaient eu lieu contre tout droit. (Arrêt du Conseil d'Artois du 28 juin 1747.) (a). On leur accordait même une indemnité quand ils avaient été attaqués injustement. (Mabille, v. *partie publique*.)

CHAPITRE III.

DIFFÉRENTS DEGRÉS DE JUSTICE.

La justice, en Artois, comme dans le reste de la France, se divisait en basse, moyenne et haute. Le bas justicier connaissait de tous les délits pour lesquels il n'échéait de prononcer qu'une amende de dix sols parisis et au-dessous. Quand le fait méritait une plus forte amende, le bas justicier devait en avertir le justicier supérieur. Il avait le droit d'arrêter sur son territoire tous ceux qui étaient prévenus de crimes, et à cet effet il pouvait avoir *maire, sergent et prison*; mais il était obligé de faire

(a) L'institution du ministère public parait encore la meilleure sanvegarde des intérêts de ia société. Montesquieu a dit : « Nous avons « une loi admirable, c'est celle qui veut que le prince, établi pour « faire exécuter les lois, prépose un officier dans chaque tribunal, pour « poursuivre, en son nom, tous les crimes. »

aussitôt transférer les prévenus dans la prison du haut justicier. Les moyens justiciers connaissaient des délits pour lesquels l'amende n'excédait pas soixante sols parisis. Un usage général en France permettait, même aux moyens-justiciers, de faire, dans les vingt-quatre heures du crime commis, l'instruction de l'affaire, jusqu'à la sentence définitive exclusivement. Après les vingt-quatre heures, il leur était défendu de prendre connaissance du crime, et de procéder à aucune information (Acte de notoriété du Châtelet de Paris, du 29 avril 1702). En Artois, les moyens justiciers avaient le droit de connaître de certains crimes, et d'infliger les peines y afférentes, telles que, l'admonition, le blâme, le fouet et le bannissement; mais il ne pouvaient jamais prononcer la mort, ni même les galères et la question. Les hauts justiciers connaissaient en première instance de tout crime, quel qu'il fût, excepté les cas royaux. L'appel des hauts justiciers était porté directement aux cours souveraines pour les crimes entraînant peine afflictive, et pour les autres aux cours, aux bailliages ou sénéchaussées au choix des condamnés.

CHAPITRE IV.

INFORMATIONS.

Les informations criminelles étaient essentiellement secrètes en France. Rousseau de Lacombe (*Traité des matières criminelles*, 3ᵉ partie, chapitre IV), dit à ce sujet : « une information est une pièce secrète, et faite « entre le juge, son greffier et les témoins, qui ne se « communique pas aux parties. » C'était un vieux reste de la procédure inquisitoriale, qui était passé dans les théories de tous les criminalistes, et que les usages modernes ont heureusement aboli. Sous ce rapport, l'Artois se conformait aux pratiques générales (a). Les lettres patentes des archiducs, du 11 septembre 1615, défendaient de communiquer les enquêtes et informations, et Desmazures nous apprend qu'il a vu poursuivre criminellement, tant au Conseil d'Artois que dans d'autres siégès subalternes, des officiers de justice qui avaient donné connaissance des informations aux accusés.

L'information avait lieu le plus souvent sur une plainte des parties intéressées, ou sur leur dénonciation (b). La plainte devait être signée (c). On admettait

(a) Un arrêt du Conseil d'Artois du 23 janvier 1753 a pourtant permis à une partie civile de prendre connaissance au greffe de l'interrogatoire de l'accusé, sans néanmoins qu'elle en pût faire tirer aucune copie ou extrait.

(b) Un règlement du Conseil d'Artois, du 10 novembre 1745, indiquait en quelle forme devaient être faits les procès-verbaux, en cas d'insolvabilité des parties civiles. Ce même règlement ordonne que les exécutoires à la charge du domaine du roi ou des seigneurs, ne seront délivrés que sur des procès-verbaux de carence, en bonne forme.

(c) Le seul juge compétent, en matière criminelle, était celui du lieu du délit ou commencé ou continué. Lettre du chancelier d'Aguesseau, du 4 janvier 1750, à M. Bataille, procureur général du Conseil d'Artois. Voir également une lettre de M de Lamoignon, du 18 mars 1759 au prince de Croï, qui se plaignait d'un renvoi fait en la justice d'Epinoy, par les mayeur et échevins de Saint-Omer. Nonobstant

déjà que le père ne pouvait agir contre ses enfants, pour vol ou larcin, car ce serait agir contre lui-même. Les femmes et filles n'avaient pas le droit de porter plainte, si elles avaient été insultées, lorsqu'elles étaient travesties en habits d'hommes, « parce que, dit un auteur, « ce travestissement est défendu comme une chose abo- « minable à Dieu. » Il en était de même des ecclésiastiques déguisés qui auraient reçu un affront ; les ordonnances les déclarant, dans ce cas, déchus de tout privilége.

La partie civile pouvait toujours se désister de ses poursuites (a). Cette question ne fait plus de doute aujourd'hui, elle était, au contraire, fort controversée autrefois, où l'empire des lois romaines était si puissant. Un accusé avait aussi le droit de transiger, non-seulement de l'accusation sur délits privés, mais aussi de tout crime (b). Mais ces transactions et ces désistements n'empêchaient pas les procureurs du roi et ceux des seigneurs de poursuivre la répression des crimes capitaux, et de ceux emportant peine afflictive (Ordonnance 1670, tit. XXV, art. 19). Et même, si la partie civile avait consenti ce désistement pour une somme d'argent, le procureur du roi et le procureur fiscal se servaient de ce moyen de preuve contre l'accusé (c). A l'égard des seigneurs

l'autcrité si imposante des Lamoignon et des d'Aguesseau, le Conseil d'Artois a souvent décidé que le juge compétent, en matière criminelle, est celui du domicile de l'accusé. (Voir les arrêts des 10 avril et 6 mai 1755).

(a) On reconnaissait d'ailleurs qu'il n'était pas essentiellement nécessaire de se porter partie civile pour avoir droit à des dommages-intérêts (Lettre du chancelier de Pontchartrain, du 23 août 1707).

(b) Papon, liv. XXIII, tit. II, art. 5.

(c) Imbert, *Institutes criminelles*, liv. III, chap. X, n° 11.

justiciers, il leur était défendu de composer au sujet des crimes, à peine de perdre leur justice (Ordonnances de 1356, art. 9 et de 1535, chap. XIII, art. 50). Les officiers royaux et ceux des seigneurs ne pouvaient également entrer dans aucune composition de ce chef, à peine de perte de leurs charges.

L'information avait aussi lieu d'office (a). L'ordonnance de 1539, art. 145, et celle d'Orléans, art. 63, en font même un devoir aux juges. Mais quand il survenait une plainte en cours d'instruction, cette plainte faisait cesser la procédure d'office, et le procès devait se suivre au nom du plaignant. En Artois, on avait cherché avec soin à empêcher des personnes incompétentes de s'immiscer dans les informations criminelles (b). Ainsi l'ordonnance du 5 juillet 1570 défendait *à tous nottaires, tabellions, greffiers, secrétaires, et généralement tous aultres non estans juges, ou n'en ayans commission et pouvoir, de prendre informations préparatoires, ouyr témoings, donner attestations ou faire actes singuliers és procès et affaires*

(a) Quand les crimes étaient commis sous différents degrés de juridictions, il fallait un arrêt du Conseil d'Etat pour savoir celle qui devait en connaître. (Lettre de Lamoignon du 4 janvier 1751).

(b) Le Conseil d'Artois consulta, en 1750, le chancelier, au sujet d'une procédure entamée par l'échevinage d'Arras, contre un individu accusé d'un vol de fourchettes d'argent, parce que les informations, récolements, interrogatoires et confrontations n'avaient été faits que par un seul commissaire, tandis que, de tout temps, ils avaient été reçus par deux commissaires. Le chancelier répondit que l'information devant un seul commissaire était valable, conformément à l'arrêt de 1700, rendu pour les bailliages ; mais que les interrogatoires, récolements et confrontations devaient être faits par deux commissaires.

pendant devant aultres juges, sur peine, pour la première
fois, de suspension de leurs offices à temps, et à l'arbitrage
du juge, et, pour la seconde fois, de privation dudit office, et
de bannissement, aussy à l'arbitrage du juge. Sy est deffendu
à tous juges de prendre aulcun regard, en fachon que ce soit,
à semblables informations ou attestations, mêmes les recep-
voir ou admestre, ores que ne fust pour récoler par après
les attestations sur icelles, à peine de nullité. La prescription en matière criminelle avait lieu en Artois par vingt
ans, tant pour les poursuites que pour la peine.

Les informations étaient aussi faites par la maréchaussée ; mais son immixtion dans les affaires criminelles était vue d'assez mauvais œil par les magistrats
ordinaires, et donnait lieu à de nombreux conflits de
compétence. Voici quelques points de difficultés jugés à
cet égard. Le prévôt de la maréchaussée est compétent
pour informer contre ceux qui favorisent la désertion,
soit que la désertion se fasse à l'armée, soit qu'elle ait
lieu dans les villes (Lettre de M. Maboule, procureur-
général de la maréchaussée, à M. Bataille, procureur-
général du Conseil d'Artois, en date du 25 février 1745).
La maréchaussée est compétente pour informer contre
les vagabonds, qui abusent des choses saintes pour se
procurer de l'argent. (Arrêt du Conseil d'Artois du 14
février 1758). Mais il avait été décidé que des billets de
sommation pour porter de l'argent, ne sont pas cas prévôtaux. (Arrêt du 3 septembre 1757), non plus que les
méfaits commis par des soldats dans une ville. (Arrêt du
4 septembre 1755),

CHAPITRE V.

PLAINTES.

L'officier qui avait reçu la plainte ou la dénonciation devait s'enquérir soigneusement de la qualité des plaignants ou dénonciateurs, et voir s'ils n'avaient pas agi par haine contre les accusés. Jadis, en Artois, les plaintes et dénonciations reeonnues fausses entraînaient la peine du talion ; mais on avait été obligé de renoncer à cette coutume, parce qu'elle empêchait la découverte des crimes. Dans le dernier état du droit de la Province, la fausseté des plaintes et des dénonciations ne donnait lieu qu'à des dommages-intérêts et à des pénalités proportionnées à la méchanceté commise. Par une imitation assez maladroite du droit romain, les commentateurs admettaient qu'on ne pouvait accuser le magistrat pendant qu'il était en charge (a) : ils ne s'apercevaient pas qu'à Rome les magistratures étaient presque toutes annuelles ou de courte durée, et que par conséquent un magistrat coupable ne jouissait pas longtemps de l'impunité, tandis que les usages modernes consacrant la permanence des charges, les plaintes contre les magistrats deviendraient à peu près impossibles, s'il fallait attendre la cessation de leurs fonctions. Un principe de haute moralité, que malheureusement on ne trouve pas assez respecté en Europe au moyen-âge, défend aux enfans d'accuser leurs parents. Ce principe était hautement proclamé

(a) Desmazures, liv. VI, tit. I, § 9.

par tous les criminalistes de l'Artois. Dans l'ancien droit les plaintes n'étaient pas personnelles : ainsi le mari pouvait porter plainte pour sa femme, le père pour ses enfants, l'abbé pour son moine, le maître pour son serviteur.

Il y avait deux manières de porter plainte, par requête ou par acte ; c'est ce qui résulte du texte de l'article 3 du titre III de l'ordonnance de 1670. Les plaintes par acte devaient être écrites par le greffier en présence du juge. On pouvait se désister de la plainte dans les vingt-quatre heures, et, si au rôle de plaignant on voulait ajouter celui de partie civile, il fallait le déclarer formellement. (Ordonnance de 1670, tit. III, art. 5.)

CHAPITRE VI.

INTERROGATOIRE.

Toute instruction criminelle suppose un interrogatoire des prévenus et l'audition des témoins, quand il y en a. Les usages de l'Artois avaient minutieusement prévu tout ce qui avait rapport à ces deux points. A cet égard même, l'ancien droit était entré dans beaucoup plus de détails que le nouveau, et avait indiqué une infinité de mesures qui sont actuellement laissées au pouvoir discrétionnaire du juge d'instruction. Au milieu de ce fatras de prescriptions souvent contradictoires, voici ce qui parait le plus saillant. D'abord une règle importante et qui, nous l'espérons, était mieux observée alors qu'aujourd'hui, voulait que tout prévenu fût interrogé dans les vingt-quatre heures de sa détention. L'ordonnance du 9 juillet 1570, avait posé cette règle pour les Pays-Bas : elle se trouve consacrée par l'ordonnance de 1670, titre XIV, art. 1. On décidait même que si le juge négligeait d'interroger l'accusé dans les vingt-quatre heures, celui-ci pouvait se faire interroger par celui des autres juges qui suivait dans l'ordre du tableau (a).

Le juge était obligé de procéder lui-même à l'interrogatoire (b), il ne pouvait remettre ce soin au greffier, à peine de nullité et d'interdiction pour tous les deux, et d'une amende de cinq cents livres. (Ordonnance de 1670, tit. XIV, art. 2). L'accusé, lors de ses interrogatoires, devait être libre et sans fers. Il était tenu de répondre lui-même, quelle que fût sa qualité, et ne pouvait se faire assister d'un Conseil. Les communautés étaient admises à répondre par leurs syndics. Quand il y avait plusieurs accusés, ils étaient interrogés séparément. Enfin, l'accusé ne devait pas avoir connaissance des faits sur lesquels il allait être interrogé. Quant aux procureurs du roi et à ceux des seigneurs, ils avaient le droit de remettre aux juges des notes et des mémoires pour guider l'interrogatoire.

En Artois, il était de principe que l'accusé n'était pas obligé de prêter serment avant de répondre à l'interrogatoire, « car, dit Desmazures, ce serait donner ouver-

---

(a) Jousse, traité de la *Justice criminelle*, part. 3ᵉ, liv. XIII, n° 3.

(b) Le Conseil d'Artois avait décidé, le 16 novembre 1754, que les accusés doivent être interrogés après le décret et avant le jugement de récolement et de confrontation, même dans le cas où ils auraient été pris en flagrant délit et à la clameur publique.

» ture au parjure du criminel, lequel, pour se garantir
» de la peine ou supplice que mériterait son crime,
» n'en diroit rien. » Ce principe si raisonnable, qui a
passé dans nos codes, n'avait malheureusement pas été
adopté par l'ordonnance de 1670 : la législation criminelle de l'Artois était donc sur ce point plus avancée que
celle du grand siècle. Mais ce n'était pas tout de dispenser l'accusé du serment, il s'agissait encore de savoir
s'il était tenu de dire la vérité, et sur cette question les
casuistes dissertaient à perte d'haleine. Enfin le grand
Sanchez, celui des Provinciales, avait tranché la difficulté par une distinction bien digne de son école. Pour
les faits n'emportant que des condamnations peu graves,
l'accusé devait dire la vérité ; mais pour ceux entraînant
peines corporelles, ou autres grandement infamantes, il
était permis de pallier ou de déguiser la vérité : *quia
innatum est hominibus à naturà ipsà ut se defendant, et
à mortis finibus incolumem vitam reddant.*

Lorsque l'interrogatoire était terminé (a), il en était
donné lecture à l'accusé, et on lui demandait s'il per-
sistait dans ses réponses, ou s'il voulait y faire des changements. Après quoi, il était requis de signer, et, s'il
ne voulait, ou ne pouvait signer, mention en était faite.
Si l'accusé avait refusé de répondre ou de prêter serment,
l'ordonnance de 1670, tit. XVIII, art. 8 et 18, voulait,

(a) Juges ne sont obligés de se transporter que chez les princes du
sang pour recevoir leurs dépositons ou leurs interrogatoires. C'est
une distinction due à leur naissance et à l'éminence de leur rang,
dont l'exemple ne peut être tiré à conséquence, même pour les officiers
des compagnies supérieures. (Lettre du chancelier de Pontchartrain,
22 juin 1708, au Conseil d'Artois).

qu'après trois interpellations, le juge lui déclarât que son procès serait poursuivi *comme à un muet volontaire* (a).

On n'ignore pas que les anciens, usages criminels de la France accordaient fréquemment des *sauvegardes* aux accusés, et même aux condamnés. C'était une grave question de savoir qui avait le droit de délivrer ces sauvegardes. D'abord, on ne faisait pas difficulté de reconnaître que ce droit appartenait tout entier au souverain, d'après cette maxime : *Solus rex potest in regno dare custodiam sive salvam gardiam.* On en concluait qu'il n'y avait que les juges royaux qui pouvaient mettre en sauvegarde. Néanmoins, en France, ce droit s'était étendu non seulement aux juges royaux, mais aussi aux juges connaissant des cas royaux. Il y avait même des coutumes qui accordaient ce droit aux juges des seigneurs haut justiciers. Les choses se passaient tout autrement en Artois. Dans cette province, il n'y a jamais eu que le Conseil d'Artois qui pût prononcer des sauvegardes, parce que ce tribunal y a toujours été le seul juge royal. C'est en vertu de ce principe qu'il a été fait défense, le 14 octobre 1663, aux officiers de la sénéchaussée de St-Pol, et à tous autres juges subalternes, de donner et décerner commission d'assurance ou de sauvegarde, attendu que le Conseil d'Artois a seul le droit et autorité de ce faire.

(a) Le Conseil d'Artois était très sévère sur l'observation des règles de l'information. Ainsi les officiers de la justice de Monchy-le-Preux ayant fait une nullité dans une procédure criminelle, il fut décidé que cette procédure serait recommencée à leurs frais par les officiers de la gouvernance d'Arras. (Arrêt du 21 juin 1758).

CHAPITRE VII.

TÉMOINS.

Après l'interrogatoire des prévenus, un des points les plus essentiels d'une instruction criminelle, c'est l'audition des témoins. D'après les jurisconsultes et les canonistes, les qualités à requérir des témoins étaient résumées dans ces deux vers latins que Virgile n'aurait certainement pas avoués :

Conditio, sexus, ætas, discretio, fama,
Et fortuna, fides : in testibus ista requiras.

Ces appréciations étaient d'ailleurs abandonnées au juge : c'était en quelque sorte lui donner un pouvoir discrétionnaire dans l'admission ou le rejet des témoins (a) : C'est pour cela qu'on lui recommandait les plus grandes précautions à cet égard. Pourtant le pouvoir du juge n'allait pas jusqu'à lui permettre de s'affranchir de certaines règles consacrées par l'usage plutôt que par la loi. Ainsi, il y avait des témoignages qui étaient toujours rejetés comme suspects, c'étaient ceux des infâmes, des parjures, des excommuniés, des mendiants et vagabonds, des co-accusés entre eux. La maxime célèbre : *testis unus testis nullus*, était généralement suivie en matière criminelle, comme en matière civile, quoiqu'elle ne se justifie

(a) Militaires sont obligés de comparaitre pour être entendus comme témoins en matière criminelle, sans que l'on soit tenu de requérir leurs commandants. (Acte de notoriété du Conseil d'Artois du 23 février 1665.) Il en était de même en matière civile.

pas mieux d'un côté que de l'autre. Enfin, on distinguait soigneusement les témoins *suspects* des témoins *inhabiles* (a). La déposition des premiers était entièrement écartée, celle des seconds était admise, sauf à y avoir tel égard que de raison (b).

Après l'interrogatoire des témoins avait lieu le *récolement*. C'était la répétition au témoin de sa déposition, afin qu'il pût la compléter, ou la modifier, le tout sous serment. Après le récolement, il était formellement interdit au témoin de faire aucun changement à sa déposition. Puis venait la confrontation (c). Chaque témoin devait-être présenté à l'accusé, à qui on demandait s'il avait quelque motif de reproche à faire valoir (d). Il était ensuite donné lecture des dépositions en présence de l'accusé et des témoins : après quoi chaque témoin était tenu d'affirmer

(a) Parents jusqu'au quatrième degré canonique inclusivement ne peuvent être témoins en matière criminelle. Ainsi jugé au Conseil d'Artois dans l'affaire des religionnaires d'Avesnes-le Comte et de Barly-Fosseux.

(b) Il était rigoureusement prescrit d'indiquer dans l'information si le témoin est serviteur ou domestique de l'accusé ou de l'accusateur, de quelle que qualité que soient les parties. (Lettre du chancelier de Pontchartrain du 3 décembre 1707 à M. Bataille, procureur général au Conseil d'Artois.)

(c) Par arrêt du 2 mars 1758, le Conseil d'Artois a déclaré nulles des confrontations, parce qu'il n'y était pas dit que les témoins avaient entendu parler de l'accusé, ou qu'ils ne pouvaient dire s'ils en avaient entendu parler. C'était l'exécution de l'article 18, tit. XV de l'ordonnance de 1670.

(d) Le Conseil d'Artois avait décidé qu'il n'y avait pas nullité dans l'omission de la mention de la connaissance que le témoin peut avoir de l'accusé (Arrêt du 4 décembre 1749.)

de nouveau sa déposition par serment (a). Enfin, on demandait à l'accusé ce qu'il reconnaissait et ce qu'il déniait dans chaque déposition, et on tenait une note exacte de ses réponses (b).

CHAPITRE VIII.

ORDONNANCES DE PLUS AMPLEMENT INFORMÉ.

Il existait en Artois, ainsi que dans le reste de la France, une pratique qui prouve que l'ancienne justice, comme l'avare Achéron, ne lâchait pas facilement sa proie. Lorsque les charges n'étaient pas suffisantes pour donner suite à l'affaire criminelle, le prévenu ne jouissait pas pour cela nécessairement du bénéfice d'une ordonnance de non lieu. Mais s'il restait encore quelque doute dans l'esprit du magistrat instructeur, le prévenu était élargi *quousquè*, c'est-à-dire à la condition de pouvoir encore être recherché, dans le cas où pendant un an on recueillerait de nouvelles charges contre lui. Outre l'incertitude dans laquelle cette déclaration laissait le prévenu, elle avait encore pour inconvénient de lui im-

---

(a) Témoin déjà entendu, récolé et confronté ne peut être entendu, récolé et confronté une seconde fois, quoique sur une circonstance aggravante du même genre de crime. (Arrêt du Conseil d'Artois du 2 mars 1758.)

(b) On doit se servir du ministère d'un interprète pour les témoins comme pour les accusés. (Réponse du chancelier au procureur général du Conseil d'Artois, 12 mars 1733.)

poser tous les frais de l'instruction qui n'avait pas abouti : ainsi c'était une cruauté et une iniquité. Dans les crimes graves, il arrivait même très-rarement que l'accusé fût définitivement acquitté : le procès-verbal de l'ordonnance de 1670, sur l'art. 4, tit. XXI, prouve que presque toujours on avait soin de prononcer, à son égard, *un plus amplement informé indéfini*, qui laissait son sort en suspens pour le reste de sa vie.

Cet abus avait frappé le Conseil d'Artois. En effet, le 1ᵉʳ avril 1748, nous voyons toutes les chambres réunies, à la réquisition de la deuxième, délibérer sur la question de savoir si le plus amplement informé n'est pas plus rigoureux que le bannissement même. Ceux qui étaient de cet avis disaient que par le banissement on fait supporter une peine actuelle, mais qui peut cesser, tandis que le plus amplement informé doit durer toujours. Et l'avis du Conseil fut qu'effectivement le plus amplement iuformé, avec réserve de preuves, était pire que le bannisssement, parce qu'il laissait au juge la faculté de prononcer la même peine.

CHAPITRE IX.

TORTURE ET QUESTION.

L'ancien droit consacrait un usage universel dont nos mœurs modernes ont justement horreur ; nous voulons parler de la torture et de la question. Ce moyen barbare d'instruction, que la Rome républicaine n'appliquait

qu'aux esclaves, avait été étendu par la Rome impériale
à tous les citoyens, alors que tous les citoyens n'étaient
véritablement plus que des esclaves. Cette marche était
logique, et n'a rien de surprenant ; mais ce qui doit nous
surprendre davantage, c'est que le christianisme, qui a
aboli tant de mauvaises choses, ait laissé subsister celle-
là, et qu'il l'ait même étendue jusqu'aux horreurs de
l'inquisition : c'est la philosophie du XVIIIᵉ siècle qui
en a fait justice (a).

A l'exemple des autres pays, l'Artois avait adopté la
torture et la question, et ses criminalistes s'évertuaient
à démontrer que, sans ces garanties salutaires, la société
ne pourrait subsister. C'est ainsi que les abus se perpé-
tuent à travers les siècles, et qu'on trouve toujours des arguments plus ou moins spécieux contre
toutes les réformes. N'oublions pas qu'Aristote donnait,
en faveur de l'esclavage, des raisons qui paraissaient
excellentes à l'antiquité, et que Justinien disait de cette
institution que les esclaves (*servi*), à qui, d'après les lois
de la guerre, on aurait pu ôter la vie, devaient s'estimer
très heureux de la conserver (*servare*).

On sait qu'il y avait deux sortes de questions, la
question préalable et *la question préparatoire* (b). La question préalable était une véritable peine ; elle était donnée

(a) Il est juste pourtant de signaler un passage de saint Augustin
qui réprouve énergiquement la torture. Voici comment s'exprime ce
grand docteur : *Misera et dolenda judicia quibus innocens luit pro
incerto scelere carissimas pœnas, non quia illud commisisse detegitur
sed quia non commisisse nescitur. De civitate Dei, lib. 19, cap. VI.*

(b) Un placard de Philippe II, du 9 juillet 1570, avait déterminé les
cas où il était permis de donner la question.

au condamné à mort, avant son supplice. La question préparatoire était un moyen d'instruction : nous n'avons donc à nous occuper ici que de cette dernière. On distinguait deux sortes de questions préparatoires, la question sans réserve de preuves, et la question avec réserve de preuves. Dans la première, si l'accusé n'avouait rien, les indices et les preuves existant contre lui étaient purgés, et on devait le renvoyer absous. Dans la seconde, les indices et les preuves subsistaient, et le procès n'en continuait pas moins. Pourtant, il était défendu, après cette épreuve, de prononcer la peine de mort.

Il fallait trois conditions pour que l'accusé fût condamné à la question préparatoire : 1° que le crime fût constant ; 2° qu'il fût capital ; 3° qu'il y eût une preuve considérable contre l'accusé. L'article 1, tit. XIX de l'ordonnance de 1670 exigeait de plus qu'il fût impossible de se procurer d'autres preuves. Sous ce rapport la sagesse des rois d'Espagne avait devancé la législation française. Nous trouvons en effet dans l'article 42 des ordonnances et stil de Philippe II, sur les matières criminelles dans les Pays-Bas, la défense expresse de donner la torture quand il n'y a pas des doutes légitimes ; *mais là où il y a pleine demi preuve, ou bien où la preuve est certaine et indubitable, est interdict d'appliquer ledit criminel à ladite question, abolissant auxdits cas toutes coutumes, usages, statuts ou observations au contraire.* Du reste tous les juges pouvaient condamner à la question préparatoire : il est facile de voir à quelles conséquences devait conduire une pareille latitude. Il n'y avait non plus personne à l'abri de la question : hommes et femmes, garçons et filles, vieux et jeunes y étaient soumis. Les nobles et les roturiers, les prêtres, les ecclésiastiques, les religieux et les religieuses pouvaient y être condamnés. L'Artois avait admis de tout temps cette égalité devant la torture : bien avant la réunion à la France, les jurisconsultes de ce pays faisaient remarquer avec un certain orgueil que, contrairement à ce qui se pratiquait dans d'autres contrées, les nobles y étaient torturés tout comme les autres.

Il y avait diverses sortes de tortures usitées en Artois, mais les criminalistes les réduisaient généralement à trois, savoir : la légère, la grave et la plus grave. La première consistait dans de simples menaces et dans l'appareil de la torture présenté à l'accusé pour l'effrayer : ainsi on le conduisait dans la chambre de torture, on le dépouillait de ses vêtements, et on le liait sur le banc, sans néanmoins l'élever en l'air par le corps. La deuxième consistait dans un commencement de torture : on mettait l'accusé sur le banc, on l'élevait en l'air pendant un temps plus ou moins long, et, dans cette position, on lui faisait subir un interrogatoire. La troisième allait jusqu'à l'ébranlement et la dislocation des membres, prolongée aussi longtemps que le magistrat instructeur le jugeait nécessaire. L'ordonnance de 1670 avait grandement modifié ces usages. D'abord elle avait défendu (tit. XIX, art. 15) la première espèce de question, celle par menaces ; ensuite elle ne laissait plus guère subsister que deux questions, la question ordinaire et la question extraordinaire. La seconde différait de la première en ce qu'elle était plus rigoureuse, et doublait généralement la dose des tortures. Dans le dernier état des choses, voici en quoi consistait la torture. Il y avait la question à l'eau et la question aux brodequins. Dans la première, on étendait le patient sur un tréteau, on l'attachait par les bras et par les jambes avec des cordes passées dans des anneaux ou boucles de fer, on serrait ces cordes avec force de manière à ce que le corps restât étendu en l'air; ensuite on passait un tréteau sous le corps pour augmenter l'extension, et dans cet état on faisait boire de l'eau à l'accusé au moyen d'un cornet dont on lui mettait une des extrémités dans la bouche. La question aux brodequins se donnait en plaçant le patient sur un siège de bois adossé à un mur, et en lui étendant les bras qu'on attachait à deux grosses boucles de fer scellées dans la muraille. On serrait les jambes nues avec quatre fortes planches, attachées ensemble, deux pour chaque jambe et, entre les deux planches du milieu, on enfonçait des coins à grands coups de maillet.

Ces systèmes de torture paraissent avoir prévalu presque partout sur les anciens usages; toutefois, l'ordonnance de 1670 laissant aux juges un pouvoir à peu près discrétionnaire sur ce point, il en résultait quelquefois une aggravation de peines pour les accusés, car en fait de cruautés, les hommes sont toujours portés à l'exagération. Ainsi, au Parlement de Bretagne, on donnait la question au feu, en approchant plus ou moins le patient d'un foyer ardent; au Parlement de Rouen, on serrait les pouces ou autres doigts avec une machine de fer; au Parlement de Besançon, on avait conservé la coutume de l'estrapade qui consistait à lier les bras du patient derrière le dos, et à l'enlever en l'air à l'aide d'une poulie, après lui avoir attaché un gros poids à chaque pied; à Autun, on donnait la question en versant de l'huile bouillante sur les pieds de l'accusé. Ce génie d'invention a quelque chose de surprenant; on a peine à comprendre que des magistrats se soient évertués à trouver tant de genres de souffrances.

En Artois, la question devait être donnée de grand matin et à jeun. La raison qu'en fournit un jurisconsulte ne peut être répétée qu'en latin, ainsi qu'il l'a fait, car, cette langue dans les mots brave l'honnêteté : « *Quoniam multi reperiuntur qui torquentur post cibum, qui omnia quæ comederunt evomunt, quandoque evomunt sanguinem, et resolvuntur cibi et cholera et cerebrum.* Hâtons-nous d'ajouter qu'on avait coutume d'appeler un médecin et un chirurgien, afin de savoir jusqu'à quel point on pouvait pousser les épreuves sans danger pour la vie du patient. Il était aussi d'usage de ne pas prolonger la torture plus d'une heure ou une heure et quart. Enfin, il était expressément recommandé aux juges de ne pas contribuer de leurs mains aux tourments de l'accusé, en prêtant secours à l'exécuteur ou autrement. Il y avait donc des magistrats qu'un zèle indiscret transformait en bourreaux : les hommes, comme les valets du diable, en font toujours plus qu'on ne leur commande. Une autre habitude contre laquelle les auteurs s'élevaient avec force, mais qu'on ne put jamais abolir, était celle des entrées de faveur pour voir donner la question. On sait que Perrin Dandin invitait ses amis à ce spectacle « qui, disait-il, faisait toujours passer une « heure ou deux. » Il paraît que ce plaisir était très-recherché autrefois, et qu'un premier président ou un avocat général n'aurait pu refuser cette agréable distraction aux grandes dames de son ressort. Au reste, nous

n'avons pas le droit de nous montrer trop sévères à cet
égard, nous qui voyons chaque jour l'élite de la société
se presser dans l'enceinte des cours d'assises, quand on
y juge les procès les plus abominables et les plus scandaleux.

Avant d'appliquer l'accusé à la question, on l'interro-
geait, et on lui faisait prêter serment en l'exhortant à dire
la vérité. S'il avouait, il semble que la question devenait
inutile : pourtant la majorité des auteurs pensait, avec
Langleres (*in semestribus*, lib. IX, cap. III), que, même en
ce cas, il fallait appliquer l'accusé à la question, afin que
le jugement ne fût point illusoire et sans effet. C'était, il
faut l'avouer, pousser un peu loin le respect de la chose
jugée ; mais on voulait bien concéder qu'en cette circonstance, la question ne devait être donnée que *légèrement*.
L'accusé était interrogé pendant la question, et on tenait
procès-verbal exact de ses réponses, confessions, dé-
négations et variations : on prenait même note de ses
cris et de ses gestes, afin, disait-on, d'en induire la
vérité, comme si la douleur pouvait conduire à quelque
chose de certain.

Lorsque l'accusé était retiré de la question, on l'in-
terrogeait immédiatement sur ses déclarations et sur les
faits qu'il avait déniés ou reconnus. Cet interrogatoire se
faisait dans la chambre même de la question, l'accusé
étant sur un matelas, auprès du feu. Il paraît même qu'on
exigeait de lui un nouveau serment ; on craignait sans
doute qu'il ne se parjurât jamais assez. Quand même il
serait survenu des preuves nouvelles, l'ordonnance de
1670 (tit. XIX, art. 12), défendait d'appliquer deux fois
l'accusé à la question pour le même fait : c'était une

amélioration notable aux usages de l'Artois, qui permettaient de réitérer la question jusqu'à trois fois. L'art. 90 des ordonnances criminelles de Philippe II n'exigeait pas que l'accusé fût interrogé de nouveau aussitôt après la torture : il accordait vingt-quatre heures pour faire cet interrogatoire ; mais si l'accusé se rétractait, il pouvait être remis à la question, en sorte que ce qu'il gagnait d'un côté, il le perdait d'un autre (a).

Nous avons dit que la question ne pouvait être ordonnée qu'autant qu'il existait une preuve considérable. Le vague de ces expressions devait laisser beaucoup à l'arbitraire du juge ; voici néanmoins quelques règles qui étaient généralement suivies au Conseil d'Artois. La question était ordonnée, en cas d'homicide, lorsque l'accusé avait été vu non loin du cadavre de la victime, porteur d'une arme ensanglantée ; en cas de vol, lorsqu'il avait vendu les objets volés, ou s'il les détenait en sa possession, sans pouvoir indiquer comment il se les était procurés ; en cas d'infanticide, lorsque l'enquête fournissait la preuve d'un accouchement récent ; en cas d'empoisonnement, lorsque l'accusé avait à attendre quelque chose de l'empoisonné, si d'ailleurs il était constant qu'il eût acheté du poison, surtout s'il était *vile personne de laquelle se pourrait attendre telle chose*; en cas d'incendie,

(a) Le journal du Conseil d'Artois de Devienne. t. I, p. 95, fournit une preuve évidente de l'inefficacité de la torture comme moyen d'instruction. Un homme prétendait qu'il avait commis un assassinat, étant en état d'ivresse, et que par conséquent il ne pouvait nier ni confesser son crime. Il fut condamné à la torture, et la crainte le décida à avouer : le Conseil d'Artois se contenta d'un pareil aveu pour prononcer la peine de mort (10 novembre 1749).

si l'accusé avait été trouvé sur le lieu du crime, nanti d'objets propres à mettre le feu, et s'il avait quelque inimitié contre la personne incendiée; en cas de trahison et complot, s'il avait fréquenté les ennemis de l'Etat, et s'il avait eu avec eux des pourparlers ; enfin, en cas d'enchantements et maléfices, si la voix publique dénonçait l'accusé comme sorcier et coutumier du fait.

On comprend aisément combien il était possible aux juges d'abuser de la question ; c'est en effet ce qui arrivait le plus communément. Mais ce qu'il y a de plus pénible à penser, c'est que la torture devait nécessairement atteindre tous les innocents, car ils ne pouvaient confesser des crimes qu'ils n'avaient pas commis, et il n'était pas probable qu'on les acquittât sans avoir épuisé contre eux tous les moyens que la loi mettait à la disposition de la justice. Les plus simples notions de la raison auraient donc dû persuader au législateur d'abolir la torture, et l'on serait en droit de s'étonner qu'elle eût duré si longtemps, si l'on ne savait qu'il faut souvent des siècles pour détruire un abus, et qu'il ne faut qu'un instant pour le créer.

CHAPITRE X.

JUGEMENTS.

Tout procès se termine par un jugement, surtout au criminel. En effet, comme on ne transige jamais sur les pénalités, il faut nécessairement que les actions criminelles soient closes par une décision du magistrat. Dans l'ancien régime, ces décisions n'avaient rien de fixe, parce qu'elles émanaient de juridictions sans unité; néanmoins, il y avait certains principes qui paraissent avoir été généralement admis. Ainsi, les jugements criminels ne devaient être rendus que sur la poursuite du ministère public : un juge n'aurait jamais pu prononcer une pénalité d'office. Les jugements devaient être prononcés en la chambre où la justice s'exerçait : on citait pourtant des lettres de translation des chambres de justice en l'hôtel d'un président ou d'un conseiller empêché de se rendre à l'audience. On distinguait soigneusement les procès qui pouvaient être jugés de relevée, c'est-à-dire après-midi, et ceux qui devaient être jugés le matin. Il paraît que les procès les plus graves, ceux dans lesquels les procureurs du roi ou des seigneurs avaient pris des conclusions à mort, aux galères ou au bannissement, ne devaient jamais être jugés de relevée (a) : on se méfiait jadis de la justice qui a dîné, maintenant elle est toujours réputée sobre. Les jugements, à charge d'appel, rendus par les juges royaux et par ceux des seigneurs, exigeaient la présence de trois juges, lorsqu'il y avait des conclusions à peine afflictive; ceux en dernier ressort devaient être rendus par sept juges au moins. Quand il se formait deux opinions entre les juges, la plus douce l'emportait, à moins que la plus

(a) Cette prescription est déjà mentionnée dans les capitulaires de Charlemagne, liv. I, chap. LX.

sévère ne prévalût d'une voix, dans les procès à charge d'appel, et de deux voix dans ceux en dernier ressort (a).

Les jugements criminels étaient rendus hors de la présence du ministère public, de l'accusé et de la partie civile (b). Pour les faire connaître aux intéressés, voici les moyens qu'on employait : une déclaration de mars 1549, art. 3, prescrivait aux greffiers d'en informer, dans les vingt-quatre heures, les procureurs du roi et fiscaux (c). D'autre part, une ordonnance de mars 1498, et une autre de 1535, voulaient que tout jugement définitif fût notifié aux accusés avant d'être mis à exécution. L'usage était de faire mettre l'accusé à genoux pour entendre la lecture de son jugement. Un arrêt du Parlement de Paris, du 6 septembre 1607, décidait que tout jugement devait être prononcé à l'accusé dans les vingt-quatre heures. Quant aux parties civiles, on ne leur notifiait pas le jugement, soit qu'il eût été rendu en dernier ressort ou à charge d'appel : elles avaient seulement le droit de le faire lever toutes les fois qu'il avait été rendu sur leurs poursuites (d).

(a) Les dépens, en matière criminelle, étaient toujours solidaires, quand il y avait plusieurs condamnés dans la même affaire.

(b) Une lettre du chancelier au Conseil d'Artois, portait que l'intention du roi était qu'il n'y eût que les juges présents au dernier interrogatoire, qui rendissent le jugement définitif.

(c) Un arrêt du Conseil d'Artois, du 6 mai 1758, décidait que les juges inférieurs étaient tenus d'exprimer dans les jugements définitifs, les causes et motifs de la condamnation. Néanmoins, il y avait contre cette sage décision, une opposition formidable.

(d) Il était permis aux juges inférieurs de commettre des substituts en cas d'absence ou de maladie.

CHAPITRE XI.

EXÉCUTION.

Les jugements criminels devaient être exécutés le jour même qu'ils avaient été lus aux condamnés, à moins qu'il n'y eût appel ou qu'on ne se trouvât dans l'un des cas énumérés par l'art. 26, tit. XXV de l'ordonnance de 1670. Les condamnés étaient conduits au supplice à pied ou en charrette : néanmoins les personnes d'un rang distingué pouvaient y être conduites en voiture ou d'une autre manière. Le connétable de Saint-Pol, exécuté sous Louis XI, en 1475, fut mené à la Grève sur une mule. Les condamnés devaient être vêtus simplement en allant au supplice ; si c'étaient des personnes élevées en dignité, elles ne pouvaient en porter les marques. Anciennement, on n'exécutait les prêtres et autres ecclésiastiques, qu'après que l'évêque les avait dégradés ; mais comme il était arrivé plusieurs fois que les évêques n'avaient pas voulu procéder à cette dégradation et que, dans tous les cas, c'était leur réserver une espèce de contrôle sur les décisions judiciaires, on finit par se passer de leur intervention, et on prit l'habitude d'exécuter sans dégradation préalable. Dumoulin a examiné cette question avec toute l'indépendance qui le caractérise, et il a conclu contre les prétentions épiscopales.

Une habitude qui répugne aux vrais principes de la religion, refusait la communion aux condamnés à mort.

Ainsi, le connétable de Saint-Pol, dont nous venons de parler, ne put obtenir de communier ; on lui permit seulement d'assister à une messe, et d'y recevoir l'eau bénite et le pain bénit. On refusa également la communion à la marquise de Brinvilliers. Les Anglais furent plus tolérants à l'égard de Jeanne d'Arc, elle demanda en grâce qu'on lui donnât son Sauveur, ce qui lui fut accordé : il est vrai que Marie Stuart ne put jouir de la même faveur. Pendant longtemps, on n'accordait même pas un confesseur aux condamnés à mort (a) ; parcequ'on prétendait, suivant l'expression consacrée, tuer l'âme en même temps que le corps. Sous Charles VI, l'ordonnance du 11 février 1396, décida qu'il n'en serait plus ainsi à l'avenir. Celle de 1670, veut que le sacrement de confession soit toujours offert aux condamnés à mort, et qu'ils soient assistés d'un ecclésiastique jusqu'au lieu du supplice. Si le roi venait à passer pendant qu'un condamné allait subir sa peine, l'exécution ne pouvait plus avoir lieu. Il en était de même quand la corde d'un pendu venait à se rompre. Un usage plus extraordinaire voulait qu'un condamné à mort obtînt sa grâce quand une fille publique consentait à l'épouser. Papon (b) cite un arrêt du Parlement de Paris, du 15 février 1515 qui l'a décidé ainsi. Mais on ne tarda pas à s'apercevoir que les condamnés pouvaient trouver trop de facilité pour obtenir leur grâce par ce moyen, et l'on renonça à cette ridicule jurisprudence. Les condamnés aux galères, soit à temps, soit à perpé-

(a) Jousse, *Droit criminel*, part. 3, liv. II, tit. XXV.
(b) Papon, liv. XXIV, tit. X, n° 14.

tuité, devaient être marqués avec un fer chaud des lettres G. A. L. (Déclaration du 4 mars 1724, art. 5). Il était expressément défendu de les retenir plus longtemps que la sentence ne l'indiquait : l'ordonnance de Blois (art. 200) punit de la privation de leur état, les capitaines de galères qui se seraient rendus coupables de cet abus de pouvoir. Les condamnés au bannissement à temps ou à perpétuité, qui étaient convaincus d'avoir rompu leur banc, étaient envoyés, savoir : les hommes aux galères, les femmes dans une maison de force.

L'ancien droit sanctionnait beaucoup de pénalités qui devaient jusqu'à un certain point être exécutées par le condamné lui-même; par exemple, l'amende honorable. Si le condamné refusait ce qu'on exigeait de lui, on pouvait lui infliger une peine plus forte. Ainsi une personne n'ayant pas voulu se mettre à genoux et demander pardon au procureur fiscal au sujet d'injures qu'il lui avait dites, fut condamnée par arrêt du Parlement de Paris du 31·juillet 1714, au fouet et au bannissement, pour désobéissance à justice. Cette désobéissance était même quelquefois punie beaucoup plus sévèrement : on alla jusqu'à prononcer la peine de mort dans cette circonstance. Néanmoins des voix généreuses s'élevaient contre cet excès de rigueur, qui pouvait passer pour une rancune mal placée, et un premier président ne craignit pas de dire dans la grand'chambre, que « les condamnés « étaient assez à plaindre, sans vouloir encore les punir « plus rigoureusement pour avoir refusé de parler. »

Tout le monde sait qu'il était d'usage anciennement de faire le procès aux cadavres. Cela avait lieu lorsque l'accusé se donnait la mort dans la prison. Dans ce cas, la condamnation était exécutée contre le cadavre, qui devait être pendu par les pieds. Au cas de mort naturelle avant la fin du procès, l'action n'était pas non plus éteinte : il devait être fait rapport au tribunal, qui statuait selon les circonstances. Il faut reconnaître que, dans ces occasions, le Conseil d'Artois s'est souvent montré humain et généreux. Ainsi, au mois d'août 1758, il a décidé qu'un condamné à la roue, qui était mort dans sa prison avant l'exécution de la sentence, devait être inhumé en terre sainte. De même, Mabille nous apprend que, de son temps, la jurisprudence du Conseil d'Artois n'était plus de condamner les cadavres de ceux qui se donnaient la mort, ni de supprimer leur mémoire, à moins qu'il ne s'agit de criminels ayant voulu prévenir la punition qui leur était due, ou de personnes qui de sang froid s'étaient suicidées.

CHAPITRE XII.

LETTRES DE GRACE ET DE RÉMISSION.

Ces lettres étaient accordées par le souverain seul. Une ordonnance du roi d'Espagne, du 27 octobre 1623, enregistrée au Conseil d'Artois, indique la marche à suivre pour le recours en grâce. Lorsque la requête à fin de grâce était suivie d'une demande d'avis, tout jugement de torture et d'autre exécution devait être suspendu pendant un mois, à dater de l'avis donné, et, si après ce délai, il n'apparaissait de lettre de grâce, incontinent on pouvait passer outre. Les lettres de grâce et de rémission pour les personnes roturières devaient être adressées et entérinées au Conseil d'Artois. (Lettres du garde des sceaux, du 8 août 1723). Les lettres de rémission pour homicide involontaire, s'expédiaient en la chancellerie, près le Conseil d'Artois.

On sait les entraves continuelles que les lettres de grâce et de rémission apportaient à l'exercice de l'action criminelle. Aussi, en Artois, comme ailleurs, des efforts persévérants avaient eu pour but d'en modérer l'abus. C'est pour cela que le Conseil d'Artois exigeait qu'elles lui fussent présentées dans les six mois de leur date, à peine de déchéance; on n'y admettait aucune correction ni interprétation; si elles n'étaient pas suffisantes, on ne pouvait en rapporter d'autres; on voulait aussi que celui qui les invoquait fût tenu de se présenter en personne à l'audience pour l'entérinement; enfin on recommandait aux procureurs fiscaux d'examiner soigneusement ces lettres, et de voir si elles n'avaient pas été obtenues subrepticement. Les juges de l'Artois se sont donc toujours montrés fort sévères pour l'admission des lettres de grâce et de rémission (a). Il leur est même

(a) Des lettres de rémission obtenues au mois d'octobre 1765, par un individu d'Aix-en-Issart, coupable d'homicide, n'ont été entérinées qu'à la condition que le gracié et sa famille ne pourraient habiter à une distance moindre de cinq lieues d'Aix-en-Issart, afin d'éviter des querelles, et qu'il serait célébré douze messes pour le repos de l'âme de la victime. Un nommé Nicolas Frinel s'étant présenté le 21 mars 1718, devant le Conseil d'Artois, pour faire entériner des lettres de grâce, ne fut admis qu'à la condition de payer une amende pour le

souvent arrivé de faire au souverain d'humbles représentations sur la facilité avec laquelle il usait de sa prérogative. Les parties intéressées avaient aussi qualité pour constater la rémission : on avait même décidé qu'elle était nullé, si elle était conçue en termes offensants pour le défunt, par exemple, s'il était dit que l'impétrant *était de bonne foi et le trépassé de mauvaise vie et conversation.* Dans ce cas, on les considérait comme *abreptices.*

CHAPITRE XIII.

RÉGIME DES PRISONS.

On croit généralement que cette partie si importante de la législation criminelle était complètement négligée par nos pères : il n'en est rien. Les prescriptions ne manquent pas sur ce point, et elles sont généralement prudentes et généreuses.

Ainsi, en Artois, bien avant l'ordonnance de 1670 (a) qui contient tout un titre sur cet objet, le décret de

pain des prisonniers. « Et encore, dit Mabille, on aurait volontiers « prononcé une peine de prison au lieu de cette amende, si on avait « pu le faire décemment vis-à-vis de cette lettre qui ne le portait « pas. » C'était, on en conviendra, une restriction peu libérale de la plus belle prérogative du pouvoir souverain.

(a) Les règlements du Conseil d'Artois, au sujet des prisons et des prisonniers, sont en date des 23 novembre 1542, 9 mars 1618, 26 avril 1709.

Philippe II, du 5 juillet 1570, avait édicté des prescriptions tutélaires pour la personne des prisonniers. Par ce décret, *il était enjoinct à tous officiers de justice tant les consaulx que les juges subalternes en personne, et en leur absence par leurs lieutenans, de visiter et aller ès prisons tous les mois une fois, en parlant à chaque prisonnier, leur demandant ce qu'ilz trouveront convenir pour advancer leurs procès, aussy voiront et visiteront sy les prisons sont bonnes et les détenus bien gardez, s'ilz ont leurs nécessitez de vivres et de paille, selon la taxation et ordonnance sur ce faictes, sy lesdites prisons ne sont infectées et puantes, et choses semblables. Ce que le procureur de sa dite Majesté, et en son absence son substitut, fera aussy és prison des consaux, où quattre fois l'an assisteront deux conseillers, tels que le chef ordonnera.* Aussi, Desmazures commentant les termes du décret, les fait-il précéder de ces sages paroles : « comme les prisons sont intro-
« duictes de droit pour la garde des criminels, et non
« pour la punition des prisonniers, il n'est loisible
« aux justiciers d'avoir des prisons extraordinaires et
« malsaines ; ains doibvent les prisons estre bonnes,
« seures et raisonnables, de hauteur et largeur com-
« pétente, non infectées, et doibvent estre les pri-
« sons basties à rez de chaussée, sans user de ceps,
« gaillons, gènes, et austres instruments semblables. »
Toutes ces idées sont marquées au coin d'une véritable philanthropie (*a*). Il existait pourtant un usage blâmable, c'était la distinction qu'on faisait, avant la con-

(*a*) Une lettre du chancelier Maupeou à M. Enlart de Grandval, procureur-général du Conseil d'Artois, du 19 juin 1767, recommande de ne punir les bris de prison que de peines légères.

damnation, entre les diverses natures de préventions. Ainsi, ceux qui étaient accusés d'un crime grave, étaient beaucoup plus maltraités dans la prison, que ceux qui se trouvaient sous l'inculpation d'un fait léger. Les premiers pouvaient être mis dans des souterrains avec des fers aux pieds et des menottes aux mains; quant aux autres, il était recommandé de ne pas les garder sévèrement, mais de les déposer *au plus honeste lieu de la prison*.

Une prescription fort utile voulait que les juges inférieurs envoyassent quatre fois par an, *en la saison des Quatre-Temps, à leurs juges supérieurs immédiats en ressort, le rôle des prisonniers qu'ils détiennent, les crimes dont ils sont chargés, le temps de leur emprisonnement et l'estat de la cause*; mais il paraît que cette prescription était peu observée.

L'attention du législateur s'était aussi portée d'une manière toute particulière sur les devoirs des geôliers (a). On désirait que les choix fussent aussi bons que possible : *auxquels offices*, dit l'ordonnance du 5 juillet 1570, *ne seront prins ny admis, sinon personnes cogneus pour fidèles, diligens et bien qualifiez, pour desservir semblables offices, ne prenant regard seulement à une caution qu'ils donnent d'argent, mais surtout en la souffisance et preud'hommie de l'homme*. On recommandait surtout aux geôliers de veiller sur leurs prisonniers et, s'ils les laissaient échapper, ils étaient passibles des peines les plus graves.

(a) Avant la déclaration du 11 juin 1724, les concierges des prisons n'avaient aucuns gages. Les prisons leur étaient affermées, et produisaient au roi un revenu fixe et annuel. On comprend les abus qui devaient résulter de cet état de choses.

Ils pouvaient même être frappés de la peine que le prisonnier évadé aurait encourue, quand ils avaient coopéré à l'évasion. Leur négligence ou *grande coulpe* était aussi sévèrement punie, sans qu'ils pussent rejeter la faute sur les domestiques, qui étaient plus spécialement commis par eux à la garde des prisonniers. Pourtant les usages de l'Artois admettaient des tempérances sur ce point. Ainsi, lorsque le prisonnier détenu dans un cachot parvenait à s'évader au moyen d'un trou pratiqué dans le mur, sans que le geôlier eût pu en avoir connaissance, on ne prononçait aucune peine contre ce dernier. Et même, dans tous les autres cas où il pouvait y avoir quelque négligence à lui reprocher, on ne lui appliquait pas généralement toute la rigueur de la loi ; mais il était puni à l'arbitrage du juge.

L'ordonnance de 1670 avait encore apporté quelques améliorations à ce régime déjà fort perfectionné. Les dispositions les plus saillantes de l'ordonnance, sur ce point (tit. XIII), étaient relatives à la sûreté et à la propreté des prisons, à la tenue des registres d'écrou, aux communications des prisonniers avec les personnes du dehors, à la visite des prisons par les procureurs du roi et des seigneurs, aux gages des geôliers et guichetiers, à la condition des prisonniers pour dettes, aux frais de nourriture des prisonniers, et enfin à une foule de détails qu'il serait trop long d'énumérer. Disons seulement que le génie bureaucratique de notre époque n'a rien trouvé de mieux dans ses innombrables circulaires sur cet objet. Un arrêt de règlement du Parlement de Paris, du 1er septembre 1717, relatif aux prisons de son ressort, avait ajouté de nouvelles prescriptions aux règlements antérieurs, en sorte que la matière était à peu près épuisée. Malgré ces sages précautions, les prisons laissaient encore beaucoup à désirer à l'époque de la révolution, et il faut reconnaître que, si la législation était excellente, le régime n'en était pas meilleur.

Résumé.—Nous n'avons que de courtes réflexions à faire sur cet exposé des coutumes judiciaires de l'Artois, en matière d'instruction criminelle. Par ce qui vient d'être dit, il est facile de se convaincre du peu de garantie que l'accusé trouvait dans la législation existante. Les précautions insuffisantes prises contre l'arbitraire du juge permettaient les plus fâcheux abus: quand on le voulait, il n'y avait qu'un pas de l'accusation à la condamnation. C'est ce qui a fait dire à un philosophe du siècle dernier que si on lui imputait d'avoir volé les tours de Notre-Dame, il commencerait par prendre la fuite.

Valons-nous mieux aujourd'hui sous ce rapport? Poser cette question c'est la résoudre. Quoique notre système de répression criminelle laisse beaucoup à désirer, quoique des excès de pouvoir viennent encore trop souvent se glisser dans l'instruction, ainsi que l'ont prouvé des exemples récents (*a*), il est impossible de ne pas reconnaître que la codification de nos lois pénales, en créant une règle uniforme, a été un immense service rendu au pays. D'autre part, l'abolition de ces juridictions si diverses, et si mal définies, a permis de

(*a*) Affaire de la femme Dolze, condamnée pour parricide *sur son aveu*, et qui fut reconnue innocente. L'aveu avait été arraché à cette malheureuse par la torture du secret, et les interrogatoires du juge d'instruction. Voir sur cette affaire une lettre adressée au journal le *Temps*, par M. Odilon Barrot (août 1868).

simplifier considérablement les involutions de la procédure. Tout désormais se réduit à trois degrés de juridiction correspondant à trois degrés de culpabilité. De cette manière chaque affaire se renferme dans des limites qu'il ne lui est pas permis de franchir, et quand les choses ne se passent pas régulièrement, elles peuvent facilement être réformées. Il faut donc admettre que le problème si difficile de la conciliation des intérêts sociaux et du respect des accusés est en grande partie résolu, et que si les tours de Notre-Dame sont désormais assurées contre les voleurs, on est sûr aussi de ne pas être accusé de les avoir volées.

2e Section.

Délits et pénalités.

Le code pénal de l'Artois ressemblait à son code d'instruction criminelle : il n'existait que dans des lois et ordonnances spéciales, souvent contradictoires, et dans les usages des tribunaux. Cette manière de procéder devait ouvrir un libre champ à l'arbitraire ; en effet, les peines étaient le plus souvent infligées, comme il plaisait aux juges, plutôt que d'après des règles fixes et invariables. Pourtant en cela, comme dans toutes les autres matières judiciaires qui n'avaient pas été réglementées, certains usages avaient prévalu, et les jurisconsultes étaient parvenu à poser des principes à peu près uniformes, qui étaient généralement suivis.

Ainsi, on était d'accord pour établir trois catégories de peines : celles qui frappaient le condamné dans sa personne, celles qui le frappaient dans son honneur, et celles qui le frappaient dans ses biens. Les premières comprenaient la mort, l'amputation de quelque membre, la question, le fouet, la flétrissure, le carcan, etc.; les secondes, l'amende honorable et le blâme; et les troisièmes, la confiscation et les amendes.

Les peines étaient divisées en capitales, afflictives et infamantes. Par peines capitales on n'entendait pas seulement la peine de mort, on appliquait cette dénomination à tout ce qui retire à perpétuité la liberté ou le droit du citoyen. Ainsi le bannissement, les galères, la réclusion en un hôpital ou maison de force, quand ils étaient prononcés à perpétuité, étaient considérés comme peines capitales. Les peines afflictives étaient celles qui affligeaient le corps, et qu'on appelait plus particulièrement peines corporelles : telles étaient la question ou torture, le fouet, la flétrissure, le carcan et le pilori. Enfin les peines infamantes étaient celles qui affectaient le condamné dans son honneur et sa réputation : c'étaient l'amende honorable, le bannissement à temps, le blâme, l'amende en matière criminelle prononcée en dernier ressort.

Les peines infligées par les juges résultaient de la loi, de l'usage ou de leur propre appréciation. Ces dernières peines étaient dites arbitraires. Elles étaient appliquées à raison de la grandeur du méfait, et dépendaient du lieu, du temps, de la cause, de la quantité ou qualité du délit, de la personne, de l'état, du sexe, de la récidive, de la mauvaise volonté, et enfin de toutes les circonstances qui pouvaient augmenter ou amoindrir le fait. Souvent le législateur, en qualifiant un délit, s'abstenait de déterminer la peine qui devait le punir, et s'en rapportait au juge pour infliger une peine arbitraire : c'était une sorte d'abdication de la loi devant ses interprètes. Il en résultait les plus graves abus qui avaient frappé tous les bons esprits avant la Révolution. C'est à cette pratique vicieuse des peines arbitraires, et des peines fondées sur l'usage des tribunaux, que tous les essais de codification pénale tentés depuis 89 jusqu'à la législation qui nous régit, ont essayé de porter remède, et ce n'est pas le moindre bienfait des idées nouvelles d'avoir enfin indiqué aux juges comment ils doivent punir, et. aux coupables comment ils doivent être punis.

Avant la Révolution, les peines suivantes étaient encore en usage en France, et par conséquent en Artois : le feu, l'écartelage à quatre chevaux, la roue, la potence, la décapitation, la claie, la question, les galères, le bannissement, l'amputation du poing, de la lèvre ou de la langue, la langue percée d'un fer chaud, le fouet, la flétrissure, l'amende honorable, le pilori, le carcan, la réclusion à temps ou à perpétuité, la peine d'être mené dans les rues avec un chapeau de paille, le blâme, l'admonition, l'amende et l'aumône. On voit que les pénalités ne manquaient pas à la répression, et si les délits n'étaient pas moins fréquents, c'est qu'une législation sévère ne réussit pas toujours à empêcher le mal.

L'ordonnance de 1670, tit. XXV, art. 13, établit la gradation des peines dans l'ordre suivant : la mort, la question avec réserve de preuves, les galères à perpétuité, le bannissement perpétuel, la question sans réserve de preuves, les galères à temps, le fouet, l'amende honorable, le carcan, le pilori, le bannissement à temps, le blâme et l'admonition. Il y avait aussi différents degrés dans la peine de mort : ainsi la peine d'être brûlé vif était un plus grand supplice que d'être roué, et la roue était pire que la potence. A l'égard des personnes dites de condition honnête, on considérait la plus petite peine infamante comme plus grande qu'une peine corporelle, quelle qu'elle fût ; mais il n'en était pas de même à l'égard des personnes viles et de basse condition (a).

Les juges d'église infligeaient aussi des peines qui leur étaient particulières, et que l'on nommait peines canoniques, par exemple l'excommunication, la dégradation des ordres sacrés, la privation de bénéfice, la suspense et l'interdiction des fonctions ecclésiastiques, le jeûne au pain et à l'eau, etc. Les sièges ecclésiastiques pouvaient prononcer des peines, même contre les laïques ; mais ils ne pouvaient jamais infliger aucune peine afflictive ou infamante, même aux gens d'église.

La peine du feu n'avait lieu que pour crimes de magie, blasphèmes exécrables, hérésie, actes contre nature, inceste au premier degré et parricide. Le supplice de la roue était réservé aux voleurs de grands chemins, aux assassins et meurtriers par guet-apens, aux voleurs de nuit dans les maisons habitées, avec violence et mauvais traitements, aux valets pour meurtres de leurs maîtres, aux criminels de lèse majesté. Il paraît qu'on ne condamnait guère à expirer sur la roue ; on ordonnait com-

(a) Un règlement du Conseil d'Artois, du 28 juin 1757, avait fixé les salaires du bourreau pour l'exécution de ces différentes peines.

munément que le coupable serait étranglé sur la roue : les femmes n'étaient jamais condamnées à ce supplice. L'écartelage à quatre chevaux était réservé aux attentats contre la vie du souverain. On y ajoutait souvent d'autres peines pour en augmenter la rigueur. C'est ce qui a eu lieu, en 1594, contre Jean Châtel ; en 1610 contre Ravaillac, et en 1757 contre Damiens. La potence n'était guère infligée qu'aux roturiers : ce supplice était prononcé. pour crimes de simple homicide, fausse monnaie, banqueroute frauduleuse, rapt, supposition de part, faux par officiers publics dans leurs fonctions, vol avec effraction, vol domestique, assemblées illicites, séditions et émotions populaires. La décapitation ne se pratiquait que sur les nobles, dans les cas où les roturiers auraient été condamnés à la potence. Les galères à perpétuité étaient infligées principalement contre les crimes d'usure, de faux témoignage, de concussion, de récidive de vol ; elles étaient aussi le plus souvent réservées pour les crimes où l'accusé avait été appliqué à la question avec réserve de preuve, sans rien avouer. Cette peine emportait mort civile, et confiscation des biens ; les femmes n'y étaient jamais soumises : pour elles, les galères à perpétuité étaient commuées en réclusion perpétuelle dans une maison de force.

Le bannissement perpétuel (a) était semblable à la dé-

(a) Voir, au sujet du bannissement, les notes de Maillart sur l'art. 4 de la coutume. Il y avait un édit du roi d'Espagne, du 27 avril 1566, concernant les bannis et les exilés. Cet édit avait été enregistré en Artois. On bannissait aussi *sous peine de la hart.* Voir à cet égard un arrêt du Conseil d'Artois du 7 janvier 1733, confirmatif d'une sentence du bailliage d'Aire.

portation romaine ; il produisait à peu près les mêmes
effets, et se prononçait dans les mêmes cas. Les juges
des seigneurs ne pouvaient condamner à la peine du bannissement hors du royaume; ils avaient seulement le droit
de bannir hors de leur territoire (a). On connaît la résistance que l'échevinage d'Arras a toujours opposée au
droit que le souverain prétendait avoir de rappeler les
bannis. A son entrée à Arras, Louis XI reconnut solennellement ce privilége, en faisant retirer un archer banni
qui invoquait sa clémence. Mention de cette circonstance
fut même inscrite, en ces termes, sur la grosse cloche du
Beffroi, *Bannitis redditum non dedit ipse*, en parlant de
Louis XI (b).

Le supplice de la claie ne s'infligeait qu'aux cadavres
des criminels convaincus de lèse-majesté divine et humaine. La peine de la langue coupée ou serrée était prononcée contre les blasphémateurs du nom de Dieu,
de la sainte Vierge et des saints, lorsque les coupables étaient retombés plusieurs fois dans la même
faute. Il en était de même de la lèvre coupée ou fendue.
L'amputation du poing avait lieu pour crime de sacri-
lège énorme, par exemple, pour la profanation des
hosties et des vases sacrés : elle était aussi infligée dans
les cas de parricide, d'assassinat du mari ou de la

(a) Le Conseil d'Artois étendait le bannissement, même en dehors
de son ressort. Voir l'arrêt prononcé contre des gens du village de
Violaines accusés de vols : qui furent bannis non-seulement de la
province, mais aussi de la Flandre.

(b) Il n'y avait rupture de ban que quand on était pris dans l'infraction même de la peine. Les engagés au service militaire n'enfreignaient
pas leur ban lorsqu'ils étaient avec leur garnison.

femme, et quelquefois pour faux par personnes publiques.

La question était rangée parmi les peines corporelles, quoiqu'elle ne fût pas prononcée comme une pénalité, mais comme un moyen de découvrir la vérité. La flétrissure ou marque avec un fer chaud était souvent jointe à la peine du fouet, où à celle des galères. On l'appliquait principalement aux voleurs, afin de pouvoir les reconnaître et les punir plus sévèrement s'ils recommençaient. Le fouet accompagnait presque toujours la flétrissure et le bannissement à temps; il se prononçait contre les personnes viles et de basse extraction. Il était infligé *aux voleurs simples, aux filoux, coupeurs de bourse, et autres gens de cette espèce,* dit la déclaration du 4 mars 1724, art. 1er. Le carcan était quelquefois une peine principale, par exemple, à l'égard des monopoleurs, des colporteurs de livres défendus, des voleurs de raisins, des rouliers pour piquetage de vin, des·serviteurs pour insolence envers leurs maîtres : quelquefois il était joint au bannissement, comme dans le cas de polygamie, filouterie, banqueroute frauduleuse, etc. Le condamné au carcan (a) était exposé avec un écriteau pardevant et par derrière, sur lequel était indiqué le crime qui avait donné lieu·à la condamnation.

(a) Un seigneur de village, qui fait mettre un de ses vassaux au carcan, sans aucune formalité judiciaire, pouvait être poursuivi extraordinairement. C'est ce qui résulte d'une lettre du chancelier Lamoignon, en date du 21 décembre 1758, à M. Bataille, procureur-général du Conseil d'Artois, au sujet du sieur Boucquel, seigneur de Warlus qui avait fait mettre au carcan un de ses vassaux, et avait même aidé à l'y attacher.

La peine du pilori ne se prononçait guère que contre les banqueroutiers, et cela dans les villes où il y avait des piloris. Les galères à temps étaient infligées dans un grand nombre de cas, comme le faux ordinaire, la récidive de vol simple, l'infraction de ban, l'enlèvement de bornes, les vols d'église, les vols de récoltes, la mendicité avec menace et attroupements, le vagabondage, etc. La durée de cette peine était le plus communément de trois, cinq, six ou neuf années. L'art. 5 de la déclaration du roi, du 3 août 1764, enregistrée au Conseil d'Artois le 30 septembre 1768, fixe l'âge pour les galères de seize ans à soixante-dix.

La réclusion à temps s'appliquait aux femmes, pour remplacer les galères à temps. La peine d'être promené par les rues à cheval ou sur un âne était infligée aux femmes de mauvaise vie; on y joignait ordinairement le fouet et le bannissement. Le blâme était une réprimande prononcée contre l'accusé qui la recevait à genoux : le blâme était presque toujours accompagné d'une amende. L'admonition consistait aussi dans une réprimande; mais elle avait lieu dans la chambre du conseil, et elle ne présentait pas le même caractère de sévérité que le blâme. Les amendes étaient fréquemment prononcées; il serait trop long d'énumérer tous les faits pour lesquels elles étaient encourues. On peut même affirmer qu'autrefois il n'y avait pour ainsi dire pas de condamnation criminelle, sans qu'elle fût accompagnée d'une amende. L'aumône était aussi une peine pécuniaire qui s'infligeait pour des délits légers; elle était presque toujours appliquée à ceux qui avaient obtenu des lettres

de grâce ou de rémission : l'acquittement ne s'obtenait
qu'à cette condition.

On croit peut-être que cette longue énumération de
pénalités forme une liste complète de tous les moyens
de répression mis à la disposition des juges criminels; il
n'en est rien. A cet arsenal si bien fourni, il y avait de
vastes réserves, où l'on pouvait encore puiser à pleines
mains. Aussi, le juge prononçait, quand il le voulait, la
confiscation du corps, la pendaison sous les aisselles, la
condamnation de la mémoire du défunt, l'abscision des
oreilles ou des jarrets, l'authentication, l'amende honorable, les œuvres serviles, la dégradation de noblesse,
la présence à la potence, la privation ou la suspension
d'office, de bénéfice ou de privilége, l'obligation de
visiter les lieux saints, la suppression des libelles et
écrits par la main du bourreau, l'abstention de certains
lieux, le talion, le décret de prise de corps, etc. Et nous
ne parlons pas des peines particulières aux militaires,
dont quelques-unes étaient aussi ridicules que cruelles,
et de celles édictées contre les esclaves des colonies dont
la barbarie est restée proverbiale. Cet abus de répression prouve que le génie de l'homme est bien plus in-
ventif pour punir que pour récompenser. Ce devrait être
le contraire : si on avait trouvé plus de moyens d'en-
courager les bonnes actions on n'aurait peut-être pas
eu besoin d'imaginer tant de pénalités.

Après ces notions générales sur le système pénal appliqué anciennement, nous allons examiner chaque délit en
particulier, et voir comment il était poursuivi et réprimé.
Dans cette étude, nous nous attacherons surtout à rechercher la pratique des tribunaux de l'Artois, car, quoique

la législation criminelle eût fini par être à peu près uniforme dans toute la France, pourtant à une époque où l'unité était si mal comprise, il y avait des usages particuliers qui se perpétuaient dans le ressort de chaque juridiction. C'est ce qui était arrivé en Artois, dont le conseil provincial jugeait en dernier ressort au criminel, et où par conséquent on pouvait, jusqu'à un certain point, se soustraire à la règle générale.

CHAPITRE Ier.

LÈSE-MAJESTÉ DIVINE ET HUMAINE.

Le premier crime que nous rencontrons est celui de lèse-majesté divine et humaine. Dans un temps où l'État prenait fait et cause pour la religion, et où la religion couvrait l'État de sa protection, ce crime devait passer pour le plus grave de tous. C'est pour cela que Desmazures nous dit : « Toutes les méchancetez, parri-« cides, incestes, empoisonnemens, meurtres, et aultres, « ne sont pas sy grands ni sy répréhensibles, à beau-« coup près que les blasphèmes. »

Le crime de lèse-majesté divine atteignait tous ceux qui niaient l'existence de Dieu, ou qui attentaient directement contre la divinité, comme quand on profanait ou qu'on foulait aux pieds les hosties, ou qu'on frappait les images de Dieu, dans le dessein de l'insulter. Etaient aussi coupables de ce crime, ceux qui se révoltaient contre Dieu, et qui le renonçaient pour se donner au diable. Les sorciers et les magiciens étaient compris dans cette catégorie, ainsi que ceux qui offensaient la Divinité par des jurements (a).

En Artois, de nombreuses ordonnances avaient été rendues contre les blasphémateurs, et enfin on s'était arrêté au système suivant. Pour la première fois, le coupable était condamné à l'amende et à la réparation honorable avec ou sans torche allumée : l'exécuteur des hautes œuvres devait le promener par les rues avec un écriteau sur lequel était écrit ce mot : *Blasphémateur*. En cas de récidive, le coupable avait la langue percée d'un fer rouge, et était condamné à la prison pour tel temps que le juge voulait. Après l'expiration de cette peine, il arrivait souvent qu'il était banni à longues années. Dans des cas rares, il est vrai, la mort fut même prononcée contre les blasphémateurs, c'est ce qui fut ordonnné en 1629, par sentence du Conseil d'Artois, contre un brasseur nommé Pépin qui fut brûlé vif, après avoir eu la langue coupée. L'arrètiste, qui rapporte cette sentence, dit qu'elle fut rendue « encores qu'auparavant le cou- « pable fût tombé en quelques altérations et trouble- « mens d'esprit. On peut se demander ce qu'on lui

(a) Violation de sépulture est cas royal et non prévôtal. (Arrêt du Conseil d'Artois, du 26 mars 1724. Dans l'espèce dont il s'agit, une sépulture avait été violée, afin de couper la main gauche à une femme récemment enterrée. On croyait anciennement, en Artois, que c'était un talisman pour endormir les personnes chez lesquelles on voulait voler ou mal faire. Mabille dit qu'il a vu une main d'enfant trouvée à cet effet dans la poche d'un accusé.

aurait fait s'il eût joui de la plénitude de sa raison (a).
Ces traitements barbares paraissent bien loin de nous, et
bien contraires à nos mœurs : pourtant il ne faut pas
oublier qu'il n'y a pas si longtemps qu'on a voulu rétablir la loi du sacrilége (b).

Le crime de lèse-majesté humaine était de deux chefs.
Au premier chef, il comprenait les attentats contre la
vie du souverain, de ses enfants ou de sa postérité (c),
les conspirations, machinations ou entreprises contre
l'État, les ligues, associations ou enrôlements contraires
à la sûreté publique, les révoltes ou soulèvements,
l'excitation à la rébellion (d), les intelligences avec les

(a) Par arrêt du Conseil d'Artois du 2 septembre 1551, Allard de
Wailly fut condamné, comme blasphémateur, à avoir la langue percée
d'un fer rou;e sur un échafaud, et à la prison au pain et à l'eau.

(b) Le Conseil d'Artois se montra toujours fort sévère en matière
d'hérésie. Voici, à cet égard, le texte d'un arrêt rendu le 4 juillet
1684, contre Pierre et Gaspard Leclercq, demeurant à Pernes, et
Marie Boursy, Philippe et Pierre Evain, demeurant à Floringhem :
« La cour les déclare présomptivement atteints et convaincus, tant par
« leurs discours scandaleux, libertins et contraires à la véritrble reli-
« gion, que par leurs actions, d'être hérétiques, nommément lesdits
« Leclercq, pour avoir entretenu des correspondances avec un sieur
« Flament, de la religion réformée; Pierre Evain, pour avoir été
« trouvé nanti d'un livre hérétique, et la femme Boursy, pour n'avoir
« eu aucune révérence au Très-Saint-Sacrement. En conséquence,
« les condamne au bannissement à perpétuité, et à faire réparation
« honorable avec feu et amende.

(c) Déclaration de Villers-Cotterets, du 10 août 1539.

(d) En cas de crime de lèse-majesté, pour émotions populaires,
assemblées illicites et autres de nature à troubler la paix publique,
les cours supérieures étaient autorisées à juger en première et
deuxième instance. (Lettres du chancelier Lamoignon, du 20 décembre
1757, à M. de Brioís, premier président du Conseil d'Artois).

ennemis du roi, la trahison de concert avec l'étranger, la non révélation de complot ou d'espionnage, l'évasion des personnes données en otage, la conspiration ou la distribution de libelles contre l'État ou contre le service du roi, enfin, la propagation de nouvelles alarmantes, dans un camp ou dans une ville assiégée. Au second chef, étaient coupables du crime de lèse-majesté humaine, les déserteurs avec sortie du royaume, ceux qui refusaient d'obéir aux ordres du souverain, ceux qui appelaient du roi au pape ou à l'empereur, les astrologues et autres tireurs d'horoscopes, qui employaient leur science pour savoir combien de temps le prince avait encore à vivre, les infracteurs des sauve-gardes ou saufs-conduits, ceux qui refusaient de payer les impôts, ceux qui faisaient la guerre sans la permission du roi, ceux qui s'assemblaient pour délibérer sur les affaires de l'État, ceux qui faisaient des levées ou enrôlements de gens de guerre, ceux qui fortifiaient des villes sans l'ordre du roi, ceux qui levaient des impôts, et touchaient les finances de l'Etat, sans un pouvoir exprès, ceux qui fabriquaient de la fausse monnaie ou contrefaisaient le sceau royal, ceux qui s'ingéraient dans les fonctions publiques, ceux qui troublaient la juridiction du prince, ceux qui injuriaient ou offensaient les envoyés du prince, ainsi que les juges et officiers de justice dans l'exercice de leurs fonctions, ceux qui sortaient du royaume pour passer en pays ennemi, ceux qui transportaient des espèces d'or ou d'argent, ainsi que des blés, farines et autres grains hors du royaume, sans y être autorisés (a), enfin ceux qui faisaient commerce

(a) La déclaration du roi, du 4 mars 1724, considérait la contre-

avec les étrangers en guerre contre l'Etat (a). Il est facile de voir que sur la plupart de ces points, les idées n'ont pas beaucoup varié, et que ce qui était puni autrefois des peines les plus sévères est encore considéré aujourd'hui comme coupable au plus haut degré.

L'Artois, ainsi qu'on le pense bien, n'était pas resté en arrière dans l'application de la législation relative aux crimes de lèse-majesté humaine. Ainsi, un seigneur de Renty fut pendu pour avoir vendu son château à l'ennemi ; sa tête fut ensuite coupée et attachée à la principale porte du château. En 1633, un bourgeois de Cambrai fut condamné à être pendu et étranglé à Arras, pour avoir été seulement présent dans une réunion où il s'était agi d'un complot contre la sûreté de l'Etat. Parmi les procès célèbres pour crime de lèse-majesté humaine, qui eurent l'Artois pour théâtre, on peut citer celui des *Patriots*, en 1578. Ce procès, qui coûta la vie à l'illustre Gosson, eut cela de remarquable, que les condamnés ne furent pas déclarés coupables de lèse-majesté : Desmazures croit que c'était afin d'éviter un conflit à l'occasion de la confiscation des biens, dont la ville d'Arras se prétendait exempte à cette époque.

L'espionnage était aussi puni des peines les plus sé-

bande comme cas de lèse-majesté, et la punissait de mort ; mais le Conseil d'Artois avait coutume de ne prononcer contre les contrebandiers que les galères à temps ou à perpétuité. C'est ce qui avait été décidé le 8 décembre 1751, dans une affaire qui avait eu un certain retentissement, et qu'on avait appelée l'affaire du pot-au-feu et de la blanque soupe.

(a) Le duel était aussi considéré comme crime de lèse-majesté au second chef.

vères, par le Conseil d'Artois. Aussi, au mois de juillet 1635, ce Conseil condamna à périr par la corde, un malheureux paysan de Neufvillette, pour avoir, par l'ordre du gouverneur de Doullens, été reconnaître les positions de l'armée française.

Des règles tout à fait exceptionnelles avaient prévalu dans la poursuite et la punition des crimes de lèse-majesté. Il semble qu'on ait voulu accumuler toutes les rigueurs dans ces circonstances où le sang-froid fait trop souvent défaut aux gouvernements. Nous ne parlerons pas des mesures quelquefois atroces qu'on avait coutume d'employer dans la répression de ces sortes de crimes, et qui peuvent passer pour des accès de colère, dont les tribunaux ne savent pas toujours se garantir ; mais nous rappellerons qu'en pareille matière tous les criminalistes s'accordaient à reconnaître que le fils pouvait être admis à dénoncer son père et le père son fils, qu'on ne devait jamais accorder de conseil à l'accusé, qu'il n'y avait pas de prescription contre ce crime, qu'il se poursuivait contre le cadavre, ou la mémoire du coupable (a), qu'il n'était pas permis d'intercéder en faveur de pareils criminels, qu'on pouvait se contenter, pour la condamnation, de preuves incomplètes et de témoignages suspects en tous autres cas, que les dénonciateurs convaincus de fausseté n'étaient point passibles de dommages-intérêts, qu'enfin toute personne, de quelqu'âge,

(a) Le crime de lèse-majesté ne s'éteignant pas par la mort, était souvent poursuivi contre la mémoire du défunt, à l'effet de prononcer la confiscation des biens au profit du fisc. C'est ce qui arriva, en 1635, contre Carondelet, sieur de Noyelles, gouverneur de la ville de Bouchain.

qualité, condition ou dignité qu'elle fût, pouvait être appliquée à la question, quand il s'agissait du salut du roi ou de l'État. Avec de tels principes, la défense devenait à peu près impossible ; aussi, en France comme à Rome, quand on voulait perdre quelqu'un, il suffisait de l'accuser du crime de lèse-majesté.

CHAPITRE II.

FAUSSE MONNAIE.

Le crime de fausse monnaie (a) était puni dans l'ancien droit, moins à cause du trouble qu'il apporte dans les transactions sociales, qu'à cause de l'offense qu'il faisait à la personne du souverain : c'est pour cela qu'il était considéré comme un cas de lèse-majesté. Un placard de 1628 avait édicté, en Artois, les peines applicables au crime de fausse monnaie : ces peines n'étaient rien moins que l'eau ou l'huile bouillante. Elles atteignaient aussi *les rongneurs et aultres quy les auront*

(a) Le cours de la monnaie a toujours été, à Arras, depuis la réunion de cette ville à la France, le même que dans le reste du royaume. (Actes de notoriété des 1er août 1673 et 23 avril 1693). Le Conseil d'Artois avait aussi fait différents règlements sur la monnaie, en date des 17 août 1650, 1er octobre 1661, 13 août 1665, 20 juillet 1668, 17 août 1668, 18 juin 1669, 11 août 1672.

Par arrêt du Conseil d'État et lettres patentes du 5 avril 1769, les monnaies de cuivre ne devaient être données et reçues qu'à découvert, et non pas en paquets et en sacs. Elles ne pouvaient entrer en paiement pour plus de six livres.

tainctes, lavées d'eau forte, jecté en sable ou diminué par ciment ou en aultre manière. Ce placard, il est vrai, n'était pas observé à la lettre, mais ce qu'on y substituait ne valait guère mieux. En effet, l'usage du Conseil d'Artois était de condamner les faux monnayeurs à la potence, en leur mettant au cou un collier de pièces fausses, par eux forgées. C'est ce qui eut lieu, en 1626, à l'égard de deux frères nommés Phiron, natifs de la ville de Cambrai, et quelques années auparavant, à l'égard d'un orfèvre, demeurant à Aire. La femme et la fille de cet orfèvre, convaincues d'avoir *eschellé les pièces* furent condamnées à être présentes au supplice, et ensuite à être battues de verges et bannies du territoire de la province. On citait encore un filtier de la cité d'Arras et sa femme, qui furent pendus le 28 février 1590, pour avoir rogné des monnaies. Enfin, par arrêt du 13 février 1716, Guillemy, dit Bourbonnais, soldat au régiment de Barklay, irlandais, fut déclaré dûment atteint et convaincu d'avoir sciemment donné en paiement deux écus faux, et véhémentement suspecté d'avoir fourni l'étain dont ces deux écus et un troisième étaient composés : pour réparation de quoi, il fut condamné aux galères perpétuelles, après avoir été préalablement flétri de la marque ; ses biens confisqués.

Un placard du 21 mai 1618, ordonnait, art. 39, que toutes les confiscations et amendes prononcées pour fausse monnaie, seraient appliquées, un tiers au profit du roi, un tiers à l'officier chargé de la poursuite, et un tiers au dénonciateur. Il paraît que pendant longtemps les juges du Conseil d'Artois avaient disputé aux officiers du ministère public le tiers attribué par le placard aux gens de justice, mais le ministère public était sorti victorieux de cette lutte.

Les criminalistes de l'Artois étaient fort embarrassés pour savoir comment on devait traiter les marchands qui se livraient au commerce des monnaies, et qui en faisaient quelquefois monter la valeur, au grand détriment du public. Il paraît que cette manœuvre était une véritable calamité dans un pays et dans un temps où les saines doctrines de l'économie sociale étaient si peu connues. La législation n'avait pas prévu ce cas, et on ne croyait pas pouvoir lui appliquer les peines de fausse monnaie. Aussi on avait eu recours aux docteurs de la faculté de théologie de Louvain, qui, dans une thèse longuement développée, avaient décidé, en 1634, que la conscience ne devait pas permettre un pareil trafic, et que celui qui s'en rendait coupable encourait certainement la colère divine. Nous aimons à croire que cette décision théologique aura suffi pour arrêter le mal.

Le transport des monnaies hors du territoire de l'Artois avait été prohibé par un placard de Philippe IV; mais la réunion de l'Artois à la France rendit ce placard inutile, du moins en ce qui concernait l'Espagne, car il fut retourné contre elle, et on s'en servit pour punir ceux qui exportaient du numéraire hors des provinces devenues françaises.

En terminant ce sujet, nous rappellerons qu'en 1624 Arras fut doté d'un hôtel des monnaies, et que les officiers de cet hôtel reçurent les mêmes droits et privilèges que ceux dont ils avaient joui sous les comtes de Flandre. Ainsi ils étaient exempts, eux et leurs enfants, de toute imposition, taille et gabelle, ainsi que de guet et garde. De plus ils n'étaient responsables que devant les maitres de la monnaie, sauf en trois cas : meurtre, rapt et larcin.

CHAPITRE III.

SORCELLERIE.

Presque tout le monde croyait autrefois aux sorciers et à la magie, ce qui n'empêchait pas les lois de sévir avec la dernière rigueur contre ceux qui se livraient à ces manœuvres plus ridicules que criminelles. En Artois, la peine ordinaire contre les sorciers était le feu. Néanmoins il était recommandé par tous les auteurs de procéder en semblable matière avec la plus grande circonspection. « On ne doit condamner, dit Desmazures, que « quand l'accusé est convaincu d'avoir eu part avecq le « diable, par une négation de sa foy et relligion chres- « tienne, luy faisant hommage et révérence, et promec- « tant fidélité, d'avoir adsisté aux sacrifices nocturnes « avecq les aultres sorciers, et y faict les vilenies quy « s'y practiquent. »

La sorcellerie paraît avoir été particulièrement en honneur dans l'ancienne province d'Artois. Pour s'en convaincre, il suffit de se rappeler le procès fameux de Robert d'Artois, en 1331, dans lequel furent révélés de nombreux faits de sorcellerie, et celui de 1459 où il fut constaté qu'un grand nombre d'habitants d'Arras avaient l'habitude de se transporter pendant la nuit au sabbat, et de s'y abandonner à toutes sortes de déréglements, avec de prétendus diables qui n'étaient probablement que d'adroits fripons. Plaignons nos pères d'avoir pu tomber dans de pareilles erreurs, et sachons gré au progrès des lumières qui les a rendues impossibles (a).

Le mal était si grand, que l'archiduc Albert fut obligé, en 1606, d'avoir recours aux plus célèbres jurisconsultes de l'Artois pour rédiger un édit relatif aux sorciers. Le Conseil d'Artois dut aussi s'occuper spécialement de cette matière, et, par lettres closes, il prescrivit aux juridictions inférieures les règles à suivre pour les cas de sorcellerie. Ce qu'il y a de bien remarquable, c'est qu'il recommande expressément aux magistrats chargés de la poursuite de ces faits, de prendre le conseil de commissions spéciales instituées à Arras et à St-Omer, et composées de conseillers et mayeurs, et de plusieurs avocats dont les noms sont indiqués. Parmi ces noms, nous remarquons, à Arras, ceux de Cardevacque, de Gosson l'ainé, de Delattre et de Crépieux; et à St-Omer, ceux de Castelain, Aubron et Carré. La malheureuse manie de sorcellerie allait même si loin à cette époque, que les enfants en étaient atteints. Ainsi nous voyons le même archiduc Albert répondre, le 31 juillet 1612, aux officiers de la baronie d'Inchy, qui lui demandaient ce qu'ils devaient faire

(a) Mallebranche a dit : « il n'y a rien de plus terrible, ni qui « effraye davantage l'esprit, ou qui produise dans le cerveau des ver- « tiges plus profonds, que l'idée d'une puissance invisible, qui ne « pense qu'à nous nuire, et à laquelle on ne peut résister.

à l'égard de deux enfants, l'un de dix ans, l'autre de huit, convaincus du crime de sortilége, que vu l'âge des coupables, il n'y avait pas à les mettre à mort, mais qu'il fallait les garder en prison après les avoir fustigés de verges. Cette décision fut même convertie plus tard en ordonnance, prescrivant aux gouvernances et bailliages d'avoir une maison pour y déposer les enfants condamnés pour sorcellerie, « en y commettant un geôlier, et où ils seraient souvent rethensez. »

Les lois ne s'étaient pas bornées à poursuivre les sorciers, elles s'étaient aussi montrées fort sévères contre les diseurs de bonne aventure, charlatans et autres gens de cette espèce. Un placard du 8 août 1608, défend de prédire l'avenir sous peine de bannissement (a). Jusque là, il n'y a vraiment rien à dire, mais la même peine s'applique à ceux qui vont consulter les devins : c'est vraiment pousser trop loin la répression, et à ce compte il y aurait eu bien des bannis, même de nos jours (b). D'autres placards concernent *les noueurs d'esguillettes et porteurs de hault noms.* La peine à leur infliger était

(a) Par arrêt du Conseil d'Artois, du 18 mars 1768, un nommé Flament, du village de Mingoval, fut condamné à être appliqué au carcan pendant deux heures, en la ville de Béthune, avec un écriteau portant ces mots : *Devin et imposteur,* et au bannissement pour trois ans, pour s'être donné comme guérissant les maladies, et ayant le secret de faire retrouver les objets perdus.

(b) Le Conseil d'Artois crut même pouvoir surveiller la manière dont les médecins traitaient leurs clients. Ainsi, le 24 mars 1758, il décida qu'une visite serait faite chez un médecin, et qu'on examinerait si une certaine drogue, qu'il avait coutume d'administrer à ses malades, pouvait être nuisible à ceux qui la prenaient.

laissée à l'arbitraire des juges. La superstition était également punie de peines graves. Ainsi, le 12 septembre 1690, le Conseil d'Artois rendit un arrêt qui condamna un prêtre nommé Jean Rozeau à faire amende honorable, et à quinze ans de bannissement, pour s'être rendu coupable de superstition, et avoir abusé des prières de l'Eglise. La sévérité de toutes ces mesures n'arrêta pas les progrès du mal, car, en 1633, nous voyons encore une femme Crespin, du village de Quiéry, brûlée vive pour être allée au sabbat, et y avoir reçu du diable des poudres destinées à faire mourir les bestiaux.

Mais, ce qu'il y a de plus triste à dire, ce n'étaient pas seulement des gens grossiers et ignorants qui ajoutaient foi à de pareilles absurdités. Les hommes éclairés ne pouvaient se dépouiller entièrement des préjugés vulgaires, et les compagnies judiciaires sévissaient d'autant plus rigoureusement contre la sorcellerie que la plupart de leurs membres étaient persuadés que le diable pouvait faire des sorciers. Ainsi, sous Louis XIII, les tribunaux examinaient encore sérieusement si le commerce avec le démon avait eu lieu par incubation ou par subcubation, et Desmazures, un président au Conseil d'Artois, un juriconsulte ordinairement fort judicieux, nous dit avec le plus grand sang-froid, qu'il a vu des femmes marquées d'un sceau particulier prouvant clairement qu'elles avaient eu des rapports avec l'enfer. Faut-il s'étonner qu'il y eût tant de sorciers, quand il y avait tant de crédulité ?

CHAPITRE IV.

HOMICIDE.

L'homicide a de tout temps attiré l'attention des législateurs ; il est même à présumer que c'est le meurtre qui a donné naissance aux premières lois pénales. Sous ce rapport, l'Artois n'était pas resté en arrière, et sa législation remonte même à la charte octroyée au mois de mars 1268, par Robert d'Artois, à la ville d'Arras. L'article cinq de cette charte est ainsi conçu : *Quicumque burgensis alium burgensem occiderit scienter, sive intra villam sive extra, caput pro capite perdet* (a). D'après les usages du pays, dès qu'un meurtre avait été commis, l'officier du lieu devait faire une prompte information, et la tenir secrète jusqu'à ce qu'il fût requis de l'exhiber en justice. Faute par lui de se livrer à cette information, il pouvait être puni d'une peine arbitraire. Il devait de plus faire appréhender le coupable, afin qu'il ne pût se dérober aux poursuites. S'il était impossible de le saisir, on devait au moins mettre la main sur tous ses biens existant dans la limite de la juridiction, et en faire dresser un inventaire exact. Les infractions à ces prescriptions pouvaient entraîner la perte de l'emploi, outre la peine dont nous venons de parler.

(a) Ainsi, la peine de l'homicide simple était primitivement en Artois le supplice par l'épée ; ce ne fut que postérieurement qu'on y ajouta ce raffinement de cruauté qui accompagnait trop souvent les exécutions. (Voir les placards des 20 octobre 1541, et 30 janvier 1545).

Il était aussi admis qu'en cas d'homicide, les diverses provinces du royaume se devaient réciproquement l'extradition des coupables, et que les informations dressées dans l'une, servaient dans toutes les autres. Il existait à Arras une singulière coutume en matière d'homicide : si le blessé survivait pendant trente jours, le coupable ne pouvait plus être poursuivi. C'est ce qu'on appelait un privilége : dans tous les cas, il était peu favorable aux honnêtes gens (a). Lorsque le meurtre avait eu lieu dans une rixe, à laquelle plusieurs personnes avaient pris part, sans qu'on pût reconnaître le véritable auteur du crime, tous ceux qui y avaient concouru étaient punis de la peine du bannissement et de l'amende honorable. On avait même été jusqu'à prétendre que, dans le cas de meurtre, on devait frapper le coupable avec le même instrument dont il s'était servi pour commettre son crime. Aussi un arrêt du Conseil d'Artois, rendu en 1732, avait ordonné qu'un assassin recevrait sur la tête les coups de la même cognée avec laquelle il avait accompli son assassinat. Mais tous les auteurs s'élevaient contre l'inhumanité d'un pareil châtiment, et il ne paraît pas que le Conseil d'Artois ait persévéré dans cette jurisprudence.

C'était une grande question entre les auteurs, de savoir si le meurtre, qui n'avait pas occasionné la mort, par suite de circonstances indépendantes de la volonté du meurtrier, devait entraîner la peine de mort. La jurisprudence du Conseil d'Artois avait plusieurs fois varié

(a) Il y avait pourtant lieu à une peine extraordinaire avec amende de soixante sols parisis, au profit de la partie lésée.

sur ce point. Ainsi, après avoir consulté plusieurs jurisconsultes éminents de l'époque, cette cour souveraine
n'avait pas condamné à la peine de mort un oncle qui
avait administré de l'arsenic à son neveu pour s'emparer
de son héritage, l'empoisonnement ayant manqué,
parce que le neveu s'en était aperçu, et avait pris des
remèdes qui lui avaient sauvé la vie. Une autre fois, au
contraire, en 1609, le Conseil d'Artois confirma une sentence de l'échevinage d'Arras, condamnant à mort un
individu qui s'était introduit dans la maison d'un cui-
sinier nommé Maugart, et avait cherché à lui couper
la gorge pendant qu'il dormait, sans que les blessures
eussent produit la mort (a).

Un des procès criminels pour homicide qui paraissent
avoir laissé le plus de souvenir en Artois, est celui qui
fut intenté en 1756, à un nommé Sauvage, de Mercatel.
Ce procès, rapporté avec détail par Mabille, peut donner
une idée de la manière dont les procès en homicide
étaient anciennement poursuivis et jugés. Plusieurs in-
cendies ayant eu lieu à Mercatel, Sauvage fut arrêté par
ordre du procureur du roi de la gouvernance d'Arras,
comme en étant l'auteur. Pendant que cette affaire s'ins-
truisait, on découvrit que les trois femmes de Sauvage,
dont il s'était assuré la succession, étaient mortes dans
des circonstances étranges : en conséquence, une action
d'homicide fut jointe à celle d'incendie. Les officiers de
la gouvernance, après avoir appelé Mᵉˢ Stoupy, Develle

(a) Un placard de 1616 punissait de mort et de la confiscation ceux qui
tuaient quelqu'un avec des armes à feu, quoique le coup fut parti par
accident, et que ce fût pour la première fois. Il est à présumer que ce
placard n'était pas suivi à la lettre.

et Brunel, avocats, pour juger avec eux, condamnèrent
Sauvage à faire amende honorable devant le portail de
la Madeleine, tête nue, en chemise, et pieds nus, avec
écriteau devant et derrière portant ces mots : *Parricide
avec poison*, tenant en main une torche du poids de deux
livres, et de là, être conduit dans un tombereau, sur la
petite place, vis à vis de la maison rouge, et y être, sur
un échafaud, rompu vif, y rester exposé pendant deux
heures, après lesquelles il lui serait donné trois coups
sur l'estomac, et serait immédiatement après étranglé,
et son corps jeté au feu et ses cendres au vent, ses biens
confisqués, préalablement pris sur eux une amende
envers le roi, et cent livres pour être employées en
prières pour le repos des âmes de ses victimes. A la
lecture de cette sentence, Sauvage déclara qu'il appelait.
L'affaire fut donc portée au Conseil d'Artois, qui ordonna
un supplément d'instruction, notamment pour entendre
des médecins. Ceux-ci reconnurent qu'il y avait eu empoisonnement, et que tout semblait indiquer qu'il avait été
produit par l'arsenic. En conséquence, le Conseil d'Artois rendit, le 24 mai 1757, un arrêt confirmatif de la
première sentence. L'exécution eut lieu, non pas sur la
petite place, comme l'avait ordonné la gouvernance,
mais sur la grande. Le condamné fut conduit au supplice
à deux heures et demie de l'après midi, accompagné du
père Glapion, jésuite. Alors, comme aujourd'hui, une
foule immense se pressait pour jouir de ce triste spectacle. Sauvage subit sa peine avec assez de courage, et
ne cessa de protester de son innocence. Le narrateur
ajoute que les officiers de la gouvernance avaient pris
une chambre dans la maison de la dame Pottier-De-

mailly, pour assister à l'exécution, et qu'ils avaient fait mettre un grand tapis bleu à la fenêtre.

On reconnaissait, en Artois, comme dans tous les pays civilisés, des meurtres excusables, et en premier ordre, celui qui avait lieu dans le cas de légitime défense. Pour qu'il y eût légitime défense, les docteurs exigeaient ordinairement trois circonstances : la manière, le temps et la cause. On ne pouvait faire valoir cette excuse qu'autant qu'on s'était préalablement constitué prisonnier ; après quoi le Conseil d'Artois prononçait l'élargissement, s'il n'y avait lieu qu'à des dommages-intérêts. L'homicide commis pendant l'ivresse était puni des peines ordinaires ; mais on y ajoutait un jeûne de quarante jours au pain et à l'eau pour l'ivrognerie.

CHAPITRE V.

PARRICIDE.

La question des meurtres avec circonstances particulières, tels que le parricide et l'infanticide, avait été l'objet d'un examen approfondi de la part des criminalistes de l'Artois. Tous étaient d'avis, qu'à l'égard du parricide, on ne devait plus lui appliquer la peine du droit romain, qui consistait à coudre le coupable dans un sac de cuir avec un chien, un coq, un singe et une vipère, et à le jeter ainsi à l'eau : il est même douteux que cette peine ait jamais été appliquée en Artois. Mais on ne s'entendait pas sur l'aggravation de supplice qu'il convenait d'infliger pour un crime aussi atroce. Les auteurs variaient entre la roue et la mort par le feu; tous recommandaient la mutilation du poing. Il paraît qu'il n'y avait pas de règle fixe à cet égard, et que le Conseil d'Artois se montrait plus ou moins sévère, suivant les circonstances (a). La même chose existait dans toute la France (JOUSSE, partie 4, titre XXXIX, n° 8). On comprenait sous le nom de parricides, le gendre et la bru, ainsi que le beau-fils et la belle-fille, qui tuaient leur beau-père ou leur belle-mère. Le meurtre de l'aïeul et aïeule, ou de tout autre ascendant, était aussi considéré comme un parricide.

Citons un exemple de parricide qui eut lieu en Artois. Le 10 avril 1750, vers les dix heures et demie du soir, arriva la mort de Louis Lejosne, du village de Bugny. Des soupçons s'étaient élevés contre un de ses fils, nommé Blaise; on l'arrêta, et après information, il fut établi qu'il avait tué son père d'un coup d'épée, pendant une dispute. Suivant sentence du bailliage de Bapaume, confirmée au Conseil d'Artois, Blaise Lejosne fut condamné à être pendu. Mabille fait observer que si le parricide avait été exécuté de dessein prémédité, le coupable aurait été roué vif.

(a) « Le parricide, dit Mabille, pris dans sa propre signification, « c'est-à-dire commis en la personne des ascendants et descendants, « doit toujours être puni de la roue; mais quand il est commis en la « personne de collatéraux, même de frères, la peine dépend des cir- « constances : celle ordinaire est la corde.

CHAPITRE VI.

INFANTICIDE.

Les peines de l'infanticide étaient moins sujettes à discussion, en Artois, que celle du parricide. La mère, qui avait donné la mort à son enfant, était *trainée sur la claie jusqu'aux lieux patibulaires, et là elle était pendue et étranglée jusqu'à ce que mort s'ensuive.* Cette peine fut appliquée, notamment le 8 juin 1634, au bailliage de Bapaume, à l'égard d'Antoinette de Bullecourt, qui avait coupé le cou à son enfant avec une faucille, au moment de la naissance. Si l'enfant n'avait pas vécu, on décidait que la mère devait également encourir une punition : elle était fustigée, ou bien elle devait faire amende honorable avec une torche ardente ; presque toujours on lui imposait un pèlerinage en quelque lieu pieux. Il y a un jugement en ce sens du bailliage de Lillers, en 1634.

L'avortement était puni des peines de l'infanticide, *si le fruit était animé,* c'est-à-dire si l'avortement avait eu lieu quarante jours après la conception. Le crime d'avortement n'entraînait que le bannissement ou la réparation honorable, si la personne qui l'avait commis était de haute condition. « Au reste, dit un commentateur, c'est « un crime peu recherché aujourd'huy, pour les couver- « tures et palliations dont les bonnes dames couvrent « leurs lubricitez (a).

(a) L'exposition des enfants entraînait la peine capitale, si les enfants étaient morts par suite de cette exposition.

Nous trouvons dans les pratiques du Conseil d'Artois un usage qu'on ne peut qu'approuver. Cette cour punissait les parents, lorsque leurs enfants périssaient en bas âge, par quelques accidents que des précautions auraient pu éviter. Un auteur dit, avec raison à ce sujet, que « ce « n'est pas seulement du devoir des père et mère de « nourrir leurs enfants , mais aussi d'avoir soin d'eux « jusqu'à l'âge de sept ans, les garder du feu, de l'eau « et des bestiaux. » Enfin la sollicitude des magistrats s'étendait jusqu'aux soins que les nourrices doivent prendre des enfants qui leur sont confiés : s'il leur arrivait de les étouffer en leur donnant le sein, elles étaient punies de bannissement, réparation honorable, et pèlerinage en quelque lieu fréquenté.

CHAPITRE VII.

INCENDIE.

Le crime d'incendie, qui dénote autant de lâcheté que de perversité dans ceux qui le commettent, est surtout fréquent chez les gens de la campagne. L'Artois y a malheureusement été trop souvent exposé. Aussi des placards des 1er février 1539, et 18 septembre 1592 avaient prononcé les peines les plus sévères contre les incendiaires (a). Ces peines étaient d'être brûlé

(a) Un placard du 1er février 1509, porte ce qui suit : *Semblablement voulons et commandons que tous boute-feux ou menaçans de brûler,*

vif (a) Elles atteignaient non-seulement le fait d'incendie, mais même les simples menaces.

Le crime d'incendie pouvait être prouvé au moyen de circonstances laissées à l'appréciation des juges, sans qu'il fût besoin d'une certitude complète. Dans certains cas, il a même suffi, pour être condamné, d'avoir été vu sur les lieux du crime avec des matières inflammables : c'est pour cette raison qu'un arrêt du Conseil d'Artois de 1636, condamna un nommé Hannenin, du faubourg Saint-Sauveur, près Arras, accusé d'avoir mis le feu à la maison de son voisin.

Quant aux menaces, on comprend que les avis étaient fort partagés pour savoir quelles sont celles qui doivent entraîner une peine aussi grave que celle qu'on infligeait aux incendiaires. On voulait généralement que ces menaces fussent sérieuses, et non le résultat de propos inconsidérés : on en donnait même de nombreux exemples. Nous ne les citerons pas tous ; nous nous bornerons à dire que ces simples mots : *je te réchaufferai*, ont été considérés, par l'échevinage de Béthune, comme une menace d'incendie, et ont coûté la vie, en 1629, à un

---

pilleurs et détrousseurs de chemins soient appréhendés et corporellement exécutés par le feu.

(a) L'incendiaire devait toujours être condamné au feu, quand même l'incendie n'aurait pas été mis de propos délibéré, mais par occasion. Il paraît pourtant que les magistrats de l'Artois avaient quelque répugnance à condamner les incendiaires au feu, car le 13 mai 1739, nous voyons M. Bataille, procureur général, consulter pour cette question l'illustre d'Aguesseau qui lui fait cette réponse laconique .
« Comme il paraît que vous êtes suffisamment autorisé, à condamner
« au feu les incendiaires, vous pouvez continuer de requérir cette
« peine contre ceux qui sont convaincus d'un crime aussi grave. »

nommé Philippe de Rasine. Il est vrai que ceux-ci : *je t'éclairerai*, ou *n'as-tu pas crainte d'être brûlé comme un tel*, ont été jugés innocents. Pourtant ces propos inconsidérés pouvaient entraîner une peine extrordinaire, telle que la réparation honorable, le bannissement ou l'exil temporaire. Le reste de la France n'avait pas de règle plus certaine pour la répression de ce crime, en sorte qu'on en était arrivé à poser ce principe, que la peine de l'incendie était arbitraire, et dépendait des circonstances.

Pour donner une idée de la latitude que les juges de l'Artois se permettaient en matière d'incendie, il suffira de citer quelques exemples. Toussaint Demoulins, ayant été accusé d'avoir menacé de feu le nommé Damiens, par billets mis à la porte de celui-ci, fut condamné, par sentence des hommes de fief, de la seigneurie du Maisnil, en date du 7 septembre 1715, à être appliqué à la question ordinaire et extraordinaire. Mais cette sentence fut réformée par arrêt du Conseil d'Artois du 8 octobre 1715. En vertu de cet arrêt, Toussaint Demoulins fut condamné à être brûlé vif : il subit sa peine sur les lieux. En 1761, le Conseil d'Artois infligea la peine de trois ans de prison à Jean-Baptiste Padiez, comme *soupçonné* d'avoir mis le feu au village de La Comté. Le condamné n'était âgé que de douze ans.

Dès le commencement du XVIIe siècle, on trouve en Artois la trace d'une pratique criminelle qui était assimilée à l'incendie, c'est celle des *réchauffeurs de pieds*. On pense qu'elle fut introduite dans ce pays par les bandes de soldats indisciplinés que la guerre de trente ans avait promenées dans tous les Pays-Bas. Mais ce qui est digne de remarque, c'est que cette pratique est restée dans les mœurs des campagnards, et qu'elle reparaît à la suite de tous les troubles, comme on a pu le voir, après la Révolution. Ce n'est pourtant point la répression qui a manqué à cet égard. En effet, toutes les fois qu'on a pu saisir des réchauffeurs de pieds, le Conseil d'Artois n'a jamais manqué de les faire rouer, et de les punir des plus cruels supplices.

Anciennement, on assimilait au crime d'incendie le port illégal d'armes de guerre. Un placard du 31 janvier 1614, défendait aux habitants de l'Artois, de quelle que condition qu'ils fussent *de porter telz pistoulez quy soient plus courts de trente-deux poulches, y compris la longheur du post ou bois (a), soit à couvert ou descouvert, chargés de balles ou non, soit de jour ou de nuict, aux champs ou en ville, le tout à peine de cinq cents florins et de bannissement perpétuel.* Il était, en outre, recommandé à tous ceux qui connaissaient des détenteurs de pistolets de les dénoncer aux magistrats, sous peine d'être châtiés arbitrairement. Il était aussi défendu de circuler dans les villes ou bourgades avec des arquebuses ou fusils, à moins que pour faire des rondes, gardes ou autrement. Les contrevenants étaient punis d'une amende de cent florins; ils étaient, en outre, conduits immédiatement en prison, et y restaient aussi longtemps que le juge, qui devait connaitre de l'affaire, l'ordonnait.

(a) Les personnes de qualité pouvaient néanmoins en porter de dix-sept pouces, en courant la poste, moyennant permission du souverain ou du conseil privé. (Placards des 31 janvier 1614 et 16 février 1627. Voir aussi règlements du Conseil des 1er aout 1664 et 13 février 1663.

CHAPITRE VIII.

FAUX.

Le crime de faux peut se commettre de plusieurs manières ; aussi a-t-on admis de tout temps différents degrés dans les pénalités à lui infliger. Le plus grave de tous les faux est celui qui est commis par personnes publiques. En Artois, ce genre de faux était puni · du dernier supplice, en vertu d'un édit impérial du 30 juin 1545. Les notaires qui sciemment avaient falsifié les contrats, cédules, sceaux et autres instruments, au préjudice d'autrui, furent maintes fois passibles de cette peine. On peut citer, pour exemple, un notaire de la ville d'Aire, nommé Arnoult, et un autre d'Arras, Albin Boniface, qui furent condamnés à mort, au mois de février 1614, par arrêt du Conseil d'Artois ; ce qui, pour le dire en passant, prouverait que ce n'est pas seulement de nos jours, comme on le répète souvent, que les notaires ont forfait à l'honneur.

Le faux par personnes privées était puni, pour la première fois, de réparation honorable, avec torche ardente, ou de fustigation, **suivant** la qualité des personnes, et les circonstances de l'affaire. En cas de récidive, ou de préjudice extraordinaire, on pouvait prononcer la peine de mort. C'est à ce titre que la Divion fut condamnée, en 1331, par le Parlement de ·Paris, *à estre arse et bruslée*. Le 21 mai 1636, les lieutenant et hommes de fief du bailliage de Bapaume, condamnèrent aussi un nommé

Vasseur à périr par la corde, pour avoir vendu des terres pardevant notaire, en prenant le nom du véritable propriétaire : cette décision fut confirmée par arrêt du Conseil d'Artois. Ainsi, toujours nous voyons régner l'arbitraire en matière criminelle : les juges condamnent d'après les impressions du moment, plutôt que d'après des règles fixes.

Ce qui vient d'être dit se réfère principalement *au faux en écriture* ; mais le faux peut aussi se commettre par paroles : tel est le faux témoignage. Ce genre de crime entraînait ordinairement la peine de la fustigation ou de la réparation honorable, avec torche ardente, et de plus le bannissement temporaire : c'est ce qu'avait décidé le Conseil d'Artois, en 1634. Mais quand le faux témoignage avait été cause d'une condamnation capitale, celui qui s'en était rendu coupable pouvait être puni de la même peine. Il y en eut un exemple mémorable au Conseil d'Artois : c'est le procès d'un armurier d'Arras, nommé Clément Ganieton. Cet homme fut condamné à mort pour avoir fait passer des armes à l'ennemi ; mais le témoin qui avait été cause de la condamnation ayant été, plus tard, convaincu de mensonge subit aussi la peine de mort.. Ceux qui subornaient de faux témoins étaient passibles des peines du faux témoignage.

La troisième espèce de faux est celle qui se commet par des actions. Telle est la supposition d'enfants, ou l'usurpation d'un faux nom, d'une fausse qualité ou d'un faux titre. La peine de la supposition d'enfants était très-variable. Ainsi, tandis que le Conseil d'Artois avait, à plusieurs reprises, prononcé la peine de mort en cette circonstance, il s'était montré beaucoup plus indulgent pour la demoiselle de Manin, épouse du sieur de Beauvois, convaincue d'avoir supposé, jusqu'à deux et trois enfants, qu'une certaine femme lui procurait, aussitôt leur naissance, les faisant porter comme morts au cimetière dans des cercueils remplis de cailloux. Le mobile de cette supposition d'enfants, de la part de la dame de Beauvois, était de conserver dans sa famille les biens dans lesquels elle était substituée. Elle en fut quitte pour quelques réparations et amendes. Desmazures, liv. VI, tit. VIII, n° 9, dit qu'on s'explique difficilement l'indulgence dont les juges usèrent en cette circonstance. Dans la supposition d'enfants on faisait rentrer le fait des nourrices qui changent les enfants qui leur sont confiés : ce fait entraînait la fustigation, avec bannissement, ou réparation honorable, suivant les circonstances.

La vente à faux poids et fausses mesures, les mélanges en épiceries et denrées alimentaires étaient aussi considérés comme des faux par actions. Il en était de même de la fraude commise par les voituriers qui remplissent d'eau les tonneaux de vin qu'ils sont chargés de transporter, ou par les vendeurs de grains qui mettent à la partie supérieure du sac des grains plus beaux qu'à la partie inférieure, genres de fraudes qui malheureusement n'ont pas disparu de nos habitudes commerciales. Il existait jadis une fraude très-commune, et qui ne peut plus se commettre aujourd'hui, c'était celle *des faux dismeurs ou terrageurs* : elle consistait à faire des monts de gerbes inégaux, afin de payer moins de dîmes. La contrefaçon des clefs, l'usurpation du titre de mesureur ou arpenteur, et celle de la profession de médecin ou chirurgien, rentraient aussi dans la classe si nombreuse des faux par action. Tous ces faits étaient punis de peines arbitraires plus ou moins sévères, suivant la la gravité des circonstances. Il y avait un cas où les juges croyaient devoir déployer une grande rigueur, c'était celui où un individu prenant faussement le titre de prêtre se serait permis de célébrer la messe ou aurait usurpé les fonctions de confesseur. La peine de mort était toujours prononcée dans cette circonstance, parce que le faux y était joint au sacrilége (a). On était moins sévère contre ceux qui avaient pris le nom et la place de maris absents ou morts à la guerre : il parait qu'on ne les condamnait le plus souvent qu'à une réparation honorable. On était aussi de très-bonne composition par rapport aux changements de noms ; les auteurs reconnaissent à peu près unanimement qu'il était permis de prendre tel nom que l'on voulait, pourvu que cela ne fit tort à personne. Combien une telle indulgence ne paraîtrait-elle pas précieuse de nos jours, à ceux qui changent si facilement leur état civil! A ce propos, il est assez curieux de connaître ce qu'on pensait, à la fin du XVIe siècle, de cette manie qui est *à proprement parler le mal françois*, comme dit La Fontaine. En 1596 un sieur Desaccords a publié un livre intitulé : *Les bigarures des changemens de surnoms.* Voici ce qu'on y trouve : « Ilz se « changent (les noms), le plus coustumièrement en deux « fachons, l'une est qu'ils prennent le surnom à la terre « que leur bon père aura acquis, et d'aultant plus volon-

---

(a) Desmazures, liv. VI, tit. VII, n° 14, cite un arrêt du Conseil d'Artois, confirmatif d'une sentence de l'échevinage d'Hesdin, contre un faux prêtre qui avait célébré la messe. Il fut condamné à périr par le feu.

« tiers, et avec plus grande facilité, quand ils cognois-
« tront qu'il n'y aura plus aucun du nom des premiers
« possesseurs d'icelle, parce qu'avecq le temps ilz espè-
« rent que leurs filz se persuaderont aisément qu'il au-
« ront esté aultre fois nais ou entez par quelque légitime
« moyen dans ces familles ; l'autre moyen, un peu plus
« tolérable et moings dangereux , se faict par la ridicule
« adjonction à leur vray surnom d'un article gentil-
« hommesque, comme de, du, le, la, les. » On voit qu'il
n'y a rien de nouveau sous le soleil , et que c'est toujours le même procédé, peut-être renouvelé des Grecs.

CHAPITRE IX.

ATTEINTES AUX MŒURS.

Quand on s'occupe de législation criminelle , il faut
malheureusement jeter les yeux sur une infinité d'objets
dont on voudrait pouvoir se détourner. Parmi ces objets
que la perversité humaine oblige les criminalistes d'abor-
der, il n'y en a pas dont il soit plus difficile de parler que
celui des atteintes aux mœurs. Pourtant on ne saurait
être complet sur les questions qui nous occupent sans
soulever un coin du voile qui couvre ces misères. Nous
allons donc nous y arrêter quelques instants, et voir
comment ces actes si répréhensibles étaient traités par
les lois de l'Artois.

En commençant par l'adultère, on se trouve bien éloi-

gné du temps où ce délit était puni de la peine capitale ;
il n'est déjà plus passible que de la réparation honorable, avec torche en main et amende, s'il s'agit de personnes de bonne condition, et de la fustigation, avec
bannissement temporaire, quand il a été commis par des
gens de basse extraction. Ainsi, on arrive petit à petit à
la facilité de notre législation pénale, qui reconnait au
mari le droit de commettre impunément l'adultère,
pourvu que ce ne soit pas sous le toit conjugal, et qui
n'inflige à la femme pour ce fait qu'un emprisonnement
de peu de durée. Pourtant lorsque l'adultère se produisait avec des circonstances aggravantes, comme quand il
était commis avec un prêtre, ou au moyen de surprise
ou de violence, le Conseil d'Artois a plusieurs fois prononcé la peine de mort. Cela a eu lieu notamment à
l'égard de la femme Guislaine Cleps, épouse du sieur
Pierre Brassart, qui avait été surprise en adultère avec
un ecclésiastique, et à l'égard de Nicolas Martin d'Hermaville, condamné par jugement du bailliage d'Aubigny,
pour s'être glissé dans le lit de la femme d'un aubergiste, chez lequel il était venu loger : ce jugement fut
confirmé au Conseil d'Artois. En 1609, il y eut à Arras
un procès célèbre en adultère : ce fut celui qui se termina
par la condamnation au dernier supplice de Guy de
Raucourt, sergent de l'abbaye de Saint-Vaast, qui avait
abusé de ses fonctions pour faire consentir une femme
mariée à satisfaire sa passion, en lui promettant qu'il ne
procéderait pas à la saisie de son mobilier. L'adultère
commis par un domestique avec sa maitresse était généralement puni de mort ; néanmoins, quelques auteurs
inclinaient pour un châtiment plus doux. Les maris qui

vendent leurs femmes étaient considérés comme adultères; mais la peine habituelle qu'on leur infligeait était assez singulière : on les exposait en public avec une quenouille, et on les promenait dans les rues avec leurs femmes en les battant de verges. D'ailleurs, il faut remarquer que le mari pouvait toujours arrêter les poursuites criminelles intentées contre sa femme, et même l'effet des condamnations prononcées contre elle, en lui pardonnant, et en la reprenant avec lui. On comprenait déjà que, dans ces sortes d'affaires, l'intérêt du mari doit passer avant celui de la Société.

L'inceste était puni de la peine capitale, quand il se commettait pendant le mariage, parce qu'alors on le considérait comme une aggravation de l'adultère (a). Hors mariage, il n'entraînait la peine capitale, qu'autant qu'il avait été commis en ligne directe, ou en ligne collatérale, entre frères et sœurs. Dans tout autre cas, il n'entraînait que la fustigation avec bannissement, ou la réparation avec torche ardente et bannissement, suivant la qualité des personnes. Il ne donnait lieu aussi qu'à ces dernières peines, quand il avait été commis par le beau-père et la belle-fille, ou la belle-mère et le beau-fils. Une condition indispensable pour l'application des peines de l'inceste, c'était que les coupables eussent connu les liens de parenté qui les unissaient. On admettait aussi que le fait de relations avec deux sœurs, n'entraînait pas les peines ordinaires de l'inceste, si ces

(a) Un cas d'inceste accompagné d'adultère ne fut cependant puni que du fouet avec bannissement à l'égard de la femme Il est vrai que l'homme fut condamné à être pendu, mais il s'était sauvé de prison, et était contumax (Arrêt du Conseil d'Artois du 13 décembre 1759).

femmes étaient notoirement de mauvaise vie : c'est ce qui avait été jugé au Conseil d'Artois, le 20 septembre 1584.

Un crime qui devient malheureusement trop commun de nos jours, n'était pas non plus inconnu chez nos pères : c'est celui d'attentat à la pudeur sur de jeunes enfants. Ainsi, nous voyons un nommé Delaforterie, natif de Coullemont, condamné par le Conseil d'Artois, le 17 juin 1766, aux galères à perpétuité et à la marque, pour avoir violé un enfant de quatre ans et demi, avec des circonstances révoltantes, et que la plume se refuse de retracer.

La charte donnée par Philippe-Auguste à la ville d'Arras, déclarait que celui qui s'était rendu coupable de rapt, aurait la tête tranchée, à moins que la fille ravie n'eût consenti à l'épouser. Il en était de même du viol (a); mais si le viol n'avait pas été suivi d'effet, même par une cause indépendante de la volonté du coupable, la peine n'était plus qu'extraordinaire, à la volonté des juges. Le viol commis sur une fille de mauvaise vie, n'était puni que de peines légères. Mais on était assez sévère, et non sans raison, contre ceux qui, ayant pu empêcher un viol, ne l'avaient pas fait. Gosson rapporte, dans son commentaire sur l'article 8 de la Coutume, que des per-

(a) La peine du viol était le plus souvent les galères. C'est à cette peine que fut condamné, le 12 décembre 1765, par le Conseil d'Artois, un nommé Jean-Baptiste Genez, dit Fablette, soldat invalide, du village de Grand-Hermies, convaincu de plusieurs attentats à la pudeur, généralement commis sur les grands chemins. Comme il ne pouvait ramer sur les galères du roi, à cause de son infirmité, la peine fut commuée en détention perpétuelle dans une maison de force.

sonnes qui se trouvaient dans ce cas, ont été condamnées, en la ville de Béthune, à faire réparation honorable.. Outre les peines criminelles, le viol entraînait des réparations civiles, quelquefois assez bizarres. Ainsi, le 27 juin 1750, le Conseil d'Artois condamna Eustache Pottier, greffier du village de Quiéry-la-Motte, à se charger de l'enfant dont sa servante était accouchée, et en outre, à deux cents livres de dommages-intérêts, *pour la défloration*. Il fut de plus ordonné que le jugement serait inscrit en marge des registres de baptême.

L'ordonnance des états de Blois, art. 42, punissait de mort ceux qui subornaient des fils ou filles mineurs de vingt-cinq ans, sous prétexte de mariage ou autrement, nonobstant tout consentement contraire intervenu postérieurement. Ceux qui avaient participé au fait, par conseils, aide, ou de quelle que manière que ce fût, encouraient une peine arbitraire (a). Mais les usages de l'Artois avaient admis un certain tempérament à cette rigueur. Ainsi, quand les parties étaient en âge de se marier, et qu'elles y consentaient, un placard du 29 novembre 1623 déclarait qu'elles ne pouvaient plus être recherchées pour subornation.

Le recel de grossesse, suivi d'accouchement, était puni de peines très-sévères. Un arrêt du Conseil d'Artois, du 14 août 1751, condamna Jeanne de Vauchelle, du village du Souich, à être battue et fustigée par toutes les rues du village, à être flétrie sur l'épaule d'un fer rouge, à baiser, ayant la corde au cou, le poteau planté sur la

(a) C'était un principe que rapt et séduction n'avaient pas lieu à l'égard des majeurs.

place publique, et enfin à être bannie à perpétuité de la province, pour avoir recélé sa grossesse et son accouchement. Le Conseil d'Artois profita de cette circonstance pour donner un avertissement salutaire aux femmes qui seraient tentées d'en faire autant. Il ordonna aux officiers de justice du lieu, de lire et de publier de trois mois en trois mois, publiquement, l'édit de Henri II, du mois de février 1556, concernant ces faits. Et de plus, il prescrivit de remettre, aux frais du seigneur, un exemplaire de cet édit au curé du village, afin d'en donner lecture au prône, tous les dimanches, pendant trois mois (a).

Le concubinage pouvait aussi être poursuivi criminellement ; mais on le considérait plutôt comme un fait de simple police que comme un véritable attentat : c'est ce qui résulte d'une lettre écrite le 2 février 1741, par le chancelier d'Aguesseau, à M. Bataille, procureur-général du Conseil d'Artois. Quant à l'attribution de paternité, quoiqu'à la différence de nos principes nouveaux, elle pût avoir lieu sous le droit ancien, on reconnaissait néanmoins qu'il fallait les preuves les plus graves pour être admis à l'invoquer. Ainsi, de simples familiarités entre un maître et sa domestique ne suffisaient pas pour que le maître fût réputé père de l'enfant dont cette domestique était accouchée : c'est ce qui avait été décidé par le Conseil d'Artois, le 5 octobre 1754 (b).

(a) Il y avait un règlement du Conseil d'Artois, du 31 juillet 1669, sur la grossesse des filles et femmes. On voit que cette cour souveraine, différente du préteur antique, étendait sa sollicitude à tous les détails.

(b) Les concubines entretenues dans les maisons particulières *à pot*

Le stupre volontaire n'était puni en Artois que quand il était ce qu'on appelait *qualifié*, par exemple, celui du tuteur avec sa pupille, du vassal avec la fille de son seigneur, du geôlier avec sa prisonnière, du serviteur avec la fille de son maître. Le tuteur était puni du bannissement avec confiscation des biens, le vassal encourait la peine de la forfaiture : il en aurait été de même du seigneur qui aurait abusé de la fille de son vassal. Dans tous les cas, on pouvait être obligé d'épouser la fille avec laquelle on avait eu ces rapports ou de lui constituer une dot. Quant aux geôliers et aux domestiques, ils étaient punis de mort.

L'examen des actes contre nature terminera cette triste nomenclature. Dans un temps où les lois étaient toujours disposées à venir en aide à la morale, on ne sera pas étonné de les voir sévir avec la dernière rigueur contre des faits très-répréhensibles sans doute, mais qui ne devraient être justiciables que du dégoût universel. Ainsi, la sodomie soit de l'homme avec l'homme, soit de la femme avec la femme était punie de mort. Il en était de même de l'abus de la femme par le mari. La bestialité entraînait la peine du feu : le Conseil d'Artois l'avait décidé ainsi, en 1632, à l'égard d'un nommé Ogheret, du village de Sainte-Marguerite, quoiqu'il y eût des circonstances atténuantes en sa faveur, comme sa grande jeunesse et la simplicité de son esprit. Il y a plus ; dans ces cas, l'animal qui avait été l'instrument du crime était exécuté avec le criminel, « car, dit un auteur, il

---

et à feu pouvaient, sur la plainte des voisins ou du curé, être obligées de déloger.

« serait indigne et odieux de laisser vivre la beste irrai-
« sonnable, et la souffrir aller en la vueue de l'homme,
« par laquelle un homme raisonnable auroit esté puny
« d'une mort misérable et malheureuse. » (DEMHOUDER,
Pratiques criminelles, chap. XCVIII, n° 5). Enfin, il
n'y avait pas jusqu'aux simples pollutions nocturnes qui
pouvaient être recherchées, et donner lieu au bannissement, s'il était prouvé que le délinquant était coutumier
du fait (JOUSSE, Traité de la justice criminelle, tome IV,
chap. XLIX, n° 17),

CHAPITRE X.

VOL.

Le vol a toujours tenu une large place dans les législa-
tions criminelles. C'est un méfait qui a dû se commettre dès l'origine des sociétés : aussi, au lieu de dire
que la propriété c'est le vol, on aurait pu dire avec beaucoup plus de raison que le vol est trop souvent la conséquence de la propriété. D'après les principes généraux,
le vol simple n'était pas puni de mort en Artois, comme
il l'était dans beaucoup de provinces (a). La peine qu'on

(a) Un mémoire présenté en 1557, par maître Christophe d'Asson-
ville à Philippe II, roi d'Espagne, dit qu' « en Angleterre, pour le pre-
« mier larrechin, il y a peine de mort : même que sy aulcun est con-
« vaincu pour une fois de larrechin et condamné, on luy baille un
« livre, tel qu'il plaist au juge, et s'il scait lyre, pour ceste fois la vie
« lui est répétée, c'est-à-dire que luy est donné respit de la vie,

lui infligeait, était, pour la première fois, la réparation
honorable avec bannissement de trois à quatre ans, ou
la fustigation. La seconde fois, le voleur était fustigé et
marqué d'un fer chaud. La troisième fois, il était pendu ;
« car, dit un auteur, tel larron, par semblables larre-
« chins réitérez, est réputez incorrigible et fameux lar-
« ron, et qui ne se peut abstenir de desrober que par la
« mort. » Encore, y avait-il de nombreuses distinctions à
faire sur cette règle, que trois vols entrainaient la
mort (a). Ainsi on exigeait que les trois vols eussent
été commis dans des temps différents et à des intervalles
distincts. Par exemple, celui qui se serait introduit pendant la nuit dans une maison habitée, et y « aurait
« robé, dit Desmazures, au celier la chair des saloirs, au
« grenier quantité de sacqs de grains, et en aultres lieux
« d'iceluy » n'aurait point été condamné à mort parce
que la continuité des vols n'en fait pour ainsi dire qu'un
seul. Quelques docteurs voulaient même que les vols
eussent été commis *sur le même terroir, et qu'ils eussent
été punis par trois sentences séparées*; mais la jurisprudence du Conseil d'Artois ne s'était pas fixée en ce sens:
aussi les auteurs s'élevaient contre elle avec juste raison,
et demandaient qu'au moins les vols fussent de grande
importance (b).

« comme un homme saige et clercq ; mais il est cautérisé en la main
« pour estre noté, et ne peult estre délivré s'il y récidive. »

(a) Le vol était considéré comme un crime successif, qui se perpétue
dans tous les endroits où le voleur passe avec la chose volée. (Lettre
de M. Maboul, procureur-général de la maréchaussée, à M. Bataille,
procureur-général du Conseil d'Artois, du 12 novembre 1750).

(b) Anciennement, en Artois, on coupait les oreilles aux voleurs, au

Les vols qualifiés (a) étaient, d'après la théorie des criminalistes d'autrefois, ceux des choses sacrées dans les lieux sacrés, ceux commis sur les chemins publics, ceux accompagnés d'effraction et de violence. Les premiers, quoique considérés comme sacriléges, n'entrainaient pas toujours la peine de mort. Le juge pouvait avoir égard à l'âge et à la condition des voleurs, ainsi qu'à la nature des objets dérobés. Le plus souvent, le coupable était condamné au fouet ou à la flétrissure, ou seulement à baiser le gibet avec la corde au cou. Mais quand il y avait des circonstances aggravantes, les lois étaient appliquées dans toute leur rigueur. Ainsi le Conseil d'Artois condamna, en 1631, un nommé Michel Lenoir, serrurier à Arras, à périr par la corde, après avoir eu le poing coupé, pour avoir volé un ciboire dans l'église de la Madeleine.

Les vols de grands chemins étaient punis de mort en Artois ; cette sévérité avait paru indispensable dans ce pays, car les routes n'y étaient pas très-sûres. C'est pourquoi les officiers de la châtellenie d'Oisy condamnèrent au dernier supplice Pierre Benoit, de Warlincourt, coupable de deux vols assez légers, mais commis sur une voie publique, et cette décision fut confirmée d'abord à la gouvernance d'Arras, et ensuite au Conseil d'Artois, le 22 mars 1633. On peut encore citer un nommé Héro-

lieu de les pendre. Ce supplice fut encore pratiqué, le 2 septembre 1547, sur la personne de Jehan Briffault ; mais depuis cette époque, il semble avoir été complètement abandonné.

(a) Les vols avec assassinat étaient punis, en vertu des ordonnances des rois d'Espagne, des 7 septembre 1591 et 25 février 1593, enregistrées en Artois.

ghier, condamné à mort par le Conseil d'Artois, pour vol de manteaux, opéré le soir, dans une rue d'Arras. Maintenant Héroghier en serait quitte à bien meilleur marché.

Les voleurs fameux étaient aussi traités fort rigoureusement. Ils étaient rompus sur la croix, et roués tant que mort s'ensuive, *encoires que tels volleurs n'eussent meurdry personne, en faisant iceux volz.* Les placards des 6 février 1539 et 18 septembre 1592, édictaient des peines très-sévères *contre boutfeux ou ménaschans de brusler, pilleurs ou destrousseurs de chemins* : ils pouvaient *estre apprehendez corporellement, et exécutez par le feu, soulz quelque juridiction que ce soit, privilégiée ou non privilégiée* (a). Il n'y avait donc pas à accuser la législation de faiblesse envers les voleurs de grand chemin, et s'il y en avait tant, c'est que le métier était meilleur qu'aujourd'hui. Ce luxe d'intimidation est devenu inutile pour garantir la sûreté des routes : quelques brigades de gendarmerie y suffisent.

Les vols avec effraction ou *par fraction,* comme on disait jadis, étaient également punis de mort ; mais il fallait qu'à l'effraction se joignît la violence ; par exemple, si, par mauvais traitements, on avait obligé les habitants d'une maison à indiquer le lieu où ils cachaient leur

---

(a) « En 1629, dit Desmazures, il y eut en Artois des insignes voleurs et mauvais garnemens, qui entraient en troupe, de nuict et de jour, ès maisons de villages, saisissant les maîtres du logis, et les forçant à déclarer leur argent, en approchant de la paille allumée de leurs pieds et de leurs parties naturelles, et causaient ainsi la mort à plusieurs. On les extirpa par le supplice de la roue, même on fit brûler et réchauffer les pieds à plusieurs. »

argent. Quand il n'y avait pas de violence, la peine se réduisait à la fustigation avec bannissement de quinze à vingt ans. On aura sans doute remarqué que, sur ce point, les criminalistes de l'Artois étaient de meilleure composition que les rédacteurs du Code pénal. Les vols avec effraction étaient des cas prévôtaux, et devaient, comme tels, être jugés par les officiers de la maréchaussée; mais il fallait pour cela que le coupable eût été pris en flagrant délit, sinon la poursuite appartenait aux baillis et sénéchaux : c'est ce qui avait été décidé par arrêt du Conseil d'Etat, du 12 décembre 1737, réglant un conflit de juridiction entre la maréchaussée et le bailliage de Saint-Omer. On exigeait de plus que le vol avec effraction eût eu lieu dans un bâtiment de campagne et non dans une ville. D'où s'était élevée la question de savoir si le lieu dit faubourg Saint-Nicolas, qu'on appelait alors le village de Boves, ou Saint-Nicolas-en-Méaulens, faisait partie de la ville ou de la campagne. Un arrêt du Conseil d'Artois, du 25 mars 1765, décida que la maison où le vol avait été commis, était située au-delà de la banlieue.

Le vol domestique était puni de mort. Néanmoins, pour la première fois, les juges usaient ordinairement d'indulgence, et prononçaient des peines moindres, telles que la fustigation ou la marque avec bannissement temporaire. C'est ce que Papon fait observer, dans son recueil d'arrêts, liv. XXIII, tit. VI. Souvent même, si l'objet volé était de peu d'importance, on se contentait du bannissement. Mais en cas de récidive, il y avait peine de mort, ou au moins les galères.

Un placard du 7 juillet 1546, édictait les peines les

plus sévères contre les vols de récoltes ; il allait jusqu'à prononcer la hart, et ordonnait de *cognoistre sommairement, sans forme ny figure de procès et solemnité de droict, et après que le délict sera apparu par deux tesmoings, le punir exemplairement, exécutant la sentence nonobstant appel, qui ne sera receu en ce regard.* Pourtant il faut dire que cette justice à la turque était un peu mitigée dans la pratique, et que le plus ordinairement les juges ne prononçaient, dans ces circonstances, que la fustigation. C'est ce qui arriva bien des fois au Conseil d'Artois, et notamment en 1634 et 1635. Ainsi, dans l'ancien droit criminel, on rencontre à chaque instant des lois peu applicables et des juges qui ne les appliquent pas.

Le vol de bestiaux dans les marais communaux était assimilé au vol de socs et coustres de charrues, et entraînait anciennement la peine de mort en Artois, par imitation de ce qui se pratiquait en Flandre. Il est vrai que plus tard on s'était un peu relâché de cette rigueur. Pourtant, le 12 mai 1637, deux individus des environs d'Hesdin furent condamnés à périr par la corde, en vertu d'une sentence du prévôt maréchal d'Artois, pour avoir volé deux chevaux dans les champs, « attendu, « dit la sentence, que telz chevaux de laboeur doibvent « estre *sub tutela publica.* »

Le détournement des deniers publics était traité de différentes manières, suivant la diversité des cas. Tantôt on prononçait le bannissement perpétuel avec perte de l'emploi et restitution des sommes détournées, tantôt c'était la simple destitution ou suspension d'emploi. On l'avait décidé ainsi à l'égard de Jean Regnault, receveur des douanes à Hesdin. Cette indulgence en faveur des fonctionnaires publics est assez remarquable, dans un temps où la législation criminelle était généralement si draconienne.

Les placards des 7 juillet 1547 et 7 avril 1554, étaient relatifs aux vols commis dans les bois. Ces placards défendaient *à toute personne, de quel estat ou condition que ce soit, de s'advencher ou ingérer de nuict, hors heures ou aultrement, de coupper, abbattre, arracher, faire dégâts, ou emporter, pour eulx, leur famille ou serviteurs, aulcuns bois croissants petits et à couppe, ou grands. ès-bois d'aultruy, ny faire dommaige, sans le gré, congé, consentement d'iceluy ou ceulx aurquels les dits bois appartiennent, comme de leurs officiers ou commis, à peine de fourfaire, et encourir les amendes introduictes par la coustume de ce pays d'Arthois, restituer l'intérest et dommaige, et pardessus ce, d'estre condamné en amende arbitraire, telle que, pour la première fois, de cinq carolus d'or, pour la seconde fois de dix carolus d'or, à appliquer un tierch au prouffit du sergeant ou dénonciateur, l'aultre tierch au bailly et gens de justice des lieux où se fera l'adjudication, et pour la troisième fois à peine d'estre punis comme larrons.* Pour assurer l'exécution de ces prescriptions, tout officier, sergent ou autres pouvaient appréhender ceux qu'ils voyaient coupant du bois, et lés baillis, lieutenants et autres officiers étaient crus sous serment. Les mêmes personnes avaient aussi le droit de faire des visites dans les maisons où elles pensaient que du bois dérobé pouvait se trouver. On a sans doute remarqué que plusieurs de ces dispositions ont passé dans notre Code forestier.

En Artois, la preuve du vol se faisait le plus communément au moyen d'un *esclain* : c'était une visite domiciliaire que le juge opérait chez l'individu soupçonné de vol, à la réquisition de celui qui avait été volé. Si la chose dérobée était retrouvée, elle était mise sous séquestre: Dans tous les cas, il devait être dressé un procès-verbal de la perquisition. Au reste, il était recommandé au juge de procéder *avecq modestie et tempérament sans faire effroye et grand bruict à tel debvoir.*

CHAPITRE XI.

MENDICITÉ ET VAGABONDAGE.

Les mendiants étaient fréquemment assimilés aux voleurs, sous l'ancienne jurisprudence : c'est ainsi que les traitent les lois des souverains des Pays-Bas, des 8 juin 1546, 28 février 1558, 12 décembre 1608, 28 décembre 1617 et 15 décembre 1615, et celles des rois de France des 12 octobre 1686, 26 janvier 1687, 25 juillet 1701, 18 juillet 1724, et 20 octobre 1750. Toutes ces lois avaient été enregistrées au Conseil d'Artois, qui, de son côté, avait fait une foule de règlements sur la matière. Malgré ce luxe de dispositions législatives, la mendicité ne cessa de s'accroître en Artois, et le Conseil provincial fut obligé de rendre, le 7 octobre 1768, un arrêt portant défense à toute personne de mendier, *à peine, pour la première fois, d'être enfermée et nourrie au pain et à l'eau pendant un mois au moins, et d'être marquée d'un fer chaud en forme de la lettre M, et, pour la seconde fois,*

*d'être condamnée aux galères, au moins pour cinq ans,
même à perpétuité si le cas y échet (a).*

C'est en vertu de ces prescriptions que les nommés
Pascal Renet, du village de Belloy-sur-Somme, et Michel
Letet, de St-Werkerke, en Flandre, furent condamnés
aux galères, le premier pour neuf ans, le second pour
cinq et à être préalablement flétris d'un fer chaud, parce
qu'ils étaient gens sans domicile et sans profession, et
qu'ils avaient été vus rôdant aux environs de Béthune et
d'Aire, armés de gros bâtons, dans l'un desquels se
trouvait un stylet (b).

Mais la rigueur est quelquefois plus facile à ordonner
qu'à pratiquer; c'est ce qui se produisit en Artois, pour
les mendiants. Leur nombre y devint si considérable
que les mesures répressives furent impossibles à exécuter, et le roi finit par prendre, dans l'année 1764, une
déclaration modificative, qui fut envoyée par le vice-
chancelier au procureur du roi de la maréchaussée, pour
être enregistrée par le Conseil d'Artois. Dans les instructions qui accompagnaient cette déclaration, il était dit
qu'il ne fallait pas toujours prononcer à la rigueur la
peine des galères contre les hommes, et la détention des
femmes dans les hôpitaux; qu'il suffisait de le faire
contre quelques-uns : qu'on ne devait pas non plus faire
arrêter indistinctement tous les vagabonds et gens sans

(a) Il était, du reste, enjoint par l'ordonnance du **28 septembre**
1617, à chaque communauté d'habitants, de nourrir ses pauvres.

(b) En Artois, où il n'y avait pas d'hôpitaux pour enfermer les mendiants et vagabonds, on les envoyait aux galères, en vertu des déclarations des 18 juillet 1724 et 20 octobre 1750. La maréchaussée devait
faire sans cesse des tournées pour leur donner la chasse, et s'informer

aveu, de peur de trop surcharger les prisons et les hôpitaux. Ce sont absolument les mêmes considérations qui empêchent, encore de nos jours, que les lois répressives de la mendicité produisent tout leur effet.

CHAPITRE XII.

INJURES ET VOIES DE FAIT.

Le délit d'injures comprenait autrefois non-seulement les actions et les paroles offensantes, mais aussi les libelles diffamatoires, les chansons, factums, etc. Il y avait même cela de remarquable, qu'on ne distinguait pas si l'injure avait été proférée en public ou en particulier; on ne s'attachait qu'au dessein d'injurier (a). A cet égard, les distinctions ne manquaient pas, car rien n'est plus difficile que d'apprécier des intentions. Ainsi on était d'accord que si, dans un procès (b), on contestait

auprès des curés et des principaux habitants, des lieux où ils se retirent, et les y arrêter. (Lettre de M. le comte d'Argenson).

(a) Par jugement rendu au Conseil d'Artois le 13 mars 1715, il fut fait défense à tous les juges du ressort, de prononcer des appointements en droit, en matière d'injures verbales, et il leur fut enjoint de traiter sommairement ces affaires à l'audience. C'est ainsi que les choses se passent encore aujourd'hui, en matière de simple police.

(b) Le 12 juillet 1760, le Conseil d'Artois condamna un avocat et sa partie, solidairement en deux cents livres de réparation civile, et chacun à cent livres d'aumône au profit des pauvres d'un hôpital, pour avoir injurié la partie adverse dans une requête signifiée.

la naissance ou la qualité de son adversaire, par exemple si on l'avait traité de bâtard, il n'y avait pas dans ce fait de délit d'injure. On reconnaissait aussi que les renseignements confidentiels, fournis à l'occasion d'un mariage, ne pouvaient donner lieu à une action en diffamation : le Conseil d'Artois s'était plusieurs fois prononcé en ce sens. De même, il paraît que les maîtres et maîtresses de maison avaient la plus grande latitude à l'égard de leurs domestiques, et pouvaient leur adresser des épithètes souvent très accentuées. Le siège de Saint-Vaast l'avait décidé ainsi, en 1634, au profit de Claude Le Maistre, prévenu d'avoir injurié ses domestiques. On pensait qu'un maître de maison jouit d'une espèce de puissance paternelle, qui lui donne les droits les plus étendus dans son intérieur. Mais il y avait plus de difficulté pour savoir si celui qui était injurié pouvait répondre à son adversaire par une injure. Les uns invoquaient le proverbe : *Quy mal dict mal doibt ouyr*, les autres répondaient : *Qu'en mal, compensation n'a lieu*, en sorte qu'il y avait autant à prendre qu'à laisser. Pourtant les tribunaux paraissaient admettre une certaine facilité, quand l'injure n'avait été proférée que pour la défense, et quand elle était à peu près égale à celle qui avait été reçue. Il y avait aussi une habitude assez étrange, qui s'était introduite dans certains sièges de l'Artois, en matière d'injures, c'était, suivant les personnes et les circonstances, de faire prêter serment au défendeur qu'il n'avait pas eu l'intention d'offenser le demandeur. Au reste, tous les auteurs professaient que le ministère public, chargé de poursuivre la répression des crimes et délits, ne pouvait jamais être recherché pour cause d'injure, même quand il succombait dans ses poursuites.

La peine de l'injure était le plus souvent la réparation honorable avec torche ardente ou l'amende (a). Mais, outre l'action publique, il y avait lieu, on le comprend, à une action civile. Les deux actions s'introduisaient généralement ensemble, comme cela se pratique encore de nos jours. L'action d'injure se prescrivait par un an ; mais l'année ne commençait à courir que du jour où l'injure avait pu être connue. On se demandait s'il était possible d'éviter une condamnation d'injure en reconnaissant ses torts, et en offrant de rétracter les paroles offensantes. Julius Clarus, lib. V, 5 § *Injuria*, n° 16, disait non ; mais Papon, lib. III, tit. III, disait oui : les jurisconsultes, comme les médecins, ont rarement le privilége d'être d'accord. Dans cette diversité d'opinions, le Conseil d'Artois s'était rangé du côté de Papon. Outre la rétractation, il arrivait souvent que l'insulté obtenait que l'insultant ne paraîtrait pas pendant, plusieurs années, dans l'endroit où l'injure avait eu lieu. Les tribunaux se prêtaient facilement à ces sortes de pénalités volontaires, et se chargeaient d'en assurer l'exécution. Il y avait une autre habitude qui ne devait pas être sans danger : c'était celle qui ne reconnaissait pas de culpabilité dans le fait d'injures, lorsque, par ce moyen, il était résulté la divulgation de quelque crime caché. Ainsi, on

(a) L'usage, en Artois, était en outre que si la réparation avait eu lieu *avec lumière et feu*, celui qui avait été condamné à cette peine, était privé à perpétuité *d'estre en loy et d'exercer estat de justice* C'est un cas assez remarquable de privation des droits politiques, dans un temps où les citoyens en avaient si peu.

n'appliquait pas la peine d'injure contre celui qui avait appelé un individu voleur ou assassin, s'il pouvait prouver que cet individu avait effectivement volé ou assassiné. C'était la jurisprudence constante des différents sièges de l'Artois : le bailliage de Lens, entr'autres, s'était prononcé en ce sens, en 1630, au profit d'Antoine Théry, demeurant à Gonnehem. On comprend facilement à quelles conséquences devait conduire un pareil système.

Pour donner une idée de l'appréciation que les juges de l'Artois faisaient du délit d'injure, nous citerons quelques exemples pris dans les recueils de jurisprudence. Le 9 novembre 1748, le procureur Landru, accompagné du sergent Olive, alla déposer à la porte du médecin Hazard, un enfant nouveau-né. Le Conseil d'Artois vit dans ce fait le délit d'injure, et condamna Olive en cinquante livres et Landru en vingt-cinq livres d'amende. La peine aurait été plus forte, dit l'arrêtiste, si on n'avait pas été persuadé que l'enfant provenait des œuvres du sieur Hazard. Autre décision : Ferdinand Fleury, procureur au bailliage de Lens, ayant perdu une cause devant ce siège, dit hautement, en présence des juges, qu'on n'y rendait que l'injustice, que c'en était encore une qu'on venait de lui faire. Le Conseil d'Artois le condamna, le 21 mai 1749, à cinquante livres d'amende, et l'interdit pour trois ans des fonctions de procureur, même de celles de juge, en qualité d'homme de fief. Enfin, un huissier du Conseil d'Artois chargé d'exécuter contre l'échevinage de Dunkerque, s'était permis d'entrer dans l'auditoire, et d'y saisir les meubles, tandis que les magistrats tenaient séance : le Con-

seil d'Artois estima que c'était une injure commise
envers un corps constitué, et condamna l'huissier à l'admonestation, à l'interdiction de ses fonctions pour un
mois, et à une amende de vingt livres au profit de l'hôpital de Dunkerque.

La législation relative aux libelles diffamatoires était
nécessairement très-incomplète, à une époque où les délits de presse ne faisaient que de naître. Ce qui la distinguait surtout, c'était sa sévérité. La peine capitale était
encourue non-seulement par les auteurs des libelles,
mais aussi par ceux qui, les ayant trouvés affichés, ne les
déchiraient pas. Un placard du 19 février 1599, était
ainsi conçu : *Il est interdit à toutes personnes de faire, composer, escrire, imprimer, semer, attacher, divulger, apporter
ou bailler aucuns pasquils, libels diffamatoires et injurieux,
en quelque langue qu'ils soient faicts, contre la religion catholique, bien publicq, droicts et haulteurs de sa majesté,
ou contre aultres constitués en administration publicque,
sous peine de hart et confiscation de biens, ordonnant à tous
ceux trouvans semblables pasquils qu'ils ayent à les supprimer, brusler et deschirer promptement, ou de les mestre ès
mains de l'officier du lieu, pour par luy en estre faicte information secrette contre ceulx qu'il trouvera convenir, sans
par eulx les monstrer ny leurs officiers de mains en mains.*
Voilà certes une loi sur la presse qui ne laisserait rien
à désirer aux exigences les plus susceptibles !

Les violences et les voies de fait donnaient lieu à des
peines arbitraires, suivant la gravité des circonstances,
sans préjudice des réparations pécuniaires (a). C'est

_____

(a) Il avait été jugé au Conseil d'Artois, le 8 janvier, 1757, que le

ainsi que, par arrêt du Conseil d'Artois du 6 juin 1753, trois frères, du nom de François, ont été condamnés à l'admonestation, et à cent livres de réparation civile envers un nommé Hersen, pour avoir usé à son égard de voies de fait, et à cent livres d'amende envers le roi, sans cependant que la dite amende puisse emporter note d'infamie (a).

Dans le siècle dernier, il y eut en Artois un procès d'injures et voies de fait qui fit grand bruit, à cause de la qualité des parties. Le sieur Degouve, subdélégué de l'intendant d'Artois, et procureur-syndic de la ville d'Arras, se trouvant en compagnie du sieur Ansart, conseiller pensionnaire de la ville d'Arras, et député du tiers état à la Cour, fut traité de bougre, de f... bougre, de f.... membre de justice, de coquin et de fripon, par le chevalier de Belval, ancien lieutenant-colonel au régiment royal italien, brigadier des armées du roi, et député de la noblesse d'Artois. Le Parlement de Paris, par arrêt du 24 janvier 1761, fit défense au chevalier de Belval de récidiver, et le condamna en vingt livres de dommages-intérêts, applicables au profit des pauvres de la ville d'Arras. On peut se demander si c'est à cause de l'insulté ou de l'insulteur que le Parlement se montra si indulgent.

mari peut seul se pourvoir en réparation des mauvais traitements infligés à sa femme, parce que l'injure rejaillit sur lui.

(a) Par arrêt du 27 novembre 1752, le sieur Prévost Dessart, avocat à Hesdin, fut décrété d'ajournement personnel, pour avoir donné des coups de canne au sieur Ducloy, avocat et garde marteau de la maîtrise des eaux et forêts, en sortant tous deux d'un cabaret entre une heure et deux heures du matin.

Le délit d'injure s'éteignait non-seulement par la prescription annale, mais encore par le pardon. On supposait qu'il y avait pardon, dit un auteur, « quand l'injurié « soubrit à l'injuriant, ou aussy, quand ils se convient à « manger en la maison l'un de l'aultre, et qu'ilz s'y re- « trouvent ; mais advenant que ce seroit en maison « estrangère (comme il arrive souvent en assemblées de « nopces ou funérailles), cela ne seroit suffisant pour « induire une dissimulation, parce que, pour éviter « scandale, ils doivent compâtir par ensemble en sem- « blables assemblées. »

CHAPITRE XII.

DUELS.

On connaît toute la rigueur de l'ancienne législation sur les duels (a). Cette rigueur en était même venue à un tel point que le duel était considéré comme un crime de lèse-majesté, par l'ordonnance d'avril 1602, l'édit de septembre 1651 et celui d'août 1679, et que Louis XIV et Louis XV avaient juré de ne jamais faire grâce aux personnes condamnées de ce chef. Les tribunaux de l'Artois professaient, en cette matière, les principes les plus absolus (b). On y observait à la lettre les décrets du

(a) Voir sur ce sujet Maillart, notes de Gosson, article 19 de la Coutume.

(b) Une lettre du chancelier Lamoignon, au procureur-général du Conseil d'Artois, en date du 5 juillet 1753, porte que la seule présomption du duel suffit pour faire décréter d'accusation.

concile de Trente, renforcés des placards des 22 janvier
1589, 28 février 1610, 2 juillet 1624 et 26 octobre
1626. En vertu de ces lois, il était défendu *à toutes per-*
sonnes, de quelque qualité ou condition ils soyent, d'ap-
peler ou provoquer autruy en duel, fust dedans ou dehors
de la province, soit de bouche ou par envoy de cartelz de
deffy, recepvoir ou accepter iceux, à peine de dégradation
des armes, noblesse, offices, pensions, ensemble de la moictié
de leurs biens. Et au cas où de faict ils seroient rencon-
trez au lieu du combat assigné et s'entrebattans, ils sont
punissables de mort, ensemble de la confiscation de tous
leurs biens. Sy est deffendu de porter semblables cartelz de
deffy, aussy d'assister et porter ayde à l'une ou l'aultre des
parties, par forme de segonds, soulz pareille peine.
L'édit du mois d'août 1679, qui formait à peu près le
code du duel en France avant la Révolution, n'atténuait
pas sensiblement la rigueur de ces dispositions. Il est
vrai que, dans la pratique, on trouvait souvent moyen
d'éluder la loi, mais cette loi n'en existait pas moins, et
elle entrait dans des détails qu'il est bon de connaitre (a).
Ainsi, quand un duel avait eu lieu, tous les officiers de
justice étaient requis de s'assurer de la personne des
coupables, à peine de quinze cents livres d'amende, en
cas de négligence. S'il y avait notoriété, on pouvait ordonner prise de corps et saisine des biens sans informa-

- (a) Le Conseil d'Artois avait déclaré, le 6 juin 1764, que, dans le
cas d'un duel entre officiers d'un même régiment, on ne devait pas
entendre comme témoins les officiers de ce régiment, ni le chirurgien-
major ; mais Mabille s'élève avec force contre cette décision « qui,
« dit-il, fait dégénérer la poursuite du duel en une véritable mo-
« merie. »

tion préalable. Sur la réquisition des procureurs-généraux, il devait être décerné des monitoires, par les officiaux des évêques, contre ceux qui ne révéleraient pas ce qu'ils savaient concernant les duels et rencontres survenus. Lorsqu'il n'y avait pas de preuves suffisantes, on ne prononçait pas néanmoins une absolution pure et simple; mais on n'élargissait que par un plus amplement informé (a). Enfin, le crime de duel ne s'éteignait jamais par la mort de celui qui en était coupable : le procès se faisait sur son cadavre ou à sa mémoire. Il faut aussi remarquer que les gens de basse extraction, qui provoquaient en duel des gentilshommes, étaient condamnés à être pendus. Toutes ces dispositions étaient certainement d'une sévérité excessive; mais au moins elles avaient le mérite d'être franches et sans arrière pensée, tandis que la jurisprudence actuelle, qui confond le duel avec les coups et blessures, et lui inflige des pénalités qui n'ont point été édictées pour lui, est un tour de force, peut-être très-habile, mais qui n'est pas digne des juges.

Les peines du duel furent appliquées dans toute leur rigueur par le Conseil d'Artois contre M. Bouquel de Villers, l'un des fils cadets de M. Bouquel de Sarton,

---

(a) A l'occasion d'un duel qui eut lieu à Aire, le vendredi saint de l'année 1758, entre un soldat suisse et un dragon de Beaufremont, il se passa un incident qui mérite d'être signalé. Les suisses ayant le privilége de n'être jugés que par leurs nationaux, M. le procureur-général Bataille consulta le chancelier Lamoignon, pour savoir s'il devait poursuivre l'affaire devant le Conseil d'Artois. Il lui fut répondu qu'on pouvait commencer la procédure, sauf à l'interrompre si le suisse était réclamé.

qui s'était battu en duel avec le major de son régiment. Un officier, qui avait assisté au combat, et avait prêté son épée à M. de Villers, fut également condamné. Quatre autres officiers, qui avaient servi de témoins, furent envoyés aux galères. La part héréditaire que M. de Villers tenait du chef de sa mère fut confisquée.

CHAPITRE XIV.

CONFISCATION.

La confiscation, heureusement abolie de nos jours, était jadis considérée comme la conséquence obligatoire des faits punissables : trop souvent même elle fut le principal mobile qui détermina la répression. En Artois, comme ailleurs, elle a été, de temps immémorial, pratiquée sur une large échelle : on y appliquait dans toute sa rigueur la règle célèbre : *qui confisque le corps confisque les biens.* En vertu de ce principe, celui qui était condamné à mort ou au bannissement perpétuel, perdait non seulement ses acquêts, mais aussi les biens qui lui provenaient de ses aïeux, et ses enfants ne pouvaient prétendre, sur sa fortune, aucun droit de légitime. Il faut pourtant remarquer que la confiscation ne se supposait pas; il fallait qu'elle fût prononcée dans la condamnation. Elle ne comprenait aussi que les biens possédés au moment de la sentence, et non pas ceux à échoir par l'effet des successions ou autrement. Ces derniers appartenaient sans contestation à l'héritier du condamné. Les biens substitués n'étaient pas non plus compris dans les confiscations.

L'article 12 de la Coutume d'Artois confère au haut justicier le droit de confiscation, en cas de condamnation à mort ou au bannissement perpétuel. La confiscation avait lieu à son profit, encore que la condamnation eût été prononcée hors de sa juridiction. Si les biens existaient dans plusieurs seigneuries, chaque seigneur haut justicier confisquait ce qui était situé dans les limites de sa justice. Quand la seigneurie était détenue en usufruit, on se demandait à qui du propriétaire ou de l'usufruitier devait appartenir la confiscation : après bien des contestations, on avait fini par se prononcer en faveur de l'usufruitier.

La charte de 1333, donnée par Eudes, comte d'Artois, à la ville d'Arras, accordait aux bourgeois de cette ville, et à leurs femmes et filles le privilège d'être exemptés de la confiscation, en quelque lieu que leurs biens fussent situés. Ce privilège avait été reconnu solennellement au Parlement de Paris le 1er février 1335, entre la veuve de Guillaume Pottier condamné à mort, et la comtesse d'Artois. Dans ce procès, les mayeur et échevins de la ville d'Arras prirent énergiquement fait et cause pour leur concitoyenne, et finirent par faire triompher son droit. Le même privilège fut également respecté, lors des condamnations intervenues à l'occasion des troubles de 1578 : les biens des victimes ne furent point frappés de confiscation. Il est vrai que l'abbaye de St-Vaast réclama longtemps, et avec insistance, contre cette prérogative : elle prétendait que le comte d'Artois n'avait pu la priver des effets de la haute justice ; mais les bourgeois d'Arras avaient toujours opiniâtrement résisté à ces prétentions, et ils avaient fini par en avoir raison. L'échevinage de St-Omer et la châtellenie d'Oisy jouissaient aussi de l'exemption de la confiscation. Le pays de Lalleu la revendiqua bien souvent contre l'abbaye de St-Vaast, mais le Conseil d'Artois s'était prononcé contre lui, et la sentence avait été confirmée au grand Conseil de Malines le 24 avril 1597.

Au reste, comme la règle ne va jamais sans exception, on en avait fait une, et même deux, en matière de confiscation. Ainsi, lorsque la condamnation avait lieu pour hérésie, le privilége ne s'exerçait plus (a). Il en était de même pour les crimes de lèse-majesté humaine. Et de plus, dans ces cas, on avait trouvé moyen de confisquer le droit des seigneurs hauts justiciers, car c'était au roi que revenait le produit de la confiscation. On en donnait pour raison que la majesté humaine ayant été offensée, c'était à elle que la réparation était due. Quant aux hérésies, on s'en tirait en disant que Dieu ne pouvant profiter de la confiscation, il fallait l'attribuer à celui qui était son représentant sur la terre, c'est-à-dire au roi. En fait d'arguments, toutes les causes en ont à leur service.

La procédure de confiscation avait été fixée par le placard du 9 juillet 1570. L'officier, dans la justice duquel le coupable se trouvait, était tenu de pratiquer la saisie des biens, et d'en faire l'inventaire. Puis, ces biens étaient placés sous le séquestre. On vendait en justice ceux qui étaient sujets à dépérir, et les deniers étaient mis en

(a) Placard du 30 novembre 1549.

dépôt. Jusqu'à la condamnation, l'accusé pouvait céder ses biens à titre onéreux, mais cette faculté n'existait que pour les crimes ordinaires. Dans ceux de lèse-majesté, toute espèce de vente était prohibée. La prescription avait lieu en matière de confiscation : ainsi quand le seigneur haut justicier négligeait d'exercer ses droits pendant vingt ans, les héritiers du condamné ne pouvaient plus être inquiétés. Les lettres de pardon n'abolissaient la confiscation que pour l'avenir ; celui qui les avait obtenues reprenait ses biens dans l'état où ils se trouvaient, et il ne lui était jamais permis de revenir sur ce qui avait été fait antérieurement.

Il y avait confiscation des biens des suicidés, qu'on appelait jadis des *désespérés*. Cela tenait à l'habitude qu'on avait prise de faire le procès au cadavre pour le fait de suicide. Du moment qu'on croyait avoir le droit de condamner une personne morte, on ne devait pas être plus embarrassé pour condamner les biens qui lui avaient appartenu. Une erreur en entraîne presque toujours une autre.

Résumé. — La répression des crimes et délits peut avoir lieu de deux manières, ou suivant l'appréciation du juge, ou d'après une législation obligatoire. Le premier système, que j'appellerai le système paternel, convient surtout aux sociétés dans l'enfance, le second au contraire, le système légal, suppose nécessairement un certain degré de civilisation. Ainsi, lorsque l'état se résume dans une famille, et que cette famille s'étend même à une tribu, on comprend parfaitement que le chef reconnu de cette agglomération, exerce le droit de distinguer, d'après les seules lumières de son intelligence, ce qui est délictueux, et qu'il applique de sa propre autorité les moyens de répression. Mais quand la société devient une nation, quand il existe un peuple, avec ses droits et ses devoirs, l'arbitraire ne doit plus suffire pour la punition, et il est indispensable qu'il se forme un ensemble complet de mesures répressives, qui soit en même temps la garantie du coupable et des citoyens.

D'après cela, on pourrait croire que toute société organisée, s'est empressée de codifier ses lois pénales : il n'en a pourtant pas toujours été ainsi. Les Romains, par exemple, qui ont eu des lois civiles si admirables, ne semblent pas avoir atteint la même perfection dans leur législation criminelle. Là, tout est à peu près abandonné à la volonté du juge ; la qualification des faits condamnables y est chose inconnue, et l'échelle des peines ne se rencontre nulle part. En France, également, la justice criminelle s'est trop souvent confondue avec l'omnipotence de celui qui était chargé de la rendre. Si l'arbre de St-Louis n'avait pas abrité le plus juste des rois, il aurait pu couvrir le despotisme le plus dangereux. Nos parlements ne se sont pas fait faute de ce despotisme. Chez eux, le caprice tout seul a été trop souvent la loi, en matière de pénalité. Ne relevant que d'eux-mêmes, et procédant *par voie de règlement*, ils eurent continuellement recours aux *peines arbitraires*, c'est-à-dire à ce qu'il y a de plus opposé à la bonne distribution de la justice.

C'est donc un des plus grands bienfaits de la Révolution d'avoir établi l'uniformité dans les lois criminelles de la France. Par là, le pays passa de l'empire du bon plaisir sous celui de la règle. Mais en tout, l'excès de réglementation est un défaut. Après avoir accepté ce qu'il y avait d'avantageux dans un système qui fermait la porte au pouvoir discrétionnaire, on a fini par comprendre que ces nécessités absolues étaient quelquefois bien rigoureuses. Ainsi, en enfermant le juge dans un cercle qu'il ne lui était pas permis de franchir, on l'obligeait ou à une sévérité excessive ou à une indulgence déplorable. Pour obvier à cet inconvénient, on imagina de combiner ensemble le système paternel et le système légal : de là l'introduction des circonstances atténuantes.

Nous vivons actuellement sous l'empire de cette législation. A-t-elle atteint le but que l'on doit toujours se proposer dans la répression pénale, sévir sans tyrannie? Nous le pensons. Quoiqu'on puisse citer contre elle des résultats fâcheux, elle se recommande par cet esprit de transaction qui a mêlé les idées anciennes aux idées nouvelles. A ce titre, elle devrait être également chère aux partisans de ce qui est et de ce qui a été. En effet, à ceux qui aiment l'omnipotence, elle offre un champ assez large pour qu'il soit facile de s'y mouvoir à l'aise ; à ceux qui ne voient de salut que dans l'unité de la loi, elle se recommande par la fixité de ses principes. Elle se tient donc à égale distance de tous les excès, et peut inscrire sur sa bannière cette devise du sage : *ne quid nimis.*

SUPPLÉMENT

—

LES COMMENTATEURS DE LA COUTUME D'ARTOIS.

Quand on apprécie la Coutume d'Artois, le plus grand reproche qu'on ait à lui adresser, c'est l'obscurité générale qui y règne, et les lacunes que présentent ses parties les plus importantes. Ces défauts, nous l'avons déjà dit, ne proviennent pas tant de la nature du sujet que de la rédaction elle-même. En effet, il est aussi possible de codifier une coutume d'une manière claire et méthodique, que de codifier un corps de lois. Si donc presque toutes nos coutumes françaises, même celles de Paris et d'Orléans, qui sont de beaucoup les meilleures, ont péché par l'ordre et la clarté, il faut s'en prendre surtout au temps où elles furent écrites. Aussi, malgré l'immense service que rendit au pays la rédaction de ces coutumes, il n'en est pas moins vrai qu'elles laissèrent subsister des difficultés sérieuses, et qu'elles ne tardèrent pas à devenir elles-mêmes une nouvelle source de procès.

Dans cet état de choses, on ne doit pas s'étonner que des commentaires aient cherché à éclairer et à compléter le texte même des coutumes. Parmi ces commentaires, il y en a qui sont presque contemporains de la rédaction elle-même, d'autres sont venus postérieurement, en sorte que, pendant toute leur existence, les coutumes n'ont jamais manqué d'interprètes plus ou moins habiles. C'est une question fort débattue que celle de savoir si les commentateurs ne rendent pas plus obscures les lois qu'ils cherchent à expliquer. Napoléon s'écriait, en voyant le premier traité sur le Code civil : *voilà mon ouvrage gâté !* Il est possible que le Code civil ait plutôt perdu que gagné à être commenté; pourtant il faut un grand amour-propre d'auteur pour le regarder comme une œuvre qui se comprenne toute seule. Mais ce qui peut, à la rigueur, être soutenu pour le Code civil, ne saurait l'être pour les coutumes. Chez elles tout est vague et incohérent, on s'y heurte perpétuellement contre l'inconnu : ce n'est plus la nuit, mais ce n'est encore qu'un demi-jour.

Aussi ceux qui ont eu le courage de porter quelque lumière dans cette obscurité sont certainement dignes d'éloge. En effet, ils n'ont pas reculé devant une tâche ingrate, et par leurs efforts ils sont parvenus à éclaircir bien des points défectueux, à combler bien des vides, enfin à remplacer par leur propre fonds ce qui manquait au fonds commun. Malheureusement, en ce qui concerne la Coutume d'Artois, il faut reconnaître que les auteurs qui se sont chargés de l'expliquer n'étaient pas des génies supérieurs. Nous ne comptons pas parmi eux des Pottier et des d'Argentré. Loin de là, ce qui a été écrit sur la Coutume reste dans une sphère fort ordinaire. On ne peut même pas dire de la science du Droit arté-

sien : *vires acquirit eundo*, car les premiers commentateurs, ceux du XVI° siècle, sont infiniment préférables à
ceux du siècle dernier. Chez les uns, il y a une certaine
largeur d'idées, une certaine vigueur d'expressions, qui
rappelle un peu la manière de Cujas; chez les autres, il
n'y a plus qu'une analyse sèche et une discussion sans
attrait. Quand ils veulent s'élever, c'est bien pis encore : ils tombent dans l'enflure et la déclamation, et deviennent de maladroits imitateurs de J.-J. Rousseau.

Pourtant ces travaux peu remarquables ne sont pas
tout à fait dénués d'intérêt. Ils ont dû être fort consultés
par nos ancêtres, et ils sont encore pour nous fertiles en
renseignements. Pour qui sait les lire, il y a certainement d'utiles leçons à y puiser, et l'on peut dire que la
législation coutumière de la province serait incompré-
hensible si on manquait de cette clef. De plus, dans ces
commentaires, les mœurs et les usages de nos aïeux sont
souvent pris sur le fait, en sorte qu'en étudiant une
question de droit, il n'est pas rare de rencontrer sur ces
temps déjà si oubliés des éclaircissements qu'on trouverait difficilement dans l'histoire. Il n'est donc pas hors
de propos de rechercher quels furent ces travaux, et de
faire connaître les auteurs dont ils émanent : c'est ce
que nous allons essayer aussi succinctement que possible.

Le premier commentateur de la coutume que nous
rencontrons dans l'ordre chronologique, c'est Nicolas
Gosson (a), né à Arras, en 1506. Il vivait, comme on le

(a) M. Le Gentil, juge au tribunal d'Arras, a publié, dans les Mémoires de l'Académie de cette ville, une étude très-complète et très-

voit, au temps même où la coutume fut rédigée, et il
y a quelque raison de croire qu'il a participé à cette
rédaction. Avocat célèbre, il avait fourni une longue
carrière dans l'exercice de sa profession et des charges
municipales, lorsqu'à soixante-douze ans, les évènements
le lancèrent dans la politique. Nous n'avons pas le dessein
de retracer les péripéties de ce drame émouvant dans
lequel Gosson joua le principal rôle, qu'il nous suffise
de dire que le parti des *patriots*, dont il était le chef,
ayant été vaincu à Arras, une sanglante réaction s'opéra
immédiatement. Gosson en fut victime, et périt sur l'échafaud, le 24 octobre 1578.

Le commentaire qu'il avait entrepris sur la Coutume
d'Artois a été interrompu par sa mort, ainsi que l'indique l'édition publiée à Anvers en 1582. Gosson n'a expliqué que les vingt-six premiers articles, c'est-à-dire
environ la huitième partie de la Coutume. C'est bien peu,
et l'on doit certainement regretter que l'ouvrage n'ait
pas été mené jusqu'au bout. En effet, pour la profondeur des pensées, pour la justesse des décisions, pour
l'appréciation des sources, c'est sans contredit ce que
nous avons de mieux sur la Coutume. D'autres écrits sont
plus pratiques, et peuvent être d'un usage plus journalier; aucun n'est plus savant ni plus philosophique. Ceux
qui cherchent dans l'étude du droit coutumier plutôt
des notions historiques que des règles de jurisprudence,
trouveront dans Gosson de quoi satisfaire leurs désirs.
Il n'a traité que la partie de la Coutume relative aux

remarquable sur Gosson, à laquelle nous renvoyons. (Mémoires de
l'Académie d'Arras, année 1864).

fiefs et aux droits seigneuriaux, mais dans ce cadre restreint il a fait preuve d'une vaste érudition et de connaissances étendues. A la manière des écrivains de son siècle, il prend toujours les choses de fort haut. Loin de se traîner dans des discussions arides, il puise ses décisions dans des motifs d'un intérêt puissant, et il paraît surtout s'attacher aux grands moyens. En un mot, il est aisé de voir qu'il est quelque peu rhéteur, et qu'il s'est plutôt inspiré des anciens que du droit canon.

Le commentaire de Gosson est écrit en latin, comme tous les livres sérieux de cette époque. Le style en est riche et abondant : sous tous les rapports on peut dire que c'est un bon et utile ouvrage. Aussi a-t-il eu un long et honorable succès. Tant que la Coutume d'Artois resta en vigueur, le traité de Gosson ne cessa d'être cité comme une autorité des plus respectables. C'est ainsi qu'il traversa plus de deux siècles, et qu'il serait encore probablement en honneur aujourd'hui, si une révolution n'était venue inaugurer un système nouveau. Combien y a-t-il de nos ouvrages modernes de droit qui puissent se flatter de vivre aussi longtemps ?

Un autre commentateur de la Coutume d'Artois, qui vivait, comme Gosson, au XVIe siècle, a laissé un nom beaucoup plus célèbre. C'est François Bauduin, né à Arras le 1er janvier 1520. Cet homme illustre fut mêlé à presque tous les grands évènements de son époque. Il eut de fréquents rapports avec Calvin, et devint un des conseillers du duc d'Anjou, qui fut depuis Henri III. Jurisconsulte du plus grand mérite, il professa successivement le droit à Bourges, à Strasbourg, à Heidelberg et à Paris. C'est dans cette dernière ville qu'il mourut le 24 octobre 1573.

Bauduin a écrit de nombreux traités sur le droit romain, dont il a, pour ainsi dire, scruté les points les plus délicats. S'il n'a point trouvé des solutions inattaquables, il a montré la voie, et préparé des matériaux auxquels les savants allemands ont fait de nombreux emprunts. Ecrivain infatigable, Bauduin est aussi l'auteur de différents ouvrages de polémique religieuse qui eurent beaucoup de retentissement dans leur temps, et qui ne sont pas encore dénués d'intérêt aujourd'hui. Enfin, il s'essaya dans plusieurs compositions historiques, parmi lesquelles nous signalerons surtout des chroniques sur l'Artois. On voit, par ce qui vient d'être dit, que la vie de Bauduin fut des mieux remplies, et qu'elle est surtout marquée du cachet de son siècle, le mouvement et l'érudition.

Nous n'avons pas à examiner ici les ouvrages de Bauduin ; nous ne dirons même que quelques mots de celui qu'il consacra à l'explication de la coutume d'Artois. Cet ouvrage est plutôt un recueil de notes qu'un traité *ex professo*. Sur chaque article de la coutume, il énumère certaines difficultés qui pourraient se produire, et il indique la manière de les résoudre. D'ailleurs, point ou peu de liaison entre les idées : on voit que l'auteur a plutôt voulu faire beaucoup que faire bien. Les solutions adoptées par Bauduin sont toujours dictées par l'équité plutôt que par la rigueur des principes. On sent, en le lisant, que le moyen-âge a fini son temps, et que le droit s'humanise. En effet, toutes les fois qu'il a l'occasion d'apprécier les adoucissements que les temps et les mœurs ont apportés dans les lois, Bauduin le fait avec une satisfaction manifeste, et souvent avec un grand

bonheur d'expressions. Nous avons vu comment il parle
des droits d'aubaine et de banalité : ce sont des idées
de 89 exprimées dans le langage de la renaissance ;
on dirait que la célèbre nuit du quatre août est déjà
proche. Souvent aussi Bauduin fait preuve de ressources
et d'habileté dans les explications qu'il donne sur des
points de doctrine fort délicats, à son époque, où les
novateurs avaient tant de difficultés à vaincre. On a pu
en juger par la manière ingénieuse dont il cherche à concilier la prohibition religieuse de l'usure et la faculté
civile du prêt à intérêt.

Ces exemples indiquent assez quelles étaient les ten-
dances philosophiques de Bauduin. Quant à l'appréciation
de son ouvrage au point de vue juridique, c'est une
tâche que nous n'essaierons pas d'entreprendre, parcequ'elle nous entraînerait beaucoup trop loin. Qu'il nous
suffise de dire que les notes de Bauduin forment le corollaire indispensable de la coutume et, qu'elles devinrent
classiques dans les habitudes des tribunaux artésiens.

Les commentaires de Gosson et de Bauduin sont les
seuls dignes d'intérêt que la coutume d'Artois ait inspirés
pendant le XVIᵉ siècle (a). Le XVIIᵉ siècle ne nous pré-

(a) Il existe à la bibliothèque de Douai un manuscrit sous le
n° 632, intitulé : *Commentaires sur les coutumes d'Artois*, par Gosson,
Dubois, Coronel et Mayoul. La même bibliothèque possède un autre
manuscrit (n° 633) ayant pour titre : *Une pratique d'Artois*. Nous
avons aussi trouvé à la bibliothèque d'Arras l'ouvrage suivant :
« *Interprétation des coutumes générales du pays et comté d'Artois*,
« par maistre Nicolas Gosson, Claude Pisson, Charles de Cardevacq,
« sieur de Beaumont, Jean Dubois Wignacourt et autres, les plus
« fameux advocats de leur temps . ensemble les advis à chacun
« des dictz articles, avecq les additions à chacun d'iceulx, escripts

sente également que deux noms de commentateurs artésiens qui méritent d'êtres cités : ce sont ceux de Desmazures et d'Hébert. Le commencement de ce siècle fut
pour l'Artois une période de transition et d'incertitude,
et il ne pouvait y avoir alors carrière pour de sérieuses
études de jurisprudence. Tant que cette province eût été
définitivement fixée sur son sort, tant que les tribunaux
eussent su d'une manière certaine s'ils dépendaient du
Parlement de Paris ou du Conseil de Malines, les travaux des jurisconsultes ne pouvaient pas prendre un
bien grand essor. Mais lorsque les succès politiques de
Louis XIV eurent définitivement assuré l'Artois à la
la France, les hommes de loi se remirent au travail,
et la coutume fut de nouveau commentée.

Pierre Desmazures était procureur-général au Conseil
d'Artois ; il succéda dans ces importantes fonctions à
Philippe Delebecque, en vertu de provisions du 20 août
1637, et il fut admis le 1er octobre suivant. Sa vie est
peu connue : on sait seulement qu'il est né à Arras, et
qu'il avait le titre de seigneur du Val-Bernard. Il mourut
le 17 septembre 1638, à Saint-Omer, où il était en commission, et laissa deux fils et une fille de son mariage.
Mais s'il reste peu de documents sur la carrière judiciaire
de Desmazures, nous pouvons la deviner par ses écrits.
C'était certainement un homme exact et consciencieux,
tel que les anciens tribunaux en renfermaient un si grand
nombre. S'il ne possédait rien de brillant sous le rap-

« par François Pacquet, notaire royal du dict Arthois, pour l'usaige
« de Vallerand de Courouble, escuyer, sieur du Carieul, grand Bailli de
« la principauté d'Espinoy, *anno domini* 1648. »

port de l'esprit, il joignait certainement le savoir le plus étendu à une intelligence solide.

L'ouvrage qu'il a laissé est une preuve de ce que peuvent l'étude et la patience : on dirait une œuvre de bénédictin. Dans cinq énormes volumes in-folio, il a réuni tout ce qui touche de près ou de loin à la Coutume d'Artois. Ce n'est plus ici un simple commentaire, c'est un vaste assemblage qui comprend tout le résumé de la science du droit appliquée à la législation coutumière de l'Artois. Ces lacunes si considérables que les rédacteurs de la Coutume ont laissées dans leur œuvre sont comblées par les savantes recherches de Desmazures. Il n'y a pour ainsi dire pas un point obscur où il n'ait porté le flambeau de ses investigations. Et néanmoins, avec une modestie qui fait son plus bel éloge, voici comment il s'exprime *dans une humble préface* : « Vray est que cette « œuvre n'est une perfection, telle que je pourroys dé-« sirer, qu'elle fût en la diction, comme autrement, « pour l'envoier au public, et passer par les controlles « de gens consommés en l'estude : mais la confiance « que j'ay qu'elle apportera de la facilité et profict à la « décision des causes et procès, et soulagement aux gens « de loix, m'a fait résoudre à cela, vous priant d'avoir « mon petit œuvre pour agréable. »

Si *le petit œuvre* de Desmazures (n'oublions pas qu'il s'agit de cinq volumes in-folio) n'a pas le mérite du style, ce que nous nous plaisons à reconnaître, il a du moins celui de l'ordre et de la clarté, ce qui est très-important dans un recueil de ce genre. Il se divise en sept livres, qui eux-mêmes sont subdivisés en un certain nombre de titres : on reconnaît immédiatement dans cette distribu-

bution une imitation du Droit romain. Ne pouvant analyser, même sommairement, toutes les matières contenues dans cette immense compilation, nous nous bornerons à en donner une idée, en citant l'intitulé des livres
dont elle se compose. Livre I. Observations tant sur les
coutumes générales du pays d'Artois et pratique y observée que d'autres provinces de ces Pays-Bas. Livre II.
Des biens, des juridictions, droits seigneuriaux et contrats. Livre III. Touchant la matière des contrats et leurs
qualités. Livre IV. Concernant les successions et matières
testamentaires. Livre V. Sur les actions personnelles,
réelles, mixtes, ordre judiciaire comme autrement. Livre VI. Relativement aux informations, arrestations, dénonciations et emprisonnements en matière criminelle.
Livre VII. Pour les ressorts des bailliages, chastellenies,
échevinages et autres pays du comté d'Artois, avec aucunes remarques particulières, tant des éveschés, abbayes
et prévostés du comté d'Artois, comme autrement.

On voit que rien n'est plus varié et plus complet qu'un
pareil travail. Il peut être utile non-seulement aux jurisconsultes, mais encore aux historiens et aux archéo-
logues. S'il est vrai qu'on ne connait bien un pays que
quand on a étudié ses lois, la meilleure manière de connaitre l'Artois serait d'étudier Desmazures.

Hébert, cet autre commentateur de la Coutume au
XVIIe siècle, faisait aussi partie du Conseil d'Artois. Nous
savons qu'il devint Conseiller, par suite de l'édit de
juin 1687, portant création d'une seconde chambre; mais
pour lui, comme pour Desmazures, nous manquons de
renseignements biographiques. Tous ces membres des
anciennes magistratures provinciales s'appliquaient à

vivre honnêtement, *honeste vivere*, et ne laissaient après eux que la trace de leurs vertus. Avec cela, on ne devient pas un héros de Plutarque, mais on est utile à ses semblables, et on peut se dire que si on n'a pas fait beaucoup de bruit dans le monde, on y a fait quelque bien, ce qui est souvent préférable.

Hébert était né à Arras en 1644. Avant d'entrer au Conseil d'Artois, il avait été pendant sept ans procureur du roi à la Gouvernance. Il resta pendant dix-neuf ans au Conseil d'Artois, et y devint le doyen des conseillers. Il mourut le 29 décembre 1706, à l'âge de soixante-deux ans. Des notes historiques qui nous ont été remises disent qu'il fut enterré dans l'église de la Madeleine, avec sa femme, Marie-Jaqueline Vaulathem, morte à quatre-vingts ans, le 6 mai 1727.

Le manuscrit qu'a laissé Hébert est bien plus répandu que celui de Desmazures, et il mérite moins de l'être. Sans doute, ce n'est pas un travail sans mérite; il a dû exiger beaucoup de temps et d'étude. Il dénote une connaissance approfondie de la Coutume d'Artois : enfin, on voit qu'il émane d'un homme qui a passé sa vie dans la triture des usages locaux, et qui, à force de les appliquer, a été amené tout naturellement à les commenter. Mais, comme attrait et comme érudition, il est bien inférieur à son illustre devancier. Pour consulter Hébert avec fruit, il faut déjà être initié dans la connaissance de la Coutume; pour lire Desmazures avec intérêt, il suffit d'être désireux de s'instruire.

Le travail d'Hébert prend chaque article de la Coutume, l'un après l'autre, et donne les explications qu'il comporte : c'est la méthode analytique qui a prévalu de nos jours. Mais ce système, excellent pour une législation complète, comme celle de nos codes, est très-défectueux quand il s'agit d'une œuvre aussi mal digérée que la Coutume d'Artois. Là, où il n'y a partout qu'incohérence, il est impossible d'être complet si on ne suit pas une méthode meilleure que les textes mêmes qu'on examine. C'est ce qui est arrivé à Hébert comme à Bauduin : son ouvrage contient des renseignements fort précieux ; mais c'est un dédale dans lequel il est très-difficile de se reconnaître. Pourtant on voit qu'il a été écrit pour des hommes du métier, car il dédaigne les explications doctrinales, et ne s'attache qu'aux choses pratiques : en un mot c'est une autorité d'audience plutôt qu'une œuvre de haute portée.

Hébert nous conduit jusqu'aux premières années du XVIIIe siècle. Depuis cette époque jusqu'à la Révolution, nous voyons paraître un assez grand nombre de jurisconsultes qui ont écrit sur la coutume : ce sont Maillart, Mabille, Brunel, Roussel de Bouret et Devienne ; nous allons dire quelques mots sur chacun d'eux.

Maillart (Adrien) était avocat au Parlement de Paris : nous voyons dans l'Annuaire du département de la Somme pour 1852, qu'il naquit à Amiens, mais nous ignorons presque toutes les circonstances de sa vie. Il paraît pourtant qu'il fournit au barreau une carrière assez distinguée, car il devint bâtonnier de son ordre, ainsi que l'atteste le discours qu'il prononça le 9 mai 1738, à la salle St-Louis, au Palais-de-Justice de Paris, à la fin de ses honorables fonctions, et qu'il a joint à l'édition de ses œuvres. Dans ce discours, après avoir rappelé les pertes que le barreau a faites pendant son bâtonat, Maillard arrive, par

une transition un peu brusque, à l'éloge de la modestie.
S'il fallait s'en tenir à ce morceau d'éloquence, on aurait
une assez triste idée de son auteur ; heureusement, l'ouvrage qu'il a composé sur la coutume d'Artois, vaut infiniment mieux, et c'est surtout ce qui doit nous intéresser. Quoique cet ouvrage dénote plutôt des études
consciencieuses et de patientes recherches que des vues
larges et une science approfondie du droit, il est
un des meilleurs commentaires que nous possédions.
C'est même celui qui a été le plus répandu dans les anciens tribunaux de la province, et encore aujourd'hui on
le trouve dans un grand nombre de bibliothèques de
droit. Il a même eu l'honneur de deux éditions, chose
assez rare pour un livre de ce genre; la première parut
à Paris, en 1724, elle se compose de deux volumes in-4°,
la seconde est de 1739, elle a été publiée en 2 volumes
in-folio, reliés en un seul (a).

Dans son travail, Maillart donne d'abord le texte de
chaque article; puis il cite l'opinion de Gosson et de
Bauduin, et enfin il ajoute ses propres réflexions : ce
sont à proprement parler trois commentaires dans un,
puisque les œuvres de Gosson et de Bauduin y sont re-
produites dans leur entier. De plus, Maillart présente, au
commencement de son ouvrage, un texte des coutumes et
usages d'Artois qui paraissent remonter au XIVe siècle.
Ces coutumes sont plutôt un traité sur la matière qu'un

(a) Il existe à la bibliothèque Sainte-Geneviève un exemplaire fort
curieux de Maillard. Cet exemplaire est couvert de notes marginales
d'une écriture très-serrée et très-difficile à lire. Il est probable que
celui qui aurait la patience de déchiffrer ces notes y trouverait des documents utiles.

codé de lois : elles sont écrites sous forme d'instruction donnée par un père à son fils ; c'est une imitation très-affaiblie de la manière des anciens, un pâle reflet du Phédon ou du *de officiis*. Mais tel qu'il est, ce traité n'en a pas moins une grande valeur, à cause de son antiquité, et l'on doit savoir gré à Maillard de l'avoir exhumé de la poussière des bibliothèques.

Si maintenant nous passons à l'appréciation de l'ouvrage de Maillart, nous n'y trouvons pas plus que dans tous les autres commentaires de la coutume d'Artois, cette ampleur sans laquelle il n'y a pas de perfection. Pourtant on ne saurait lui dénier un véritable mérite. Aussi ne faut-il pas s'étonner du haut degré d'estime dans lequel il a été tenu chez nos ancêtres. C'était |pour ainsi dire le guide indispensable de tous ceux qui s'occupaient alors de droit. Magistrats, jurisconsultes, avocats y avaient constamment recours ; il était consulté avec fruit et cité avec autorité : enfin, on peut dire que Maillart fut, à la coutume d'Artois, ce que d'Argentré était à la coutume de Bretagne, Basnage à celle de Normandie, et Beaumanoir à celle du Beauvoisis.

Quoique Mabille n'ait pas, à proprement parler, commenté la coutume, pourtant il occupe un rang distingué parmi les auteurs qui ont écrit sur ce sujet. Le manuscrit qu'il a laissé est un recueil d'arrêts rendus par le Conseil d'Artois, classé d'après un ordre alphabétique de matières, à peu près comme le grand dictionnaire de Merlin. Ayant eu l'honneur de siéger pendant de longues années dans cette cour souveraine, il connaissait à fond sa jurisprudence, et il crut utile de consigner ses souvenirs par écrit. Cette idée était fort heureuse, et quoiqu'elle ne fût pas sans précédents, on doit reconnaître qu'elle était assez neuve à cette l'époque. En effet, la collection de Denisart ne parut que bien longtemps après, et, pour l'Artois, on ne connaît aucun autre ouvrage de ce genre. Privés de ce secours, les hommes d'affaires devaient rencontrer à chaque instant des difficultés énormes dans la citation des arrêts. Malheureusement l'œuvre de Mabille est bien incomplète : ce sont plutôt des indications fugitives qu'une collection générale. En effet, dans un manuscrit en trois volumes, il était impossible de faire entrer un bien grand nombre d'articles; aussi l'auteur s'est borné aux choses principales, et il est à regretter qu'il ait omis une infinité de détails. Cette lacune est encore plus fâcheuse pour nous, au point de vue intellectuel qu'au point de vue judiciaire, car c'est surtout par leurs contestations que l'on peut connaître les hommes (a). Néanmoins si le travail de Mabille est loin de valoir les ouvrages de nos arrêtistes modernes, il a rendu un véritable service aux praticiens d'autrefois, et peut encore de nos jours être consulté avec fruit.

On doit d'autant plus d'éloge à Mabille pour s'être livré à cette besogne ingrate, que fils de magistrat et magistrat lui-même, il pouvait jouir sans peine et sans fatigue d'une position toute faite. Né à Arras le 20 mai 1720, de Jean-André Mabille, conseiller au Conseil d'Artois, il fut

(a) C'est dans les volumineux mémoires que les avocats de l'ancien régime étaient dans l'habitude d'écrire, à l'occasion de chaque affaire un peu importante, qu'il est surtout intéressant d'apprécier la physionomie morale et judiciaire de l'Artois. La plupart de ces mémoires ont été conservés, et se trouvent encore dans quelques bibliothèques publiques et particulières.

reçu conseiller le 6 mai 1746, à la place de Louis-François Palisot. Mais ce poste honorable, si recherché autrefois, ne fut pas le terme de sa carrière : il devint, le 23 mars 1759, second président du Conseil, en remplacement de Louis-Albert-Emmanuel Bultel, et exerça ses fonctions jusqu'à sa mort arrivée, le 18 décembre 1770. Comme magistrat et comme écrivain, Mabille mérite donc tout notre respect ; il continue les bonnes traditions qui se sont toujours perpétuées au Conseil d'Artois : son nom figure honorablement à côté de ceux de Desmazures, d'Hébert, de Bultel, d'Enlart de Grandval et de Foacier de Ruzé.

Pendant que Mabille s'efforçait de fixer d'une manière durable la jurisprudence du Conseil d'Artois, un avocat au Parlement de Paris, Brunel, entreprenait la tâche plus difficile de réformer la Coutume elle-même, et de la classer dans un ordre meilleur. A cette époque, les bons esprits étaient généralement frappés des nombreuses défectuosités que présentaient ces lois rédigées au XVIe siècle, et de toutes parts on demandait qu'elles fussent appropriées aux besoins du temps. Les hommes qui avaient passé par Descartes, et qui attendaient Montesquieu, ne pouvaient évidemment se contenter d'une législation aussi incomplète et aussi peu méthodique que celle qui régissait l'Artois. Brunel se mit donc à l'œuvre, et il présenta aux Etats de la Province, en 1727, un projet de réformation de la Coutume qu'il avait longuement médité. Il parait que ce projet fut d'abord examiné par les membres du Conseil d'Artois, qui trouvèrent « qu'il y avait du bon, mais comme il s'agissait de ren- « verser toutes les coutumes locales, c'était une chose

« à étudier très-sérieusement pour balancer le bon avec
« les suites qui en pourraient résulter. » Là dessus, le
projet fut renvoyé aux députés ordinaires, qui déclarè-
rent à leur tour que « le travail était très-considérable,
« qu'il tendait à une réforme de quelques articles de la
« Coutume et à un arrangement des autres dans un ordre
« naturel, que le Conseil d'Artois trouvait qu'il y avait
« du bon, que le bon n'étoit pas à négliger pour le bien
« d'une province, et que le travail d'une personne pour
« la patrie n'était pas à rejeter. » C'est dans cet état que
l'affaire vint, en 1728, devant l'assemblée générale des
Chambres des Etats. Là, il paraît que le projet de réformation fut sur le point d'être pris en considération : en
effet, deux ordres, celui du tiers et celui de la noblesse,
avaient été d'avis de le faire vérifier par trois ou quatre
avocats, et, pendant le temps de cette vérification, d'ouvrir des conférences publiques sur ce sujet. Mais on avait
compté sans le clergé : quand cet ordre se fut réuni aux
deux autres, il éleva des objections de forme contre la
manière dont l'affaire était introduite, et il fit décider
« que l'exécution des lois et coutumes regardant principa-
« lement Messieurs du Conseil d'Artois, c'est à eux de de-
« mander au roi le changement proposé par ledit projet,
« et que s'ils souhaitoient avoir l'intervention des Etats,
« résolu aussi de la leur accorder. » C'est ce que nous
appelons, en langage moderne, enterrer honorablement
une proposition. Chacun déclinant ainsi la responsabilité
de l'initiative, il était bien certain que la question ne
ferait plus un pas. Cet exemple prouve que de tout
temps il a été facile de voir qu'il *y avait quelque chose
à faire*, mais qu'il a été difficile *de faire quelque chose.*

Pour se consoler de son mauvais succès, Brunel fit
imprimer à Douai, en 1735, les projets de réformation
qu'il avait présentés aux Etats d'Artois. Après les avoir
lus, on regrette peu le sort qui les a atteints, car ils sont
loin de remplir le programme d'une bonne législation.
S'ils valent mieux que la Coutume elle-même, ils présentent encore de grandes lacunes, et l'amélioration
qu'ils auraient réalisée n'aurait pas été bien sensible. Il
ne faut donc pas trop se plaindre de l'échec de cette tentative, d'ailleurs fort honorable; aussi bien, le temps où
elle a été entreprise paraissait peu favorable à un pareil
remaniement : il n'y avait pas eu encore assez de ruines
pour qu'on pût bâtir sur un terrain solide.

Outre l'ouvrage que nous venons de citer, Brunel a
laissé des dissertations importantes sur le droit coutumier de l'Artois : ces dissertations ont été imprimées à
St-Omer en 1724. Elles sont au nombre de six, en voici
les titres : « 1° touchant la faculté qu'ont les seigneurs
« sur les héritages tenus d'eux, à défaut d'honneurs, re-
« liefs, droits et devoirs, et l'imprescriptibilité entre le
« seigneur et le vassal; 2° touchant les droits des sei-
« gneurs en ce qui concerne les profits féodaux et sei-
« gneuriaux dans les mutations de leurs vassaux et te-
« nanciers, tant en reliefs que quints, lods et ventes, et
« droits d'indemnité ; 3° touchant les retraits seigneurial
« et lignager ; 4° touchant la succession des biens meu-
« bles et acquêts immeubles, autrement dit biens libres
« et indifférents; 5° touchant les successions des héri-
« tages propres, autrement dit patrimoniaux, où sont
« établis par ordre les règles des diverses classes d'ha-
« bilité entre les différents héritiers qui doivent y suc-

« céder ; 6°. touchant les partages et charges des succes-
« sions, comme aussi l'acquisition des droits réels et le
« louage. » Toutes ces dissertations sont très-savantes,
mais elles sont souvent fort obscures : elles indiquent un
esprit lourd et qui a peine à se faire comprendre : on n'y
retrouve ni la simplicité magistrale de Gosson, ni la lu-
cidité attrayante de Desmazures.

S'il fut impossible à Brunel de réformer le texte de la
Coutume, Roussel de Bouret essaya au moins d'en réformer le classement. C'est dans ce but qu'il publia à Paris,
en 1771, un ouvrage en deux volumes in-12, intitulé :
« Coutumes générales d'Artois, rédigées dans un ordre
« didactique et méthodique, pour en faciliter l'intelli-
« gence, l'étude et l'usage. » Cet ouvrage est dédié au
comte d'Artois, depuis Charles X : voici un échantillon
de cette dédicace : « Votre nom seul a rendu à l'Artois
« son antique splendeur : chaque citoyen se glorifie
« d'appartenir à une province qui a un droit particulier
« à vos bontés ; elle n'avait pas besoin de ce nouveau
« nœud pour resserrer les liens de son amour et de sa
« fidélité envers l'auguste monarque que le Ciel vous a
« donné pour ayeul, et qui vous a nommé lui-même le
« père de l'Artois. »

Roussel de Bouret était né dans cette province, et avait
été pendant douze années avocat au Conseil d'Artois.
Plus tard, il se fixa à Paris, où il devint avocat au Parlement, et commis au bureau des affaires contentieuses du
contrôle général des finances. La maturité et l'expérience
ne devaient donc pas lui manquer quand il se mit à
écrire son traité, et comme il le dit lui-même, il aurait
pu répandre « le plus d'ordre et de clarté possible dans

« les lois et principes coutumiers artésiens. » Malheureusement si le titre de l'ouvrage promet beaucoup, le fond ne donne que peu. Nous ne parlerons pas de la classification des matières qui n'est guère meilleure que celle de la coutume, le point de vue où nous nous trouvons aujourd'hui étant tout différent de celui de l'auteur; mais nous critiquons surtout les explications qu'il donne, car ces explications sont souvent oiseuses et tournent presque toujours à la déclamation. Nous doutons qu'un pareil travail ait jamais pu être d'une grande utilité pour les jurisconsultes ; peut-être, au reste, s'adressait-il surtout aux hommes du monde. S'il en est ainsi, il aurait plutôt sa raison d'être, et sa forme même un peu superficielle s'expliquerait par le désir de plaire. En effet, pour ceux qui ne veulent prendre qu'une teinture des choses, ce livre laisse dans l'esprit quelques notions générales qui suffisent à donner une idée sommaire de la coutume. D'ailleurs, écrit presque à la chute de l'ancien régime, il présente pour ainsi dire, le dernier état du droit artésien avant la révolution, et montre à quel point nos pères étaient arrivés au moment où allait surgir un ordre nouveau : il est donc, sous un certain rapport, d'une importance véritable.

Le dernier anneau de cette longue chaîne de commentateurs qui comprend près de trois siècles, est représenté par un homme qui vivait encore il y a quelques années : nous voulons parler de Devienne. Après avoir été, dans sa jeunesse, avocat au Conseil d'Artois, il a eu le privilége d'assister aux funérailles des anciens tribunaux et à la résurrection du système judiciaire qui nous gouverne. Afin de marquer le point extrême de la lé-

gislation coutumière en Artois, il a laissé, sous le titre
de *fragments inédits*, un manuscrit qui est, à proprement
parler, un mémoire d'outre-tombe. Ce manuscrit est
excessivement rare, et ne se trouve que dans quelques
bibliothèques d'amateurs. Il paraît qu'il a toujours été
peu répandu, et que les clercs de procureurs et de greffiers ne se sont pas exercés à en faire des copies, comme
pour les œuvres de Desmazures, d'Hébert et de Mabille.
Ce travail est, du reste, peu intéressant; il se compose
plutôt de souvenirs que de discussions. Il a principalement pour but d'enregistrer les décisions rendues par le
Conseil d'Artois, depuis le temps où Mabille a cessé
d'écrire. Pourtant Devienne ne s'est pas toujours borné
au rôle ingrat d'arrêtiste : il a joint aux décisions qu'il
rapporte, des observations destinées à les expliquer.
Quelquefois même il aborde des points de doctrine, mais
c'est toujours dans des termes brefs et concis, et sous
forme de notes. Aussi ne faut-il pas s'étonner de ce que
cet ouvrage n'a pas reçu les honneurs de l'impression :
tel qu'il est, il ne peut constituer qu'un cahier à consulter.

Nous avons passé en revue tous les auteurs qui ont
écrit sur la coutume d'Artois, au moins tous ceux dont
les écrits sont parvenus jusqu'à nous. Les noms de
quelques autres nous sont encore connus, mais leurs ouvrages ont disparu. Ainsi Desmazures cite avec éloge
M⁰Guislain Pisson, avocat contemporain de Gosson, qui
aurait laissé un commentaire estimé. Il serait sans doute
curieux de comparer ce travail avec celui de son illustre
confrère, et de voir en quoi ces deux patriarches du barreau artésien se ressemblaient ou différaient. Mais il faut

renoncer à cette étude faute de documents, car les fragments de l'œuvre de Pisson, qui ont été conservés dans un manuscrit de la bibliothèque d'Arras, sont trop incomplets pour qu'on puisse juger, d'après eux, du mérite de l'auteur. Il en est de même des ouvrages de Pranger, Rouget et Prevost, dont parle Brunel, et que nous ne connaissons que par des extraits. Pourtant il pourrait se faire que ces écrits existassent encore dans quelques collections particulières : s'il en était ainsi, il faudrait faire des vœux pour qu'ils fussent exhumés de ces limbes, et remis à la place qu'ils méritent Un manuscrit que nous avons eu sous les yeux et qui a pour titre : « Remarques « sur plusieurs articles de la coutume générale d'Artois, « avec quelques questions de droit et de pratique, » contient des notes de Bultel et de Grégoire, conseillers au Conseil d'Artois, et d'Ansart et Coronel, avocats au même conseil. Ces fragments sont de peu d'importance, et ne peuvent être cités que pour mémoire ; mais en fait de recherches il n'y a rien à négliger.

Si maintenant nous essayons d'émettre une opinion générale sur les ouvrages que nous venons d'examiner en particulier, nous dirons que l'impression qu'ils laissent est loin d'être défavorable. Sans doute, on n'y trouve rien de saillant et qui appelle profondément l'attention ; mais il ne faut pas oublier que la célébrité consacre bien peu d'ouvrages de jurisprudence. Peut-être ces commentateurs n'ont-ils point cherché à se faire un nom illustre, mais n'ont aspiré qu'à se rendre utiles : s'il en est ainsi, ils ont au moins atteint le but qu'ils se proposaient. Leurs travaux étaient jadis la lumière des tribunaux, et ils sont encore aujourd'hui des guides précieux, toutes les fois que s'agitent dans nos relations modernes des questions relatives au droit ancien. Ayons donc quelque reconnaissance pour ces hommes studieux et instruits, qui n'ont pas reculé devant une besogne ingrate et qui nous ont pieusement transmis les traditions judiciaires de nos ancêtres. Leurs ouvrages prouvent que les jurisconsultes habiles n'ont jamais manqué en Artois.

TABLE DES CHAPITRES.

DEUXIÈME PARTIE.

DES BIENS.

TROISIÈME PARTIE.

PROCÉDURE CIVILE. — 345.

QUATRIÈME PARTIE.

LÉGISLATION CRIMINELLE DE L'ARTOIS.

1re Section.

2e Section.

SUPPLÉMENT.

TABLE DES MATIÈRES.

A.

C

D

E

F

G

J

L

M

N

O

P

Q

R

S

U

V

TABLE

Des pages où sont cités les articles de la coutume.

ERRATA.

Arras, typ. A. Courun

www.ingramcontent.com/pod-product-compliance
Lightning Source LLC
Chambersburg PA
CBHW060847220326
41599CB00017B/2407